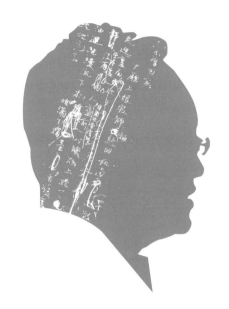

巴金

激流一百年

林贤治——著

中国大百科全书出版社

图书在版编目（CIP）数据

巴金：激流一百年 / 林贤治著. — 北京：中国大
百科全书出版社，2022.9

ISBN 978-7-5202-1209-0

Ⅰ. ①巴… Ⅱ. ①林… Ⅲ. ①巴金（1904-2005）—
人物研究 Ⅳ. ①K825.6

中国版本图书馆CIP数据核字（2022）第158748号

出 版 人	刘祚臣
策 划 人	曾　辉
责任编辑	邬四娟
责任印制	魏　婷
封面设计	今亮后声
出版发行	中国大百科全书出版社
社　　址	北京阜成门北大街17号　邮政编码　100037
电　　话	010-88390636
网　　址	http://www.ecph.com.cn
印　　刷	鑫艺佳利（天津）印刷有限公司
开　　本	710毫米×1000毫米　1/16
印　　张	34.5
字　　数	460千字
印　　次	2023年5月第1版　2023年5月第1次印刷
书　　号	ISBN 978-7-5202-1209-0
定　　价	108.00元

20 世纪仍然与我们同在。

——〔美〕托尼·朱特

《重估价值：反思被遗忘的 20 世纪》

目录

在中国的土地上，巴金生活了 101 个年头，横跨两个世纪。

在这期间，世界的变动太大。两次世界大战，一出出惊悚的、悲惨的、《麦克白》式神秘的戏剧，从 20 世纪启幕，一直联翩演出至中叶，然后为"冷战"时代所代替，而终止于柏林墙颓然坍塌的瞬刻。然而，革命并未终结。资本市场从西向东、由北而南迅速拓展，形成全球化运动，席卷每个角落。

中国是一个具有两千年专制主义传统的封闭的国家，直到 20 世纪初，才结束帝制统治，走向共和，而与世界大潮相连接。所谓"共和"，实际上徒具形式。中华民国几十年间，都是军事较量，"五四"新文化运动失去开展的空间，人民长期缺乏科学和民主的必要训练。所以，新政权建立以后，在政治家说的"十七年"间，仍然得以沿用战争年代的方式管治："以阶级斗争为纲"，大搞政治运动，至"文化大革命"十年达于"顶峰"。20世纪七八十年代之交，引进市场经济模式而摒弃"西方主义"，从此开启权力与资本并辔而行的时代。

现代化、民主化进程无可抗拒。知识分子以其理念、知识和技术，有力地推动这一进程。但知识分子不可避免地因此遭遇各种逼挟、侵蚀、消解和打击，特别是来自东方的一群。

巴金就是这中间的一位代表性人物。

时代造就他，同时也毁损他。一百年间，他在不断蜕变，化蛹成蝶，化蝶为蛹。从他的身上，我们可以明显地看到一系列悖论的发生：从理想主义者到经验主义者，从世界主义者到爱国主义者，从社会批判家、政论家到小说家，从无政府主义者到领导者，从大家族的叛逆者到家族的大家长和保护人。他一面努力抵制这种变化，另一面又顺应这种变化，他本人把这种状态称之为"挣扎"。直到晚年，他仍然在做痛苦的挣扎。

时代的形塑力确实强大到无可比拟，但是，也不能说个人的思想、人格和意志在客体面前完全无所作为，正因为如此，单就中国知识分子来说，其间所呈现的命运的形相便何其不同。所谓"命运"，它不是先天的、决定论的，而是个人与时代互动的结果。一代知识分子的命运，则是集体人格与时代互动的结果。

正如苏联诗人曼德施塔姆夫人娜杰日达从一代人的劫难中所深刻体验到的："命运并非一种神秘的外在力量，而是人的内在储备和时代的基本倾向这两者精确演绎的结果；虽说在我们的时代，许多受难者的传记都是根据那丑陋可怕的标准纸样剪裁出来的。"

巴金天生热情，而又富于理性；他性格内向，却也喜欢倾诉，喜欢谈论自己。他不止一次说过，他是"一个充满矛盾的人"。对于认识巴金，这个自我阐释应当是最基本的，意味着在他的身上存在许多互相对立的、复杂的因素。然而，困难恰恰出在这里。譬如他说要"讲真话"，但是又分明说过自己"说了很多假话"（不限于"思想汇报"或"交代"，以及由他人代为拟写的"代言"之类）；他强调"把心掏给读者"，却又说"我可不愿意掏出自己的心"。他甚至透露说，他还有"不曾倾吐的感情""咽在肚里"，未曾言说出来。因此，关于巴金，我们不可以相信任何人的结论，包括巴金本人。唯有发掘和累积尽可能多的材料，通过不断的比较、证伪、猜想与反驳，重构巴金及围绕巴金的全部历史。

巴金寄希望于未来。对于自己的言说，他曾表白说，"我相信有一天终于会弄清楚什么是真、什么是假"，以减轻内心的负罪感。或许，这个预言是可以确信的。

第一章

新潮

历史是需要想象力的。如若不然，仅凭 21 世纪的生存经验，必定无法感受一百年前中国社会的整个氛围，更说不上理解。那时，帝制时代已然结束，共和时代刚刚开启。两个时代之间造成的短时段的裂隙、松弛、混乱，犹如神话小说中的魔瓶，偶尔揭开盖子，那个被压抑了几千年的自由的精灵便趁机逃逸出来了。

老王朝的权臣、政治强人袁世凯意欲侵吞革命的果实，不得不乔装为共和主义者。但当他自觉坐稳了大总统的宝座，策动群僚劝进，诏令称帝时，想不到抗议之声遍于全国，"二次革命"勃兴，结果忧惧而死。随后"辫子军"张勋复辟，更不用说是一出小闹剧了。个人独裁搞不起来，政党独裁也搞不起来，所谓"共和"，虽然说不上深入人心，毕竟有新鲜感；其自由平等的意涵，无论如何容易为长久生活在专制的窒息的空气中的人们所接受。而一些野心家、阴谋家，一时也找不到合适的落脚位置。这叫"民意"。用卢梭[1]的概念，也可叫作"公意"。

在传统社会，颠覆性的力量只有农民，这时多出城市工人和市民。从法国大革命到俄国革命，城乡力量结成政治同盟，同时投入到革命的烈火之中，这样一种历史经验，已经能为中国的革命者所采用。还有两种新兴的社会势力：其一是政党，再就是知识分子集团。政党组织严密，斗争的目标直指国家政权，因此常常秘密作业，带有地下性质。知识分子不同，集团的结构十分松散，而且是公开的搅局者；作为价值观念的创造者、阐释者和传播者，唯恐天下不乱，但是他们之所以注目于政权者，唯是为批判而批判罢了，这是他们不同于政客的地方。此外，还有一种无形的势力，就是意识形态。它被制作为成打成打的纲领、文件、口号，犹如一种黏合剂，联合各种不同的党派势力并为它们所利用。没有它，现代政治运动不可能实现广泛而有效的社会动员。

民国成立前后是一个密云期。中央政府趋于衰微，政党出现新的分化和组合，工农力量依然处在沉睡状态。这时，社会失去中心，太阳隐匿，雷鸣电闪便只有知识分子。他们怀着一种紧迫的使命感，探索中国的出路。与同盟会的革命父辈不同的是，他们不再注重国家、政治革命和武装斗争，而是倾心于社会革命。短短数年，西方的许多有关社会改造的思想汹涌进入中国，社会主义大行其道。其中，无政府主义以其激进性，对青年一代特别富于吸引力。

新兴知识分子最早接受18、19世纪法国革命思想的影响，大约也因此染上法国式的英雄主义气质。他们热烈向往法国的乌托邦社会主义和无政府主义，在所有提倡社会革命的人中，具有无政府主义倾向的人数最多。老资格的无政府主义者李石曾、吴稚晖、蔡元培等发起"留学俭学会"，实行"工读"，鼓动和帮助学生到法国学习，此外还有大批劳工出国，壮大了无政府主义的影响力。他们先后成立许多团体，分散于北京、上海、南京、天津、广州、漳州、汉口、成都、长沙等地；在国外，除了法国，新加坡、菲律宾和美国的旧金山、加拿大的温哥华等地也都有中国无政府主义者的社团。这些社团出版时事通讯、刊物，还有无政府主义经典著作的中译本。1915年以后，无政府主义从中国思想界的边缘进入主流，火山活跃带随之转移到北京寻找爆发口。

首都北京有《新青年》，有北京大学，有应运而生的新文化运动。而无政府主义的主题，恰恰把文化革命看作社会革命，这样便拥有了一个有利于自身发展的革命环境。当无政府主义者投入新文化运动以后，显著地影响了运动的整体倾向和进程，甚至运动中的许多流行

| 五四运动，天安门广场

语，都是来自现成的无政府主义语言。正如德里克[2]简洁地指出的："如果社会变化是1919年五四运动时期进步刊物提倡的和讨论的'心脏'，那么无政府主义语言则是用来表达这种思想的'舌头'。"

五四运动是一场爱国运动，一场由帝国主义列强对国家领土主权的侵凌所激发的社会运动。表面上看来，它与新文化运动是相悖的；然而，它无疑又是新文化运动的一部分，一个新的里程碑或转折点。

火烧赵家楼是五四运动最富于象征性的场景之一。放火者是年轻的无政府主义者匡互生。从那时开始，他便把一生交付给了解放大众的事业，虽然他的名字至今已为人们所遗忘。那时，无政府主义的变革观念得到运动切实有力的呼应，一种先锋的思想状态和饱满的青春激情被推到运动的前沿。"五四"期间，新成立的无政府主义团体多达几十个，出版物近百种。像《新青年》这样的刊物，也大量刊登无政府主义者的作品。他们制造话题，发起并展开广泛的讨论。《新青年》有许多议题：孔教、欧战、白话文、世界语、偶像破坏、家族制度、青年问题、妇女问题、人口问题、劳动问题、教育问题，包括马克思主义与社会主义，等等，都是无政府主义者几年间先后接触过、讨论过的。德里克研究指出，连 1917 年俄国十月革命，最初在中国引起的就不是对马克思主义的兴趣，而是对无政府主义的兴趣。中国共产党早期活动的人物，如李大钊、毛泽东、蔡和森、瞿秋白、周恩来、恽代英、彭湃、陈延年等，都曾经是无政府主义的信徒。无政府主义者团体是当时唯一有组织的激进派团体，他们不但努力宣传无政府主义，而且积极参与组织激进主义活动。经过五四运动，无政府主义作为一个时代的思想主潮，随同新文化运动的进一步传播，迅速扩及全国。

"无政府主义"，也称"安那其主义"。"安那其"（Anarchy）是译音，源于希腊文，意思是没有武力、没有强权、没有统治，指一种无政府的情形。"无政府主义"一词于 1903 年首次在中国出现，1906 年以后，由无政府主义者宣称社会先于国家，即与国家相对立时，这才正式确立了自己的身份。1913 年至 1914 年，无政府主义和社会主义做出明显的区分；到了 20 世纪 20 年代初期，又和马克思主义划清

《青年杂志》（《新青年》的前身）

《新青年》马克思主义研究专号

了界限。但是，不管在任何时候，无政府主义都把政府看成是社会进步的阻碍，甚至是人类的祸害，而把废除国家和它的一切机构作为最基本的宗旨之一。

中国的祖先崇拜是有名的，由此生出一种家国意识，千百年来代代相传，可谓根深蒂固。家国同构，家天下，大一统，国家权威至高无上。汉代大将霍去病说的"匈奴未灭，无以家为"成了大国臣民及其绳绳子孙的信条。可是，在早期的无政府主义者看来，"专制国无所谓国家"；他们称引孟德斯鸠[3]，说在专制国家里，真正的爱国者只有帝王一人。国家是一人的私产，而不是人民的公产，"国之强盛与平民之幸福无关"，因此，爱国是没有根据的。在当时，他们就宣称："平民之祖国在全世界。"

清末许多政治精英和知识分子都拥护改良主义，实质上，那是换了一副温和面孔的国家主义。刘师培倒很清醒，当时便指出，清政府的所谓"新政"，不可能如许多人所希望的那样，将会达致政治开放和社会进步。推翻清王朝以后，革命派在中国面临外来军事威胁、内部政治及军事纷争不已的情势下，为了避免"亡党亡国"，乃重新考虑如何重建国家制度和整合意识形态，激励人民追求国家的目标，以使中国从一个万能的帝国转变成为一个集权制的现代民族国家。从某种意义上说，国家主义确实是中国苦难的产物，但是，它又极容易因此沦为专制主义的掩体。在 20 世纪初，无政府主义在思考国家与社会的关系时，首次提出并坚持社会优先权，把国家当作最大的政治偶像加以破坏，具有特别重大的意义。在中国，它不失为一种普遍而狭隘的"爱国主义"的解毒剂。

无政府主义者在理论上否定国家、解构国家；与此同时，鼓吹一种外在于国家的自治意识。实际上，在民国初期，人们已经着手进行联省自治的政治尝试了。从无政府主义的基本立场来说，所谓自治是指自治社会，以自由个体为基础的有机社会，这种社会是只能存在于政治之外的；但是在策略上，他们并不反对地方自治，毕竟多元胜于一元，在相当程度上可以弱化中央集权的控制。

青年毛泽东就曾经鼓吹过地方自治。五四运动过后，他撰写了一系列文章，主张"民众的大联合"；提倡民选、公投，甚至公开"分裂""解散中国，反对统一"；呼吁"打破没有基础的大中国，建立许多的小中国"，实行"各省人民自决主义"，从湖南做起，建设一个"湖南共和国"。

毛泽东不止一次说到"联邦制"。他早就指出，欧美是先有邦，然后才有联合的；而中国并没有邦，只好努力造邦。30 年代会见美国记者斯诺时，他还说过"中国联邦"。但是，结果是自治的邦并没有造成，留下的只是一个"理想国"，一个政治乌托邦。从那时候起，政治强人就致力于中国的统一，除此之外，并没有给出第二条道路。尝试很快结束了。不过，应当看到，无政府主义的革命设想是否可行已经并不重要，重要的是，它提供了一个批判绝对国家的视角，使人们能够以一种新的方式设想未来。

辛亥革命过后，由于留学生运动和白话书报的影响，中国人开始觉悟作为奴隶国民的地位而日益不满，渴望改变日常生活中的被奴役状态，实现自我解放。无政府主义正是在争取个人自由方面，最大限度地体现了时代的要求。"五四"时期，打倒偶像崇拜、重估一切价值，几乎所有破坏性的行动都是无政府主义在兴风作浪。尼采[4]、易卜生[5]得以作为新偶像流行一时，就因为他们的思想代表了个人主义、无政府主义。鲁迅说自己的思想是"无治的个人主义"[6]，其实也就是无政府主义。

无政府主义对整个社会革命的设想，都是以解放个人为基点的。他们认为，除了国家，家庭是承载传统文化的主要机构，专制政体的胚胎[b]必须加以摧毁。于是，我们看到，许多青年人上演了背叛家庭的戏剧，并由此走上革命的道路。废除帝制以后，儒教价值观中关于忠君的部分已经失去了效用，但是"三纲五常"一类封建礼教，仍然维系着中国家庭，成为世代人们的精神桎梏。这时，"打倒孔家店"势在必行，道德革命、男女平等、自由恋爱，昔日大逆不道的行为转而成为一种新时尚。

在各种无政府主义派别中，鼓吹施蒂纳[7]式的极端个人主义的人数很少，尤其到了"五四"时期，以黄凌霜、区声白为代表的派别日益壮大。他们继承刘师复的道路，宣传"有社会的无政府主义"，克鲁泡特金式的"无政府共产主义"，突出"群"的意义。无政府主义者以维护个人自由为第一生命，反对个人服从组织，但是并不等于拒绝组织；他们只是拒绝等级森严的、强制性的组织，拒绝对个人的思想和行动进行集中化管理，拒绝将运动从属于一个中心。正如美国默里·布克金[8]在70年代描述"匮乏时期以后的无政府主义"时说的："自我在革命中必须总是能够辨认的，而不是被革命所压倒；自我在革命过程中必须总是能够觉察的，而不是被革命所淹没。在'革命的'词汇中，再没有比'群众'这个词更有害的了。革命意义上的解放是涉及社会各个方面的自我解放，而不是背后隐藏着特权阶层、统治集团及国家统治的'群众解放'或'阶级解放'。"[9]

个人与群众、个人与组织、个人与社会的矛盾张力一直贯穿于无政府主义活动中。无政府主义者否定国家和其他权力机构，旨在消除组织在个人关系中的媒介作用，唯靠一种自由契约把个人联合起来，自下而上地组成大小"社会"，并使个人和社会之间的辩证关系得到自由发展。为此，要求每个人在共同行动中保持高度的道德自觉是必要的。

就是说，无政府主义者不但是社会革命的坚定倡导者，而且还必须成为革命自觉的践行者。在新文化运动期间，他们确实做了大量实验性、开拓性的工作。为了培养国民的科学思想和民主习惯，他们组织和参与青年学生运动，从事学校正规教育的改革，鼓动"到民间去"，成立平民学校、夜校、演讲团，进行改变日常生活的教育。是无政府主义者创立了中国第一个现代工人联盟，广州、湖南等地先后

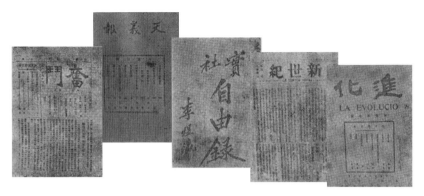

▌"五四"前后出版的部分无政府主义报刊

都有不同名目的工会，到了 20 年代，上海成为无政府主义工团的中心。也是无政府主义者首次提出农村革命，并促成革命运动向农村的转移。早在 1915 年左右，刘师复的追随者已经开始进行农村公社的试验；五四运动期间一批青年知识分子发起"新村运动"，在城市激进派中宣传一种农村倾向的社会改造试验，意义更为深广。当时，毛泽东在北京大学图书馆任职，对"新村"颇为向往，曾准备在湖南长沙岳麓山实行这一计划。无政府主义者通过在城市和农村的组织活动从教育到生产的不同形式的实验，为新文化运动提供了一种与政治相对立的革命范式。

无政府主义者，反抗的男男女女，是一代新青年，一群梦想家。当他们以西方的异质的文化观念构筑社会乌托邦的时候，就不能不激烈地批判固有的"东方文明"，扫荡现存秩序中的一切。他们一旦行动起来便毫不妥协，道德上的绝对主义要求斗争必须彻底；为了克服巨大的历史惰性，他们以付出成倍的牺牲作为代价。但对此引发的近于"过激"的现象，后来自以为稳健的官僚学者据说通过反思、再思，发现"五四"人物有破坏而无建设。毫无疑问，这是一种诬词。

正如巴枯宁[10]指出的，"破坏是创造的手段之一"。何况，新文化运动确实涌现出了不少新事物，像工团活动和法国工读活动，都是前所未有的。无政府主义者致力于为青年提供一个自由、平等的生活空间，他们以自己的活动激活了整个社会运动。从本质上说，他们并不限于批判现实世界，重要的是改变这个世界，他们要改变的也不仅限于思想，而是要改变每天的生活、真实的生活。

中国几千年死气沉沉，只有到了"五四"时期，才头一次发现青年的存在。青春勃发的力量是多么伟大，多么振奋人心！运动中的活跃分子，《湘江评论》的创办者毛泽东在成为共产主义者之后，回忆当年的活动，依然满怀激情：

> 独立寒秋，湘江北去，橘子洲头。看万山红遍，层林尽染；漫江碧透，百舸争流。鹰击长空，鱼翔浅底，万类霜天竞自由。怅寥廓，问苍茫大地，谁主沉浮？
>
> 携来百侣曾游，忆往昔峥嵘岁月稠。恰同学少年，风华正茂；书生意气，挥斥方遒。指点江山，激扬文字，粪土当年万户侯……[11]

1945年8月，毛泽东在重庆会见各界人士。据说他见到巴金时，颇感讶异，说："奇怪，别人说你是个无政府主义者。"巴金回答说："是的。听说你从前也是。"[12]

显然，毛泽东对无政府主义者相当在意。不过他感到奇怪是有根据的，从他可能掌握到的有关巴金的信息来看，巴金那时已经是一个有影响的作家和编辑家，许多知识青年就是因为看了小说《家》之后跑到延安去的。而巴金作为一个无政府主义者现身，是因为他写了大量政论，但这时早已洗手不干了。

毛泽东的无政府主义者经历更短。20年代初，他参与组织中国共产党；二十年后，已经成为党内的最高领袖，这次从延安飞抵重

中国共产党上海发起组创办的第一个党刊　　《共产党宣言》封面

庆，就是在日本投降后，应国民党领袖蒋介石电邀前来和谈的。三年过后，他率兵打败了蒋介石，在军号、腰鼓和《东方红》的旋律声中浩浩荡荡进入北京城。中华人民共和国举行开国大典，毛泽东站在天安门城楼上，俯瞰五四运动时波涛汹涌的广场，向世界宣告中华人民共和国正式成立。这时，广场立即有了雷鸣般的回应："毛主席万岁！"

巴金作为无政府主义者历经三个阶段：青少年时期，他是一个热血沸腾的战士；至30年代，也即国民党实行一党专政之后，他与无政府主义若即若离；1949年以后，他说过自己是"'五四'的儿子"，却从来不敢承认是一个无政府主义者，甚至讳言曾经有过的历史。对于他，无政府主义成了一个巨大的包袱，无处安放。这时候，他的所有的行动都不能不是反无政府主义的，因为这是时代的要求，他不能不顺应这种要求。在他那里，即使有矛盾、有不满，甚至有抗争，都只能在内心里隐蔽起来。

在"文化大革命"中，斗争的浪潮早早地把巴金抛上河岸。他失去了江湖，失去了与世推移的空间，失去了"紧密群"。这时，他连做《庄子》里的涸辙之鱼的资格也没有。庄子的鱼"相濡以沫，相煦以湿"，可以在互相慰藉中苟活。然而，萧珊已死，连朋友沈从文从远方传来的一点煦和的讯问，也为他所拒绝接受。最后，他只能自己濡润自己。

如果不是1976年漫卷过来的另一股潮水，他将长此成为枯鱼。那么，当人们叙说他作为知识分子作家的生命时，便当不得不以《寒夜》作结，而不是《随想录》。

注 解：

1. 尚·卢梭（Jean-Jacques Rousseau，1712–1778），法国启蒙时期政治理论家，其关于人民主权的哲学思想对现代政治有深远影响。

2. 阿里夫·德里克（Alif Dirlik，1940–2017），美国杜克大学教授，著名汉学家、社会理论家，代表著作《革命与历史——中国马克思主义史学的起源》。

3. 夏尔·德·塞孔达·孟德斯鸠（Charles de Secondat, Baron de Montesquieu，1689–1755），法国启蒙时期思想家，西方国家学说和法学理论的奠基者。

4. 弗里德里希·尼采（Friedrich Nietzsche，1844–1900），德国哲学家，其思想对存在主义与后现代主义影响甚远。

5. 亨里克·易卜生（Henrik Ibsen，1828–1906），挪威剧作家，被称为"现代戏剧之父"，主要作品有《培尔·金特》《玩偶之家》《人民公敌》等。

6. 鲁迅:《译了〈工人绥惠略夫〉之后》，收录于《鲁迅全集》第 10 卷，人民文学出版社，1981 年。

7. 麦克斯·施蒂纳（Max Stirner，1806–1856），德国哲学家，推崇自我无政府主义。

8. 默里·布克金（Murray Bookchin，1921–2006），美国自由社会主义者、政治家、哲学家。

9. Bookchin, M. (1971). *Post-Scarcity Anarchism*. San Francisco: Ramparts. 此段译自布克金著作 *Post-Scarcity Anarchism*（《后稀缺无政府主义》）。此书为英文版，没有中文译本。

10. 米哈伊尔·巴枯宁（Mikhail Bakunin，1814–1876），俄国革命家，无政府主义者，被称为"近代无政府主义教父"。

11. 毛泽东:《沁园春·长沙》，收录于中共中央文献研究室编:《毛泽东诗词集》，人民文学出版社，1996 年，6 页。

12. 巴金:《巴金访谈荟萃》，收录于《巴金全集》第 19 卷，人民文学出版社，1993 年，675 页。

第二章 少年安那其

巴金1904年出生于四川成都的一个官僚地主家庭。本名李尧棠，字芾甘，据说名字来自《诗经》中"蔽芾甘棠"的句子，有功业盛大的寓意。大哥尧枚，三哥尧林，他是末生子。十岁时丧母，三年后父亲病故。

大哥读中学时成绩优异，满心想着到北京或上海上大学，然后留学德国。可是，父亲在去世前一年替他完成了婚事，而且是用拈阄的方法决定的。婚后不久，父亲又替他找了一份工作，从此一房的生活重担由他一个人承担起来。由于压力太大，在接连的打击之下，他一度精神失常，三十四岁时便服毒自杀了。

这是一个大家族。巴金有近二十个长辈，三十个以上的兄弟姐妹，男女仆人多达四五十个。在巴金的眼中，大家庭变成了一个专制的大王国。祖父是最高统治者，他用旧礼教把几房人团结在一起，企图维持一种中世纪式的生活方式，结果引来更多的仇恨、争斗和倾轧。在祖父死后一个多星期，巴金就看见叔父们开会处分他的东西，还在他的灵前争吵，完全暴露了一个大家庭的冷酷与虚伪。青年人自由行动的权利遭到剥夺，犹如生活在囚笼里。在这里，巴金目睹了许多青春的生命在魔爪下挣扎、呻吟，被撕成碎片或者暗暗沦亡……

李公馆有两个世界，用巴金的说法，一个属于"上人"，一个属于"下人"。下人的世界在门房、马房、厨房里，由仆人、马夫、轿夫们组成。巴金常常到这里玩，在下人中间，感受人世的艰辛，接受最初的人道主义教育。他看见他们如何劳作、受苦、病死、吊死、被

1907 年，巴金全家合影，巴金在外婆（右二）怀中

赶出街头。面对这位少爷，他们能诚恳地倾吐痛苦，坦率地批评主人，毫不隐瞒。巴金含着热泪凝视、倾听这一切，心里升起火一般的反抗思想。他发誓要做一个同他们站在一起、帮助他们的人。

　　巴金的少年时代不能说是幸福的。母亲的爱抚过于短暂。母爱固然教他爱人类、有同情心，但也使他变得敏感和脆弱，甚至懦怯。多年以后，当他回忆起父亲亡故的心情时，笔下依然保留了稚子般的依恋，说："我心里更虚空了。我常常踯躅在街头，我总觉得父亲在我的前面，仿佛我还是依依地跟着父亲走路……但是一走到行人拥挤的街心，跟来往的人争路时，我才明白我是孤零零的一个人。"[1]有流行病学研究表明，早年丧失父母，会增加患上一种叫"通气过度综合征"的可能性，出现抑郁、焦虑等症状。正如我们所看到的，巴金这个曾经"被人爱着的孩子"，顿时有了压抑感和孤独感。他觉得包围他的唯是黑暗和恐怖。他失去了依靠，没有安全感，从此养成一种孤僻的性格。这样性格的人，喜欢向内心发掘，喜欢探寻问题的根底。所以，巴金看起来热情、明朗、易于冲动，事实上有着沉郁多思、善于克制、谨言慎行的另一面。比较起来他没有多少罗曼蒂克，到底是一个现实主义者。

由于巴金怀有坚定的信念而缺少相应的意志力，故而寻求朋友，渴望倾诉。可以设想，他少时走向仆人群体中间，很可能带有取暖性质。他的早期写作，几乎都出于感情倾泻，有潜在的倾听者。在小说家中，他说他不喜欢卡夫卡[2]，其中不无回避官方误解的因素，因为在"文革"以前，所谓"现代派作家"都被划归"西方资产阶级作家"，不过卡夫卡的写作确实与他不同，根本无须考虑读者，无须交流，那是彻底的为孤独而写作。

忧郁和孤僻，其实并不妨碍一个人采取激烈的行动。美国科学史家弗兰克·萨洛韦[3]在著作中指出：后出生子女大都与头生子女易于屈从的策略相对抗，具有革命性的个性。可是，他又说："家庭体系的某些特点会加强羞怯性格，这最常见于大家庭中的后出生子女以及那些在早期孩提时代就丧失了父母的人中。由遗传天性和环境的相互作用，身为后出生子女会引起相互矛盾的后果，它使一些人变得既有反叛性又很胆怯。"[4]哥白尼[5]在三个同胞中排行最小，沉默寡言，却大胆地提出"日心说"，推翻有史以来关于天体学说的定论，被称为"哥白尼革命"。就性格而言，一位传记作家称他为"胆怯的教士"。在这里，我们也不妨把巴金称为"胆怯的革命者"。

青年巴金确实是一个十分激进的反抗者、革命者。在他的身上，有一种末生子的"乐于体验性"、叛逆、冒险、任性，反抗现状，挑战强权，不惮于自我牺牲。而所有这些，为一种英雄意识所统摄的特点，又都与内心的黑暗有关，本质上带有一种自虐的倾向。正如巴金自我分析时说的："我的一生也许就是一个悲剧，但这是由性格上来的（我自小就带了忧郁性），我的性格就毁坏了我一生的幸福，使我在痛苦中得到满足。有人说过革命者是生来寻求痛苦的人。我不配做一个革命者，然而我却做了一个寻求痛苦的人了。"[6]

应当承认，巴金从来不曾与专制政权发生过正面冲突。不出意外的是，在政治高压之下，他做出妥协，明显地向后退。其实，这是一个漫长的蜕变过程。他不满于这种蜕变，他挣扎过、斗争过，为此感到痛苦，然而又满足于这种痛苦。就是说，他无法战胜内心的黑暗；乃至到了最后，当他回顾来路时，却又不无痛苦地发现，前后变化之大，简直连自己也辨认不出来。

对于巴金，一个唯一幸运的事实是，就在他处于心理学家说的一个人从少年进入青年的"危机时期"，时代赐予他以五四运动的洗礼。这是巴金的成年礼。如果没有"五四"，他将同许多大家子弟一样，不是沦为黑暗中的动物，就是为黑暗势力所吞噬。是"五四"使他从睡梦中觉醒，让他看外面广阔的世界，给他信仰，给他冲决的勇气和力量。这时，他的内心里只响着一个声音："我要做我自己的主人！"

"五四"新文化运动的洪流通过两个涵洞奔注到巴金这里。其一是华阳书刊流通处，其二是成都外国语专门学校。

华阳书刊流通处是城内唯一售卖新书刊的店铺，这时生意很好，被胡适称为"只手打孔家店的老英雄"吴虞在这里看见《新青年》很受欢迎，连守经堂也购买，说是"潮流所趋"。店铺离大哥尧枚做事的地方很近，为了购读方便，大哥还预先在店里存放了一两百块钱，每天下班就到这里取一些新的书报带回家。于是，《新青年》《新潮》《每周评论》《星期评论》《少年中国》《少年世界》《北大学生周刊》《进化杂志》《实社自由录》……还有当地学生办的报刊《星期日》《学生潮》《威克烈》等，都接连地到了巴金兄弟手里。他们轮流阅读，讨论各种问题，还组织过研究会。巴金和三哥尧林受了新思想的蛊惑，开始对家里一切不义的事情都要批评，还做出一些带有反抗性的举动。在一个崭新的世界面前，当思想的潮水滔滔涌来，巴金形容说"自己有点张皇失措"，可见受到的冲击之大。

巴金在祖父死后半年左右，和三哥一同考进成都外国语专门学校。

1921 年在成都出版的《半月》杂志

跨进这所学校，是巴金人生中极为重要的一步。这是一所新派的学校。校方对新文化运动持开放的态度，吴虞就在校内任教，整个学校的气氛非常活跃。在这里，巴金通过学习外国语，可以直接了解西方的思想文化，包括文学。他阅读外国小说，从欧文[7]、狄更斯[8]到托尔斯泰[9]、陀思妥耶夫斯基[10]、阿尔志跋绥夫[11]，一边阅读，一边尝试翻译。在学校里，他进行广泛的接触，寻找志同道合者，从中汲取革命的要素。他跟朝鲜学生高自性学习世界语，结识《半月》杂志创办人吴先忧；经"适社"主持人陈小我介绍，与重庆无政府主义者卢剑波通信，建立友谊。他渴望加入团体，后来参加《半月》的编辑工作，参与学生的秘密团体"均社"的活动，也曾参加罢课及其他的社会活动。《半月》被迫停刊后，他与吴先忧等人又创办了《警群》和《平民之声》，但很快遭到查封。

当巴金最初在《半月》上读到有关"适社"的大纲，了解该社的成立旨在"铲除统治权力""灭绝经济制度""建设互助、博爱、平等、自由的世界"时，心情十分激动，因为这正是他梦想中的世界。他在《我的幼年》中记述说：读完大纲后，思绪难平，深夜听见发疯的大哥在窗外打碎玻璃的声响，竟也不为所动，一面听着，一面摊开信纸给《半月》的编者写信，要求介绍他加入"适社"[12]。

那时，巴金和朋友们沉迷于无政府主义秘密团体的活动：办刊物、通讯、散发传单、印书，还有在夜里开秘密会议。十多年过去，他回忆起如何穿过黑暗、弯曲的街道、狗吠声和树叶的飘动声，然后到达开会地点，看见那些紧张而亲切的面孔，互相报以微笑，他说那情景让他感动得几乎忘却自己的存在。洋溢着青春气息的集体生活使他变作一个诗人了，他写道：

> 我们期待着忙碌的生活，宁愿忙得透不过气来。共同的牺牲的渴望把我们大家如此坚牢地系在一起。那时候我们只等着一个机会来交出我们个人的一切，而且相信在这样的牺牲之后，理想的新世界就会跟着明天的太阳一同升起来……[13]

巴金就是追逐着这个带着孩子气的美丽的幻梦，开始他的社会生活的。也是在这时，他开始自称为"安那其主义者"。法国知识分子克里孟梭曾经说："我为每一个到二十岁时还不是无政府主义者的人感到惋惜。"这时，巴金仅十八岁。

巴金喜欢过这种社团生活，就处境来说，"群体饥饿症"当源自排除孤独的内在驱力，倘从社会革命的观念出发，当被视为责无旁贷的一种实践活动；但是，如果出于个性的选择，街道和广场未必是最合适的去处，虽然那是青年英雄主义的梦工场。对具有知识分子气质的人来说，尤其是忧郁的巴金，桌面的工作——阅读和写作——应当是最感亲近的。

入学不久，巴金收到一个未曾会面的朋友从上海寄来的小册子《告少年》，那是李石曾翻译的著名的俄国革命家、无政府主义

真民译《告少年》

者克鲁泡特金[14]的著作《一个反抗者的话》的节译本。

《告少年》用一种带煽动性的笔调，向一个十五岁的孩子展示未来理想社会的图景。它号召青年人起来反抗，到民众中去，为真理、正义、平等而斗争。它向青年人发问：除了斗争，难道你们一生中还能找到更崇高的事业吗？巴金说，他的一颗心，简直要被这样热情的语言烧成灰烬了。他希望找到一个引导他的人，几天过后，便给翻印此书的上海新青年社的陈独秀写信。他把全心灵都放在里面，那么谦卑、急切，期待着导师指给他出路，吩咐他怎样献出个人的一切。

几乎在同一个时候，巴金在《申报》上看到赠送波兰流亡作家廖·抗夫三幕剧《夜未央》的广告，立即汇款邮索。这是一个革命悲剧，描写一群青年革命者为了反抗沙皇统治，不惜抛弃家庭、爱情和生命，从事暗杀活动的故事。剧本给刚刚获得一个伟大理想的巴金带来的精神震荡可想而知。他兴奋地发现，他第一次找到了梦想中的英雄，找到了他的终身事业，而这事业，又是与他在仆人、轿夫身上发现的原始正义的信仰结合在一起的。他十分珍爱这个剧本，把它介绍

《前夜》（后译为《夜未央》）封面，巴金译，启智书局，1930 年 4 月版

《夜未央》封面，巴金译，文化生活出版社，1947 年 4 月版

给他的朋友，手抄过好几份，一起排演过几回。

让巴金在阅读中深受感动的，还有无政府主义革命家、立陶宛流亡者爱玛·高德曼[15]的论文。他最初是从《实社自由录》和《新青年》中认识著名的"红色爱玛"的。他说："高德曼的文章以她那雄辩的论据、精密的论理、深透的眼光、丰实的学识、简明的文体、带煽动性的笔调，毫不费力地把我这个十五岁的孩子征服了。况且在不久以前我还读过两个很有力量的小书，而我近几

俄国著名的无政府主义女革命家爱玛·高德曼

年来的家庭生活又使我猛然地憎厌了一切强权，而驱使着我去走解放的路。"[16] 他怀着敬慕，称高德曼为"精神上的母亲"，是第一个使他窥见安那其主义的美丽的人。

"我会牢牢记住：青春是美丽的东西。"[17] 在一篇创作回忆录的结末，巴金重复提到"青春"的字眼。青春，对巴金来说，意味着自由、解放和创造。正是青春岁月，把巴金铸造成为一名无政府主义活跃分子，一名社会批判者、宣传家和政论家。十八岁，巴金署名芾甘，开始在他参与编辑的刊物上发表文章了。

目前发现的最早的文章是一篇短论：《怎样建设真正自由平等的社会》[18]。文章公开宣传无政府主义，否定整个现存社会制度的合理性，认为"妨碍人民自由的就是政府"，世界上没有平等，就因为少数人垄断公有财产的结果。所以，要建设真自由、真平等的社会，就只有社会革命，推翻"万恶的政治"。什么是无政府主义？文章概括起来就

是：废弃政府及附属的机关，把生产机关及所有产品复归于人民全体。

针对五四运动引发的爱国主义高涨的现象，巴金发表评论文章《爱国主义与中国人到幸福的路》，及时发出警讯。他提出，爱国主义最终无非是争取和维护国家利益，甚至说"'爱国主义'是人类进化的障碍"，又说"我们考察战争之起源，都是由于'爱国'"。文章指出，中国人要寻找幸福，只有一条路可走，就是推翻政府、私产和宗教等，表现出一种世界主义的激进立场。他还写文章介绍"五一"的历史，鼓吹劳工神圣的思想，宣传无政府工团主义，号召组织大规模的革命劳动团体，打破"国家""政府""法律"等制度，推翻劳动者的最大敌人，一切归劳动者所有[19]。

巴金以青年政论家亮相的几篇短论，说不上系统，无政府主义的态度却是十分鲜明。从一开始，他就关注大的制度，而非个人，或其他细枝末节，平等、公正、以人民为主体的思想是突出的。虽然，他自以为幼稚，说文章"东抄西凑"，但是不能不承认，为他所利用的所有思想材料，都是经过他独立思考和严格选择，而与中国社会的现实问题紧密联系着的。

在撰写评论的同时，巴金还写了若干小诗和散文，多以"佩竿"的笔名，发表在成立不久的文学研究会机关刊物《文学旬刊》上。诗仿冰心的《繁星》《春水》，但是写的是劳动者和被虐者的不幸，没有那种水晶般的清莹之美，却有血泪晶块的粗粝。

值得注意的是，他给《文学旬刊》的编者写的一封公开信，载于该刊的"通讯"栏。信中对当时专门发表鸳鸯蝴蝶派作品的刊物《礼拜六》《半月》《快活》《游戏世界》等做出批评，认为这类杂志的发达"不能算是好现象"，实质上是"社会黑暗到了极点"的表现。他批评中国人只是喜欢消遣、娱乐、逃避思考，所以不喜欢看严肃的"新小说"。针对这种娱乐至上主义倾向，他进一步建议说："我以为现在最好一面做建设的工作，一面做破坏的工作；双方并进，那么就可得很大的效果；将来中国文学便可立足于世界文学之间，并能大放光明。"[20]

一个致力于社会革命的热血青年，能够如此分神于文学是少见的。所以，当无政府主义在中国彻底碰壁之后，他向文学全面撤退便成了合乎逻辑的结局。

1923 年，三哥尧林从成都外国语专门学校毕业。巴金因为没有中学文凭，被改成旁听生，于是决心抛弃学业，跟随三哥一道去上海求学。据巴金说，大哥尧枚想到将来复兴家业，便说服继母，支持他们的远行计划。

3 月，巴金和三哥一起作别大哥等亲人，第一次作别生活了十七年的成都，离开门前立着两只石狮子、檐下挂着一对红纸大灯笼的老家。

> 两个年轻的孩子（不，那时候我们自以为是"饱经忧患"的大人了）怀着一腔热情，从家里出来，没有计划，没有野心，甚至没有一个指导我们的师友，我们有的只是年轻的勇敢和真诚。一条小木船载走了我们，把我们住惯了的故乡，送入茫茫人海中

▍ 1923 年，巴金与三哥尧林离家前合影。后排左二起：大哥、三哥、巴金。中坐者为巴金继母

去。两只失群的小羊跑进广大的牧野中了。[21]

这是二十三年过后，巴金对于离家的一段记忆，话语中，拂荡着一种轻快的心情。

巴金经受过新文化运动的洗礼，而且参加过社会活动，办过新的刊物，还曾写下"奋斗就是生活，人生只有前进"[22]的短语，当作自己的人生格言。那时，大概确如他所说，理想在前面招手，眼前是一片光明。虽然，当他看见大哥流泪送别他们时，他有很大的悲哀；当他想到还有几个为他所爱的人在老家呻吟憔悴地等待宰割时，又不能不感到痛苦。但是，他说："一想到近几年来我的家庭生活，我对于旧家庭并没有留恋。我离开旧家庭不过像甩掉一个可怕的阴影。"[23]表达了一种决绝的态度。

其实，家庭对于巴金，是具有强大的吸附力的，即使在叛逆的少年时期也如此。后来，他在文字中对于几次说及的"没有留恋"的表白做了更正。他说："我说没有一点留恋，我希望我能够做到这样。然而理智和感情常常有不很近的距离。那些人物，那些地方，那些事情，已经深深地刻在我的心上，任是怎样磨洗，也会留下一点痕迹。我想忘掉他们，我觉得应该忘掉他们，事实上却又不能够。到现在我

1925 年在南京，巴金与三哥尧林（左）

才知道我不能说没有一点留恋。"[24]

这里有一个容易被忽略的情节。初到上海，巴金兄弟受二伯父委托，先去了嘉兴祭扫先祖李氏祠堂，然后才进南洋中学读书。祭扫时，兄弟二人发现祠堂年久失修、破败不堪，回到上海后即写信向成都二伯父报告，由二伯父汇款给住在嘉兴的四伯父负责整修。年底，他们又是先到嘉兴祭扫，并查验祠堂的修建情况之后，再到南京就读东南大学附中。一年后，巴金还写下《塘汇李家祠堂》一文。

对于巴金这个激进的无政府主义者来说，他仍然摆脱不了作为李氏家族子嗣的身份。他是属于一个血缘群体的，负有某种久远而神秘的使命，更不用说眼前亲属的种种寄望了。

大哥在世时，巴金固然无须为家事操心；大哥去世后，三哥按月寄款回成都老家，同样无须他负担责任。但当三哥病故，他就不能不充当大家长，亲自整合一个早已破碎的家庭，并极力加以维护了。在说到三哥为家庭所做的牺牲时，他比喻说是"一块大石头"压到刚刚昂起的头上，从此再也没有抬起来；又说像一只鸟折断了翅膀，永远失去高飞的希望。[25]

巴金深爱他的家庭，尤其是弱小的后来者。这种爱，一直潜存于他的心底，深受信念的压抑，直到中年重新与家庭发生直接的联系之后，才温泉一般涌流出来。人性的力量非常可怕，爱其实带有某种盲目性、排他性、强腐蚀性，它会破坏真理性。从后来的事实可以看到，家与国的合谋，如何使巴金失去他的个性，甚至信念，成为一个可以受人摆布的人。

巴金说他喜欢法国革命者丹东[26]的一句话："大胆，大胆，永远大胆！"

但是，那个大胆的巴金很快成为过去。

陌生的巴金出现了。

在南京东南大学附中学习期间，巴金兄弟的生活是清苦的、寂寞的。

最先，他们住进一间空阔的屋子里，把小皮箱当作坐凳，晚上就借着一盏煤油灯的微光，埋头在破方案上读书。后来搬到另一间屋子里，却是狭小阴暗多了。这期间，没有娱乐，没有交际，也没有朋友。清早起来，他们高声朗读外语，然后两个人一起上学，下课后再一起从学校里走回来；下雨时，两个人撑一把伞，雨点常常打湿身上的蓝布长衫；夏夜，睡在没有帐子的木板床上，任由蚊虫叮咬。住屋有一道后门，巴金每晚都把它打开，看静寂的夜，暗夜里的星群。那时候，他正好对天文学感兴趣，记住了一些星星，寂寥中也就把它们看作朋友，仿佛隔着遥夜和他交谈……

巴金常常做梦。他说梦是他们寂寞生活中唯一的装饰。此外就是家信。他想念那位远在故乡的大哥，他说大哥是他和那个"家"中间的"唯一的连锁"。每个星期，大哥至少有一封信来，而他们兄弟至少也有一封信寄去。他说，这些可祝福的信，使他们的心不知奔跑了多少路程。

然而，巴金毕竟已经来到了一个广阔的天地。青年的心，装载的何止是乡愁。对世界的憧憬、社会的各种问题、无政府主义、斗争的潮汛、伟大的爱与憎，把整个心灵给占据了。

巴金非常用功，他显然没有把时间用在功课上面，他的化学考试只有 30 分，需要补考。他是一个有方向感的人。既然他以一个无政府主义者自许，就一定会尽可能地用完备的知识装备自己。其中，语言是最基本的。除了必修的外语之外，他自学世界语，每天一小时，从不间断。课本从上海世界语书店函购。他把世界语当成无政府主义者的语言，早在成都外专时就撰文宣传，把它看作通往"大同世界"的重要工具。结果不到一年，他就可以自由地使用世界语进行阅读、通信和写文章了。

几个月以后，巴金发出一份《茾甘启事》："我欲考究安那其主义者在中国运动的成绩，故拟搜集历年所出版之关于此主义的书报，同志们若有此类书报，不论新的旧的，望赠我一份。如要代价者，可先函商。来函请寄南京北门桥鱼市街 21 号。"[27] 这里隐藏着一个雄心勃勃的阅读和研究计划。看得出来，他并不满足于做散发传单一类的实际工作，他要做一个拿笔的无政府主义战士，一个革命的著作家或理论家。

巴金广泛阅读世界无政府主义者的著作，还有与革命及无政府主义相关的报道。阅读充实他、磨砺他，使他保持着一种热情，甘愿为崇高的理想而生活，甚至渴望死亡。

阅读成了革命工作的一部分。他把其中认为具有重要意义的或是曾经感动过他的文字翻译出来，如蒲鲁东[28] 的《财产是什么？》、柏克曼[29] 的《俄罗斯的悲剧》等送到《民钟》发表，及时地给其他同志提供武器、补充给养。翻译时，他习惯地加写注释、按语、后记，发挥个人的意见。如《俄罗斯的悲剧》，后记中便写：中国共产党提出"要走俄国人的路"是"想把俄国的悲剧拿来中国开演"；至于国共合作，则是"打起无产阶级的招牌而实际却与资产阶级妥协"[30]。他往往不肯直译。有时编译，有时改写，与其说了切合中国社会的实际，毋宁说是出于主观的战斗需要更合适些。

无政府主义的基本主张是消灭国家，因此，它的存在本身也就成了整个世界的事。对于一个无政府主义者来说，国内与国外的界别似乎没有太多的意义，他的关注面，唯在自由、平等、正义的现实境遇之中。

日本无政府主义者大杉荣[31] 之死对巴金的震动极大。1924 年整个下半年，他接连在广东无政府主义刊物《春雷》上面发表数篇诗文，还做了相关的报告，以及编写《大杉荣著作年表》等。他称颂这位长期从事无政府主义活动，最后惨死于日本宪兵的屠刀之下的日本战士大杉荣为"伟大的殉道者"。谴责日本政府和军阀的"强权者"，号召"世界上的同志们"接过血染的旗帜，"将为着谋叛的无政府主义运动继续战斗"[32]。

紧接着，他积极投入一场更为浩大的国际性的"援救俄国在狱革命党人"的活动，斗争的目标直接指向十月革命后建立起来的苏维埃政权、布尔什维克和列宁。

1925 年年初，经朋友秦抱朴介绍，巴金开始与他崇仰已久的时在英国的高德曼通信。他把他与高德曼的关系比作罗曼·罗兰[33]与玛尔维达·冯·梅森堡[34]的关系。罗曼·罗兰二十岁左右认识梅森堡，那时，梅森堡已经七十多岁，但是并不妨碍彼此的精神交流。十三年间，他们互相给对方的书信便多达 600 封。罗曼·罗兰承认，梅森堡带给他的影响是巨大的。他称她为"一个具有磁性的人""精神上的忠实伴侣""第二个母亲"。对于高德曼，巴金有着类似的精神依赖。

高德曼和克鲁泡特金最初是拥护十月革命的，他们倾向于认为，十月革命即使不是无政府主义的，最终也将发展为无政府主义的社会革命。到了 1922 年，他们却成为最早向世界报道十月革命后苏维埃政权专政的首批激进分子。他们不但反对资本主义国家，而且反对苏维埃中央集权制度，反对统制经济及相应的正统的思想体系。他们作为巴金的精神导师，不能不对巴金产生直接的影响，特别是高德曼。"援救俄国在狱革命党人"的运动，就是高德曼和她的情侣柏克曼等人发动的。

五四运动过后，《新青年》开始分化，杂志社随陈独秀从北京移至上海，转变成为中国共产党的公开刊物。1920 年 9 月，陈独秀在上面发表《谈政治》一文，拉开共产主义者对无政府主义者批判的序幕，随后把争论扩大至新创立的共产党机关刊物《共产党》、《民国日报》副刊《觉悟》等地方。

无政府主义者集结在《民钟》周围，此外还有许多旋起旋灭的小报刊，他们对共产主义及苏俄体制的批判基本上呈散兵战状态。双方的论战时断时续，其实一直没有停止过。1924 年，《新青年》刊出"国民革命号"，循着一贯的"以俄为师"的思路，登载列宁、斯大林的大文章，加强列宁主义的宣传。《民钟》与之针锋相对，出版"援俄在狱革命党人专号"，发布成立"中国援俄在狱革命党人委员会"的消息，发表该委员会"致亚洲无产阶级及革命党人书"，一再宣告政府是"平民之敌"，号召推翻政府。专号还选译了大量有关苏联的报道，把共产党说成"刽子手"，把苏联描写成"超乎俄国专制魔王尼古拉之上的""赤色的魔宫"。

巴金一面宣传在苏联受迫害的社会革命党人，颂扬革命人民反抗暴政的精神；一面揭露苏维埃政权的专制暴力，抨击"无产阶级专政"。

他翻译了高德曼的《玛丽亚·司披利多诺瓦的迫害事件》，为《国风日报》撰写《柏克曼传记》，他把这些著译献给异国的革命者，向他们表示内心的感激。他参照高德曼的文章写下《"欠夹"——布尔雪维克的利刃》，指"欠夹"（契卡）为"利刃"，是因为"布党专政下的俄罗斯已成了屠杀革命党人的刑场，执政的共产党便是行刑的刽子手"[35]。

列宁去世近一年，国内无论共产党或国民党方面的报刊都是一片颂扬之声，唯有无政府主义者表示异议。巴金的列宁论尤为激烈，在《列宁：革命的叛徒》一文中，他历述列宁的生平和思想，指责列宁领导的布尔什维克党"打着为民众的旗号"，实质上"背叛民众"，结论非常明确，即指"列宁是革命的叛徒"。年底，他看了《赤心评论》，称列宁为"无产阶级的救星"，受了刺激，于是又据高德曼《列宁论》的材料，写了一篇同名之作，指责列宁滥用"欠夹的无上权力，对俄国人民可以任意杀戮"。他指出，列宁镇压喀琅施塔得起义，是"独夫民贼"的行为；甚至认为，仅凭这个事件，就可以宣判列宁的死刑[36]。

喀琅施塔得事件确实是一个大事件，全世界为之震骇。

1921年2月21日，彼得格勒（现圣彼得堡）工人开会提出取消共产党的专政和建立自由选举的苏维埃政权。俄共（布）彼得格勒委员会执委会认为这是一种叛乱行为，决定全市戒严。工人们如期举行示威游行，要求言论、出版、集会的自由，释放被捕的工人、红军和水手，并立即改选苏维埃。契卡奉政治局之命，逮捕了上百名孟什维克和社会革命党人，还有数百名工人和知识分子，所谓"政治反对派"。

2 日 27 日，附近的喀琅施塔得水兵闻讯骚动起来，就彼得格勒事件举行会议，决定支持彼得格勒工人的行动，同时提出一系列政治要求；3 月 2 日举行代表大会，决定成立临时革命委员会，并发出重新改选苏维埃的号召。从次日开始，大批党员声明退党，喀琅施塔得41 个党组织完全瓦解，共有 900 人退出俄共（布）。临时革命委员会声明：喀琅施塔得正处在为自由而战的关键时刻，我们每个人都将为已经取得的自由而坚定地战斗到底。不是胜利，就是死亡！

这里的水兵，原来是十月革命的头号功臣、布尔什维克最坚定的支持者，现在，他们居然提出诸如自由选举，给所有社会主义政党以自由，取消布尔什维克在苏维埃中的专政地位，实行言论、出版、集会自由等的要求。正如 3 月 15 日列宁在俄共第十次代表大会上承认说的："那里不要白卫分子，但也不要我们的政权。"

当然，这是政府不能容忍的。列宁领导的"劳动与国际委员会"立即将它定性为"叛乱"，并派红军前往镇压。3 月 16 日，红军发布强攻命令，18 日攻陷各要塞，接着大肆搜捕。至 1921 年夏，共处决2103 人，对 6459 人处以各种期限的囚禁，2514 人被流放。

喀琅施塔得事件自发生以来，一直是历史学者研究的重要课题，无论是起义口号的先锋性或是政府镇压的残酷性，都具有经典的意义。巴金据此写成一篇史话，名为《克龙士达脱暴动纪实》[37]，在无政府主义者景梅九主办的《国风日报》副刊《学汇》发表。

文章对喀琅施塔得起义的原因和经过都有明确的交代，他高度评价"暴动的伟大价值"，说它"显示民众的巨大觉醒和力量"，而且"它是永存的"。他把喀琅施塔得事件看作是工人反对布尔什维克一党专政的标志性的革命事件，一年内在译著中提及数次；还把它与巴黎公社并提，称为"近代史上的两次工人革命"，于次年专门做了纪念性的论述。他从历史上先后相差半个世纪的两次革命中，敏锐地发现共同的"安那其主义的色彩"。他评述事件的经过和意义，探讨起义"成功和失败"的原因。他认为，这次起义和巴黎公社一样，成功在于"民众的热诚"；失败的原因也差不多，除了"事前没有预备"等外，"手段太温和"也算是其中之一。文末有"结语"说："克龙士达脱暴动失败"证明了"专政的罪恶"；但是，它显然"为无产阶级指示了社会革命的新道路"。他在文章中一再称颂"为着全体劳工群众奋斗"的喀琅施塔得是"不朽"的。

5月，上海发生工潮，上海日本纱厂资本家打死工人顾正红。30日上午，上海工人学生两千多人在租界一带举行抗议游行，散发传单，被逮捕一百余人。下午群众迅速聚集在英租界南京路老闸巡捕房门前，人数多达万余人，高呼"打倒帝国主义"等口号，要求释放被捕学生。英国巡捕当众开枪射杀，死伤数十人，还逮捕了一百五十余人，史称五卅运动。

全国各地掀起反帝斗争的热潮，南京各界也发起声援活动。巴金参加了这次集体斗争，正如他所说他不是活跃分子，但是实际斗争可以促进思想的成长和变化。

这时，反对帝国主义的思想开始对他产生影响。几个月后，他在刚刚创刊的杂志封面上印了一个口号，就是"要打倒一切帝国主义，弱小民族自己努力"[38]，为此还曾遭到湖南、武汉一些无政府主义者的反对。从无政府主义固有的思想原则出发，帝国列强本应在打倒之列；问题是极容易因此同爱国主义联系起来，而"爱国"恰好和无政府主义中无国家、无政府的主张相抵牾。巴金在后来自称为"爱国主义者"，这从理念上、从思想构成方面，有一个渐变的过程。在抗战前夕，或者具体到游历日本而且大触霉头之后，爱国主义的成分显著增加；而及于1949年之后，相对于原来的世界主义者来说，可以说是彻底的转变，成为一个地道的爱国主义者了。

五卅运动的浪潮方兴未艾，巴金迎来他人生中一个新的转折时期。两年前，他虽然离开故家，却跟随三哥一起过着家庭的生活。暑假高中毕业，兄弟两人开始分手，此后他将过独立的日子，遇事一切由自己决定。在生活方面，巴金并不如在纸面上的激昂奋发，反倒显出怯弱的底色。他去北京只为报考北京大学，一来检查体格时，医生说他有肺病；二来害怕失败，担心不会被录取，结果连考场也不想进去。在公寓里待上半个月，结识几位朋友，翻完一本《呐喊》，他便一股脑儿返回南京。

在南京，巴金找三哥盘桓了两天，随后动身到上海去。

巴金成了无家可归的人了。

起先，他对这样的环境很不适应，情绪非常低落，甚至一度生出"死的苦闷"，弄到差点要皈依佛教。

他渴望朋友。在无政府主义者中，"朋友"一词是有着特殊意义的。好在住处居住着卫惠林、卢剑波几位，而且又是同志。在苦闷一天天增加，到了快要忍受不下去的时候，他终于重新回到现实的道路上来。

他和朋友们一起创办了《民众》半月刊，在无政府主义刊物中，其影响可能仅次于《民钟》。他撰稿、看稿，很快就忙不过来了。繁忙的工作对于抑制不良情绪不失为一服良药。毛一波有一段回忆，生动地记录了一群年轻的知识者忘我工作的情景，其中就有巴金。他写道：

> 那也是多雨的春夏之交，我和几个亲爱的同志们住在上海贝勒路底。我们那时穷得只能吃几个面包和喝一点清水。然而，同志们的精神却是十分饱满。我们还分了余钱出来出版革命刊物呢。那一个生了肺病的同志芾甘，正在负责译述先烈的遗著。从他难看的面色和干咳声中，他常是冒雨去为主义工作。我也曾和他一道在马路上奔跑过，让那斜风和冷雨打在自己头上。从贝勒路的南底跑到远远的印刷所取书报，雨水常是迷茫了我们的近视眼镜……[39]

这群知识者被后来的研究者称为中国"第三代"的无政府主义者。当他们在社会中活跃起来时，无政府主义已经盛筵难再，到了灯火阑珊时分了。

"五四"时期，各种主义、思想和团体都在一个共同的革命主题中表现出某种一致性。运动过后，原有的界限渐渐显现出来。而这时，在无政府主义与共产主义者之间，还曾有过一段短暂的亲密关系，所谓"安布合作"。共产国际在北京等一些重要城市策动成立"社会主义者同盟"，北大的无政府主义者黄凌霜和同事陈独秀、李大钊等组成第一个同盟。这些同盟是马克思主义研究小组的前身，中国共产党就是在此基础上成立的。在这些团体中，无政府主义者原先占有主导的地位，团体创办的刊物也多由他们担任编辑工作。自从共产党成立以后，无政府主义者对群众运动的领导权很快便落到共产党的手里。

无政府主义者和共产主义者都积极推动社会革命，不同的是，无政府主义者反对用政治革命取代它；共产主义者则力图超越社会革命，而以建立新型国家为目标。此外，无政府主义者始终无法解决"组织"与"自由"的固有的紧张关系，由于追求自由、反对集权，导致组织松散而呈多元、无中心的状态，难以统一协调全国的运动。共产党则一直保持严密的组织性，1924 年以后，通过国共合作，取得合法地位，进一步扩大在群众运动中的声望。组织及权力现实意识方面的优势，使共产党的势力迅速扩张。无政府主义者是现代工人运动的最早的发动者，1922 年至 1923 年间，曾经发挥过重要影响，运动到达高潮时，人数高于共产党。但当 1925 年第二次"全国工人大会"在上海召开时，形势明显逆转，共产党已是无可争议地取得了作为工人运动领导者的地位。[40]

20 世纪 20 年代初，中国政治呈现出南北对峙的局面。孙中山率领中国国民党南下，以广州为"革命策源地"，建立黄埔军校，推行"联俄、容共、扶助农工"三大政策，厉兵秣马，然后举兵北伐，以期推翻北洋军阀政府，统一全国。孙中山逝世后，以蒋介石为首的军人势力迅速崛起。作为工农运动的推手之一，国民党在加强军事力量的同时，并未放弃对群众组织的控制。当国民党的右翼势力感到共产党势力的扩展足以威胁到国民党在统一战线中的主体地位时，两党的潜在冲突便以流血的形式公开爆发了。

五卅运动是时代的一个新的转折点。共产党的领导者之一瞿秋白称"五卅"这一天是中国国民革命开始的一天；工运领袖邓中夏形容说"五卅运动以后，革命高涨，一泻汪洋"，构成 1925 年至 1927 年的中国"大革命"。五卅运动强化了群众运动不同的党派色彩，促进了革命统一战线的分化；共产党从中成功地把工人运动从原来的经济要求引向政治斗争，影响力迅速飙升。这时，革命的重心开始从广州转移到上海，一个对政治冷感的商业城从此成为劳工运动频发的飓风口。

上海聚集的一批无政府主义者，他们来自广州、湖南、四川、浙江等地，多有工人运动的经验，构成为"上海工团自治联合会"的核心。

第一代无政府主义者的领袖人物刘师复早已提出"无政府其目的，工团主义其手段"；到了第三代，工团主义成了宣传的主要纲领。他们极力主张工人自己管理经济，通过工会进行罢工或总罢工等直接行动反对资产阶级，争取会员的权益。但是，这时候的工人已经有了自己的政治目标了，共产党关于阶级斗争和无产阶级专政的宣传对他们来说更具诱惑力。相对地，无政府主义对工人的影响力急遽下降。虽然，他们也针对运动内部无组织的现象进行批判，以图挽回败局，无奈这是一种宿命，无组织、无中心、无权威正是无政府主义固有的致命伤。不过，第三代无政府主义者在运动遭到挫败之际，依然充满批判的热情。有学者说，他们是在追求观念的纯粹性，是"为批判而批判"。其实，也不能说他们对诸如爱国主义及政治精英的批判完全没有现实的针对性，问题在于客观情势的变化太大，因而失去其有效性，以致最后沦为夸父式的英雄悲剧。

巴金是一个工团主义者，他公开表示说："要实现无政府主义，除了有组织的群众运动外，并无其他的路可走。"[41] 他主张自下而上建立工团组织，训练工人的管理能力，为社会革命做准备；条件成熟时，进而利用"总同盟罢工"的方法，由有组织的工人掌握工业管理权。他认为，工团可以避免"革命成为一党

中国早期著名的无政府主义者刘师复

的垄断物"，避免"一党专政"。但是，如他的朋友毛一波所说，"巴金没有实际参加过任何运动，在'上海工团联合会'，他只在里面的《劳动周刊》写过类似小说的文章"。实际上，他是"迟到的无政府主义者"，即使幻想投入"有组织的运动"，这时也已失去了地盘。

作为一个"宗教激进主义者"，他要极力探求并阐述无政府主义本来的意义。所以，在巴金那里，我们很少看到他对中国时局的分析，相反更多的是关于国外政治历史的评论。比起周围的伙伴，他似乎更耽迷于理想主义和英雄主义的梦幻，陷于观念之网中。

才到上海，巴金所译蒲鲁东的《财产是什么？》就在《民钟》连载，不久又翻译了克鲁泡特金的《面包略取》(《面包与自由》)，都是无政府主义的经典著作。在一年左右的时间里，关于无政府主义，他还翻译了一系列论文，如阿利兹的《科学的无政府主义》、马拉铁司达的《科学与无政府主义》、若克尔的《克鲁泡特金学说概要》等；此外，又有《无政府主义的阶级性》《无政府主义岛的发现》《无政府主义与工团主义辨识》，以及《五一运动史》等撰述，可见其信仰的热诚。无政府在中国已经临近末路，而他，仿佛一位刚刚走出神学院

的学生，那么单纯而自信地踏上布道的行程。

在此期间，巴金还写了堪称世界无政府主义者列传的大量史话文字，其中有《芝加哥的惨剧》《东京的殉道者》《俄国虚无党人的故事》《法国虚无党人的故事》《断头台上》等。他写了在芝加哥五一大罢工中遭到逮捕、在法庭上据理抗争的美国无政府党人，日本无政府主义者大杉荣等人，法国向巴黎代议院投掷炸弹、刺杀总统而后被判绞刑的五个无政府主义者，暗杀沙皇的俄国青年虚无党人，还有俄罗斯革命中的妇女，被判流放和死刑的一批无政府主义者和革命党人。

巴金通过书写，向一群"爱自由重于生命"的伟大灵魂致敬。他写道："所谓真正的无政府主义者是一个富于反抗精神的形式（至少含有反抗、考究、批评、革新四种）的人。他热烈地爱着自由，有敏锐的求知心和好奇心，并且他还应该具有对于他人热烈的爱情和正义的态度，他并应该渲染着宣传的热诚和浓厚的道德感情。……举止的庄严，生活的朴素、整齐和刻苦，尤其应有一个无比的勇气。……他们为着要流他们的血，他们含笑地去受死刑，他们相信他们的殉道是可以拯救人类的。"[42] 他表白说："我自己早在心灵中筑就了一个祭坛，供奉着一切为人民的缘故在断头台上牺牲了生命的殉道者，而且……立下誓愿：只要我的生命存在一日，便要一面宣扬殉道者的伟大崇高的行为，一面继续着他们的壮志前进。"[43] 一方面巴金以英雄的行迹填补内心的怯弱，这是一种内在需要；另一方面，他不安于自己停留在他所主张的工团主义的外面，没有深入到工人反抗资本主义的实际斗争中，所以在潜意识中，希望通过宣扬无政府主义者的斗争故事的工作，以获得一种内心平衡的方式，一种自我慰藉的根据。

在反抗斗争中，巴金并不主张放弃暴力，但反对使用像暗杀一样的恐怖手段。暴力并非暴行，武力的使用是有限界的，而这正是无政府主义与恐怖主义的区别。早在南京读书时，他就曾撰文表示过同样一种态度，即把斗争方式同牺牲精神分开，后来在题为《杂感》的短文中，更明确地指出："无政府主义者反对的是制度，而不是个人，制度不消灭，杀了个人也无用的。"[44] 这显示了巴金理性的一面，作为理论战士成熟的一面，同时显露了一个人道主义者的人性底色。

从南京到上海，巴金延续他对苏俄体制和布尔什维克的批判。他对十月革命本身并未加以否定，甚至认为它比法国大革命还要伟大些，理由是因为它废除了沙皇的绝对统治，还毁坏了有产阶级的经济特权，更深入地触及社会的根底。但是，由于他始终把"革命"看成为民众争取政治自由和经济平等的自发行动，而不是政党集权的产物，所以坚持把"无产阶级专政"实质上是"一党专制"作为批判的核心。

巴金到上海时，无政府主义者在《学灯》《晨报副刊》上同北京大学教授陈启修展开"苏俄仇友问题"的论战。陈启修到苏联考察了十三个月之后回国，四出演讲，介绍苏联作为无产阶级专政国家的成就。巴金随即介入论战，在《学灯》发表评论，援引柏克曼《俄罗斯的悲剧》中有关苏联经济状况的材料，对陈启修《劳农俄国之实地考察》的结果进行反驳，指斥说"劳工专政明明是骗人的鬼话"。还说苏联实行的"新经济政策"是苏共妥协的表现，实质上是向资本主义倒退。[45]

他有文章论列宁、论喀琅施塔得事件；又有译文专门论述苏联文化，说十月革命后的"新俄罗斯"没有哲学、文学、音乐、舞蹈和戏剧，总之是"没有文化"。他还发表了一篇评论《地底下的俄罗斯》，其中摘译了一些材料，包括监狱调查、华侨被捕经历等，说明苏联是一个充满政治恐怖的国家，"几乎全国中除去布党外，其余的人时时刻刻都有被捕之虞"。他表示了公开的敌意，几乎用了号召的语调说："俄罗斯人沉在黑沉沉的地底下了，为了救济俄国人民的痛苦，为了正义，为了人道的缘故，我们应当起来，援助俄国的革命党，把地底下的俄罗斯超拔上来。"[46]

在理论上，巴金直接质疑马克思列宁主义。在《马克思与阶级斗争》的文章里，他批驳恩格斯在 1883 年德文版《共产党宣言》中关于马克思"发明"阶级斗争一说，指出：（一），阶级斗争是一种客观事实，并非出于思想家的发明；（二），这一事实已为早期的社会主义者所公认，马克思的阶级斗争学说大半得之于他们，恩格斯说是"发明"，不过是"抄袭"而已。文中，巴金还批判说马克思"过于重视政治斗争"，其结果只能是"用阶级来统治阶级"。他认为，"阶级斗争是为着经济上的解放"，所以，要解放全人类，就应当使用"经济的方法"。[47] 他还曾翻译过无政府主义者若克尔的一篇论文，题作《近代劳动运动中的议会活动观》，并写了译者按。[48] 在按语中，他指出"无产阶级的解放要由无产阶级自身去做，达到无产阶级解放的唯一方法是直接行动，议会活动是无利益的"。显然，巴金是主张直接民主、反对集权制的。针对十月革命后苏联的政治现实，他认为，"获得政权并不能解放无产阶级"，所谓"无产阶级专政"，实际上"只是一党一派造来欺骗无产阶级而借此实行一党专政"[49]。他还声明，他所译介的若克尔的文章，是无政府主义者政治态度的一个正式宣示。

朋友卢剑波在《学灯》发表《论无产阶级专政》一文，巴金作为呼应，接着写了《再论无产阶级专政》[50]。

文章在理论和材料方面都做了很充分的准备，首先指出，苏维埃"不是无产阶级专政的形式"，而是"共产党领袖专政的形式"。集权的结果，必然导致领袖个人的专制独裁。其次，"一阶级压迫他阶级是不应该的，是足以损害人类的幸福、为人类进步的障碍的"。因此，要消灭阶级压迫，就连无产阶级专政也必须加以反对。在陈述了无政府主义关于无产阶级专政的一般观点之后，文章推论说，无产阶级上台之后，原来的有产阶级将变成新的无产阶级，这样反复循环下去，阶级斗争永远没有停止的时候，国家也就不可能消亡，像马克思、恩格斯预言的那样。文章最后的结论是：无产阶级专政理论是空想的、矛盾的、不成立的。

作为一位年轻的批判家，巴金对于无产阶级专政理论及苏联体制的批判，在战斗意向上很受高德曼的影响。虽然理论本身不见得有个人的创造，但在应用和发挥无政府主义经典作家的思想方面，却是得心应手，勇猛而深入，显示了个人的思考力。表面上看来，巴金从事的是国际性的理论斗争，其实也是中国社会实际斗争的一部分。当时，国内最大的国共两党都是决心走苏联道路的，因此，巴金等人的批判有警戒的、阻拒的作用，更不用说关系到未来体制建设的意义了。

1924 年巴金摄于南京

与马克思主义国家学说相联系，还有一场发生在巴金与郭沫若之间关于"马克思进文庙"的论争。

郭沫若自 1924 年年底从日本归国后，自称成为马克思主义者，高调宣告从文艺转向社会科学研究和参与实际斗争。1926 年 1 月，他在《洪水》同时发表《马克思进文庙》《新国家的创造》两篇文章，其中说马克思是承认国家的，马克思的共产主义是"新国家主义"。大学生陶其情提出反驳，称古代东亚唯心派的孔子与近代西欧唯物派的马克思的思想冰炭难容。巴金从半路杀出来，借考茨基[51]攻击列宁的话做标题《马克思主义卖淫妇》，撰文在《学灯》发表，火力对准郭沫若。他直指郭沫若"简直不懂马克思主义"，文中引用多种马克思主义经典著作，证实马克思主义是否认国家、要废除国家的。郭沫若答以《卖淫妇的饶舌》，说巴金混淆了马克思主义和无政府主义，"简直把他们所极端反对的马克思当成他们所极端崇拜的克鲁泡特金了"。巴金很恼火，觉得郭沫若的文章让自己"遭了不白之冤"，一面写文章进行批驳，重申马克思反对国家的本意；一面以公开信的形式寄给《洪水》主编周全平，再补充一个反马克思主义的论点，即在《再论无产阶级专政》一文中所说的："马克思虽然主张废除国家，但是他所取的手段不能达到目的。即是权力集中的国家不能自行消灭。"[52]

在文章《答郭沫若的〈卖淫妇的饶舌〉》中，还有一段文字，再次攻击马克思，包括"抄袭"的行为在内，语气相当激烈。

> 沫若说："像马克思那样的人物，他就做我的'祖师'也当之无愧，而我也是事之不惭。"自然呵，昂格思（恩格斯）批评马克思说，他的本性原来是搅乱的、阴谋的、狭量的、专制的人物。莫斯特虽然尊重马克思，却也说马克思是一个野心家。马克思并且曾帮助俄法政府诬巴枯宁为俄政府的经理……"无产阶级专政"的理论，也是抄巴布夫、路易勃朗诸人的书的。《资本论》的大部分都是从亚当·斯密、李加图及其他经济学家的著作中抄来的，还从当时报纸上抄了一大部分的事实。这样"一页复一页，一章复一章"（用罗素语），无怪乎这部书有如此之厚呢！（想来沫若是不会骂马克思"炫学斗狠的"）柴尔凯索夫批评马克思说："他把亚当·斯密的用语变更了一下，而取其价值学说的全部……他给了弥尔以有产阶级的恶名，置其著作于社会主义者不可接近的地位，然而他的利润之最小限度之倾向的理论却又取之于弥尔。"（见柴氏《社会主义史》第十章《中国共产党宣言的底本》）[53]

文章对郭沫若这位曾经以《女神》影响过他，比他年长十二岁的四川老乡毫不留情，极尽嘲讽。他说郭沫若"自认为是马克思主义者，然而对马克思是完全不了解"，"奉劝郭君以后多作诗，少谈主义，以免闹笑话"；又说郭沫若"武断""滑稽""很可怜"，甚至连"卑劣"

的字眼也使用了。

朋友王辛笛说巴金既"多愁善感",又"热情好斗"[54]。又一位朋友沈从文说他"带着游侠者的感情","看书多,看事少","有时变得过于偏持,不能容物"[55]。年轻气盛是一个方面,性情偏激是另一个方面,但是,巴金之所以在这里充当"游侠",路见不平、拔刀相助,其实有更深层次的原因,并非意气用事。几年来,他读书确实不少,毛一波说他读的《资本论》就是从巴金那里借来的,从文中的旁征博引也可以看出来。他一直致力于无政府主义研究,社会科学的视野已经相当开阔,并且积累了一定深度的理论修养。在他看来,郭沫若文中出现常识性错误,却又偏偏以"权威"自居,这就不能不使他感到激愤,不惜向"偶像"发起挑战了。尤使这位年轻的安那其不能沉默的是,他不能坐视无政府主义神圣的原理遭到亵渎。无政府主义者是反国家、反政府的。

在两年的时间里,巴金对马克思主义、对苏联的社会主义体制、对苏联共产党和列宁,进行了持续而集中的攻击。可以设想,假若苏联式体制一旦在中国实施的话,不问而知,这一切都将成为沉重的政治包袱。

对郭沫若的攻击,也并非是无足轻重的事。关于郭沫若个人,这里举两个例子:第一,他曾化名"杜荃"著文称鲁迅为"二重的反革命",几十年下来,始终不肯坦承;第二,1948年时他写下《斥反动文艺》一文,给沈从文、萧乾、朱光潜等人贴上有色标签。在即将"进城"的关口,拒发"政治通行证"。令人意外的是,这时,他为何放过了一个肆无忌惮的无政府主义者?甚至提前说起"砍樱桃树的故事"向巴金请罪,为什么?

时代的戏剧制造了许多悬念。有的矛盾在不经意中化解了;有的矛盾被不断激化,引发轰轰烈烈的斗争;有的矛盾则在暗中转化,或者以一种扭曲的形式依样存留,于是戏剧变成了潜戏剧。

注 解：

1. 巴金：《家庭的环境》，收录于《巴金自传》，江苏文艺出版社，1995 年，85 页。

2. 法兰兹·卡夫卡（Franz Kafka，1883–1924），著名奥匈帝国作家，被认为是当代最具影响力的一位，代表著作有《变形记》《城堡》。

3. 弗兰克·萨洛韦（Frank Sulloway），美国心理学家，代表著作有《弗洛伊德，心智的生物学家：超越精神分析的传奇》。

4. 弗兰克·萨洛韦著，曹精华、何宇光译：《天生反叛》，江苏人民出版社，1998 年，223 页。

5. 尼古拉·哥白尼（Nicolaus Copernicus，1473–1543），文艺复兴时期天文学家，对现代天文学有重大贡献。

6. 巴金：《家庭的环境》，收录于《巴金自传》，江苏文艺出版社，1995 年，268–269 页。

7. 华盛顿·欧文（Washington Irving，1883–1859），美国著名作家，代表著作有《沉睡谷传奇》。

8. 查尔斯·狄更斯（Charles Dickens，1812–1870），维多利亚时代著名英国作家，代表著作有《双城记》。

9. 列夫·托尔斯泰（Leo Tolstoy，1829–1910），俄国著名作家、无政府主义者，代表著作有《战争与和平》《复活》《安娜·卡列尼娜》。

10. 费奥多尔·陀思妥耶夫斯基（Fyodor Dostoyevsky，1821–1881），俄国著名作家，代表著作有《罪与罚》《卡拉马佐夫兄弟》。

11. 米哈伊尔·阿尔志跋绥夫（Mikhail Artsybashev，1878–1927），俄国作家、剧作家。

12. 巴金：《我的幼年》，收录于《巴金全集》第 13 卷，人民文学出版社，1993 年，9 页。

13. 同上，17 页。

14. 彼得·克鲁泡特金（Peter Kropotkin，1842–1921），俄国革命家、地理学家，无政府主义创始人。

15. 爱玛·高德曼（Emma Goldman，1869–1940），俄国著名社会活动家，无政府主义组织的领导人。1886 年流亡美国，参加无政府主义宣传活动，1893 年被捕。获释后赴欧洲活动，1919 年被放逐到苏联，两年后又离苏赴美，在加拿大演说途中病故。主要著作有《近代戏剧论》《战士杜鲁底》等。

16. 巴金：《信仰与活动》，收录于《巴金全集》第 13 卷，人民文学出版社，1993 年，106 页。

17. 巴金：《〈家〉附录三》，收录于《家》，人民文学出版社，1981 年，394 页。

18. 本文刊登于成都《半月》刊第 17 号（1921 年 4 月 1 日），署名芾甘。收录于《巴金全集》第 18 卷，人民文学出版社，1993 年，1–3 页。

19. 巴金：《爱国主义与中国人到幸福的路》，收录于《巴金全集》第 18 卷，人民文学出版社，1993 年，14–15 页。

20. 刊登于《时事新报·文学旬刊》第 49 期（1922 年 9 月 11 日）"通讯"栏，署名芾甘，本篇原无题。

21. 巴金：《纪念我的哥哥》，收录于《巴金自传》，江苏文艺出版社，1995 年，118–119 页。

22. 巴金：《家庭的环境》，收录于《巴金自传》，江苏文艺出版社，1995 年，91 页。

23. 同上。

24. 巴金：《关于〈家〉（十版代序）》，《家》，人民文学出版社，1981 年，380 页。

25. 巴金：《纪念我的哥哥》，收录于《巴金自传》，江苏文艺出版社，1995 年，519 页。

26. 乔治·丹东（Georges Danton，1759–1794），法国大革命初期的领导人。

27. 全文载于广州《春雷》杂志第 3 期（1924 年 5 月），署名芾甘。

28. 皮耶 – 约瑟夫·蒲鲁东（Pierre-Joseph Proudhon，1809–1865），法国经济学家、无政府主义的奠基者。

29. 亚历山大·柏克曼（Alexander Berkman，1879–1936），俄国作家、无政府主义者，以其政治运动和写作闻名。

30. 原文载于《民钟》第 12 期（1925 年 7 月 1 日），第 1 卷，署名芾甘。

31. 大杉荣（Sakae O-sugi，1885–1923），日本作家、社会活动家、无政府主义者。

32. 巴金：《大杉荣年谱》，原文载于《民钟》第 12 期（1924 年 8 月 1 日），第 1 卷，署名芾甘。后收录于《革命的先驱》，上海自由书店，1928 年 5 月版。

33. 罗曼·罗兰（Romain Rolland，1866–1944），20 世纪法国著名作家。

34. 玛尔维达·冯·梅森堡（Malwida von Meysenbug，1816–1903），德国作家。

35. 原文载于《民钟》第 10 期（1925 年 1 月 1 日），第 1 卷，署名芾甘。后收录于《苏俄革命惨史》，上海自由书店，1928 年 3 月版。

36. 原文载于北京《国风日报》副刊《学汇》（1925 年 2 月 20 日），署名芾甘。

37. 原文载于北京《国风日报》副刊《学汇》连载（1925 年 2 月 24 日起），署名芾甘。"克龙士达脱"即"喀琅施塔得"。

38. 见《民众》半月刊创刊号，1925 年。

39. 毛一波：《难忘的回忆》，收录于《巴金文学研究资料》，1989 年第 2 期。

40. 参见阿里夫·德里克著，孙宜学译：《中国革命中的无政府主义》，广西师范大学出版社，2006 年；《无政府主义在中国》第一辑，湖南人民出版社，1984 年；《无政府主义思想资料选》（上、下），北京大学出版社，1985 年。

41. 巴金：《无政府主义与恐怖主义》，收录于《巴金全集》第 21 卷，人民文学出版社，

1993 年，252 页。

42. 巴金：《断头台上》，收录于《巴金全集》第 21 卷，人民文学出版社，1993 年，156 页。

43. 同上，11 页。

44. 巴金：《杂感》，最早收录于《俄罗斯十女杰》，上海太平洋书店，1930 年；现全书收录于《巴金全集》第 21 卷，人民文学出版社，1993 年，248 页。

45. 巴金：《评陈启修教授之〈劳农俄国之实地考察〉》，载于《时事新报》副刊《学灯》第 7 卷第 10 册，第 22 号至 24 号（1925 年 10 月 22 日至 24 日），署名芾甘。

46. 唐金海、张晓云主编：《巴金年谱》，四川文艺出版社，1989 年，110 页。

47. 本部分观点可参见巴金：《马克思主义卖淫妇》，原载于《时事新报》副刊《学灯》第 8 卷第 1 册，第 19 号（1926 年 1 月 19 日），署名芾甘。

48. 《近代劳动运动中的议会活动观》译者按，原载于《民钟》第 14 期，第 1 卷（1926 年 1 月），署名芾甘；后收录于《革命之路》，上海自由书店，1928 年。

49. 同上。

50. 原载于《时事新报》副刊《学灯》第 7 卷第 12 册，第 16 号至 18 号（1925 年 12 月 16 日至 18 日），署名芾甘。

51. 卡尔·考茨基（Karl Kautsky，1854–1938），捷克政治哲学家，推动马克思主义的重要人物。

52. 原载于《时事新报》副刊《学灯》第 7 卷第 12 册，第 16 号至 18 号（1925 年 12 月 16 日至 18 日），署名芾甘。

53. 原载于《时事新报》副刊《学灯》第 8 卷第 4 册，第 5 号（1926 年 4 月 5 日），署名芾甘。

54. 王辛笛：《艰难的步履：我所了解的巴金》，收录于陈思和、周立民选编：《解读巴金》，春风文艺出版社，2002 年。

55. 沈从文：《给某作家》，收录于李存光编：《巴金研究资料》下卷，海峡文艺出版社，1985 年。

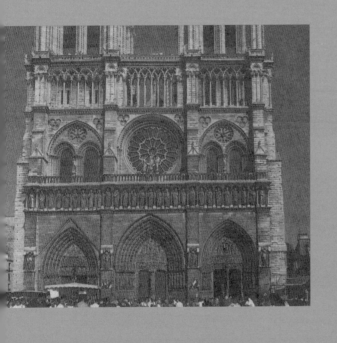

第三章

圣地法兰西

1927 年 2 月 19 日上午，巴金来到了巴黎。

赴法留学的念头，大半年来一直折磨着他。同住的朋友卫惠林决定去法国，他在上海不进学校，又没有工作，自然渴望相随到那个曾经燃烧过革命烈火，至今仍然聚集着不少流亡革命者的国度去，一来可以深研无政府主义的历史，二来寻得更多的友谊。他考虑到法国容易接纳中国学生，费用也低，便写信向大哥直陈自己的要求。

▍1926 年，巴金以"李尧棠"本名申请护照前往法国留学

▌1927 年，赴法留学护照　　▌俄国革命家妃格念尔
上的巴金

　　由于家庭经济衰败，大哥并未答允，却要尧林劝他推迟赴法的行期。他素来任性，又很执拗，一再写信坚持，最后做出退让的还是大哥，把他所需的款项汇到了上海。

　　为巴金赴法一事，从法国勤工俭学回来的朋友毕修勺热心之极，代为办理护照签证、兑换法郎、买船票等一切手续；登船的当天，还亲自赶来送行。

　　巴金登上"昂热号"法国邮船，开船时站在甲板上，心中充满离愁。他望着船慢慢离岸，直到看不见岸上高大的建筑和黄浦江中的舰只时，这才掉过头来，含着泪低声说了一句："再见罢，我不幸的乡土哟！"[1]

　　这是俄国女革命家妃格念尔[2]的一句诗。三年前离家时，随同三哥在一起，乘坐古老的木船沿江而下；这时相伴的是无政府主义的"同志"，改乘了外国的轮船远涉重洋。那时的乡愁，不过是单纯的恋家情结；这时却多出一种祖国的观念，一种革命的旷阔的情怀。那时，他看见远方黑暗的江面上有一盏灯火，仿佛有人在前面引路，还写了一首小诗："天暮了，／在这渺渺的河中，／我们的小舟究竟归向何处？／远远的红灯呵，／请挨近一些儿吧。"[3] 现在，他再也无须别人指导，他要亲自前去寻找，而且寻的，已不是一盏孤灯，而是一支可以传递的火炬了。

> 哟，雄伟的黄河，神秘的扬子江哟，你的伟大的历史在哪里去了？这样的国土！这样的人民！我憎恨你！
> 再见罢，我不幸的乡土哟！我爱你，我又不得不恨你！[4]

出发前的夜晚，巴金给三哥写了一封长信。信中说沿途会写信给他们，让他们知道他是怎样在海上度过的，同时也让他们领略一点海行的趣味。

船中共有九名中国学生，晚上他们常常从船舱里跑出来，躺在甲板的帆布椅上，一起讨论各种政治和社会问题，大胆而热烈。巴金很少发言，大多一边听一边看书，克鲁泡特金的一部《伦理学》令他着迷。在一个人独处的时候，他就写信，即海行纪事。从这些类似游记的文字看，虽然夹有乡思的灰暗，但是基调是明快的、亢奋的。

踏足巴黎车站，已在月台等候的吴克刚随即把巴金和卫惠林领到一家小旅馆安顿下来。巴金本来体质便差，加上旅途劳顿，这时竟病倒了。等他病愈，住地便搬到先贤祠附近拉丁区的另一家旅馆里。

大哥寄钱时，表示希望巴金学工科，作为未来振兴家业的资本，而他偏偏选择经济学，打算进巴黎大学以后，从经济学入手研究无政府主义和工人运动。由于进学校得先学法语，于是，他便进了法国文化协会附设的夜校补习。

刚到异地，少了朋友，又值下雪天气，没有地方取暖，巴金的心情低落了许多。用瞿秋白《多余的话》中的一个词来形容，即"脆弱的二元论者"：理性的坚定的安那其，情感上的小布尔乔亚。

巴金把海上写的文字集起来寄给两个哥哥时，附了一封信，说：

"我曾经知道我们的心不会被那无边的海洋所隔断，但是现在我的心确实是寂寞得很！冷得很！望你们送点火来罢。"[5]再说，也是同样的文字："……我永远是冷冷清清，永远是孤独，这热闹的繁华的世界好像与我没有丝毫的关系。……大哥！我永远这样地叫你。然而这声音能渡过大的洋、高的山而达到你的耳里么？窗外永远只有那一线的天，房间也永远只是那样的大，人生便是这样寂寞的么？没有你在，纵有千万的人，对于我也是寂寞……"[6]巴金在内心深处，根本无法断绝与家的联系，只要家存在着，就足够构成前进的羁绊，可以使一个战士变得脆弱不堪。

巴金住在五楼，房子很逼窄，窗户整天开着。他探首窗户，可以望见下面的一条寂静的街道，寥寥的几个行人；还有街角的咖啡店，人们从敞开的玻璃门里进进出出，却不曾听到一点喧闹的声音。一座古老的建筑耸立在正对面，挡住了他的视线；而且常常遮没了阳光，使他的这间充满煤气和洋葱气味的小屋变得更忧郁、更阴暗。

朋友除了卫惠林和吴克刚，还有好几位，只是偶尔聚在一起，谈话或者辩论。同住的卫惠林喜欢整天到图书馆或公园里去，于是他就常常被留在坟墓一般的房间里，孤寂地拿些破旧的书本来消磨时间。

生活是单调的，也很刻板。他上午到附近的卢森堡公园散步，晚上到学校去补习法语，余下的一大截白天就耽守在屋子里，让闷声不响的书籍来啃啮青春的生命。这是他不能忍受的。所以，无论是晴天还是雨天，也无论日午、黄昏或夜晚，他常常一个人沿着先贤祠旁边的一条路，径直走到卢梭的铜像跟前，向这个被托尔斯泰称为"18世纪全世界的良心"倾诉一个年轻的异邦人的情怀。有一次，他不觉伸出手去抚摩底下那冰冷的石座，像抚摩一个亲人，然后抬头仰看那个拿着书和草帽屹立着的巨人。他站立在那里，完全忘却前来的苦痛。伟大的启蒙思想者的幻光笼罩着他，直到耳边响起警察沉重的脚步声，才使他突然惊觉，明白自己此时置身于怎样一个世界。

每天深夜回到旅馆，巴金惯于稍事休息，然后点燃煤气炉，煮茶

巴黎圣母院前的卢梭像

来喝，让自己沉没在缅想的世界里。这时，圣母院悲哀的钟声从不远处传来，沉重地打在他的心上。

寒夜里的钟声唤起他在上海活动、生活的记忆。他想到那些仍然陷于苦斗中的朋友，想到种种爱恨情仇，心里有刀割样的疼痛；但接着，又有一股野火般的情绪升腾起来。为了抚慰一颗骚动不宁的心，他一面听着圣母院的钟声，一面在一本练习簿上快速记下一些往事、一些情绪、一些想象。他从来不曾如此杂乱地记述熟悉而又陌生的人与事，而这些，恰好构成为第一部小说《灭亡》的前四章内容。

3月，是感伤的季节，也是创造的季节。这时，巴金的生活好像变得有了生气。朋友渐渐多起来。他从他们那里借到许多为他所需要的书籍，每天紧张地阅读，同时从与高德曼等人的往来信件中也得到了不少的安慰和鼓舞。他自觉时间太少，便把刚开头的小说搁起来了。文学不是他的宗教，小说创作对于他永远是第二位的。用厨川白村的题目来形容可谓适切，那不是工作，那是"苦闷的象征"。

他给大哥写信说："这是我一生中最快乐的时候。……我的心里又有了希望，对于未来的信仰更加坚强，我觉得经过一次与恶魔搏斗后，我又复活了。我有创造力，我有生命力！……我的生活曾是如此地绝望和痛苦，然而春天又把希望和勇气给了我，使我仍然抱着坚强的决心继续与环境搏斗，不屈服于敌人之前。"[7]

他的情绪起伏不定。当他刚刚从波谷进入波峰状态时，由于"萨、凡事件"，他又立刻被卷入漩涡里去了。

　　萨、凡事件是由美国马萨诸塞州的两起现金抢劫案引起的。

　　1919 年 12 月，一家制鞋厂的会计与警卫在运送职工工资时遇袭，劫匪逃离现场。次年 4 月，另一家制鞋厂发生同样的劫案，现金被抢，警卫及会计中弹身亡人。抢劫杀人案发生后二十天，制鞋工萨珂和鱼贩子凡宰特被作为犯罪嫌疑人遭到警方拘捕。

　　萨、凡二人是 1908 年移居美国的意大利移民，无政府主义者，第一次世界大战期间为躲避兵役而逃往墨西哥。凡宰特还曾因为支持工人罢工、向厂方索薪，遭到资方解雇。此前不久，意大利无政府主义者萨尔塞多因涉嫌参与司法长官家炸弹案而被捕，萨、凡二人积极投入援救运动，已经引起警方的注意。当时由于世界大战的影响，美国的社会问题日趋严重，左翼劳工运动高涨。政府颁布反煽动法，在各地展开"扫赤"，"红色恐怖"迅速蔓延全国。这种形势对萨、凡二人的正当审判是不利的，波士顿法院不但对调查结果不予理会，甚至收买伪证。1921 年 7 月，萨珂作为主犯，凡宰特作为共犯，被判处死刑。

　　萨、凡事件引起世界性的震动。1920 年 5 月起，美国的意大利移民与无政府主义者即成立"萨珂、凡宰特援救委员会"，展开旷日持久的援救活动。随着审判的进行，支援的工人、工会和社会团体日渐增多，影响扩大到周围几个州，后来连世界各地的许多团体，以及像法朗士[8]、罗曼·罗兰、爱因斯坦一样的著名人士都被卷进来了。

　　4 月 12 日，巴金最早在《每日新闻》上获悉萨珂和凡宰特将定于 7 月 10 日被处以极刑的消息。过了些时候，他在一个书铺里偶尔看到鱼贩子凡宰特著的英文小册子，里面有这样一段话："我希望每个家庭都有住宅，每张口都有面包，每个心灵都受到教育，每个智慧都得着光明。"[9]那时候，他说他正彷徨着，像失去领导的盲人一样；看了这段话，恰如大雨过后的天空，心中豁然开朗。

　　他把凡宰特的这本自传《一个卖鱼者的生涯》买了回去，还买了几本跟鱼贩子有关的小书。在自己的屋子里，他流着泪，一遍又一遍读着鱼贩子的自传。他说，他的眼前出现了一个囚室的景象，继而是一个中年人朴实的脸、广阔的眉、安静的目光、浓密的胡须，接着是一双粗壮的手遮住了一切。当这双大手隐没的时候，眼前又换成数不清的小手，男人的手、女人的手、老人和小孩的手，无数的手在挥动着……他忍不住地把信纸铺开，把郁积的痛苦、寂寞、挣扎和希望，全都写到纸面上。好像面对了一个亲人，他按捺不住，终于给凡宰特发了一封长信。信寄波士顿，请萨、凡援救委员会转交。

信寄出以后，巴金就加入这场援救两个意大利人的斗争中来了。

他走在街上，看到墙壁上到处贴着大幅的广告，在"死囚牢中的六年"的题目下面，印着各种"讲演会""援救会""抗议会"的开会日期。他每天在报纸上读到关于萨、凡二人的报道，他们写的书信和文化界人士联名请求重审或减刑的吁请书；他还看见不少的妇女和儿童都给报纸写了动人的信，看见许多人为了他们筹集捐款；在咖啡店的柜台跟前，或是公园门口，他常常听见人们用了亲切的语调说起他们的名字。可是，在浪潮般的抗议面前，美国当局对案件的态度没有任何改变。

巴金怀着恐惧的心情，等候 7 月 10 日的到来。

一个阴雨的早晨，巴金意外地收到凡宰特从波士顿寄来的邮件：一包书和一封信。信一共四张纸，而且是两面写的。他说他看了那不熟练的笔迹和奇怪的拼字法与文法，眼泪就流出来了。凡宰特称他为"亲爱的同志"，用恳切的话安慰他、勉励他。在自己面临末日的时候，信中居然大谈人类的进化和将来的趋势，一再强调无政府的真意义，教导他：要忠实地生活，要爱人、帮助人，要做争自由的战士，要为无政府而奋斗。

信中写道：青年是人类的希望，当我看到你的照片时，我的心里充满了欢喜，我对自己说："看！一个后继者！他们会拾起并握紧自由的旗帜，我们最美丽的安那其主义的旗帜，让它高高飘扬！这面旗帜现在正从我们衰弱的手中缓缓落下。"你必须再生活许多年，经历更惨痛的岁月，才会懂得你给了垂死的老巴托何等的快乐和安慰。

巴金的感动是可以想象的。他立即写了回信，还随信寄上自己的照片。随后几天，他的兴奋心情难以平复，便又拿出练习本，在上面写下即时的感受。这些文字，便是《灭亡》的第十一章："立誓献身的一瞬间。"

在发生萨、凡事件的同时，国内传来一个重大的消息，就是"国共合作"突然崩断，国民党实行"清党"，大量屠杀共产党人，全国是一片混乱和恐怖。

正当北伐战争节节胜利、工农运动蓬勃开展之际，为了控制革命领导权，共产国际驻中国代表鲍罗廷动员广州的国民党重要干部北上，于1927年年初组织临时中央党政联席会议，借机削弱北伐军总司令蒋介石的权力，建立武汉政权。在共产国际和斯大林的支持下，国民党左派代表汪精卫重返国民党中央，并同中国共产党领袖陈独秀联合发表政治宣言。4月12日，掌握军权的蒋介石在上海以突袭的方式，发动"清党"行动，并于4月17日在南京成立新的国民政府，挑战武汉政府的合法性。这时，南京、广州等地随之进行清党，连奉系军阀也在北京捕杀共产党人，李大钊就是这时被害的。至此，全国出现三个政权对峙的局面。

关于"国民革命"，包括北伐在内，中国的无政府主义者应当采取怎样的态度？在这之前，巴金和吴克刚、卫惠林曾经讨论过，发表了《无政府主义与实际问题》[10]，表明各自的立场。

卫惠林认为，现在中国的革命运动，并不单纯是国民党的运动，不是单由国民党的政治方法乃至军事行动可以完全解决的。他说，"此次运动的原动力还在人民中间，而不在某一个党派"[11]，无政府主义者应当着眼于民众的现实，在多元政治中，立志于自立的政治运动。吴克刚强调无政府党应当参加一切平民运动，全力反对"旧党"，暂时把国民党看作"友党"，不但不予攻击，还赞成名义上加入国民党去做解放民众的工作，使运动逐渐平民化、无政府主义化。关于重视中国革命的实际问题，把无政府主义的思想原理放到民众自我解放的运动中加以检验，三人的观点大体上是一致的。

巴金同样主张中国革命运动是民众的，而非国民党的，因此反对"国民党安那其主义者"，不赞成加入国民党；但是，他又明确地将军阀、帝国主义视为当前最大的敌人。他说："国民党的主张是与我们相反对的，在原理上它是我们的敌人。它要建设一个好政府，我们要推翻一切政府，这是谁都知道的。然而在某一个事业上，如打倒军阀、打倒帝国主义等，我们是不反对的，不过我们要更向前走，反对国民党所建立的政府，反对它的一切建设罢了。"[12] 他特别提到无政府主义者的战略问题。关于民族解放，他认为，一个半殖民地的国家谋求脱离列强而独立的战争，虽然不是无政府主义者的目的，但无政府主义者不应反对，只是主张进一步向前走。所以，他不反对国民军的北伐，但并不认同北伐和革命运动是一回事。他表示说："我恨苏俄，但我更恨列强；我恨国民党，但我更恨北洋军阀。因为苏俄总不比列强坏，国民党和北洋军阀并不是'一丘之貉'。"[13] 他当初反对共产党加入国民党，也并不等于他赞同共产党，而是基于类似的战略上的考虑。包括对待外国资本主义与国内资本主义的态度，他所以主张目前应当有所"退让"和"迁就"，就因为存在着一个道路和方法的问题。

文末附记的一段话很有意思。他说他跑到法国来，虽然是为了研究无政府主义，但是毕竟脱离了实际斗争，于是自责说："在中国革命的时期中像个逃兵一样跑了出来，看看别人在战场里苦斗，哪里还有说话的权利！而且这篇文章的性质又是鼓吹别人去做事，但自己却置身事外，在良心上说是不应该的。"[14]

对于国内形势，巴金没有立即表态，大约跟他全身心投入援救萨珂、凡宰特的活动有关，也可能因为对其中一些问题未必想得很清楚，所以会写信寻求高德曼的意见。

高德曼5月22日复信谈到中国问题时，用较大的篇幅讲说世界无政府主义的历史。她说一开始就存在着两个集团：一个是脱离了现实的斗争而在小集团中从事研究的人们；另一个是像巴枯宁、克鲁泡特金一样的具有伟大的精神，认为必须接近人民，成为人民斗争一部分的人们。在这里，她高度赞扬了巴枯宁，并把巴枯宁同马克思对立起来。说到苏俄，她划分为三个集团，其中一个集团就是"被布尔什维克的潮流彻底压倒的人们"。她指出，同那些脱离革命，完全不参加的人们一样，他们都未能把"革命"与"由共产党建立的政治体制"两者区别开来。她说，作为无政府主义者是不能够脱离正在逐渐觉醒的中国人民的社会运动的，但又说，她对中国人民的民族主义激情不感兴趣。虽然，她对反对外国侵略者的愿望表示理解，但是强调的是，"在中国发生的事情意味着远高于民族主义的东西"。最后，她说："为了不再重复在俄国已然发生的事态，无政府主义者有必要阻止破坏对中国革命的热情，并试图建立独裁政权，将腐蚀了俄罗斯人民生活与健康的同一政治腐败渗透到中国来。"[15]

在收到高德曼的复信之后，巴金拖延了一个多月，于7月5日再给寓居多伦多的高德曼写信。他说未能立即回信，是因为得知国内情况变化太大，意思是耽留观察的缘故。信中肯定高德曼的意见"非常正确"，接着介绍了国民党、共产党和无政府主义势力的相互关系及消长情况，说到"中国的纷争"，认为乃是"接受白色及赤色帝国主义支持的军阀彼此狗咬狗"的现象，然后把焦点对准以吴稚晖为首的"国民党无政府主义者"。书信最后特意写了一段，重复表明对任何政党和政府都不予合作的无政府主义者

俄国革命家、无政府主义运动创始人之一巴枯宁（巴金藏明信片）

的原则立场。他说：

> 我爱人民，但我不但不喜欢共产主义者，也不喜欢民族主义
> 者。……所有的政府都是我们的敌人。
>
> ……在我看来，如果不是与民众站在一起，我们就不可能从
> 将来的革命中得到任何东西。[16]

就在这时，巴金收到好友毕修勺的约稿信。

毕修勺在上海主编《革命周报》，而周报的印费，正好是由巴金痛恨的"国民党无政府主义者"李石曾筹募的。于是，巴金致信毕修勺，说他同李石曾等合作，已经"堕落"了，因此绝不为他所编的刊物写文章，而且从此不再与他来往。毕修勺后来回忆说，如果仅就无政府主义立场，说他与"国民党要人"合作为"堕落"，他并不生气，甚至还表示钦佩；但是，他感到惊奇的是，对一个"同志兼朋友"，竟会一下转变得这样快，会写绝交的信，这是他始料不及的。

巴金写给高德曼的信很快就有了回复了。信中重点解说有关"国民党无政府主义者"问题，因为这是巴金最大的困惑。她表示，对于中国许多无政府主义者在国民党内活动，并不感到吃惊。其实，在各地民族运动中，都有同样的现象。她说："他们总是参加，因为他们认为可以利用这种运动提供的宣传机会。可是势在必然，他们最终被这种运动吞噬了下去。"她仍然以苏联发生的情况为例，说："有不少优秀的安那其主义者虽然并不加盟共产党，却与布尔什维克政府结成同盟，后来便被吸收，入党了。他们在俄国被称作苏维埃安那其主义者。所以，历史正在重复。"[17] 在这里，她不但认为"国民党无政府主义者"与"苏维埃无政府主义者"是一丘之貉，而且暗示说，如果无政府主义者参与共产组织，同样会产生共产党无政府主义者。总之在她看来，无政府主义者与掌握政权的政党是无法并存的。对于民族主义和共产主义，她似乎保持着一种特别的警觉。

此外，有关当前中国的多头政治，高德曼发表意见说："中国的确正在为诸多政府所苦。我认为任何势力都是独特的统治集团。这同世界其他地区正深受其苦的中央集权相比，在某种程度上倒是可喜的。因为废除小政府，困难相对要小些。"[18] 反对集权，反对统一，显现了无政府主义者鲜明的思想性格。

收到高德曼的复信时，巴金已经离开巴黎了。

七八月间，巴金肺病复发，遵医嘱移居巴黎以东一百多公里玛恩河畔的小城沙多–吉里休养。经学哲学的朋友介绍，他住在拉封丹中学饭厅的楼上，同住的还有两个中国青年，都是他的朋友。

1928 年，巴金在法国沙多–吉里城的拉封丹中学

3月份得悉家里破产的消息，巴金当时就已经放弃到夜校上课，改作自学法文。在城里，他本来应当以静养为主，继续自学语言，却完全被克鲁泡特金的遗著《人生哲学》所吸引，几乎所有的时间都用在翻译上去了。

离开巴黎前，巴金就迷上了克鲁泡特金的著作，尤其是《人生哲学》，于是着手翻译。由于俄国人的博学，书中用上许多西方经典，迫使巴金不得不读起柏拉图[19]、亚里士多德[20]、斯宾诺莎[21]、康德[22]诸人的著作，甚至读熟了《圣经》。然而，这部颇为艰深的伦理学著作不但没有让他感到枯燥难耐，反而激发了高涨的热情。在克鲁泡特金看来，人类道德有三大要素，即互助、正义、自我牺牲，

俄国无政府主义理论家、地理学家克鲁泡特金（巴金藏画片）

政党在取得政权以后，就应当致力于这种道德教育而不是诉诸暴力。他认为，俄国革命之所以失败，不能创造出一种基于自由与正义的新社会制度，主要是因为缺乏崇高的道德理想所致。巴金同样认为，中国革命之所以弄到现在这样的地步，是因为没有崇高的道德理想。因此，他确信，翻译这部"美丽的、不朽的杰作"，在目前是一件必要的工作。这种认识，鼓励巴金放下所有事务，决心像克鲁泡特金在俄国革命横遭摧残之际拼命写作《人生哲学》一样，在中国大开杀戒的当下，也拼命翻译《人生哲学》。

小城安静而和平。巴金每天早晨和午餐后习惯一个人到河边的树林里散步，傍晚会约另外两位同伴一起沿着林边走走、谈谈话。经过校门，总是看到看门的古然夫人，恒常的微笑和目光，还有亲切的问候。这就是巴金日常生活的全部了。他说他居间的所有精力几乎都消耗在《人生哲学》上面，从白天一直写到深夜 12 点以后，学校附近的鸡声响过两三遍，这才放下手中的笔。他说头两个月的时间都是这般消度的，非常刻板，没有什么变化。

三哥尧林来信问及巴金的生活状况，巴金回信说："近来我在拼命地译《人生哲学》，我的全副力量都用在这上面了。……自然要这样地度过一个人的青春，也许是可怜的事，然而现在我也找不到更美丽的方法。"[23] 他说翻译《人生哲学》是他唯一的安慰和快乐，坚定了他的信仰，鼓舞了他的勇气。克鲁泡特金本人及在《人生哲学》中阐述的思想，成了他的精神的源泉。

在小城里，巴金一边写作，一边读书。他读了一批有关法国大革命的历史著作，还有俄国革命史，致力于搜集俄国民粹派女革命家的传记材料，为日后编写列传做准备。从这时候开始，他好像加强了一种意识，就是试图系统翻译无政府主义的经典著作，特别是克鲁泡特金的著作。到年底，他所译的克鲁泡特金的《法国大革命》《英国之政治制度及社会制度》，以及阿里斯的《科学的社会主义》，已经分别由无政府主义者组织的上海自由书店和民钟社出版了。

除了克鲁泡特金，巴金还译了凡宰特的自传《一个卖鱼者的生涯》、妃格念尔的《回忆录》，以及一批无政府主义者的论文，还有小说，包括重译早年很影响过他的剧本《夜未央》。

此外，他还参与署名"自由丛书社"编著的《革命的先驱》的编译和出版工作。其中鼓吹的，都是无政府主义的殉道者，还有健在的领袖和英雄战士。为了完善这本书，巴金重写了书中的第一章，作为对1887年被绞死的芝加哥四个无政府主义者的纪念。他以虔诚的敬意，称他们为"永远的父亲"。

值得注意的，还有一篇译文，就是《托洛茨基的托尔斯泰论》。大约因为论文跟文学有关，所以在文章寄出前，巴金把《灭亡》确定使用的笔名用上了。由于比《灭亡》提前发表出来，于是它也就成了巴金所有著译中最早公开署名"巴金"的文章。

说它可注意，不只因为作者托洛茨基作为苏联领袖，对一位无政府主义者和人道主义者的评价使巴金产生认同感，还因为巴金从中表现出来的对国内文艺界动向的关注。巴金指斥中国的所谓"革命文豪"，其实是创造社的一班人，称托尔斯泰为"卑污的说教人"。大约他不知道，这时"革命文豪"们正发起对鲁迅的围攻，涉及托尔斯泰的"人道主义"时同样带及鲁迅。但鲁迅指出"托尔斯泰还是难得的，敢于向有权力的反动统治阶级抗争"[24]，态度也是辩护的，其中特别称赞了托尔斯泰的"道德力"。至于对苏联的态度，鲁迅虽然不如青年巴金一般做全面的否定，但是，在反对政府对个人的剥夺方面，反对"一党专政"方面，显然两人是一致的。鲁迅自称思想中有人道主义，也有"无治的个人主义"，从本质上说，他就是一个权力的虚无主义者、无政府主义者。

来到小城之后，巴金确实埋首于阅读和翻译，但是，现实生活却不时地搅扰他，使他寝食难安。萨、凡事件是一个悬案，法理与事实、政府与公众、美国与世界的角力仍在进行中。中国国内的局势一样波谲云诡，在一场大屠杀之后，多元政治渐趋统一，出路何在？

有关国内问题，巴金这时再也不能沉默。他在《平等》月刊第二期一连发表近十篇文章，可以见到一种急遽的战斗姿态。

刚来法国时，他曾参与世界"国际无政府主义同盟"会议，代表中国无政府主义同志写过一篇致"同盟"的报告，后会议因故不曾召开，他便将报告中一节独立发表，另起名为《中国无政府主义与组织问题》。其中指出："无政府党需要严密的组织，所以和其他政党不同，只是因为它并非集权的性质，而是以自由联合的原则为基础的。"[25] 接着，还就"目的""团员""组织""规约"等方面做出具体的论述。在随后发表的《怎样做法》《工人，组织起来》等文中，都一再强调组织的重要性。他在文章中公开声明反对无政府主义者李石曾和吴稚晖联名发电所提出的"护党救国"的主张，认为国民党的护党运动与无政府党没有关系，他说："无政府党以为国民党反对共产党是他们两党自己的事，我们只站在民众方面说话，从不拥护任何政党的。"对于国家主义者在国民党得势时大肆吹捧蒋介石，他不能不予以猛烈的讽刺。

此外，他还有文章批评中国共产党不是依靠民众，而是迷信军阀、利用军阀、吹捧军阀。从前捧"蒋总司令"，结果他竟不留情面大杀共产党了；现在又捧"基督将军"冯玉祥和佛教徒唐生智，将来又如何呢？他嘲讽道："马克思的书写得太深奥了，还不能够唤醒他的党徒迷信军阀的好梦！"[26]

国家主义者对李大钊被害的态度，使巴金感到愤怒。他写了一篇短评，把政党和个人、主义和行动分开，高度赞扬了李大钊。他说："在主义上他虽是我的敌人，在行为上我对他却极为钦佩，我确慕敬他像一个近代的伟大的殉道者。"[27] 在另一篇短评中，他直接谴责国民党军阀"屠杀共产党"，题目用反诘方式：《理想是杀得死的吗？》。文中十分明确地说："单靠刀枪的力量，纵然弄到伏尸万万人，流血万万步，也是没有用的。"[28]

巴金用黑浪的笔名，发表一封《黑浪给急弦的信》[29]。信中指出国民党是"无望的党"，三民主义并不适合于所谓的"中国国情"。文中指出："其实只要一种主义是对的，便可行之于全世界，无所谓洋货土货之分。固然各国有不同的习惯风俗，但全世界的趋势则一。主义也就是世界进化的产物，他是就大体而立论的。无政府主义者的理想社会是一个无阶级的自由平等的社会，由人民自己组织的自由联合的团体来管理他们自己的事业，这在各国都适合的。""中国国情"是什么东西呢？他拿梁启超做例子说："在满清的时候，保皇党的梁启超，不是也说共和政体不合中国国情，同盟会是舍近图远，中国应该实行君主立宪吗？然而到了辛亥满清一倒，他自己的论调也就变了。"他表示说，国民党打倒北洋军阀、打倒帝国主义，他是同情的；但是要在打倒之后建设一个强大的政府，他是反对的。除了无政府主义，他不信任所有"主义"和政府，他说："南京政府也好，汉口政府也好，都是一套鬼把戏！"临末，他热情地鼓动说，无政府主义团体"是自由的组织，没有野心的领袖，也没有盲从的人。只要真理不灭，这革命之少数未尝不可做出惊天动地的事业来"。

由于巴金抨击国民党的屠杀政策，揭露国家主义者和国民党无政府主义者的丑恶面目，马上招来诸如"机会主义者""野心勃勃""背叛无政府主义"等诬陷和攻击。巴金极为愤怒，立即写了《答诬我者书》，连同另外三篇反驳的杂文，一并发表在《平等》第十期上。

《答诬我者书》宣称"我与一切的政党都没有发生过关系"，特别

巴金参与编辑的《平等》杂志

声明他将"永远反对国民党"。[30]他说他的行为是光明磊落的，因为他自始至终是一个无政府主义者。他自白道："无政府主义是我的生命，我的一切，假若我一生中有一点安慰，这就是我至爱的无政府主义……对于我，这美丽的无政府主义理想就是我的唯一光明，为了它，我虽然受尽一切的人间的痛苦，受尽世人的侮辱我也甘愿的。"他一再强调说："我是一个无政府主义者、一个巴枯宁主义者、一个克鲁泡特金主义者。"

稍后，他又发表《我们现在怎样做呢》，以信的形式，自信地说："在这时代的前进中愈看出我所认识的真理是不错的""如果我能死一百次，又复活一百次，我仍要走现在所走的道路，我们要做一个革命的无政府主义者"。[31]

巴金毕竟具有世界主义的眼光，在他注目于中国大地的变动时，仍旧没有放弃曾经给予猛烈抨击的目标：苏联。

在他看来，中国的国共两党固然为苏联所操纵，就是说，苏联不但很大程度上决定着中国的现实政治，而且以它的制度模式影响着中国的未来。他发表了一篇题为《俄国革命的第十周年》的纪念文[32]，承认 1917 年的十月革命是"有史以来唯一的社会革命"，因为其目的是要推翻资本主义制度，建设一个共产社会，但是，他指出："列宁所领袖着的共产党背叛了民众，乘机夺取了政权，……用中央集权的机器和从这机器造出来的复杂的官僚制度把俄国革命引到了死路上，并且还毁坏了民众的创造力。"因此，"在实际上俄罗斯仍然是在专制的君主的统治下面，不过现在的君主不是'沙儿'，而是几个共产党的领袖（从前是列宁、托洛茨基、齐诺维埃夫，现在是斯大林）。"他认为，现在苏联的"一党专政"，实质上是几个领袖手握全国人民的生死大权，是一种"极端的压制制度"。在经济方面，国家资本制度与私人资本制度并行；在政治思想和文化教育方面，"施行严格的党化教育""使人民不得不以虚伪欺骗等自保"。就是说，在这样的制度下，自由民主荡然无存。因此，他肯定地指出：苏联是"革命的一个敌人"。

就在这时，中国共产党领袖陈独秀为大革命失败付出了沉重的代价。共产国际、联共政治局和斯大林的意志，让他成了一件政治牺牲品。两年后，他被开除出党。陈独秀在斯大林和托洛茨基之间做出他的抉择，服膺托洛茨基，但对列宁是始终称颂的。后来，他在批判斯大林时，才对产生斯大林的土壤——苏联体制做出深刻的反思。一个宗教般深陷于某种意识形态或者政党规制中的人，比起青年巴金，这种觉悟似乎来得太晚，虽然，巴金的批判并非独立做出的，而是受了国际无政府主义思潮的影响，他之所以锋芒毕露、无所顾忌，也同他在体制外有关，至少他有言说的自由。理想主义者往往为理想所累，这是没有办法的事。要跳出由来的羁绊，需要太多挣扎的时间。

自由丛书社编著的《马克思主义的破产》一书，于1928年6月在上海自由书店出版。这是一部多人译著合集，其中收入巴金署名芾甘的论文《马克思的无产阶级专政》。文章的内容，此前都曾散见于他的其他文章中，这篇明显是集成之作。他一再指出，所谓无产阶级专政是一党的少数首领的专政。他主张社会革命，目的是以"较好的制度"来代替"不良的制度"，而无产阶级专政恰好是违反社会革命原理的。他不相信马克思的国家学说，认为国家永远不会自行消灭，不会变成社会全体的真正的代表；而且，无产阶级专政已经跑上了权力阶级的地位，必有"治人的政府"，因此国家也就无从消灭。他总结说，马克思、恩格斯的国家自行消灭说，只能是一个"伟大的梦想"。

巴金一直关注现实的斗争，他对柏拉图之类并没有什么兴趣，无非借哲学的桥梁通往博学的克鲁泡特金那里罢了。他研习无政府主义先驱者的理论，都因为这些理论本身具有现实的针对性。他虽然缺少工人运动的实际经验，但是理论斗争本身同样是一种实践，在写作中，他随时把无政府主义理论同现实批判结合起来。

萨珂和凡宰特二人的命运，一直压迫着巴金的神经。

刚到小城，巴金就收到凡宰特的第二封信。意大利人开头就说："青年是人类的希望。"信中依然洋溢着乐观的调子，谈说着未来的变革和人类的进步。在舆论的压力下，原定7月的死刑执行延至8月10日，巴金看了写信的日期，知道距离这期限已经没剩几天了。

8月10日晚上，巴金焦急地等待着从美国来的消息。小城没有晚报，除了中国同学外又没有别的熟人，根本无从打听。他闷坐着，翻阅桌面上的旧报纸。当看到前些天法国援救会的两个电报时，他的心就像放在火炉上烤一样。一则电报写给萨珂："刚刚读了你给小女儿的告别信，它使得一切有良心的人都感动了。人家读了这封信以后还能够杀你吗？我们爱你，我们怀着希望。"[33]另一则电报给凡宰特："我们很悲痛，然而全世界都站在你们这一边，我们不相信美国就会立在反对的地位。你们会活下去。你妹妹今晚上船，她应该来得及把你抱在怀里，并且替我们吻你。"巴金没法安静下来，于是又找出练习本，胡乱地写下许多句子。及后写作《灭亡》，其中第十三章《张为群》的"革命什么时候才会来"的问题，第二十章《最后的爱》中关于"爱与憎"的争论等，都是根据这些断片重写的。

11日，巴金没有勇气上街买报。下午，吴克刚来访，带来两个意大利人的死刑执行期又推迟了十二天的消息。在此期间，巴金看到巴黎的新闻报纸都发头条报道萨、凡事件，而且用整版的篇幅进行报道和评论，《人道报》还发表了大幅漫画。伦敦、纽约等地发生炸弹爆炸骚动；巴黎以至全法国，都因萨、凡事件展开罢工；世界各大城

▎波士顿公共图书馆里萨珂和凡宰特的浮雕

市的美国使馆或领事馆，都受到示威群众的包围。巴金不再像以前那样感到痛苦了，他相信美国政府再不敢杀死这两个人。

但是，巴金的判断错了。萨珂和凡宰特的死刑在22日午夜如期执行。

巴黎的几家报纸在23日都出了号外，报道当局用电椅酷刑杀害他们的详情。巴金在小城里，一直到24日才在巴黎《每日新闻》上读到这个可怕的消息。同一天，他收到吴克刚从巴黎寄来的明信片，上面写着："两个无罪的人已经死了！现在所等的是那有罪的人的死！我告诉你：不会久候的！"[34]

巴金在楼上的大房间里绝望地踱来踱去。过了半天，他开始执笔给各地朋友写信报告噩耗，还用英文给美国《到自由之路》社的同志写信，赞扬萨珂和凡宰特为信仰而死，说他们的死"体现出无政府之美"。在信中，他坚定地说："正义永不会死！无政府永不会失败！"在给高德曼写信时，他却难以掩饰心中的悲痛："直率的心向你哀诉，向你求救，你许多次用了亲切的鼓励的话语来安慰我，用了你的宝贵的经验来教导我。"[35]在"精神上的母亲"面前，他的脆弱暴露出来了。

接着，一连几天，巴金又在练习本上写下他的心情，构成《灭亡》里《杀头的盛典》《两个世界》和《决心》三章，此外，还有一些后来并设有收进小说中的片段。

萨、凡二人被处极刑之后，抗议运动持续了相当一段时间。世界各国无政府主义者举行各种活动，重申人道、正义的立场，并借机宣传无政府主义，推动社会革命。中国的无政府主义组织如中国少年安那其主义者联盟等，也曾发动抗议活动，《革命周报》报道了这一事件，介绍了中国无政府主义者对事件的反响，还出版了"萨、凡纪念号"。

巴金最早著文介绍萨、凡事件，题为《死囚牢中的六年——萨珂与凡宰特果然会被杀么？》[36]，写于波士顿法院宣告刑期即将到来之际，在《民钟》发表。中国国内的介绍，他多抄录这篇文章的材料。萨、凡就刑后，巴金发狂一般大量撰文介绍，《平等》十月份开设的"萨珂、凡宰特专号"，几乎所有文章，都是出自他一个人之手。此外，他又翻译了他们的各种文字。他称凡宰特为"吾师"，称他们"死得像殉道者、像伟大的英雄"；他证明他们无罪，揭露法律的不公、虚伪和罪恶；他宣告死者"精神不死"，呼吁生者"继续他们所身殉的理想而奋斗"。

▌巴金在《平等》杂志上发表的有关凡宰特和萨珂事件的特写

就在萨、凡事件中，巴金和中国知识界的权威人物胡适发生了一场"遭遇战"。

9月，《现代评论》发表署名慰慈《萨各与樊才第的案件》（即《萨珂与凡宰特的案件》）一文和适之的《附记》。胡适首先说："我们见惯了同情于萨樊（凡）二人的言论，往往推想美国的法庭是暗无天日的。"他明确指出，这是一种偏见。接着从四个方面论述，无非强调司法的独立性和"律文"的权威性，推翻"同情于萨、凡的人"认为"最强的证据"，也即否定存在"伪证"一说。最后，他还颇具挑衅意味地说："美国与世界的无政府党人做出了种种示威暴动，……这种暴动不能救他们的命，反激怒了一般公民的心理，因为暴力若能影响司法，司法制度就根本不能成立了。"

胡适讨论萨、凡这一具体个案的态度十分轻率，完全无视"法律"对弱势者的压制和剥夺的一面，事实上，也证明了这种将法律绝对合理化的谬误。五十年后的 1977 年 7 月 19 日，马萨诸塞州州长发表"审判完全错误"的正式公告，并宣布处刑日 8 月 23 日为"萨珂、凡宰特纪念日"。

对于秩序主义者胡适的言论，巴金十分愤慨。为此，他给《革命周报》编者写了一封信，他写道：

> 法官之受贿，审判之不公平，这却是激起暴动的唯一原因。假若故加人罪，枉法杀人，便能保障司法制度，便能维持司法的尊严，那么，你要杀人就杀好了，何必又借"暴力影响司法"的话来做口实呢？
>
> 司法制度要靠那些说谎者、窃贼、娼妓、患精神病者来维持，现它早已倒塌了。假若对于这种制度还不反抗，那个人就无良心，就是禽兽，因为他连一点人的感觉也没有了。胡先生呢，我不敢说他是禽兽，但是他见着不义的罪恶行为既不反抗，见着好人无罪而被处刑又不援救，并且被殉道者被害后还作文来侮辱他们，这样我们能说他有一点人的感觉，有一点正义的感觉吗？[37]

巴金从根本上是反政府的，不论是苏联的政府，还是美国的政府。胡适公开为政府辩护，他如何可能不给予猛烈的还击？何况胡适还是针对两个殉道者而来的呢？惯于意气用事的巴金，决心"防护他们的生命，力争他们的自由，证明他们的无罪，辩护他们的信仰"。

他把这几句话都写到信上去了。

巴金曾经宣布与《革命周报》决裂，而今仅仅因为它刊出了"萨、凡纪念号"，便又"极表同情"，可见事件在他心目中的分量。当然，他仍然不能认同办杂志可以与权力者合作，所以声明说将来还要攻击它。

关于萨、凡事件，巴金的文章源源不断，大约在离开法国回国后才告终止。直到20世纪30年代初，他还用事件的材料写了小说，几年后又给凡宰特《卖鱼者的生涯》改名为《一个无产者生活的故事》，并为中译本写了前记，说明他难以释怀。即使他不直接叙说萨、凡，他们的影像、血脉和精神，也仍当渗透他的其他文字，一如曾经的《灭亡》。[38]

待到翻译工作告一段落，巴金自觉有一种解放之感。这时，他可以读小说，读诗，读托尔斯泰、莎士比亚和惠特曼了。

一个晴朗的上午，巴金挟着一本惠特曼的诗集从林中散步归来，接到成都大哥的来信。信里谈到自己的痛苦和对巴金的期望，要他学成归国，"扬名显亲""光宗耀祖"。字里行间充满感伤。巴金慢慢地一字一字地把信读完，他感到，兄弟间的友爱越来越深，思想的距离却是越来越远了。他不能不脱离家庭，献身社会，走一个安那其主义者的道路。他认为，他应当坦直地说出自己的想法，但是又怕因此过于刺激大哥，怕大哥禁不起打击。他痛苦地反复思量，终于想起箱子里的练习本，取出来翻看了几遍，决计把这些杂乱无章的断片改写成小说，让大哥看了之后，能够对他有更深的了解。

巴金认真地写起小说来了。每天早晨，当他一个人在树林子散步，踏着柔软的土地，闻到不远处麦田飘来的成熟的芳香，听着鸟雀的鸣叫，此时，他的脑中不再出现思想和问题，而是不断地涌出灵感，纷纭的人物、事件、情节和细节，展开另一个世界。傍晚，他陪朋友重来散步的时候，也还会不时地踏进想象的世界中。等到回校，他会尽快地回到书桌前，一口气把想到的所有这些写下来。

不到半个月时间,《灭亡》就算完成了。

小说以 1925 年孙传芳在上海的军阀统治为背景,叙述在方兴未艾的工人运动中,青年知识分子和工人群众与当局的殊死斗争。中心人物是杜大心,一个患着肺病、性情忧郁的"病态的革命家"。他通过大街上的一个车祸事件认识大学生李冷,并随后认识李冷的妹妹李静淑。他爱上了李静淑,而李静淑同样爱他,关

《灭亡》单行本

心他的健康和工作。他在工会里的工作非常繁重,然而他愿意用工作抑制自己的激情,一面爱着,一面极力设法和李静淑疏远。由于他早已把监禁和死亡看作自己的命运,自觉没有爱的资格,终至于和所爱的人诀别。在深受他的思想影响的工会同事张为群被砍头示众之后,他决心复仇,选择总商会的欢宴机会,开枪刺杀戒严司令,然后自杀而死。

由于写作的动机带有自我表白的性质,因此,书中的被肯定的"正面人物"都有巴金的影子,特别是杜大心。有日本学者甚至考证杜大心的"杜"即"甘棠"的意思,也即巴金的名字,明显有自况之意。杜大心作为肺病患者是多感的,既忧郁,又容易激愤,性情上颇与巴金相近。他有一颗热烈的心,那种忘我工作的态度、自我牺牲的决心,都是巴金为之赞美的。巴金说在写小说的时候,自己在思想和生活上充满了矛盾:爱与憎的矛盾,思想与行为的矛盾,理智与情感的矛盾。而小说中的杜大心,恰好身上有着同样的矛盾,只是被作者做了夸张的处理,将矛盾极端化罢了。巴金说:"横贯全书的悲哀是我自己的悲哀。"[39]何谓"悲哀"?仍用巴金的话来解释,正在于"没有力量冲破那个矛盾的网"。[40]

杜大心对人类怀着深爱，后来却是相信憎而否定爱。他爱他的表妹，后来表妹被人夺走了；他爱母亲，母亲早早病故。而众多不幸的事情，也都不断地在周遭发生，他的心境大大改变了。在学校里，他参加社会主义的革命团体，后来竟完全抛弃学业，把全副精力投到革命工作中去。对于爱，他有这样的议论："我已经敲遍了人生的门，但每一扇门上都涂满着无辜受害者的鲜血。在这些血迹未被洗去以前，谁也不配来赞美人生。"[41] 又说："至少在这人掠夺人、人压迫人、人吃人、人骑人、人打人、人杀人的时候，我是不能爱谁的，我也不能叫人们彼此相爱的。"[42] 于是，爱变成了相反的另一种形态，就是憎；随之而来的行动，就是反抗，也叫复仇。

其实，杜大心的思想也就是巴金的思想。早在赴法的途中，他就在杂记，其实在家书中表白过："除了反抗而外，再没有别的方法可以使人类得救"[43] "我现在的信条是：忠实地生活，正当地奋斗，爱那需要爱的，恨那摧残爱的。我的上帝只有一个，就是人类。为了他，我准备献出我的一切"[44]。

巴金承认，小说受到此前所读到的欧美无政府主义者及其他革命者的自传或传记，特别是关于俄国十二月党人及其后民粹派革命者的书籍的影响。其中，突出的有斯捷普尼雅克[45]的小说《安德列依·科茹霍夫》，革命与爱情的纠结，两者在情节结构上有不少相同的地方，甚至连语言基调也颇相类似。再就是鲁迅所译的阿尔志跋绥夫的小说《工人绥惠略夫》，主人公一样以爱人始，以报复社会终，是很有点虚无主义的味道的。杜大心的日记："我不能爱。我只有憎。我憎恨一切的人，我憎恨我自己。"[46] 据说，巴金把1926年在上海写就的两三页日记，夹在一本书里带到法国，然后写进小说，成了杜大心的日记。无论是否真确，这种憎源于爱、爱寓于憎的思想，是巴金当时的真实思想。

这种憎爱观，强调憎对爱的超越，它既是阶级论的，又是文化论的，是基于社会正义之上的一种道德论。爱与憎作为人性的两面，在面迎劲敌的战士那里，凸显憎的一面是正常的，并非是扭曲的、偏颇的、反常的。审诸现实斗争中诸多事物的相关性，唯因主观情感的剧烈倾斜，才能与客观情势的重大差异达致某种平衡。这里隐含着一种辩证法，战斗的辩证法。战士的哲学是另一种哲学，非和平时代的庸人可以理解。

李冷兄妹出生于官僚地主家庭，境况优裕。他们在大上海过大学生的生活，本来十分宁静；但是受了"五四"新思潮的影响，尤其是杜大心作为"闯入者"的搅扰，他们开始生出一种负罪感。李冷忏悔说："我们这一家的罪恶，应该由我们来救赎。从今后我们就应该牺牲一切幸福和享乐，来为我们这一家，为我们自己向人民赎罪，来帮助人民。"[47] 他们终于摆脱"悬崖上的生活"，到民间去，走上革命的道路。这种"赎罪意识"同样是巴金所具有的。显然，他在小说中设置兄妹俩，是要向大哥清楚表明在家庭问题上的一贯立场。

巴金说："我虽然不是杜大心的信徒，但我爱他。"又说："我爱张为群。"[48] 张为群是工会里的一位年轻的办事员，杜大心真正的同志。他诚实、热情，看见不平、不公道的事就要站出来说话，看见别人的痛苦就会流泪。由于受了杜大心平等主义思想的影响，他有了信仰，他要用革命的方法推翻不平的社会，创造出一个美满的世界。这是一个近于完美的人。他迷信主义，把主义当作宗教，上帝就是"人类幸福"。在工会里，只要是繁重的、危险的工作，他就会勇敢地承担起来。他目睹警察把交不起房租的母子四人赶出房门，然后把房间租借给杜大心，致使母亲最终死去，像这样的事情也会给他以强烈的刺激，致使他不能忍耐下去。一天夜晚，两个警察在他的身上搜出一包革命宣传品，他立刻被视为革命党而被捕。他受了酷刑，却没有牵连其他同志，直到被处以极刑。他常常问："革命什么时候才会来？"为了革命，结果他以身殉。

虽然，巴金在小说中不曾明确地向大哥宣传他所信仰的无政府主义，但是，小说中对于权力、革命、暴力、社会和家庭等的描绘，都体现了无政府主义的思想原则。在小说中，巴金着重表现的是作为无政府主义者的道德形象。正如他在萨珂和凡宰特身上所看到的：人类爱、人道、正义，成了他们一致的内心要求。

巴金一直停留在精神上的追求和奋斗上面，有日本学者称之为"自负心"，如他所说："我却是想革命，而终于没有能参加实际的革命活动。"[49]因为生活经验的欠缺，一些人物如工人张为群，还有李静淑的描写，都不免显得单薄。他不得不借助阅读的资源，有的地方，甚至只能以意为之。对于民众，书中写到十七章《杀头的盛典》，似乎颇受鲁迅《阿Q正传》最后一章《大团圆》的影响。在鲁迅那里，"看客"的形象带有批判的、启蒙的意义；而当巴金把民众化约为"看客"时，虽然可以为杜大心的"人是没有同情的东西"做注脚，却忽略了前后相关内容的有机性，有点游离于主题之外。背景中，工人运动的兴起、工会活动的活跃，在"盛典"的那一刻全然消失不见。小说安排的最后结局是杜大心死后几年，工人运动顿时高涨，李静淑领导的工人罢工取得了胜利，工人占据了工厂，各厂主不得不屈服。相比之下，光明的尾巴又未免显得太亮太耀眼了。

小说写完，巴金用五个硬纸面的练习本抄写了一遍，取名《灭亡》。"灭亡"有两层意思：一层用杜大心的话说是，"凡是曾经把自己的幸福建筑在别人的痛苦上面的人都应该灭亡"[50]；另一层，用作者改写俄国诗人雷列叶夫的诗句来说，则是"我知道：灭亡等待着一个起来反抗压制人民的暴君的人"[51]。他写了一篇《自序》，又加写了一句献辞："献给我的亲爱的哥哥：枚！"[52]

序文里说：他有一个爱他的哥哥，却因为信仰的缘故而不得不分离，使之担受痛苦；他有一个"先生"，即凡宰特，教他爱和宽恕，结果自己宣传憎恨和复仇去了。他说他"常常犯罪"，就因为自觉背弃了亲爱的大哥和"先生"。而今，"先生"已死，唯一能寄希望于了解自己的人就是大哥。于是说："我为他而写这书，我愿意跪在他的面前，把这书呈献给他。如果他读完后能够抚着在他的怀中哀哭着的我的头说：'孩子，我懂得你了，去吧，从今后，你无论走到什么地方，你的哥哥的爱总是跟随着你的！'那么，在我是满足，十分满足了！"[53]

然后是署名。作为一个忠实的安那其主义者，十分自然地会常常想到巴枯宁和克鲁泡特金。在法期间，他在文章中曾经多次提到他们的名字，而且是并提的，如他公开为自己辩诬时宣称的："我是一个无政府主义者，一个巴枯宁主义者，一个克鲁泡特金主义者。不但过去如此，现在如此，将来也永远如

巴金（署名黑浪）发表的《巴枯宁二三事》

此……"[54] 他是他们的信徒，提到他们时，总是满怀崇敬之情。巴金翻译的克氏著作较多，也成系统，但对于巴枯宁在无政府主义史上的无人可以撼动的地位，他是深切了解的，所以会说："真正值得被称为无政府主义之父的还是巴枯宁""只有在巴枯宁身上，俄国革命青年才寻出了他们的真正导师，才寻到了一个真正的革命家"[55]。直到1949年初，他还发表传记《巴枯宁二三事》。大约因为曾经同住后来自杀的同学巴思波的姓给了他灵感的提示，他便把他们的汉译名字头尾各拈一个字出来，很顺当地合成了一个名字，正好用来做笔名。

关于笔名"巴金"的原意，巴金本人另有说法，但时间却迟至1958年，即反右斗争之后。按他在《文艺月报》所载《读〈灭亡〉》中的解释，"巴"即是巴思波。他说："我的笔名中的那个'巴'字就是因他而联想起来的，从他那里我才知道《百家姓》中有个'巴'字。'金'字是学哲学的安徽朋友替我起的，那个时候我译克鲁泡特金的《伦理学》前半部不多久，这部书的英译本还放在我的书桌上，他听见我说要找个容易记住的名字，便半开玩笑地说了一个

'金'。"[56]与他在致苏联汉学家、小说《家》的译者彼得罗夫信中所说大同小异，异在先有"金"字，然后想到"巴"，而"金"字是他自己译克鲁泡特金时所得，并非学哲学的朋友所赠。但同样，都在否认笔名从巴枯宁和克鲁泡特金而来。

在这里，巴金显然在为自己曾经作为追随两位无政府主义先驱者的历史开脱。有趣的是，两位中他敢于保留一个"金"，是因为"金"最后回到苏联，是受保护的，而且得享天年；而巴枯宁不同，在我们的教科书里，他始终是马克思主义的不共戴天的敌人，所以"巴"的出处必须另有所本。然而，把"巴"说成巴思波，毫无说服力。第一，巴思波只是与巴金赴法时同船，在拉封丹中学相处不到一个月的一位普通北方同学而已，而且所习专业及兴趣也不相同。巴金本人就坦言"同他不熟""我们并不是知己朋友"，又何由说是出于"重视友情"而取名纪念呢？第二，巴思波与克鲁泡特金，一个是寂寂无名的学生，一个是世界闻名的大师，把这样两个人拉来搭配到一起，难道不觉得有点滑稽吗？

不论巴金如何表白说"我有我的无政府主义"，都无法抹去他与巴枯宁等无政府主义者的思想联系的事实。就说《灭亡》，朱自清在有关这部小说的一个论纲中说它宣传无政府主义，不能说没有道理。写作时，巴金确实是一个狂热的无政府主义者，巴枯宁和克鲁泡特金的鼓吹者。而且，作为个人的思想剖白，无政府主义自然成为小说的灵魂，渗透到人物和情节的方方面面，只是文学创作不同于科学论著，比较散漫、隐藏，可以做多义的阐释。即使如此，要使思想完全从形象语言中逃逸出去也是困难的。

在《谈〈灭亡〉》中，巴金承认他的作品"总有一点外国'无政府主义'的影响"，但是接着强调说，他写作时"常常违反这个'无政府主义'"[57]。对此，他必须轻描淡写，把一个同个人历史有关的严重的政治思想问题在不经意间消化掉。他说他有时候也说自己是一个"克鲁泡特金主义者"，但刻意回避巴枯宁和"巴枯宁主义者"。文章中，他批判性地介绍当时西欧的无政府主义的情况，指出多数的无政府主义者是反对无产阶级专政的，甚至害怕听"专政"的字眼。在这里，他隐瞒了自己的真实立场，其实他才是无产阶级专政的最坚决的反对者。当他分析《灭亡》中的人物杜大心并为之辩护时，他写道："倘使杜大心不患肺病，倘使他找到了正确的革命道路，例如说找到了共产党，他就不会感觉到'他是一个最孤独的人'。"[58] 他不可能忘记，写作《灭亡》的时候，他是反对共产党的。

可以就小说侃侃而谈，已经是三十年以后的事情了。当《灭亡》写成时，却是前途未卜。

巴金专为大哥写作，《灭亡》不是第一次，在国内就写过几本游记。不过，这次他倒没有把原稿直接寄给大哥，而是寄给在上海开明书店工作的朋友周索非，打算自费印刷二三百册，成书后再寄给大哥。至于印费，他估计不会太多，只消翻译一本书的稿酬就可以解决。两个月后，他收到周索非的回信，说是书稿已经收到，正在翻阅中。而这时，他已经回到巴黎，在做返国的准备了。

在法国，并不能如他所愿入读大学，近两年来不过度过一种散漫的读写生涯而已。加以经济拮据，让大哥在艰困中千里迢迢地寄钱过来，无论如何是使人难堪的事。而且，无政府主义运动在这里也是受压制的，国际性大会被取消，许多流亡者被驱逐出境。关于返国的原因，巴金好像没有过明确的说明，但总之是不想待下去了。

这时，连回国的旅费也有了困难。如果不是旧金山的华侨工人、创办《平等》杂志的伟大义工刘钟时为他凑足这笔费用，大约他还得在这里滞留一段时间。

出国之前，原来还有一个愿望，就是寻找忠诚于无政府主义的友人。初来时，巴金参加了巴黎的中国无政府主义小组，曾由吴克刚做向导，和卫惠林一起到约·格拉佛家中做客。在拉丁区，还曾同吴克刚一道参加 *Plus Loin* 刊物组织的聚会，认识了有名的邵可侣[59] 和柏

克曼，还有意大利的路易·法布里，波兰的亚丽安娜、英国的托马斯基鲁等。他更多通过信件结识朋友和加深友谊，这些信件除了寄给个人，还有寄给组织和刊物的。同高德曼的通信贯穿了整个留法时期，归国之后中断了，直到 1933 年还有过一个孤独的回声。很可能他对"精神上的母亲"有一种负疚感，那时，他自觉到脱离了无政府主义的实际活动，因而失去了交流的根据，即使一如既往地敬重她、想念她，还希望和她在美丽的亚塞罗那见

▌亚历山大·柏克曼和他的著作《布尔什维克的神话》

面。其间，同凡宰特、柏克曼的通信都是人所熟知的，此外，他还同多位世界不同国籍的无政府主义者保持联系，或断或续，直到中华人民共和国成立时为止。

1928 年 10 月 18 日，巴金从巴黎到达马赛。由于海员罢工，他不得不留在海滨美景旅馆五层楼上的小房间里，十二天后才乘船回国。

在等船的日子里，他除了看电影，便是埋头看左拉[60]的《卢贡·马卡尔家族》系列小说。这个系列共有二十部长篇，他从前只读过几部，这回竟一部接一部地全部读完了。虽然，他不赞同左拉的社会生物学观点，也不喜欢小说中那种自然主义的摄影机式的写法，但是，他不能不承认，这些小说抓住了他的心。

小说通过一个家族的变迁来表现整个社会历史面貌的写法，给他很大启发，勾起了他的创作欲望。他也想用同样的方法，通过一个家庭、一些事件和人物来描写整个时代。构想慢慢定型，他打算在《灭亡》前后各加两部，成为连续的五部小说，连书名都有了——《春梦》

《一生》《灭亡》《新生》和《黎明》——甚至还动笔写了一些细节、片段。他这样描述过当时的写作冲动："有时在清晨，有时太阳刚刚落下去，我站在窗前看马赛的海景；有时我晚饭后回到旅馆之前，在海滨散步。虽然我看到海的各种颜色，听到海的各种声音，可是我的思想却跟着我那几个小说中的人物跑来跑去。我的思想像飞鸟一样，在我那个隐在浓香里的小说世界中盘旋。"[61] 直到坐在法国邮船的四等舱里，他还在想他的《春梦》，简直有点柏拉图说的那种"迷狂"了。

真正的作家大约都有点无政府主义：（一），富于理想或是幻想；（二），天性热爱自由、个人主义、反权威、反组织；（三），同情心、正义感。巴金的无政府主义一方面是信仰、是理念，另一方面与他所具有的作家天赋和道德要求正相契合，由于某种机遇，于是便成为一个无政府主义的思想战士了。他同那些远离现实的学者是有距离的，与形而上学家也无法亲近，为了翻译克鲁泡特金而大啃康德等人的著作，曾经不止一次诉说过苦恼。从阅读趣味来说，无疑，他是倾向于文学的。他的政论、社会论文，不只是说理，而且每每透射出情感的热力；他的关于革命家的评传、史话，如写于沙多—吉里的《俄罗斯十女杰》《俄国社会运动史话》，明显的文学化。这些作品都注重形象、细节、文采，更不用说"报告文学"《断头台上》了。在翻译方面，直到这时为止，恐怕文学作品也要比思想类著作多得多。

戏剧性的是，最初乘船来法国，无政府主义叫他心驰神往；而今坐在归国的船上，他想的是文学乌托邦，满脑子是小说世界中的人物和情节。这时候，还不能说巴金已经选定了今后的道路，看来他也没有什么周密的人生规划。他本来是大家族里的成员，但是在他的心目中，自己只是一个浪游者。"何处是归程？长亭连短亭"，只是一路走去而已。

至于做理论家呢？战士呢？还是文学家呢？要不要举主义的旗子呢？还是卷起来呢？这就得看环境条件的许可，仅仅有个人的梦想是不够的。

注 解：

1. 巴金：《再见罢，我不幸的乡土哟！》，收录于《巴金散文》，浙江文艺出版社，2009年，29页。

2. 薇拉·妃格念尔（Vera Figner，1852–1942），俄国革命团体民意社领导人，曾参与刺杀俄皇亚历山大二世。

3. 巴金：《诗二首·黑夜行舟》，收录于《巴金全集》第18卷，人民文学出版社，1993年，49页。

4. 同注1，36页。

5. 巴金：《海行杂记》，收录于《巴金全集》第12卷，人民文学出版社，1993年，4页。

6. 巴金：《谈〈新生〉及其他》，收录于《巴金自传》，江苏文艺出版社，1995年，176–177页。

7. 巴金：《〈秋天里的春天〉译者序》，收录于《巴金全集》第17卷，人民文学出版社，1993年，146–147页。

8. 阿那托尔·法朗士（Anatole France，1844–1924），法国小说家，曾获诺贝尔文学奖。

9. 巴金：《文学生活五十年（代序）》，见《巴金全集》第1卷，人民文学出版社，1993年，462页。

10. 葛懋春等编：《无政府主义思想资料选》下册，北京大学出版社，1984年。

11. 惠林、苿甘、君毅：《无政府主义与实际问题》，收录于葛懋春、蒋俊、李兴芝编：《无政府主义思想资料选》下册，北京大学出版社，1984年，829页。

12. 同上，836页。

13. 同上，833页。

14. 同上，838页。

15. 这段话来自 Emma Goldman's Letter to Li Pei Kan, May 26 1927，原文为英文，中文翻译为山口守，收录于其论文《巴金与爱玛·高德曼：1920年代国民革命中的无政府主义》，发表于陈思和、李存光主编：《你是谁：巴金研究集刊8》，上海三联书店，2013年。

16. 这段话来自 Li Pei Kan's Letter to Emma Goldman on July 5 1927，原文为英文，中文翻译为山口守，收录于其论文《巴金与爱玛·高德曼：1920年代国民革命中的无政府主义》，发表于陈思和、李存光主编：《你是谁：巴金研究集刊8》，上海三联书店，2013年。

17. 这段话来自 Emma Goldman's Letter to Li Pei Kan on August 4 1927，原文为英文，中文翻译为山口守，收录于其论文《巴金与爱玛·高德曼：1920年代国民革命中的

无政府主义》，发表于陈思和、李存光主编：《你是谁：巴金研究集刊 8》，上海三联
书店，2013 年。

18. 同上。

19. 柏拉图（Plato，427–347 B.C.），古希腊著名哲学家，西方哲学的奠基者。

20. 亚里士多德（Aristotle，384–322 B.C.），古希腊哲学家，柏拉图的学生，同为西方
哲学奠基者。

21. 巴鲁赫·斯宾诺莎（Baruch de Spinoza，1632–1677），17 世纪时期荷兰哲学家，
理性主义者。

22. 伊曼努尔·康德（Immanuel Kant，1724–1804），启蒙运动时期著名德国哲学家。

23. 唐金海、张晓云：《巴金的一个世纪》，四川文艺出版社，2004 年，72–73 页。

24. 冯雪峰：《冯雪峰忆鲁迅》，河北教育出版社，2001 年，20 页。

25. 本文原载于美国旧金山《平等》月刊第 1 卷第 2 期（1927 年 8 月 1 日），署名壬平。
现收录于《巴金全集》，人民文学出版社，1993 年，127–128 页。

26. 唐金海、张晓云主编：《巴金年谱》，四川文艺出版社，2003 年，148 页。

27. 巴金：《李大钊确是一个殉道者》，原载于《平等》月刊第 1 卷第 2 期（1927 年 8 月
1 日），署名苇甘。又见唐金海、张晓云主编：《巴金年谱》，四川文艺出版社，2003
年，149 页。

28. 本文原载于《平等》月刊（1927 年 8 月 1 日），署名极乐。又见唐金海、张晓云主
编：《巴金年谱》，四川文艺出版社，2003 年，148 页。

29. 巴金：《黑浪给急弦的信》，收录于葛懋春、蒋俊、李兴芝编：《无政府主义思想资料
选》下册，北京大学出版社，1984 年，822–824 页。

30. 巴金：《巴金全集》第 18 卷，人民文学出版社，1993 年，179 页。

31. 巴金：《巴金全集》第 18 卷，人民文学出版社，1993 年，183 页。

32. 本文原载于《平等》月刊第 1 卷第 4 期（1927 年 10 月），署名黑浪。又见唐金海、
张晓云主编：《巴金年谱》，四川文艺出版社，2003 年，154–155 页。

33. 徐开垒：《巴金传》，上海文艺出版社，1991 年，113 页。

34. 同上，114 页。

35. 巴金：*From a Chinese Comrade*，原载于美国 *The Road to Freedom* 第 4 卷，第 6
号，署名 Li Fei-Ran，发表时为英文。

36. 巴金：《巴金全集》第 21 卷，人民文学出版社，1993 年，238–240 页。

37. 巴金：《巴金全集》第 18 卷，人民文学出版社，1993 年，148 页。

38. 山口守、阪井洋史：《巴金的世界》，东方出版社，1996 年；《巴金研究集刊》，上海
三联书店。

39. 巴金：《灭亡·序》，《巴金全集》第 4 卷，人民文学出版社，1993 年，4 页。

40. 巴金：《灭亡》，《巴金全集》第 4 卷，人民文学出版社，1993 年，195 页。

41. 同上，56 页。

42. 同上，86 页。

43. 巴金：《海行杂记》，《巴金全集》第 12 卷，人民文学出版社，1993 年，36 页。

44. 同上，52 页。

45. 谢尔盖·斯捷普尼雅克（Sergey Stepnyak-Kravchinsky，1851–1895），原姓克拉夫钦斯基，19 世纪俄国革命家。

46. 巴金：《灭亡》，《巴金全集》第 4 卷，人民文学出版社，1993 年，94 页。

47. 同上，89 页。

48. 同上，5 页。

49. 巴金：《谈〈灭亡〉》，《巴金全集》第 20 卷，人民文学出版社，1993 年，39 页。

50. 同上，394 页。

51. 同上。

52. 同上，387 页。

53. 同上。

54. 巴金：《答诬我者书》，《巴金全集》第 18 卷，人民文学出版社，1993 年，180 页。

55. 巴金：《巴枯宁底无政府主义（短论）》，《巴金全集》第 18 卷，人民文学出版社，1993 年，202 页。

56. 巴金：《谈〈灭亡〉》，《巴金全集》第 20 卷，人民文学出版社，1993 年，382 页。

57. 同上，391 页。

58. 同上，390 页。

59. 艾里塞·邵可侣（élisée Reclus，1830–1905），法国著名地理学家，无政府主义者。

60. 埃米尔·左拉（émile Zola，1830–1905），19 世纪法国最有名的作家之一，法国自由主义政治运动的重要人物。

61. 巴金：《谈自己的创作》，《巴金全集》第 20 卷，人民文学出版社，1993 年，400 页。

第四章

徘徊于文学
与革命之间

自从蒋介石发动"清党"，成立南京政府之后，国民党已经完全改变了原先的性质，变得日益保守和专制。作为执政党，它高踞于国家和社会之上，推行"一党专政""以党治国"。为了维护一个政治共同体的利益，党内的派系斗争很快统一到权力意志之下，一致对付反对党，还有群众的骚乱，以确保现存秩序的稳定。国民党原来已是"以俄为师"，靠群众运动起家，现在却害怕群众运动，担心为其他党派及激进分子所利用。其实，群众运动、社会革命，正是无政府主义的根基。通过镇压，以及党的基层网络的渗透和控制，这时无政府主义者已经无法获取它的物质力量。

不问而知，所有的专制政党和政体都是要消灭异己者的。对于国民党政府来说，除了组织庞大的共产党，无视"党国"存在的无政府

▌1927 年 4 月 12 日，蒋介石悍然发动"清党运动"，大举屠杀共产党人

主义者，同样是必欲清除的对象。当时，暗杀、半夜搜捕和死刑是常见的事，政治犯的名册堆积如山。这其中，就有不少是无政府主义者。在镇压无政府主义者方面，国民党政权算是步了苏联的后尘。

巴金曾经辑录法朗士的两则语录发表，其中之一是："在一次革命之后，就不愿别人再谈革命了。"革命党一旦成为执政党之后，事实往往是，随即掉转头来敌视革命的人民。

国民党政府一方面施行直接镇压的手段，一方面颁布各种法律，将专制制度合法化。1927 年，在中国历史上首创《反革命治罪条例》，将"反革命罪"作为一种刑事罪列入法律，其实这是一种极可怕的足以置人于死地的罪名。值得一提的是，"反革命罪"沿用 70 年之后被废除。1929 年颁布一项所谓"保障人权"令，胡适及《新月》的政治伙伴对此提出一点颇为温和的"异议"，便立即遭到党部的惩罚。有过地下活动经历的政党，深谙黑暗的秘密通道，所以，由其组织的政府对于光天化日之下的集会、结社、罢工、游行等，势必施加各种限制，在言论和出版方面的钳制尤为严厉。从 20 年代末至 30 年代，国民党政府先后出台《新闻法》和《出版法》，制订从邮电检查到书报审查的大小法规，极力压缩公共空间，试图斩断社会的喉舌。

刘师复早就说过，无政府主义在中国的处境有两大困难：一是中国工人缺乏普通教育，知识水平极低；二为中国政府所嫉恨，致使宣传工作棘手。民国初期，无政府主义活动即为袁世凯政府所禁。"清党"运动发生以后，"安国合作"短暂的蜜月期随之结束，国民党首先清除了党内激进的无政府主义者，接着拔除了无政府主义者的两个重要据点。

以"安国合作"的形式出现的据点有两个，一个是《革命周报》，一个是劳动大学。劳动大学于 1927 年秋成立于上海，是当地无政府主义者的活动中心。大学的目标是促使劳动者与知识者的结合，培养一种新型的劳动领导以实现和平的社会革命。这里也可能存在另一个目的，就是把它当作以联盟制重组中国的一个实验基地。总之，这是一个宏大的计划。但是，随着1929年秋《革命周刊》被查封，劳动大学也被控为一个"无政府主义者要接管国民党的阴谋"，到了1932年也就正式关闭了。

1928年10月，巴金回到上海。

朋友周索非到旅馆看他，告诉他《灭亡》即将发表的消息，并邀他到闸北鸿兴路世界语学会居住。不久，周索非要结婚，又邀同巴金一起迁至宝山路宝光里十四号。周索非夫妇住楼上，巴金住楼下，直到1932年1月下旬日军进攻闸北，巴金才离开这处已成废墟的住所。

周索非是上海世界语学会的秘书，经他介绍，巴金参加了世界语学会，并担任世界语函授学校教员，编辑世界语杂志《绿光》；稍后又以马拉为笔名主编《自由月刊》，担任自由书店的责任编辑；此外还曾一度在开明书店承担外文校对工作。

巴金在世界语学会有了固定的工作，而且，这工作与无政府主义的传播是有直接联系的。此间，巴金用世界语撰译了不少文章。与周

从巴黎回到上海后，巴金（后排左一）与上海世界语协会人员合影

索非夫妇同住的这段日子，在巴金的回忆中是颇为惬意的。一些杂志的编辑要巴金的稿子，就找周索非接洽；巴金写好之后，也请周索非带出去。这样，巴金也就省去了许多无聊的应酬，特别是随着《灭亡》的发表，约稿迅速增多，便可以由周索非代为应付，他只消握紧笔杆不断地写下去。巴金说，他常常写一个通宵，待文章脱稿，就沉沉睡去，把稿子留在桌面上。

巴金极其迷恋克鲁泡特金。他把克鲁泡特金称为"革命的安那其主义者""人类最忠实的朋友，最有热情的叛逆儿"[1]。在这个俄国人身上，他看到了一个由"人"、战士、学者三者构成的完整的整体。回国后，他继续埋首翻译克鲁泡特金的《人生哲学》（下编）。跟翻译此书上编时一样，带有现实政治的某种紧迫感，他是将它当作反对国民党一党专政的武器的。除了译序，巴金又特别写了《克氏〈人生哲学〉之介说》，强调真正的幸福并不纯粹属于个人，而是源自与民众一起为真理和正义而作的斗争。

随后，巴金又翻译了克氏的《我的自传》（即《一个革命者的回忆》）。在代序中，他高度评价克氏舍弃家产爵位，甘愿入狱和亡命的革命精神，称之为"一个道德地发展的人格之典型"[2]。他非常喜欢这部《我的自传》，根据英、法、日文三种版本译出，除原注外，还加进许多译注，目的是使自己的同时代人从书中得到一点慰藉和鼓舞，充分地认识人生的意义和目的。克氏的《我的自传》，在他眼里，可以说是《人生哲学》的一个必要的延伸。

巴金还出版了所译的克鲁泡特金的另一部著作《蒲鲁东的人生哲学》。虽然，无政府主义这时已经面临绝境，他还在默默地做着宣传，写了许多为巴枯宁辩护、介绍蒲鲁东和克鲁泡特金的文章。他有他的信仰，他不能让信仰在屠刀下死掉，不但要保存在个人那里，而且要通过文字分散给更多的人，让更多的生命开花。

在此前后，他翻译了许多寄意革命和反抗的作品。其中有俄国作家司特普尼亚克著的文集《地底下的俄罗斯》（1936 年修订版改名为

《俄国虚无主义运动史话》）、波兰作家廖·抗夫的话剧《前夜》(《夜未央》)、德国剧作家毕希纳的话剧《丹东之死》等。

《地底下的俄罗斯》叙述的是在沙俄专制时代的青年革命党人的活动，他们在斗争中被捕、越狱、牺牲的英勇事迹。巴金介绍说，这部书"是19世纪末叶的一大名著""是火一般热，海一般深，战场上号角一般的悲壮，打孤城的春潮一般的激昂"。[3]为了增进读者对作品的了解，他还译出一篇《司特普尼亚克传》，足见青年盗火者的热情。在翻译《前夜》之前，他在法国曾经译过作者的一个短篇小说《薇娜》，在国内发表后反响强烈。《前夜》更有名，在巴黎连演百余次，引起轰动。剧本写的是一群俄国青年虚无党人策划暗杀血腥镇压罢工工人的总督的故事，鼓吹一种为了人类的自由和幸福而慷慨赴死的革命精神。这种精神，震荡过少年巴金的心灵，所以他愿意抛开旧译而由自己重新译出，又写了一篇《廖·抗夫略传》。《丹东之死》直接从世界语翻译过来，是一部歌颂法国革命家的名剧。巴金认为，这个剧本可以让人们更深刻地了解革命的内质，对于从事革命的人是有助益的。

他还从世界语作品中翻译了两个剧本，一个是意大利作家亚米契斯[4]的《过客之花》，一个是日本作家秋田雨雀的《骷髅的跳舞》。此外，他还翻译了俄国诗人普希金[5]远慰西伯利亚矿坑中的十二月党人的诗和十二月党人的答诗等，后来收入《叛逆者之歌》出版。

巴金在《平等》上发表文章称，现在无政府主义乃是两大原理，即自由原理与强权原理的斗争，20世纪正是这两大原理决死战斗的时代。他说，在大战中，一边竖着强权的大旗，一边竖着自由的大旗，而聚集在这面大旗之下的就有无政府主义者。无论是翻译还是创作，只要叫喊自由、反抗和革命，其中就包含了无政府主义。巴金不止一次写到，翻译里面必须含有创作的成分，每种译本除了含有作者，还应当有一个译者自己。

回国后，巴金已经不像在法国时那样写大量的时评。对于时局，他又不可能置身度外而保持沉默。头两年，他以翻译为主，写作方面，大体上是借外国革命说事，如《赫尔岑论》《车尔尼雪夫斯基论》《虚无主义论》等论文，带有一种半隐蔽状态，但是鼓吹革命前后是一致的。关于国内问题，他针对原先的无政府主义者及其刊物，发表了几篇文章，如《分治合作与无政府主义》《〈革命〉的性质》等。他坚持无政府主义的激进主义，反对李石曾的"分治合作"说，重申无政府主义"用革命的方法，推倒任何政府"的主张，一再强调"凡是政治上的理论，不论集权、分权、均权都在根本反对之列。"[6] 对于"安国合作"的产物《革命周报》，他认为刊物的内容虽然有所变化，但性质仍然是替国民党辩护、赞美国民党的，甚至连国民党员都不敢说的话，像杀共产党人是应该的之类也都说了，完全是滥用了"言论自由"。其中，反对国民党政府的态度是明确的。

此外，巴金还写了一些论辩性质的文字，主要是回敬或挑战当时的"革命文学家"钱杏邨（阿英）和郭沫若的。显然，作为一个写作者，他站在左右之间，持一种独立的姿态。

1930 年 7 月，巴金出版了一部论著《从资本主义到安那其主义》[7]。无论对于巴金个人长达十年的写作史来说，还是对于中国无政府主义思想史来说，它都不失为一部里程碑式的著作。

在序言里，巴金自白说："我在安那其主义的阵营中经历了十年以上的生活。运动的经验常常使我感觉到理论之不统一，行动之无组织，乃是中国安那其主义运动之致命伤。"[8] 鉴于少有人真正了解安那其主义的理论体系，而且在国内出现对于安那其主义的种种误解，他认为自己有责任，也有能力完成这样"一部正确地解释安那其主义的书"。或许，柏克曼刚从远地寄来的《安那其主义 ABC》是一个触媒，撩起他写作的欲望。实际上，正如他所说，他已多次抑制奔腾的血潮，而以理性的态度反刍多年的痛苦经验，可谓蓄谋已久。虽然，他说这部书不是一部宣传的书，而是一部解释的书，事实上它是一部为无政府主义辩护之书。解释即宣传，全书启蒙的意义是明显的。他在 1936 年的《新年试笔》中就有意无意地透露玄机，说："我写过十三四万字的书来表示我的社会思想，来指引革命的道路。"[9]这在国民党政府的高压政治之下，是仍然需要很大勇气的。

巴金 1935 年 10 月为《爱情的三部曲》作总序时说，他对于自己的作品从来就没有满意过，如果要他拣出一两本像样的书，那么就只举出一本《从资本主义到安那其主义》。他说："这本书从写作到发行，全是我个人一手包办，这里面浸透了我个人的心血。"[10]虽然书中大量采用了柏克曼《安那其主义 ABC》的材料，但毕竟是一部熔铸了巴金的信仰、思想和激情的著作，有他个人的创见，所以他会特别珍爱，而且话中很有一点自负。

表面上看来，《从资本主义到安那其主义》是一个通俗的政治思想小册子，理论色彩却是浓厚的，逻辑相当缜密。从资本主义到安那其主义，这里有一种进层的关系。全书共分三部：第一部《今日》显然是着眼于现实社会问题，开始于对"资本制度"的剖析，继而对马克思的社会主义理论和列宁的十月革命，以及苏俄的"无产阶级专政"的批判；第二部是对"安那其主义"的解释；第三部专门讨论"社会革命"问题。

关于资本主义，占了书中整整十章的篇幅，极言其不合理。巴金指出：资本主义制度是以盈利为目的进行生产的制度，资产阶级和工人的关系是抢劫和被抢劫的关系。政府、法律、宗教、教育，都是保护资本家抢劫全体人民的，是奴役工人、掠夺工人的机器。只要这种掠夺人的制度存在一日，平等和正义都不可能存在。他断言，这样的制度是不可能改良的，只好期待根本的改变。至于如何改变？他认为，马克思所提倡的激进的、激烈的政治革命并不能使社会从资本主义改变为社会主义。他指出，"马克思派社会主义"在理论上存在一大矛盾，就是既要革命，又极力主张无产阶级掌握政权并以此征服有产阶级。他说，"这个基本矛盾对于各国社会主义运动实是一个致命的打击，以致它们得不着工人阶级的信任，而且也不能够帮助工人阶级。"[11] 结论是，不能相信社会党，也不能相信在俄国实行了社会主义的布尔什维克，因为他们背叛了工人的利益。

巴金重点论述了俄国革命和布尔什维克专政。他很明确地提醒说，俄国革命和布尔什维克专政是两个性质完全相反的东西，不可以把俄国革命与共产党混为一谈。他说："俄国革命乃是一个反抗压迫与惨祸之大暴动。它喊出民众争自由与正义之热望。它志在废除一切使人为奴隶、受压迫的事物。它要建立新的生活形式，真正平等博爱的情形。"[12] 他不但肯定 1905 年革命，而且肯定 1917 年十月革命，认为是法国大革命之后世界上的"一件最重要的事实"，"有史以来唯一的大事业"。但他接着指出："共产党一旦握了政权，组织了一个新政府就把革命的发展阻止了。"[13] 他批判说，布尔什维克以为只有他们的党的专政才能指导俄国革命，于是用尽全力夺取政权，并把一切事务都抓在他们手里，专由他们来解决；只要是党的计划就必须实行，不管付出任何代价也在所不惜。这样，布尔什维克的一党专政最初是压制有产阶级，但当党的权力一天天增加以后，民众的权利与自由便一天天减少。获得民众拥护的党摧残民众、背叛民众，这样的事在历史上并非鲜见 [14]。在巴金看来，布尔什维克走上背叛人民的道路是必然的。

布尔什维克的目的是"一党专政"。巴金指出，其实，苏俄真正的专政者既不是无产阶级，也不是共产党。表面上共产党中央委员会掌握大权，实际上操纵权力的是"政治局"。但是，政治局也不是真正的专政者，真正的专政者是那个可以左右政治局大多数意见的人。这个人就是列宁。

"共产党的目的是什么？我们知道是：在'无产阶级专政'名义之下实行共产党领袖专政。"[15] 凡是集权的国家，或者是专政的国家，都意味着一个人的意志至高无上，不可侵犯。在《专政的把戏》一章中，巴金分别就政治、经济、工业、农业、文化、社会诸多方面，总结布尔什维克长达十几年的"无产阶级专政的成绩"。在政治方面，他说："共产党实行政治的垄断，别的党派和别的运动皆被认为违法。个人的安全与居住自由是没有的。言论自由、出版自由也是不存在的。便是在党内稍有一点异论也是应该压止的，甚至于将持异论者处以监禁流放之刑，如托洛茨基一派就得着这样的命运。"[16] 接着，特别指出国家安全部门，秘密警察机关"格别乌"是一个"太上政府"，"人民的生死之权均操在它手里，只有赞助政府党的人才享有特权和自由"[17]。在文化方面，他说"布尔什维克统治乃是一个强权共产主义和党法西斯主义的养成所，凡与政府党意见相异的思想皆被压止了。它要把全体人民弄成一个政治教会的教条之信徒，使他们没有机会开阔胸怀，走出统治阶级所容许的思想之外以呼吸自由空气。在俄国只有政府的官报以及别的被布党检查官许可的报纸。政府垄断了言论、出版、集会三大权利，舆论是无法表白的了。"[18] 他比较沙皇时代，说从前革命党人还可以秘密出版书报，甚至于在首都设立秘密印刷所；然而在现今的布尔什维克专政之下已差不多成了绝不可能的事，因为一切的出版运输机关、纸张与印机，都被政府垄断了。至于社会方面，没有人能够享受经济独立、政治自由与安全。"格别乌"无时不在暗中工作，总是深夜突然搜查民宅，逮捕枪决。巴金说："对于非布尔什维克的人，苏俄成了一大监狱，在这里面，所谓'平等'是指恐怖平等，所谓'自由'是压迫自由。"[19]

关于革命，巴金认为，无论在何种国家，重要的问题是让人民自由地发展它的创造力与意志力。革命的目的在求得自由，而绝不能用强制和专政。无论在革命中还是在日常生活中，不是自由就是强制，没有第三条道路。

自由的道路就是安那其主义的道路。巴金以最简洁的语言定义说，安那其主义是一种理论、一种学说，它证明我们能够生活在一个不需要任何强制的社会中。他拿安那其主义与布尔什维克的共产主义做比较，两者都反对资本制度，主张废除私有制，"各尽所能，各取所需"。然而，根本的不同在于，布尔什维克虽然反对资本主义的政府，却要由他们的党来掌握政权来专政，总之要一个强有力的集权政府；而安那其主义者要废除一切的政府，以自由代替政府，以平等使用代替私有财产制，希望民众由自己的组织来决定管理他们的事务，并不受任何政党的命令和任何政府的支配，他们要的是真正的自由与志愿的合作。所以巴金说："布尔什维克的共产主义是强权共产主义，而安那其主义者的共产主义是自由共产主义。"[20]

在书中，巴金论证说，安那其的实行不但是必要的，而且是可能的。他接着指出，使安那其理想变为现实的道路，就是社会革命。不同于政治革命的是，社会革命并非英雄主义的表现，不是起义或战争，即使革命需要暴力，也只是革命工作的开场而已。"革命的目的不是破坏，而是改造与建设"[21]。巴金把阶级斗争和克鲁泡特金的"互助说"结合起来，认为作为一种民众运动，社会革命需要劳动阶级的团结，需要吸收另一个分子包括知识分子的合作，需要充分的准备和预演。他说，社会革命的主力不在战场，工人的力量在店铺、矿坑与工厂之内；换言之，它只能由总同盟罢工而实现。他指出，除了物质条件的改善之外，还要依靠崇高的道德理想，追求更大的自由与正义。总之，革命的一切活动，都应该建立在自由与平等权利的基础之上。

巴金反对无产阶级专政，要点就是反集权。因此，他指出：革命的国家不仅应该脱离外国的牵制而独立，并且还应该在本国之内实行分散，也即自治与自给。其实，分散是一个反统一的原则。他说："分散可以医治集中的原理使社会生的许多病症。分散在政治方面的结果是自由，在经济方面是物质的独立，在社会方面是各城市的安全与安乐，在个人方面是自由与发展。"[22] 最后，他以自由结束对于安那其主义道路的描述。他说："没有一个革命曾完全尝试过这真正自由的路。武力、压迫、复仇与恐怖成了过去一切革命的特点，因此摧残了它们的本来的目的。现在是试验新方法、新道路的时候了。社会

《从资本主义到安那其主义》初版
封面，上海自由书店 1930 年 7 月

巴金译克鲁泡特金的《伦理学的起
原和发展》，平明书店 1946 年 6 月

革命是用自由来完成人的解放。让我们用自由来代替压迫与恐怖。让
自由变成我们的信仰，我们的行为。"[23]

《从资本主义到安那其主义》署名芾甘，由上海自由书店出版，
同年 8 月又由美国三藩市（即旧金山市）平社出版，此后不曾再版。
出版后，该书即被国民党政府加以"宣传无政府主义"的罪名查禁。

巴金晚年曾有意将全书收入《巴金全集》中，因责任编辑王仰晨
反对，终至放弃。《爱情的三部曲》总序在收入《巴金选集》（10 卷
本）、《巴金文集》（14 卷本）和《巴金全集》时，有所修改，其中关
于《从资本主义到安那其主义》的一段话全被巴金所删除。

回国两年多来，巴金完全把自己埋在关于无政府主义的译述之
中。他翻译了克鲁泡特金最重要的伦理学著作，还有传记、剧本和
小说；写下了全面论述无政府主义的理论读物，还有中篇小说、时评
和杂感。他创办了一份刊物，继续支持另一种刊物，还参与了出版工

作。看起来他热情高涨，工作量之大，简直不容他有喘息的机会。

1929 年 6 月，他有信给美国的刘钟时，报告无政府主义刊物《平等》在上海受压的情形，考虑到中国将来"会有压迫极厉害的日子"，希望在国外设立印刷所，以"保留一点根基"。同年还给钟时写信说："我们现在只要本着不屈不挠的精神继续不断地干下去，虽然附和者少，成绩很微，但总有效果的。我们不要因现状而灰心，尤其中国的运动更使世人失望。但我们的理想

| 巴金译克鲁泡特金的《面包与自由》（又名《面包略取》）扉页

是民众的理想，是人类的理想，民众以至于全人类要得着最完全的幸福生活，必然要靠了这理想的。这理想是民众生活的命脉，民众要求解放，必靠此成功。所以它会不管我们的无力，而自行发展的。这时

| 巴金翻译的克鲁泡特金自传的不同版本

候中国现状，实无组织 A 党的可能，但我们仍要努力做去，时机一旦成熟，潜伏的势力会显露出来。我们的运动便会突进的发展，等着罢，我相信着。"[24]

巴金一边相信着，一边又怀疑着、失望着。他虽然鼓舞友人，却无法完全说服自己。1929 年春天，他写下短文《我的心》，充分泄露了他内心的失败感和无力感。文章说："我有了这颗心以来，我追求光明，追求人间的爱，追求我理想中的英雄。到而今我的爱被人出卖，我的幻想完全破灭，剩下来的依然是黑暗和孤独。受惯了人们的凌辱，看惯了人间的惨剧。现在，一切都受够了。"[25]中国无政府主义的困境，使这个激进主义者深感开展革命活动的困难。他不肯向现实屈服，然而又生性内倾、脆弱，只好反过来啮噬自己。

只有面对至爱的亲人和朋友，巴金才袒露心上痛苦的创痕。他在写给大哥尧枚的信中说："所足以维系我心的只有工作。终日工作，终年工作。我在工作里寻得痛苦，由痛苦而得到满足。"[26] 又说："我在心里筑了一堵墙，把自己因在忧郁的思想里……"[27]1930 年巴金致信刘钟时说："我事忙，身体又弱，这是没有法的事。不过我至少总还有几年可活，总可以做点事出来。"[28] 他总觉得自己活不长久，曾经多次透露过这种预感，因此他要为他的安那其理想尽可能地多做事，在绝望的时程里做悲壮的进军。

1929 年 7 月，李尧枚和同几个亲戚来到上海。

这是巴金出门六年之后与大哥的首次重逢。虽然他约了尧林前来相聚，因为路费问题，尧林想利用

1929 年，巴金与大哥尧枚在上海

暑假替人补习功课，结果没有南下，错失了同大哥见面的机会。这次聚首，让巴金感觉到，兄弟之间的思想差异更明显了，但是，情谊并没有减少。

大哥回川前，特地购赠了一管"华脱门"金笔给巴金。巴金则为他买了格雷西·菲丁的唱片 *Sonny Boy*。回川时，大哥满面泪痕，却不忘从箱子里将唱片找出，一定要巴金留下，因为他知道巴金同样喜欢这首歌。为了不让大哥伤心，巴金只好含泪默默接受了。在黄浦滩头挥泪作别的情景，巴金事后多次忆述过。

大哥在沪栖留的一个月里，让巴金成就了一件大事，就是小说《家》的创作。

离法回国时，巴金受了左拉"卢贡·马卡尔家族"系列小说的诱惑，曾经产生过创作《春梦》的构想。大哥到了以后，向他谈及家里几年来发生的许多事情，三姐的惨死，二叔的死，还有家庭间的种种怪事，重新撩起他写作小说的欲望。他有一次对大哥说，想以大哥做主人公写一部长篇。想不到的是，大哥不但表示赞同，而且来信时仍然鼓励他，期待小说的完成。信中说："实在我家的历史很可以代表一切家族的历史。我自从得到《新青年》等书报读过以后我就想写一部这样的书，但是我写不出来。现在你想写，我简直喜欢得了不得。希望你有余暇把它写成罢。"[29]信中连带提到英国作家狄更斯写的《块肉余生述》，巴金知道，那是大哥最喜爱的一位作家。

一天，《时报》的编者托巴金一位在世界语学会的朋友找到他，约他给报纸写一部连载小说，每天发表一千字左右。这使巴金感到意外的欣喜，心想这样一来，《春梦》就要成为现实了。

他一口答应下来，即使此前没有写这类小说的经验。他先写了一篇《总序》，又写了小说开头的两章一并送交报社审阅，只要同意发表，他就接着写下去。其实这时候，整个故事并没有一个完整的框架，虽然主题已经明朗化了，然而人物关系及诸多情节之类，都还来不及确定。写完《总序》后，根据主题的需要，巴金决定将《春梦》

改为《激流》。显然，他更多地把目光投向为时代的激流所冲荡的现实世界，而不愿让自己耽留在已然消逝的旧梦之中。

《激流》的《总序》在《时报》4月18日第一版上发表出来。次日下午，巴金就接到报告大哥吸毒自杀的电报。真是太离奇的巧合了。

小说在一定意义上是为大哥而写的，如同《灭亡》一样，希望他能够读到；然而，他非但不能读到一个字，甚至连自己开始写《激流》的事情也不知道。对于大哥一步步地走近悬崖的情形，自己本来是看得清楚的，而且来得及拨开他的眼睛，让他看得见面前的深渊，可是他什么也没有做。现在总算有了一个机会，而他却突然一下子沉没了，再也无法援救。至此，巴金只能在无尽的遗恨中责备自己。接到噩耗这一夜，巴金不曾闭眼。经过一夜的思索，他最后把小说的全部结构都想好了。他有把握了。而且，因为大哥不在，从前想到写及家庭而起的种种顾虑和困难也已不复存在。意外的打击，使他更加坚定了写作的决心，也感到有责任写出自己家庭的历史。他知道，这是一部特殊的家族史，同时也是一般的资产阶级家庭的历史。

故事发生在四川成都一个官僚地主家庭高公馆内。高家一共有五房，是一个专制的大王国，高老太爷自然是王国的最高统治者，是传统观念和专制保守势力的代表。各房的家长，书中的第二代、克明、克安、克定等都是统治集团的成员，他们过着丑恶腐朽的生活，一面为了争夺权力和财产而互相倾轧；一面共同压制和摧残新生力量，制造了大量的牺牲品。小说无情地暴露了家族制度的罪恶，诅咒统治者的残暴、虚伪和堕落，昭示了一个封建资产阶级大家庭走向崩溃的必然进程。

小说中的小字辈、仆人和婢女都是被压迫者、被侮辱者和被损害者。其中，写到的四位女性是有代表性的。觉新的妻子瑞珏，因避丧而不能不顺从迷信的俗例，迁居城外生产，结果在痛苦中死去。他爱上的梅表妹不能与他成婚，出嫁后不久成为新寡，回到成都后，虽然两人偶然得见却不能相处，终至于郁郁而死。鸣凤爱上觉慧，因为身份和环境的殊异而无缘结合，在高老太爷强令她嫁给孔教会会长冯乐山做姨太太时，她所做的唯一的反抗便是投湖自尽。在孤境中，连觉慧也不曾伸出援手，完全是无声无息的死亡。妇女的命运是悲惨的，尤其是底层妇女，小说寄寓了作者深厚的同情。在封建礼教和家族势力的淫威之下，他让她们暴露了精神奴役的创伤，与此同时，人性的光辉依然闪耀在她们的身上。

巴金把小说的背景设定在后"五四"时代。他自称是"'五四'的儿子"，对于'五四'一直给予高度的礼赞。以个人的经历，他强烈地感受到'五四'思想启蒙的力量，它培育了一代青年，给旧世界包括家族制度以猛烈的冲击。当他的《家》为这个时代造像的时候，所要彰显的就是新思想、新道德的力量；作为一个青年安那其宣传家，就他一直以来所自觉承担的战斗任务来说，也都侧重于这一方面。从小说问世时起，不断有批评指它不曾触及家庭的"经济基础"，没有描写更阔大的社会生活如工人运动之类。小说写什么，有它自身的题材和主题的限制，未必每一部作品都一定要成为"百科全书"。《灭亡》写的就是工人运动，当然这是一个安那其主义者眼中的工人运动；《家》偶尔涉及的，也是这样的运动。应当看到，两部小说不唯题材不同，写作的动机和状态也不一样。《家》中的青年，更多生活在"五四"的风景框内。事实上，"五四"无论作为新文化运动，还是社会政治运动，它的发生，都与经济基础没有直接的关联。

小说以长房觉新、觉民、觉慧三兄弟的恋爱和婚姻为主线，贯穿了其他各房及亲戚等诸多人物的日常生活，展现了"五四"时期典型的父与子、新与旧两种势力、两种思想的斗争。当时，婚姻问题、妇女问题、家庭问题，都是重大的社会问题，三兄弟同时接受了"五四"的洗礼，但是，由于在家庭的排序不同、地位不同、性格不同，他们对待这些问题的态度表现出很大的差异。"五四"过后，青年知识分子的思想分化是一种普遍现象，《家》中三兄弟走上不同的

《家》书影

生活道路，明显地带有时代的特征。

　　据巴金自述，觉新是小说中唯一真实的人物，完全由大哥转化而来。他是长子，最早接受大家庭的负担，知道"遗产"的沉重。他性情温和、中庸，既不敢爱，也不敢恨，唯大家长之命是从。书中写他让父亲用拈阄的方式决定他的婚姻大事，是最荒唐的例子。巴金用"作揖哲学""不抵抗主义"来概括他，这样，他不但自己充当旧势力的俘虏，而且因他连带牺牲了他人的生命。如果说觉新皈依了旧势力，那么觉民则是一个过渡式人物，走在不新不旧的途中；他固然不会轻易和旧势力妥协，但也不曾大无畏地拥抱新生活。唯觉慧是一个叛逆者、一个新人。他幼稚、单纯、但是他年轻，他在成长着、发展着。可以说，他是"五四"一代新青年的代表，热情、勇敢、大胆，不满于专制和压迫，不满于不公的命运，不断地追求和反抗。从有所容忍、有所顾惜，到最后毅然出走，作者展示在他面前的是一条漫长而曲折的道路。这是"叛徒"的道路，但也是唯一的希望之路。

　　在宝光里的石库门楼房里，巴金日夜不停地写他的《激流》。

九一八事变后，周索非一家搬到提篮桥，他搬到二楼，在简陋而空阔的房间里，继续写他的旧家庭的悲欢离合历史。《激流》在报上发表后，于1933年5月由开明书店出版，正式改名为《家》。

左拉的家族系列小说对于巴金只是一种形式上的启发，或者说，他借此找到了一个小说的入口。左拉的自然主义写法，与巴金热情而忧郁的气质并不契合；比较而言，《红楼梦》对《家》的影响似乎更大一些。十几岁的时候，巴金就喜欢看它；留法时还带着它，坐在开往马赛的法国邮船上阅读。中国传统家庭的生活气氛、情爱的线索、大家庭由盛而衰的悲剧结局，两者颇相类似。在艺术方面，《家》的叙述胜于描写，没有《红楼梦》的精雕细琢，人物形象多少有点类型化，远不如大观园人物的个性鲜明。"满纸荒唐言，一把辛酸泪"，曹雪芹唱的是旧家庭的挽歌；而巴金对家族制度的崩溃却有着清醒的认识，他认为，悲剧的发生是必然趋势，是为经济关系和社会环境所决定了的。

他承认《家》有托尔斯泰《复活》的影响，同样存在罪恶与救赎

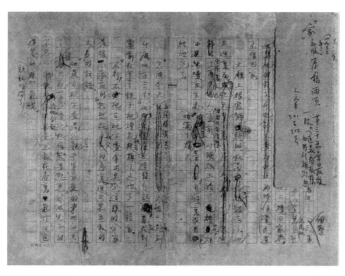

《家》手稿

的问题，但没有一点宗教的气味。他说他在读《复活》时曾在书前的空白页上写下"生活本身就是一个悲剧"的话，随后又加以否定，说是"搏斗"而不是"悲剧"。他说，他并没有失去信仰，这信仰，就是征服生活。《家》有批判的锋芒，它始终对准垂死的旧制度。

巴金是曹禺戏剧《雷雨》的发现者。《雷雨》同《家》一样，写的也是大家庭的悲剧；大约正因为《雷雨》太注重于表现命运的力量而忽视制度的暴露，所以在曹禺的戏剧中，巴金更看重《日出》。在《家》第十版代序中，他说过："我所憎恨的并不是个人，却是制度。"[30] 他始终强调自己不是"作家"，对于文学艺术是"外行"，在主观意识上，确实不如其他作家那样孜孜于文学性的追求。直到这时，他已经因《灭亡》而成为有影响的一位作家了，却仍然执着于作为一个安那其主义者的身份。几年后，当他回顾自己的创作时，还这样说："固然人说生命是短促的，艺术是长久的。但我却始终相信着还有一个比艺术更长久的东西。那个东西迷住了我。为了它我甘愿舍去艺术，舍弃文学生活，而没有一点留恋。"[31]

然而，他再也回不去了。他的文学才华没有辜负他，他到底过起

《激流三部曲》，人民文学出版社特装本

了不曾想到过的文学生活，而一步步远离一度为之醉心的安那其。在《家》里面，不能说没有安那其的色彩，比如觉慧就有他当年反抗一切的影子，但是，仅同小说《灭亡》做比较，可以看到这色彩已经淡薄了许多。

谈到《家》的创作，巴金没有否认他有恋家的倾向。开始时，这种倾向多是潜在的、隐约的，且与青春的回忆联系在一起。显然，巴金患有"青春延缓症"。在法国小城，他有一次理发时发现一根白发，大为感慨，还写进文字里。他不愿抛开青春往事，他是一个恋旧的人，故家的一切在他心里埋得很深，只是早年社会革命的激情把它压下去了，时间愈往后，显影则愈加清楚。

几年过后，巴金在狄思威路一个弄堂的亭子间里开始写《春》，至1938年在霞飞路霞飞坊（今淮海中路淮海坊）完成，作为《家》的补充。接着，他又写了《秋》，算是《春》的补充，总名为《激流三部曲》。在后续的两个长篇里，增加了个别人物，如淑英、蕙，原先《家》的觉民和琴则多出一点新故事，人物性格也不无发展，但是觉慧不见了，觉新也不见得有什么变化。巴金说《秋》写了高家"木叶黄落"的时节，其实，大家庭的这种崩颓趋势在《家》里已经显现。续篇在描写方面较《家》更为细致，但是无论故事和人物，都没有表现出更多的独立性，有同构之感。《家》自诞生之日起，就已经发育健全，是一部构思完整、元气充沛的作品。在暴露中国式家族制度的罪恶方面，《家》是自足的，也是深刻的。

那么，巴金为何花那么大的气力写作《春》和《秋》呢？说到底还是故家在精神上的牵系。正如他后来说的："《家》并没有把我所要写的东西全包括在内，我后来才有写《春》的可能。《春》固然写完了蕙和淑英的故事，但是还漏掉了高家的许多事情，我还并没有写到'树倒猢狲散'的场面。觉新的故事也需要告一小段落。因此我在结束《春》的时候，就想到再写一部《秋》。我并非卖弄技巧，我不过想用辛勤的劳动来弥补自己作品的漏洞。"[32] 事实上，两个续篇虚构的东西并不多，除去听来的四川姑娘的真实故事，还是大量使用了故家生活的记忆，以及利用家信进行改写。续写《家》的故事，对巴金个人来说竟会是那么急切，这似乎有点不可思议，因为那时全国已经进入抗战时期，到处兵荒马乱，谁会有余暇耽于故家的男女之事？巴金也在逃避战火，却仍然能够在四围的扰攘中进入他的文学世界，追求家庭记忆的完整性。在广州的骑楼底下躲避轰炸，如他所说，正在"等死"的时候，他想到几件未了的事，完成《秋》的写作便是其中之一。几年之后巴金又写了续篇《冬》，也即《憩园》。家在巴金那里是一个写作母题，主题的延续性正源于记忆的延绵，源于伤痛的深巨。直到这时，家的存在，对于巴金来说，不过是记忆的追慕而已；随着时间的推移，它将以新的实体出现在他面前。那时，所要改变的就不只是一个写作的巴金，而且是一个实实在在地生活着的巴金了。

1930 年 8 月下旬，巴金接到朋友吴克刚的信，邀他到泉州黎明高中度暑假。这是巴金向往已久的一所学校，他有好几位熟识的朋友在校内任教，包括这时已升为校长的吴克刚。他很兴奋，接信后随即南下，在鼓浪屿逗留了三天，然后经由厦门坐汽车径往古城。泉州以一片耀眼的红土拥抱了他，在这里，他看见了青春、生命、活动、幸福和爱情，寻找到了失落已久的东西。大约过了差不多一个月光景，直到吴克刚因伤寒住院之后，他才返回上海。

此后，巴金还曾两次踏足泉州，一次在 1932 年 4 月间，另一次在 1933 年 5 月，时间都在一到两个星期。虽然栖留短暂，但是留给巴金的记忆是深刻的、长远的。他说，泉州之行是他"一生中最快乐的日子"[33]。后来，他到了上海，到了日本，乃至到了晚年，他依然做着这个美丽的"南国之梦"。

黎明高中于 1929 年由具有安那其倾向的秦望山、梁龙光等人创办，借用武庙做校舍。次年，又在平民学校的基础上，增设了平民中学，校舍迁至文庙。这两所学校同有"安那其根据地"之称的上海劳动大学、立达学园有着密切的联系，与厦门的《民钟日报》也有某种关联；就教师的构成和教学的性质来说，可以说是兄弟学校。教师多是来自上海、广东、湖南等地的安那其主义者，如吴克刚、卫惠林、王鲁彦、张景（晓天）、杨人楩、姜种因、伍禅、吴朗西、陆蠡（圣泉）、陈范予、叶非英、郭安仁（丽尼）等；还有来自朝鲜的柳子明、柳絮，来自日本的吴世民（谷田部勇司）等，都是无政府主义者。其中，有不少是巴金在此前后结识的朋友。在一个特定的政治环境之下，这些无政府主义者集合到一起，把他们的社会理想植入教育实践之中。像泉州这两所学校，就是他们展开社会活动，培育革命种子的试验场。

两所学校都有五间教室，学生合起来有好几百人。从课程的设置看，教育确实带有革命性质。黎明高中除必修课外，还分设自然科学和社会科学两系，由学生自由选修。课目和一般学校不同的有社会科学、逻辑学、社会发展史和农村教育学等，还正式安排体力劳动课。平民中学将学生分为两组，一组注重工商业，另一组注重农业、乡村教育及农业知识，还为各乡小学培养师资，开设乡村教育暑期学校。王鲁彦、叶非英等人在泉州努力推广世界语，先在黎明高中开设世界语课，接着平民中学也把世界语作为外语必修课目。后来，其他中学也都相继开设世界语课，以致形成一个世界语运动。他们组织世界语学会，据说巴金也参与学会的创建工作；又出版世界语刊物《绿星》，向学生推荐各种世界语读物。

这些教育工作者都是匡互生精神的继承者，献身于同一个教育理想的人。在他们的管治之下，学校不能不格外注重学生的课外活动和社会实践。黎明高中设有"学生辩论会""墙报园地""戏剧演出"等；又实行工读生办法，鼓励贫苦学生半工半读。平民中学也有各种研究小组、读书会、演讲会、辩论会，又创办消费合作社、养蜂场，设立了工人夜校，还曾组织学生参观步行团，远赴宁波、杭州、上海、南京、天津、北京等地，以开拓学生的视野。20世纪30年代初，泉州的民众运动高涨，黎明高中和平民学校成了运动的中坚力量，在诸如抵制日货、反契税罢市、抗议教育局局长，以及各种罢课请愿的斗争中，两所学校的学生都是积极的引领者。

这是一个理想的共同体。巴金来到泉州，立刻被这样一大群真挚的、勇敢的、活跃的年轻人所吸引。这就是他一直渴望在纸上创造的"群"，是居友的"生命必须开花"的实例，克鲁泡特金"互动论"的证明，是他第一次目睹的现实中的乌托邦。他很少一个人耽留在房间里从事写作，初来的一个月才写了一个短篇和译了半本书，其余的时间几乎都和这些相识和不相识的朋友一起度过。

在学校，在公园，在大榕树下，在布满一丛一丛相思树和龙眼树中间，在飘散着牛粪气味和草香的石板路上，到处可以见到巴金的身影。他在一篇回忆文章中，兴奋地谈及他在友人中间的情形：白天在荒凉的园子里的草地上，或者寂寞的公园里凉亭的栏杆上，他们兴奋地谈论着一些使他们热血沸腾的问题。晚上，他们打着火把，走过黑暗的窄巷，听见带有威胁似的狗吠，到一个古老的院落去捶油漆脱落的木门。在阴暗的旧式房间里，围着一盏暗淡的煤油灯，大家怀着献身的热情，准备随时找机会牺牲自己。神秘、紧张而又充满着欢笑的声音。巴金见过龙眼花开的时候，也见过龙眼果熟的时节。这时，他和友人们常常爬到树上摘下带果的枝条，或者放在凉亭的栏杆上，一边谈笑，一边剥着果子；或者在路边顺手攀折一些龙眼枝，一路上吃着前行。他们踏着常春树的绿影，踏着雨后柔软的红土，为了寻找友人、调查情况，从一个小村镇走向另一个小村镇。在巴金眼中，随处都有新奇的景象。特别是当他来到学生们中间的时候，几十个天真的孩子的面孔让他想到未来，他给他们讲说十九路军抗日的故事等，谈话给他增加了内心的兴奋……

巴金写道："这里是一个和睦的家庭，我们都是兄弟姐妹。在欧洲小说中常常见到的友情在南国的红土上开放了美丽的花朵。"[34] 他还写道："在那些时候，我简直忘掉了寂寞，忘掉了一切的阴影。个人融合在群体中间，我的'自己'也在那些大量的友人中间消失了。友爱包围着我，也包围着这里的每一个人。"[35]巴金还到过朋友陈洪有在的广东新会西江乡村师范学校，那种师生实行同食、同住、同劳动、同学习、同办义学兼做社会改造工作的民主、友好的气氛，与这里的情形十分相似。

在巴金看来，这就是无政府主义者的革命实践的果实。"群"在巴金那里，从来是观念的产物，是想象的幻影，只有在去南国的旅途中，他才获得了切实的印象，给了他极大的鼓舞。所以，他在文章中很自然地提到赫尔岑[36]这样的话：人一到了南方，他就觉得自己变年轻了。他想哭，他想笑，他想唱歌，他想跳跃。其实巴金的南方不是地理学的，而是政治学的，那是无政府主义者的故乡[37]。

在泉州，巴金认识了一些新朋友。在日常生活中的接触，他发现，在这个群体里，原来有那么多具有坚定的信仰、责任感和自我牺牲精神的优秀人物。在他经常提到，并且引以为荣的朋友中，陈范予和叶非英是最突出的两位。巴金承认，他们所给予他的思想影响是巨大的。

陈范予来自浙江诸暨的一个农民家庭，毕业于浙江省立第一师范学校，很早开始投入社会运动。1927年曾在上海劳动大学、立达学园任教，1930年转至黎明高中。就在这时，他认识了巴金。巴金回忆说，他教巴金观测天空的星群，细察显微镜下一滴水中的世界，无数原生动物的活动和死亡，借此认识人并非宇宙的骄子，生命无处不在而且绵延不绝。这是一个切实的人，巴金盛赞他的科学态度。十年后，陈范予因肺结核去世，巴金闻讯写了一篇悼文，其中说：

> 你不是一个空谈家，也不是一个发号施令的英雄。……谦逊、大度、勤勉、刻苦，这都是你的特点。你不是一个充满夺目光彩的豪士，也不是一个口若悬河的辩才。你是用诚挚、用理智、用坚信、用恒心来感动人的。别人把崇高的理想用来做成自己头顶

上的圆光的时候，你却默默地在打算怎样为它工作、为它牺牲。
所以你牺牲了健康，牺牲了家庭幸福，将自己的心血作为燃料，
供给那理想多放一点光辉，却很少人知道你的名字……[38]

陈范予的生活哲学其实就是居友的"生命哲学"，而这同样是巴金努力践行的。巴金在文中还说到，陈范予在肺病进入第三期之后，经受肉体极度痛苦的折磨，仍实践他那"以有限的余生，为社会文化、思想运动做最后努力"的约言，完成了三部译著。最后躺在病床上，他还在勉力写一篇题作《理想社会》的文章。没有犹疑，没有悲观，没有畏怯。他不寻求休息，只是渴望工作，巴金称他是"一个散播生命种子的人"。

关于叶非英，巴金写过多篇文章，称其为苦行的"耶稣"，不吝赞美之辞。从 1929 年到 1949 年，叶非英一直在泉州从事教育活动，一度成为平民中学的实际主持人。他是一个坚定的无政府主义者，出版过宣传无政府主义的报刊和书籍，与地下共产党员展开过论战。1949 年后移至广东的小学任教，后被划为"右派分子"和历史反革命分子，1960 年在劳改中去世。虽然巴金不曾与他有着长期的密切交往，只是在泉州时同住过一个多星期，总共见过几次面，但是印象深刻，许为"一生最敬爱的朋友"，直到 1949 年以后，态度才陡然改变。

在学校里，叶非英是一个数学教员，没有家，没有孩子，唯喜欢学生，经常和他们在一起交谈。据巴金对他的观察，认为他的所有作为都只有一个解释，就是为了学校和学生。他所在的学校充满着殉道者的典型，而他比别人表现得更完全。他的身体很差，经常赞助学生，自己却穿破烂的衣服、过勤苦的生活。他患痔疮，又不认真治疗，每次便后总要躺一两个小时才能够做事。但是，当巴金提到他的病、劝他休养时，他总是打岔地说："我们不会活到多久的，我们应该趁这时候多做一点事情，免得太迟了。"[39]一次，巴金把一笔未用

完的旅费托朋友转交给他，后来接到他的信，得知他把钱用来帮助了一个贫苦的学生。20 世纪 40 年代末，他曾有信给巴金，信里有这样的话："我并没有大的希求，我一向是小事业主义者，我只想我们应设法努力多做点好事。"[40]

这就是"耶稣"。以叶非英这样的殉道精神、意志和能力，巴金确信，他是能够在废墟上重建宝塔的。巴金写过一篇短文，表达对叶非英的敬佩之情，认为他是真正有权利引用居友关于生命开花的话，由衷地说道："只有你才真正了解生的意义，你才是一个真正生活过的人。"[41]

来到古城，巴金近距离地接触到了一个新的群体、一些新的人，他沉醉于这样一个生命遍地开花的世界。在群体中间，他发觉自己在大量的友人中间消失了、融合了。几年后，他在一篇题为《醉》的文章里说："进到了醉的世界，一切个人的打算、生活里的矛盾和烦扰都消失了，消失在众人的'事业'里。这个'事业'变成了一个具体的东西，或者就像一块吸铁石把许多颗心都紧紧吸到他身边去。在这时候个人的感情完全融化在众人的感情里面，甚至轮到个人去牺牲的时候他也不会觉得孤独。"[42]回国以后，巴金不是不时地诉说孤独和痛苦，觉得在"人心的沙漠"中无处可以安顿他的一颗心吗？现在，他找到绿洲了，他可以留下来和友人们一道去开拓了。

可是，巴金却有着另一番表白，说："我本来应该留在他们中间工作，但是另一些事情把我拉开了。我可以说是有着两个'自己'。另一个自己却鼓舞我在文字上消磨生命。我服从了他，我写下一本一本的小说。但是我也有悔恨的时候，悔恨使我又写出一些回忆和一些责备自己的文章。"[43]他一再表示不满于让原稿纸消耗生命，却偏偏要回到那里去。对于写作，他或者公开诅咒它于社会毫无用处，或者坦陈除此之外找不到另一条生活的路。实际上，他是确信文字的价值的，而不仅仅满足于倾诉。

他留不下来。他根本不会留下来。他多次强调说他有信仰，在最可怕的黑暗里也不曾失掉过信仰，但是这信仰永远停留在观念里，在纸面上，与社会运动是脱节的。他赞美"群"，但是他又常常设法脱离"群"而选择亡命、选择独处、选择一个人的实践。他说他永远无法摆脱痛苦，就因为他是一个矛盾的人，一个勇敢而又懦弱的人。他陷入感情和理智的冲突之中，在思想和行为的矛盾中挣扎而难于自拔。他痛苦，他忏悔，时刻准备着从头再来，然而一次又一次的挣扎还是回到原处，准确一点说是留在原处。他无数遍重复他的思想，就是没有相应的行动。他深知自己，自觉了种种矛盾，却又安于这矛盾。从青年时代开始，他就是一个在矛盾中生活和写作的人。[44]

第一次从泉州回到上海之后，巴金写了一个中篇《新生》和几个短篇。《新生》与此前的《灭亡》，以及完成未久的《死去的太阳》同属一个谱系，说的都是社会革命。接下来写的《家》便不同了，第一，这是一部"家族小说"，虽然其中也寄寓了叛逆和反抗，但是毕竟是发生在公馆内的故事；第二，只有从《家》的写作开始，巴金才有了明确的小说意识。事实是，整个1931年，他都在从事文学创作，关于主义的宣传文字大体上已经罢手了。

就说《雾》。这个与《家》平行写作的中篇，原来是由一个从日本回来的朋友向巴金说起自己恋爱的故事引发的。其实这只是一个颇俗套的爱情故事，巴金之所以把它敷衍成小说，也不过是作为一个作家的惯常思路而已，并不见得有什么特别高明的构想。直到完成之后，才冒出一个从此展开，写作连续小说《爱情的三部曲》的念头。

《家》的写作，在巴金那里可能出现两重焦虑。其中之一是由文字工作本身带来的，在理智上，他看重投入社会运动的实际工作，从凡宰特、巴枯宁，从19世纪俄国的民粹主义革命家那里，他所接受的影响都是信仰与行动。当他意识到自己将转移到文学道路上去的时候，内心特别矛盾，无疑益增了焦虑感。正如他所表白的："我的文学生命的开始，也是我挣扎得最厉害的时期。"[45] 即使从事文学，对此时的巴金来说，也应当使之成为践行革命理想的一种方式。所以我们看到，巴金在成为名作家之后仍然会否认他的作家身份，自称不懂文学艺术，也就因为他仍然不想抹去作为一个安那其主义者的前身。

《灭亡》出版之后，他有过写作《革命三部曲》的计划，包括《新生》和《黎明》。后来，《黎明》没有写成，倒是在《雾》

《爱情的三部曲》良友版，1937 年

之后，相继写出《雨》和《电》，完成《爱情的三部曲》。

《爱情的三部曲》实质上也算得是"革命三部曲"。在家族小说的前后，不断插入革命的主题，对此时的巴金来说，是最正常不过的事。当时，有人评论巴金的小说总是革命加恋爱，巴金自辩说："为什么要称这为《爱情的三部曲》呢？因为我打算拿爱情来做这三部连续的小说的主题。但这和普通的爱情小说并不相同，我所注重的乃是性格的描写。我并不是单纯地描写着爱情事件的本身，我不过借用恋爱的关系来表现主人公的性格……""我还相信把一种典型的特征表现得最清晰的并不是他的每日的工作，也不是他的话语，而是他的私人生活，尤其是他的爱情事件。"[46] 巴金小说中确实存在着对女性的尊重以至于近乎崇拜的态度，但是在性爱问题上，却又全然是清教徒式的。这个方面，有点近似屠格涅夫。[47] 比较蒋光慈、茅盾的小说可以看出，巴金笔下革命男女的恋爱是不充分的，甚至有点概念化，像茅盾的小说《蚀》，那里面熏人的肉欲气息，是巴金所不敢想象的。

巴金说他在《爱情的三部曲》里的计划是：在《雾》里写一种优柔寡断的性格，在《雨》里相反写一种粗暴、浮躁的性格，最后的《电》（原名《雪》）则写一种近乎健全的性格。理念先行，有点像黑格尔正反合的逻辑。《雾》的主人公周如水，曾经加入过社会团体，为革命的浪潮卷起复抛弃。留学日本七年，归国后，心意彷徨，在海滨适遇张若兰，两人发生热恋。但是，很早以前，他已服从父母为他安排的婚姻。在妻子与情人之间，他苦苦挣扎，无所适从，到了最后，终究是良心战胜了爱情。周如水的性格与巴金的大哥颇为相像，而写作《雾》时，正好收到大哥自杀前寄来的遗书。显然，《雾》里掺和了巴金的刻骨伤痛。这种畏葸退缩、逃避现实的性格，本质上是一种奴性的表现，是中国知识分子普遍存在的弱点。当《雾》不是作为一部独立的小说，而是作为连续小说的最初环节出现时，乃凸显了它的批判性。

接连《雾》的是《雨》，说的是周如水的挚友吴仁民的故事。这个故事的主题类似《新生》，主人公都是从个人主义到集体主义，从对革命丧失兴趣而终至于投身其中。《新生》的主人公李冷在《灭亡》中是杜大心的崇拜者和追随者，杜大心死后，他对革命心灰意冷，甚至视人生为大悲剧，于是躲进个人主义的茧壳里，宣告"我是为我自己而存在的"[48]。他的妹妹李静淑和女友张文珠走进工厂、迎向斗争，而他办杂志的朋友们也都在一次次挫败中奋起，他们的革命精神，终于把他从迷梦中唤醒过来。他获得了信仰，决定到 A 地去，加入那里的工会运动，最后英勇牺牲。"我用我的血来灌溉人类的幸福，我用我的死来使人类繁荣""在人类的向上繁荣中我会找出我的新生来"。[49]小说结束时引用了《圣经》中"约翰福音"里的话："一粒麦子不落在地里死了，仍旧是一粒；若是死了，就结出许多籽粒来。"[50]从一到多，这就是"新生"。

《雨》中的吴仁民，在思想上同样经历了一个"新生"的过程。他是一个大学教师，既不能忍受黑暗、专制、罪恶的一切，也不能忍受地下工作的迂缓与寂寞，他向往轰轰烈烈的革命，但是又确信"革命死了"，理想归于幻灭。于是，在朋友们默默苦斗着的时候，他寻求女性的怀抱，"甘愿为了一刹那的温暖就把自己毁掉"[51]。在失去妻子之后，他爱上了从前的学生熊智君。在两人准备结婚的时候，出现了吴仁民爱过的女友郑玉雯。她借钱给他们筹办婚礼，意想重获吴仁民的爱情，遭到拒绝之后，随即服毒自杀。她的官僚丈夫准备逮捕吴仁民，熊智君得知消息，为了保护他，不惜委身于官僚。像李冷一样，吴仁民经过一段沉沦的日子，终于在事实面前受到教育，明白了爱情在人生中的位置，于是也决心到 A 地去，"牺牲一切个人的享受，去追求那光明的未来"[52]。

在《雾》和《雨》中，巴金都安排了同样的死亡追逮爱情的结局。在《雨》和《电》之间，有一个过渡性短篇《雷》，写南方的一个进步的学生组织，大量渲染男女青年之间的爱情。在这里，爱的追求不同于《雾》和《雨》，是大胆的、热烈的、健康纯洁的。巴金其实不是那种禁欲主义者，相反，对于性爱持一种开放的态度。慧在小说中是一个肯定性的女性形象，她说的是："自然给我们一种本能、一种欲求，我们就有权利使它满足。"[53] 这是高德曼的话，小说不加改动就成了其中的人物语言了。巴金的故事只在于说明，爱情和革命是可以统一的；唯有"革命者"，才能获得真正的爱情。

《电》是《爱情的三部曲》的最后一部，同《雷》一样，背景已经转移到 E 城。这是一个有阳光和龙眼树的地方，显然，巴金把自己在泉州的经历写了进去，融合了俄国革命作家车尔尼雪夫斯基[54]的小说《何为》(《怎么办》)的人物和情节，以及俄国民粹派革命家的传记故事构思而成。这是巴金对个人信仰的最富于诗意的书写，是他对泉州的朋友们的敬意与怀想，对革命和革命者的热情的礼赞。

E 城完全是青年人的天地。他们组成不同的团体：工会、农会、妇女协会及学生联合会等；他们分头活动，集会、演说、编刊物、撒传单，与以旅长为代表的黑暗势力做不屈的斗争。

小说由吴仁民带出众多的人物，包括巴金在没有原型的情况下塑造出来的理想人物，妃格念尔型的女性李佩珠。她是大学教授的女儿，在小说中，经过一连串的挫折成为成熟的革命者，并同发生了重大思想转变的吴仁民产生了爱情。巴金是把她作为一种健全的升华的人格来写的。她阅读俄国民粹派革命家的书籍，积极参加革命活动，不但有斗争的热情，而且有冷静的头脑，反对盲目行动和恐怖活动。在报馆被查封、工会被破坏、敌兵蜂拥而至的危急时刻，她不顾安危，挺身而出，指挥队伍向农村撤退，保存实力以便进行下一步的斗争。

李佩珠无疑是一个中心人物，但是，主人公又似乎有许多个，周围的青年英勇赴难，或者被捕，或者牺牲，一样电光闪闪、璀璨夺目。说到《爱情的三部曲》，巴金描述整体的思路是："信仰在《雾》里面似乎刚刚有了种子；在《雨》里面信仰才发了芽，然后电光一闪，信仰就开花了；到了《电》，我们才看见信仰怎样地支配着一切、拯救着一切。"[55]

《爱情的三部曲》作为严整的连续小说，前后有点脱节，结构不大匀称。叙述多于描写，事件大于人物，有的地方以意为之，缺少生活实感；写法上，过多理想主义色彩，宁可"席勒化"，也不求"莎士比亚化"。当时的老舍、茅盾，新认识的朋友李健吾等，都从艺术方面出发对小说提出了批评。

作品自然是有偏胜的，或者说是有缺陷的。但是，应当看到，对于大革命失败前后，知识青年普遍的生存状况，包括政治思想上的分化与重组，小说的反映是基本忠实的。特别是《雷》和《电》中的年轻革命者对于革命道路和人生意义的探讨，他们在一个特殊区域里所做的鲜活的斗争，并不为其他作家所涉足，这些都是巴金所独有的，是他对于现代文坛的一种贡献。

对于批评家的批评，巴金有时很敏感，有时似乎又不大以为意，大约是因为他虽然有了从事文学写作的相当明确的意向，但是，并没有忘怀革命。社会革命与进步是他的信仰。对于《爱情的三部曲》，他表示说："永生的并不是爱情，而是信仰。从《雾》到《雨》，从《雨》到《电》，一路上就只有这一件东西，别的都是点缀。"[56] 所以，当有人以"文学性"来衡量乃至贬损《爱情的三部曲》时，巴金会声明：在他的全部的文学作品中，他个人是单单喜欢这三本小书的，而在三本之中，《电》又是他的最爱。

到了 1949 年以后，巴金仿佛遗忘了这三部书似的，他写过多篇创作回忆录，都未曾提及；偶尔提及，竟表示不再喜爱这部作品了，据说是因为自己不去参加实际的斗争，只是在小说中"闭着眼睛空谈革命"。真正的原因是，《爱情的三部曲》是赞美无政府主义者最露骨的小说。"文化大革命"刚过，余悸未除，他希望抹去这部小说的思想光芒，尽可能不让别人注意到它，以致因此重新提及可怕的"无政府主义"。

在南方，巴金结识了一批朋友，接着又结交了一批北方朋友。

这是两个不同的地域，两个不同的文化圈子：一个是政治圈子，一个是文人圈子。巴金从内心里肯定并向往那些充满热情投入平民教育和社会革命的朋友们，但是，又不能不接触和融入文人的圈子。从他转而从事文学创作，向文人群靠近，以及开始染指文学杂志的编辑工作来看，他虽然仍然处在一种矛盾的、挣扎的状态中间，但毕竟更多地偏向于文学实践而非社会实践了。

一方面，国民党政权仅在形式上统一了中国，所以一直不曾放弃军事行动，务必消灭异己；另一方面，加强意识形态控制，推行三民主义和党治文化。

国民党的文化宣传机构大力提倡"三民主义文学"，培养和利用党内文人或党化文人，鼓吹"文学作用于政治"，做政治宣传的工具。然而，奴才毕竟缺乏创造性，正所谓文人无文，"三民主义文学"只是一个空架子，毫无实绩可言。同样借助官方势力，倒有另一翼，名

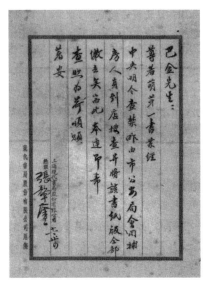

上海现代书局张静庐通知巴金关于《萌芽》被禁的信

"民族主义文学"，似乎颇躁动一时。由党中央宣传部和组织部幕后推动，上海市党部出面纠集一批"文学家"，发起"中国民族主义文艺运动"，发布宣言，创办《文艺月刊》《前锋》等多种刊物，公开站在国民党官方的立场，把民族主义确立为文学的"中心意识"，以消除左翼文艺的阶级斗争意识，批判"普罗文艺运动"。

国民党的官方机构及其豢养的走狗文人没有文化建设的能力，却拥有强大的破坏性能量。一面不惮于使用暴力，逮捕和杀害左翼作家，查封甚至捣毁书店，恫吓文艺界；一面出台出版法及各种法规，成立图书杂志审查委员会，查禁进步书刊。从"清党"起，十年间，审查机构共查禁社会科学书刊达 1028 种，文艺书刊 458 种。巴金的《从资本主义到安那其主义》，以及多种小说如《新生》《萌芽》《电》等都在被禁之列。《电》后来还是署名欧阳镜蓉，更名为《龙眼花开的时候》，利用自己办的刊物发表的。

不过，魔鬼的手掌也有漏光的处所。应当看到，国民党政权既称"国民政府"，在"民国"的框架之内，其"一党专政"也不得不托言"共和"，这层合法性外衣对其自身形成某种约束，而未至于迅速形成极权主义政体，在政治实践中未及全面控制，使 20 世纪 30 年代文学仍然处于一个较为多元的局面。其中，像鲁迅、蒋光慈及左联作家的作品还能一面被禁一面出版，艾青就说过他在监狱中写的"革命的诗"照样可以发表。

比较国民党政权，处于地下状态的共产党其实更加重视意识形态，重视宣传和统战工作。

1928 年，一些由青年共产党人作为骨干构成的文学社团如创造社、太阳社，打出"革命文学"的口号，一开始便摆出一副唯我独"左"的姿态，扫荡文坛，包括对鲁迅、茅盾等人展开批判。1930 年初，党内高层要求这群聚集在上海的青年人停止攻击鲁迅，成立中国左翼作家联盟（简称"左联"），并请鲁迅加入以加强号召力。鲁迅愤于政府当局的独裁杀人，同情共产党的困境，出于甘当"人梯"的考虑，决定为实际上在他看来"皆茄花色"的文学青年所利用。

左联成立未久，柔石等五名盟员即遭当局杀害，接着出现应修人被害及丁玲被绑架事件，对左联的压迫日甚一日。鲁迅因柔石被捕而一度离家避难，反抗之志不仅不减，反而急剧向左转，为地下刊物和国外刊物撰文，强烈抗议当局蹂躏人权的残暴行为，高调宣传"中国无产阶级革命文学"。

从 1933 年下半年起，左联内部出现严重的关门主义、宗派主义倾向。以"国防文学"与"民族革命战争的大众文学"两个口号论争为导火索，致使鲁迅与左联领导集团最后公开决裂。

基于对国共两党的一贯认识，尤其当国民党以武力夺取政权之后，巴金根本无法与之合作，只能取敌对状态；此时，共产党已经转入地下，但是即使合法存在，他也不可能与之结盟。左联就在身边成立，而且在 30 年代初，整个左翼文坛势力雄厚；连"民族主义文学"之类，其实也都是为了遏制它而不得不动用官方资源搞起来，然而他始终与之保持距离。他埋头写他的"革命文学"，而他的"革命"是无政府的社会革命，与其他革命并不相同。由于他反对苏联及其意识形态，所以，即使在创作上，也多取法 19 世纪沙俄时代的文学，而非 20 世纪新兴的苏联文学。

巴金回避左联可能还有一个原因，就是前后与左联中人发生过几次纠葛，乃至笔墨相讥，这种人际关系不能不在敏感的巴金那里留下

上海出版的英文《中国论坛》纪念左联五位作家殉难

阴影。左联成立前，他开罪于郭沫若、钱杏邨；左联成立后，他受到徐懋庸、胡风等人的批评。他对这些批评并不以为然，其实他对所有批评都做了反击。在他看来，倘若不是出于恶意，就是对自己的曲解，他特别不能忍受那种"来自一个政党的立场"，将作品套入"一个政治纲领的模子"的批评，所以常常要站出来由自己做一番辩白。巴金本来就不是一个平和的人，时而激愤、时而沉郁；他渴望得到友情、得到尊重，结果他发现文坛中人，特别是有着"革命作家""左翼作家"头衔的人并不友好。所以，他宁可把自己关起来，不靠左，也不靠右，唯凭个人的信仰孤身奋斗。

对于鲁迅，巴金也不想成为一名追随者。那时年轻气盛，他是不相信甚至反感于所谓"思想权威"的。诚然，他很早便读过鲁迅的《呐喊》，还有《彷徨》和《野草》，但是，看来他是较为看重其中的写作艺术，而非启蒙主义的批判立场。他没有这方面的小说，无论家族小说或革命小说，都是在场的、实践的、群体斗争的、富于青春气息的，所以总是热烈飞扬。鲁迅的创作注入文化内容，有历史的沉坠感，风格是外科手术式的，锋锐、深刻、凝重，随处把悲剧撕毁给人看。巴金在早期的文章中不曾提及鲁迅的杂感，大约在鲁迅逝世前后，他才会逐步认识到鲁迅的人格和思想的完整价值。在左联前期，鲁迅被左翼文学青年推为精神领袖，而右翼作家当然也就把他视作左联的"盟主"。这时，鲁迅的集团意识确曾因政府当局对左联的压迫而有所增强，但他始终保持着作为一个"精神战士"的独立性。而这种独立性，正是文坛所普遍忽略的，其中包括巴金。左联的存在很可能遮挡了他的视线，使他对鲁迅的政治归属也即党派立场有所疑虑，其实这也很正常。

巴金确实无所依傍。他这样说："我没有家，没有财产，没有一切人们可以称作是自己的东西。我有信仰，信仰支配我的理智；我有朋友，朋友鼓舞我的感情，除了这二者我就一无所有……"[57]不能说他对老家没有依恋，但所依恋的不过是过往的生活的影子；现在一家人的负担，可以说全然搁在三哥尧林的肩上，他完全可以抽身而出，做一个彻底的自由的流浪汉。大约因为人类是群居的动物，流浪汉仅仅有信仰，背着一个精神的包袱四处游走是不够的，有时候总会觉得孤独难耐，所以，朋友对巴金来说会显得那么重要。所谓朋友是分层次的，习惯于精神生活的人渴望知己，他们的朋友必定是彼此信仰一致、心灵相通的人。如此说来，巴金的朋友也真不少，如早年的吴克刚、卫惠林，后来的陈范予、叶非英等人，如今他们都在忙着各自的事业，或者可以说是共同的事业，这是为无政府主义的信仰所要求的。但是，巴金选择了文学，没有一个朋友选择文学，他只好从他们中间抽身而出。当他远离了这些朋友以后，他是不能不寻找新的朋友的，可是，新的朋友在哪里？

从 1932 年到 1934 年，巴金到过几次北平，走进了一个陌生的朋友圈子。那是一个作家群，由于地处旧京，在文化传承和美学追求方面有着某种类同性，譬如着重文学的独立性，或者说带有某种温雅、消闲的特性。沈从文撰有《文学的态度》一文，曾引发"京派"和"海派"之争。这批文人被称为"京派文人"，有人以 1933 年划界，认为此前以周作人为核心，此后的核心则是沈从文。这时的《大公报》文艺副刊被称为北平的"文艺重镇"，它由沈从文、杨振声、萧乾等人编辑，经常以茶会、聚餐会的形式联络周围学院派知识分子和文人，为他们创造出一个可以彼此抚摩、共同言说的空间。

1932年9月，巴金应认识未久的朋友沈从文的邀请，先到了青岛，10月到北平和天津，看望了三哥尧林之后返回上海。次年9月，先到天津，再到北平沈从文家做客。此时，沈从文已和张兆和结婚，随杨振声在一个编教科书的机构工作，兼为《大公报》编辑副刊。巴金住在沈从文的书房里，自觉安静舒适，写下《雷》。随后，他转至郑振铎北大寓所，写完了《电》；因与郑振铎、章靳以等人筹办《文学季刊》，后又迁至编辑部居住。杂志于1934年年初创刊，他任编委，并同章靳以一起主持日常编务。在此前后，他结识了萧乾、曹禺、卞之琳、何其芳、李健吾、曹葆华等一批朋友，也常常出席他们的聚会。7月，他返回上海，10月与卞之琳合编《水星》，署名编辑的还有其他朋友，而他并未参与实际编务。到11月，他已经在日本了。

至此，巴金还是一副流浪人的心态。

1933年春，当尧林从天津南下上海与他晤面时，他明确表示不愿意为家庭放弃自己的主张，这主张就是安那其信仰——为社会献身。他还说："我要找一个机会把我这年轻的生命拿来作孤注一掷。我想做一件痛快的事情，甚至就毁掉我的整个生活也不顾惜。"[58] 实际上他是有所顾惜的，所有这些，他只是活动在观念上面罢了。他自称"像一个乞丐"，就这样不断地漂流、旅行，从这里到那里，期待着迎候的友善和热情；但是，他又内倾，自恋，坚守个人的信仰，害怕因了别样的事物玷污或失去它。然而，在北平的这批文人中，没有一个称得上和他有共同信仰。这是一批文人、学者、教授，而非战士。他热爱战士，所以虽然终日混迹其间，却又不免落落寡合。他的内心里其实依然只有一个孤独的自我。

▌1934 年，北平作家群，左起：萧乾、曹禺、沈从文、章靳以

▌20 世纪 30 年代，巴金和章靳以主编的《文丛》《文学季刊》《文季月刊》等
文学杂志

1934 年春天，巴金与沈从文夫妇摄于北平府右街达子营沈寓

　　仅从文学方面说，巴金与这些京派文人也是很不同的。譬如沈从文，在这群人中间，他是比较有代表性的，与巴金的来往也算比较多，但是两人之间还是相当有隔膜的。沈从文的小说是大才子加观光客式的，与故事中的人物总是保持一定距离，大约这就是美学家说的所谓审美观照。他赞美原始的美、野蛮的力，要的是一座希腊式的小庙。巴金写的是现代城市、社会制度、群体抗争，其中的干预意识、情感投入，沈从文不但不具备，相反并不以为然。他给巴金写的公开信《给某作家》，可以看出两人为人为文的态度。从巴金后来写的纪念文章看，对郑振铎、沈从文等，都止于一般的记述，不同于对缪崇群，既有感人的细节，也有直抒的情愫，看得出内心挚爱。虽然，缪崇群不是无政府主义者，但为人善良、真诚、切实，一生默默劳作，因此为巴金所珍视。巴金交友其实有他的独特之处，他喜欢那种带有农民气质的人，这点有点近似托尔斯泰。

　　从法国回来后巴金一直无法摆脱一种幻灭感，虽然他仍然不断地呼号"光明"为自己壮胆。如果说开始一年多时间里，他仍然专注于无政府主义著译，那么大约还可以以忠实于旧日的信仰而多少感到自慰；自从从事文学创作之后，就再也无法摆脱信仰与行动间的矛盾。他自觉创作对于信仰是一种背叛，所以归国后，感到愧对"精神上的母亲"高德曼，而主动掐断了彼此间的通信联系。直到1933年秋，他才再度执笔写信，直到这时，还是诉说写作带给他的痛苦。他写道：

> E.G.，我没有死，但是我违背了当初的约言，我不曾做过一件当初应允你们的事情。我一回国就给种种奇异的环境拘囚着，我没有反抗，却让一些无益的事情来消磨我的精力和生命，于是我拿沉默来惩罚了自己。在你们的 milieu 里我是死了，我把自己杀死了。……
>
> E.G.，这五年是多么苦痛的长时间呵！我到现在还不明白我是怎样把它们度过的。然而那一切终于远远地退去了，就像一场噩梦。剩下的只有十几本小说，这十几本书不知道吸吮了我的若干的血和泪。
>
> 但是这情形只有你才了解。你曾知道在这五年里我贡献了怎样悲惨的牺牲，这牺牲是完全不值得的。这只有你一个人知道。……[59]

信中还特别说到一些文人射向他的"明枪暗箭"，加给他以"虚无主义""人道主义"等头衔，而使他陷入"泥窖"里面爬不起来。为此，他憎恨自己，憎恨自己写的文章，决意以"沉默"作为刑罚，以致在痛苦中"活埋"了自己。

在一篇写给李尧林的文字中，巴金表示从此要远离这些文人，投身到实际生活中去，在行动中寻找力量。回顾写作生活的时候，他一再说，他始终相信还有一个比艺术更有力、更长久的东西，为了它，他"甘愿舍弃艺术，舍弃文学生活，而没有一点留恋"[60]。这个

巴金在北京圆明园

东西，就是一个无政府主义者的信仰。但是，情况恰恰相反，他有文字情结，留恋是强固的，他不能不陷在文学生活里面。他表白说："我的生活就是在这种矛盾中过下去。我有时候拼命写作，有时候又感到郭哥尔（果戈理[61]）焚毁《死灵》（《死魂灵》）原稿时的心情。结果我并没有自己焚毁什么原稿，却反而更努力地写作起来，为的是恐怕明天我会离弃艺术，明天我就会亲手割断自己的文学的生命。"[62]

巴金说过许多话，其实都并不准备实行，或者根本就实行不了。他是一个向纸上讨生活的人，他多次说过写作本身就是他的生活，完全敞露了他的生命的根基。只要他真的把写作当作一种自我背叛行为而坚持信仰至上，那么就只能长久地无终局地痛苦下去。

1932 年，巴金写了一篇《灵魂的呼号》，以书信的形式，集中诉说了自己犹如遭到鞭子追打一样忙于写作的状况，也诉说了自我挣扎和不被理解的痛苦。他说："我永远说着我自己想说的话，我永远尽我在暗夜里呼号的人的职责。但是没有一个人了解我。误解，永远是误解，我一生所得着的永远是误解。"[63]

这是一个对世界、对自己都抱着很高期待的人。"峣峣者易折"，一旦期望落空，便返回来又加倍地折磨自己。巴金说他有许多朋友，又说没有一个人了解他；他说他从"下人"中间出来，应该回到他们里面去，却又自觉不自觉地随同他所厌憎的高视阔步的"文豪学士"一起走进了文坛。如此看来，他似乎一直走着一条与信仰相悖的道路。1934 年 11 月，当他同北京的文人朋友"玩"得正好的时候，却突然离开，跑到远远的樱花的国土上去了。

他是借日本之行摆脱内心的矛盾吗？还是要改变一种生活？也许什么也不是，因为他已经习惯于忍受这种矛盾的生活，无改于一个怯弱的战士的"两重人格"。他不满于自己以写作代替"活动"，但是回顾创作时，有时又未免太絮絮，甚至有得意之色。他总是说他"有信仰""在最可怕的黑暗里也不曾失掉信仰"，这就等于让自己有了足以自持的资本，而不至于在自剖时太难堪，在受挫时太绝望。他长时期如此地想，如此地做，所谓"挣扎"云云，其实是求得一种内心的平衡，结果也不见得他所说的"矛盾"有什么转变。那么，他突然跑掉是什么意思呢？

说到巴金的个性，好友缪崇群用过一个词："洒脱"。洒脱是什么都不管不顾，不问情由，不问后果，全凭一时的意气，率性而为。巴金性情中的这一面好像为所有的研究者所忽略。就是说，他不是那种凡事都深思熟虑的智者，固执到极点的人；他也会轻易决裂、放弃，甚至告别一切，何况当时还是未满"而立"之年的青年人，更何况是一个没有家庭、没有组织（包括后来的所谓"单位"）、没有任何枷锁的"无产者"。高兴或不高兴，都可以一走了之。

巴金读了高德曼的自传，一时冲动，就写信说，他决定回到那"活动的生活"里去，"要历尽那生活的高峰和深渊，历尽那痛苦的悲愁和忘我的喜悦，历尽那黑暗的绝望和热烈的希望"，并相约"最近的将来"，在地中海畔的巴塞罗那见面。西班牙革命发生后，世界各地的左派分子、青年人都纷纷涌到巴塞罗那。那是一个热情的群落，战斗的群落。巴金一直向往群、赞美群，这时却莫名其妙地又一次背弃他的约言，一个人跑到日本去了。

至于为什么要去日本，巴金说唯一的理由是学习日文。其实，他到了日本，几乎不曾有过学日文的行动；论动机，应当是试图变换环境，借机从矛盾中解脱而已。

1936 年 6 月，巴金署名黄树辉，写了一篇《我的中年的悲哀》，其中说："我仿佛给自己修建了一座堡垒，妄想用来抵御时代的洪流。可是在洪流的冲击中我的堡垒禁不住动摇了。……我究竟往何处去呢？"[64]这时，恰好他同章靳以一起听旅日回来的曹禺谈到日本的情况，随即萌生了到日本去看看的兴趣。他是有旅行癖的。对于身上纠缠的种种矛盾，他不是意识不到是无法克服的，但因为刚刚写完《爱情的三部曲》，多少有一种段落感，所谓"好整以暇"，正好寻一个地方梳理一下羽毛，沉默一段时间也是好的。

7 月，巴金从北平返沪，向《美术生活》杂志社的编辑吴朗西和伍禅透露了去日本的打算。他们主张他住在日本朋友的家里，这样学习日文比较方便。正好他俩同时有一个熟人姓武田，在横滨高等商业学校教中国话，估计可以接待。商量之后，便由吴朗西写信给武田，问他是否愿意在家里接待一个叫"黎德瑞"的中国人，还说此人是书店职员，想到日本学习日文。不久有了回信，武田表示欢迎到他的家里做客。

巴金化名"黎德瑞"，是想免去意外的麻烦。早在 20 年代，他接连发表多篇文章，抗议日本宪兵杀害无政府主义者大杉荣，又发表公开信，支持高丽青年反抗日本殖民统治的运动。九一八事变后，他多次著文控诉那些"高举太阳旗的兵"杀人放火的各种暴行；特别在一·二八事件之后，直接参加了上海著作家的一些抗日活动。而所有这些，很难说不会引起日本间谍的注意。他知道日本警察的厉害，于是想到防范上的事。至于为什么改名"德瑞"，是因为前不久同章靳以、陆孝曾住在北平三座门时，常常听到陆孝曾讲他回天津家中找铁路职工伍德瑞办事，想起来便临时借用了这个普通的名字；改姓黎，则因为"黎"和"李"读音相近，听起来习惯，别人叫起来不至于忘记答应。在日本住下来以后，果然一连几天都有警察前来查问：多少岁？哥哥叫什么名字？结婚没有？诸如此类。他幸好早有准备，没有露出破绽，此后警察也就不再常来光顾了。

1934 年 11 月 3 日，巴金乘坐日本豪华客轮"浅间丸"二等舱，7 日到达横滨。当日，武田夫妇带同两个女儿打着小旗在码头迎接，他相随他们住进了本牧町山坡上的一座精致的小木屋。武田让他寄宿在书房里，这里可以眺望海景，却远离了街市和码头的喧嚣，下坡穿过市区电车线路，可以径直到海边散步，实在是一个宜于静修的地方。但这时，他又遇到别样的矛盾的心思的困扰了。

他在《海的梦》中写道："留恋、惭愧和悔恨的感情折磨着我。为什么要这样恓恓惶惶地东奔西跑呢？为什么不同朋友们一起在一个固定的地方做一些事情呢？大家劝我不要走，我却毅然地走了。"[66]文中还引用大仲马[66]小说《阿莫利》中男主人公行前写给朋友的信，其中说："我离开 C 地，并不告诉人我到什么地方去，其实连我自己也不知道。我只愿意离开一切的人，甚至你我也想避开……我秘密地躲到了 H 地。在那里我探索我的心，在那里我察看我的伤痕。难道我的泪已快尽了，我的伤痕也开始治愈了吗？"[67]他写了短文《繁星》，以同样的语调吐诉道："我为什么要来到这个地方？我所要求的自由这里不是也没有吗？离开了那崎岖的道路到一个陌生的地方来求暂时的安静，在一些无用的书本里消磨光阴，我这样的生活不就是放逐的生活吗？"文中说到"卫道"和"抗道"，不承认现实的合理性就是"抗道"，他知道在中国，"抗道"的路是难行的。

住下来以后，巴金意外地发现武田是一个信佛念经的人。从书房的藏书看，除了西洋文学名著，还有蒲鲁东、欧文、巴枯宁、拉萨尔[68]和日本的大杉荣、河上肇[69]等人的著作，巴金便断定主人原来是无神论者，现在变成了信神的人。他思忖，武田一定承受了太大的社会压力和家庭压力，结果信奉"日莲宗"，用宗教镇压"凡心"，日夜念经、绝食、供神，用一种变态的方式来抗争。他认为这是一个人一生的悲剧，但也未始不是一代日本知识分子的悲剧。于是，他打破了预定的搁笔计划，用了武田的迷信行为做材料，写成了一个短篇《神》，小说中的长谷川就是生活中的武田。

巴金一面观察，一面写，但又不能让武田知道他是作家，怕因此引来麻烦。武田不在家时，可以放心地写，不过也不能让孩子觉察出来。写作时，他总是坐在写字桌前，手边放着一本书，要是有人推门进屋，就马上用书把稿纸盖上。一个诚实木讷的人装模作样，居然骗得主人的信任，实在是很戏剧性的事。要一直等到夜间，当主人无休止地念经的时候，他才会把面具摘下来。

武田不但信神，而且信鬼。一个晚上，巴金已经睡下了，武田开门进来，连声说"对不起"。巴金坐了起来，武田连忙解释道，这几天家里鬼很多，这书房里也有鬼，所以要来念念经，把鬼赶走。巴金觉得很可笑，但也只好顺从地低下头，让武田一边念经一边在自己的头上比比画画。武田叽里咕噜地念了一通后，说"好了，不要紧了"，然后一本正经地走了出去。巴金同武田外出时，还亲眼见到武田到海边抛掷供物，向路旁"马头观音"的石碑合掌膜拜，不免感到哀怜，随之生出另一个故事，这就是《鬼》的由来。

《鬼》是一个"情死"的故事，其中的主人公堀口其实和《神》里的长谷川一样，写的都是武田；不同的是，《鬼》的结尾做了觉醒的暗示，当巴金把《鬼》的手稿寄给上海《文学》月刊的助理编辑黄源时，一时来了灵感，在标题的后面写了一行字：神·鬼·人。那时，他打算再写一个短篇《人》，三篇的主题贯穿到一起，《人》做结论。他不在乎写的故事是否真实，只是想写一个拜神教授最后怎样变成了无神论者。不料，世事乖违，后来写成的《人》同最初的构想已经很不同了。

开始写《鬼》的时候，巴金便下定决心离开武田家搬到东京去。他忍受不了武田念经的声音。用他的话说，是神和鬼联合起来把他给赶走的。想不到的是，在东京的中华青年会才住了七个月，他真的被一群活的魔鬼关押起来了。

在东京开头的一段日子还是相当惬意的。中华青年会的宿舍一人一房，房间不大不小，都是独立的空间；除了大壁橱，铁床，重要的还有写字桌。另一面是课室，白天恰好有教员讲授日语课，巴金曾经听讲，但并不用功。楼下是大礼堂，每个月都有演讲会。巴金初来时，曾见过杜宣他们在排练曹禺的《雷雨》。还有食堂，巴金每天都在这里吃客饭，饭后照例出去散步。

中华青年会会所坐落在东京神田区，据说神田街是世界最大的书店街，周围有许多西文旧书店，当然还有新书店，有综合性书店也有专业书店，有露天书市和形形色色的书摊。巴金每天都要逛几次书店，哪家书店有些什么书，简直了如指掌。他淘了不少旧书，全放在大壁橱里，买书回来常常看一个晚上，日语课就被抛到一边去了。

1935 年 4 月，溥仪到东京访问，空气突然变得紧张起来，警察开始拘捕可疑的中国人。这时，巴金听到两个福建朋友被捕的消息，马上起了不安全感。他开始检查书籍和文稿，撕毁可能引起麻烦的信件，同时重新检视编造的履历和社会关系，做好应对警方的准备。

4 月 6 日凌晨，警察突然闯入巴金的住所。门开了，接着电灯被揿亮，进来五个人。巴金马上跳下床来。警察开始搜查：翻开壁橱的书，抽看信件，前后折腾了一个多小时，然后叫巴金锁上门跟他们一起到警察署去。

审讯开始，问官问话，点明梁宗岱、卞之琳等一串近期与巴金有来往的朋友的名字，证明巴金的行踪早已在监视之中，但这也不出巴金的预料之外。审问了一通，没有发现什么破绽，不久就结束了。问官向巴金表示歉意，但要巴金在拘留所里过一晚。从凌晨二时到下午四时，巴金被整整关了十四个小时。

人权被剥夺了。巴金感到从来没有过的屈辱和愤怒。他被押解、被审讯、被抄家、被搜身，还要听从他人的意志按下手印，被编成某个序号押送牢房。小小的牢房关了八个人，电灯长夜不熄，光亮刺眼，四围充满鼾声和令人发呕的臭味……巴金出狱后，写成一篇忆述性文字，题

《神·鬼·人》封面

为《东京狱中一日记》。他把文章发给《文学》杂志，由于发生"《闲话皇帝》事件"，书报界审查更为严密，编进去以后又被抽了下来。他不甘心，稍加修改，名为《一日记》，准备在《水星》月刊发表。由于书店经济艰窘，刊物印不出来，于是他又改变主意，把回忆改为小说，在偷书的囚人身上多添了几笔，最后再加一句"我是一个人"，改题为《人——一个人在屋子里做的噩梦》，编入《神·鬼·人》的集子里。

《人》的写作，提升了《神》和《鬼》的人性与宗教主题。这三个短篇直接取材于作者在日本的生活经验，在某种意义上，不妨说是即兴式写作，没有太多的"文学性"。至于思想，还不如后来收入《点滴》的一些短文来得锋利。当时，日本的翻译家冈崎俊夫说《神》洋溢着作者的安那其主义，应当是不确的；倒是写于横滨的童话《长生塔》，给梦想长生，建造浮屠的皇帝以死亡的结局，颇有些安那其的气息。作者承认，《长生塔》是受了苏俄盲诗人、无政府主义者、世界语先驱爱罗先珂[70]的影响。至于他在"文革"后说写这篇童话的本意在咒骂蒋介石，却未必切合实际。

在这次抓捕之后，再没有人来骚扰了，但是巴金对于继续待在东京已经兴味索然。这时，他对日本不惟没有好感，甚至有些厌恶。对于日本文学，他不像晚年那样推崇，而是认为"无足观"。在他看来，日本艺术也是"渺小"的，对鹤见祐辅[71]、芥川龙之介[72]等日本有名的文化人，他所持也是批判的态度。最要命的是不安全。在日本这地方，人权没有保证，要是那些人再次闯进住所，把自己带走，即使有人知道也不敢作声，怎么办？他无法驱走这道不安的阴影。恰好前不久，吴朗西、伍禅在上海创办文化生活出版社（简称"文生社"），邀他回去主持编辑工作，他不再犹豫，买了"加拿大皇后号"三等舱船票，7月底便从横滨返国了[73]。

文化生活出版社原本是友情发酵的产物，最先叫"文化生活社"，一个小小团体，后来才增加"出版"二字，显然要把它扩展为一个面向大众的文化事业，但这已是创办之后几个月的事情了。

出版社的创始人是吴朗西、柳静夫妇，再加伍禅（陆少懿）和郭安仁（丽尼）四人。搞出版之于他们，说起来有点偶然性。吴朗西和伍禅同在日本留学，九一八事变后弃学回国，到泉州平民中学教书。其时，郭安仁执教于黎明高中，于是三人很快成为朋友。1934年吴朗西来上海，在《美术生活》杂志社担任编辑。次年，伍禅也到了上

上海文化生活出版社的弄堂口（摄于 1988 年拆迁之前）

吴朗西

海，但一时找不到工作。吴朗西建议他编供中学生用的动植物图谱，由柳静的大哥柳溥庆所在的印刷公司印行并发动柳静出资，让他到日本购置参考书。等图书带回来之后，柳溥庆离开了印刷公司，编印图谱的计划成了泡影。这对于吴朗西来说，应该是一个刺激。那时，郭安仁又由吴朗西介绍到《美术生活》做特约编辑。他有一个翻译小说，即纪德的《田园交响乐》，曾在《大众小说》月刊发表过，想找书店出单行本。但是，当时的书店争相出版流行杂志，单行本很难找到出路，创作小说也如此，更不用说翻译小说了。在吴朗西与郭安仁商谈如何出版的时候，想不到居然谈出由自己办书店的事情。他们有一个共识，就是既然所有的书店都不大愿意出单行本，就由自己动手来填补这个空白。

原议出版的第一本书是《田园交响乐》，吴朗西考虑到作者纪德不为一般读者所知，忽然想起伍禅从日本带回的美国政论家约翰·史蒂尔写的新书《第二次世界大战》，认为可以畅销，便找旧日同学许天虹赶译出来一同出版。这时，吴朗西进一步提议出版一套像美国的《万人丛书》、日本的《岩波文库》那样综合性的丛书，有文学艺术、有社会科学、有自然科学、有翻译，也有创作，取名《文化生活丛刊》。对此，郭安仁深表赞同。

出版资金是同人凑起来的。第一笔是柳静做小学教师、图书馆职员多年积累的 300 元，后来伍禅投资 2000 元，卫惠林投资 50 元。文化生活出版社的实际股本，就只有这区区三笔。开始时，流动资金不足，吴朗西向私人和银行多方借款。从他动用家庭保姆的菲薄积蓄来看，可知出版社草创时期的艰难。至1936年经亲戚介绍，吴朗西先后同川康银行和和成银行有了往来，资金周转才变得松动许多。

1935年8月初，巴金正式参加了出版工作，同时加入的有伍禅、陆圣泉、杨挹清、俞福祚等人。于是，文化生活出版社便告正式成立[74]。

这是一个同人出版社。可以说，所有人都是吴朗西拉进来的。伍禅且不说，陆圣泉、杨挹清也是他的同学；俞福祚原是陆圣泉在劳动大学时的同学，后来由他代表泉州平民中学招聘为教师。这批人除了柳静是匡互生主持的立达学园的学生外，其余几乎是泉州黎明高中和平民中学的原班人马。加上巴金，以及后来加盟的朱洗、毕修勺等，都是安那其主义的信仰者和追随者。所以，文化生活出版社创办的精神与立达学园、黎明高中和平民中学创办的精神是一脉相承的。正义、互助、自我牺牲是出版社同人信奉的三大原则。他们办书店，并非为了赚钱营利，而是在于实践人生的理想，把自己的知识和才能贡献给社会。在同人中间，吴朗西、柳静夫妇，巴金、朱洗、伍禅、郭安仁都是尽义务不拿报酬的；后来改为有限公司，以致在1954年公私合营中，他们和其他大部分股东都没有领取利息。

巴金回国前，以巴金名义主编的《文化生活丛刊》已出版两种，即《第二次世界大战》和《田园交响乐》；另外四种，包括鲁迅译的《俄罗斯童话》、吴朗西选编的德国漫画家的《柏林生活素描》（"世界漫画选集"之一）、巴金译的柏克曼著的《狱中记》及其本人的著作《俄国社会运动史话》也已陆续排印，9月前便全部出版了。当时他们在《申报》做了一个很堂皇的广告，据说广告词为巴金所拟，谈到刊行《文化生活丛刊》的缘起，这样说：

　　青年们在困苦的环境中苦苦挣扎为知识奋斗的那种精神，可以使每个有良心的人流下感激之泪，我们是怀着这种心情来从事我们的工作的。我们的能力异常薄弱，我们的野心却并不小。我们刊行这部丛刊，是想以长期的努力，建立一个规模宏大的民众的文库。把学问从特权阶级那里拿过来送到万人的面前，使每个人只出最低廉的代价便可以享受到它的利益。[75]

又是青年，又是民众，又是反特权阶级，这是巴金习惯的用语，也是无政府主义者的流行语言。

其实，"民众的文库"并非只有《文化生活丛刊》，整个文化生活出版社的出版物都是面向社会大众的。10月份，他们在《申报》又做了7种丛书的广告。其他6种是巴金主编的《文学丛刊》，黄源主编的《译文丛书》，伍禅、吴朗西主编的《现代日本文学丛书》和《新艺术丛刊》，郑绍文译、吴克刚校的《综合史地丛书》，吴克刚编译的《战时经济丛书》。后来，又加进了朱洗主编的《现代生物丛书》、陆圣泉主编的《少年读物》等。在人手不足，资金缺乏，加以政局动荡的情况下，出版社创造了可观的实绩：已出版的《文化生活丛刊》共49种，《文学丛刊》共10集，每集16种，囊括了86位作家的作品，其中有许多新人新作，是现代文学史上最具规模的文学丛书。《译文丛书》在先后十八年间，也有63种出版。看得出来，这个出版社特别重视外国书的引进，除了《文学丛刊》《新时代小说丛刊》外，其余大抵是这类翻译书，仅外国文学名著就有100多种。这样一种出版格局，明显地体现了这群无政府主义者的世界主义倾向和平民化立场。

置身于这样的群体中间，巴金应当有如当日来到泉州时一样，为一种"殉道者"的精神所感动，决心和大家一道把重担放在肩上，为人类寻找"幸福的船"。他不是常常责备自己是"说空话的人"吗？现在正好"水滴石穿"般从事文化建设的工作了。在他们面前，他不是一再诅咒自己写小说是在浪费青春的生命吗？不是答应有一天要抛弃写作生活，去"做一点有用的事情"吗？当他苦于无法解决这个

巴金主编的《文学丛刊》共 10 辑 160 种

矛盾的时候，现在的编辑工作，正好便于把个人写作和服务社会结合到一起，更好地"放散"自己的生命，有如居友所说。的确，巴金自进入文化生活出版社之后，一直不间断地工作。在长达十五年的时间里，他默默地为他人也为家人劳动，做出很大牺牲，结下不少恩怨。如果说，他有所得或有所失，都赫然留在这个地方。

在这里，有两个现象容易为人们所忽略。其一，据巴金自述，他参加文化生活出版社是受了吴朗西的精神所感动，而被动地参加编辑工作的。[76] 他把这份工作称作"吃力不讨好"，并说他一经参加之后，"脚就给绊住了"，"自己的许多工作"因此被耽搁下来。这里说的属于"自己"的工作是什么呢？如果说他所举的例子即翻译屠格涅夫来看，那么仍然指的个人写作。就是说，他进入出版社之后，仍然不能解决长期存在的矛盾。为此，竟然产生"不能够再忍受这种令人烦厌的生活"，乃至于起了"离开文化生活社"的念头。其二，从日本归国之后，直至抗战前夕，巴金在心情方面并没有呈现出投入新的"群"的工作的亢奋，至少在此前后没有明显的区隔，而是仍旧延续从前的状态，用他的话说，是"不健康而易脆弱"。虽然他自称是"一座雪下的火山""绝不会失去信仰"，但并不否认自己的矛盾、挣扎，"几乎被活埋进了坟墓里去"一般的沉静。可见他并没有完全融入这个新的群中，在他们中间，他保持了内心的孤独，还有浪子般对自由无拘束的"漂游生活"的向往。或许是天生的气质和性格，他无从加以改变，即使理智上认为应当如此；或许，所有选择灵魂写作、自由写作的人，从本质上说都是反集体的，即使他渴望友情。

总之，对于巴金来说，长达十余年的编辑生涯，在其一生事业中所占的比重，足可与写作等量齐观。对于自己的创作与翻译，他从来不吝笔墨，津津乐道，除了书中不可或缺的前言后记之外，还有各种"创作回顾"之类的总结性文字；但是，对于文化生活出版社的事情，却极少谈及。他的弟弟李济生到后来填补了这个"空白"，于2003年出版了《巴金与文化生活出版社》一书；再后来，则有其他一些研究性质的论著陆续问世。这些文字大抵有着较为一致的倾向：第一，突出巴金在出版社的作用，轻视同人团体的作用，尤其是创办人之一、社长吴朗西的作用；第二，突出文学丛书的影响力，轻视综合性图书的方向性及整体价值；第三，忽略文化生活出版社在战后内部分裂的情形，且对此缺乏有说服力的交代。

吴朗西是文化生活出版社的核心人物，尤其在草创阶段，延揽人才，筹措资金，扩大经营，做了大量的工作。抗战期间，他还辗转多个城市，设立办事处。他好像不曾声称是有信仰的人，但是，那种一切着眼于社会的态度却是一以贯之的。他在战时帮助黎烈文在福建创办改造出版社，参与发起建立重庆沙坪坝消费合作社，都可以看出他是具有开放意识的人，并不拘限于文化生活出版社的工作，但又与文化生活出版社的宗旨和利益密切相关。他本人是作家、翻译家，在文艺界和翻译界有许多朋友，除了负责繁重的社务工作，还经常出面联系和组织书稿。对于鲁迅、茅盾两位，他最为接近，出版事务多由他直接联系。为了印制《死魂灵百图》《凯绥·珂勒惠支版画选集》，他频繁出入鲁迅家里。查鲁迅日记，从 1934 年 10 月至 1936 年 10 月，吴朗西的名字出现五十余次，鲁迅致吴朗西信件多达二十三通。在接受《译文丛书》后，吴朗西还曾当面主动向鲁迅要求出版《译文》月刊，因鲁迅考虑到"二者一处出版，则资本少的书店，会因此不能活动，两败俱伤"而不予同意。可见鲁迅对吴朗西是信任的，也是爱护的。

为了创办一个民众的出版社，吴朗西是同样做出了牺牲的，他不能不搁置了个人的梦想。他有一份不曾发表的手稿，其中写道："自从我负责经营文生社之后，每天上午搞好《美术生活》杂志的编辑工作而外，我跑银行、跑印刷所、跑纸行，完全和金钱、事务打交道，我连读书的时间也没有，更不要说搞翻译了。我已成为一个生意人了，我自己有时候也觉得好笑。我经常这样自我安慰：几年后，等文生社有了基础，有人来代我负责，再来重理翻译旧业。我现在不是文人，因此我连作家协会之类文艺团体也不争取参加。文生社能多出一本书，就是我最大的喜悦。"吴朗西的务实态度和实践能力，是一般的浪漫文人所不及的。

作为文化生活出版社的总编辑，巴金是图书结构的总体设计者，但无疑是偏重于文学，其他社科著作，包括无政府主义的著作并不多。文学方面的作者有三个系统：一与鲁迅相关，或偏于左翼部分；二属京派作家，有别于周作人一代的年轻世代；三为上海本地作家。从已出版的图书看，其中采取的是不分派系兼容并包的编辑方针，用统战的语言形容则是"团结"的方针，没有特别明确的政治思想倾向，对于文学性是颇为注重的。就是说，在总编辑位置上，他所持的是作家的立场、文学的立场，而不是无政府主义者的激进立场。

吴朗西在"文革"的一份交代材料中，有关巴金在文生社的编辑业务，他这样写道："巴金是道地的无政府主义者，他在文艺界的朋友，大多是资产阶级个人自由主义者。他和当时的左联作家们似乎是很少往来的，那时候在上海和他最接近的有黄源、黎烈文、马宗融、孟十还、萧乾、赵家璧等，还有萧军、胡风也比较接近。他和国民党方面的文人如韩侍桁、钟宪民等也是熟识的。文生社除了出版鲁迅先生、茅盾的著译以外，大多是当时与左联不太接近又和国民党方面关系不大的做译者的东西。巴金对创作内容的尺寸把握，我的感觉是，比较露骨触犯反动政府现实的作品，大概是不敢接受出版的。另一方面，巴金也在文生社出版了几种有关无政府主义的文艺作品，他翻译的有《狱中记》等，写作的有《俄国虚无主义史话》。"虽然材料是在一个特殊的年代里写成的，个别用语或许留有那个时代的烙印，但是态度是平实的，内容也是基本真实的。

1931 年，日本悍然发动侵华战争。

这一年，日本在沈阳制造九一八事变。东北边防总司令张学良奉蒋介石之命，不战而退，在三个多月的时间里，日军迅速占领东北全境。次年初，一·二八战争爆发，日本入侵上海；接着，挟持末代皇帝溥仪，成立伪"满洲国"。1933 年，日军先后占领热河、察哈尔两省及河北省北部部分地区，进逼北平、天津，迫使国民党政府签署了《塘沽停战协定》，限令中国军队撤退。至 1935 年，在国土相继沦陷，华北形势危急之际，北平学生爱国热情高涨，掀起一二·九抗日救亡运动，影响及至全国。

爱国主义、民族主义情绪容易为统治集团所利用，一个专制无能的政府，往往借此转移国民的视线，并用来制造打击异己力量的借口。蒋介石是一个民族主义者，同时也是一个独裁主义者。大敌当前，他采取一种拖延的策略，鉴于中日军事力量的悬殊，力图避免正面冲突而奉行妥协政策，率先解除共产党势力的内部威胁，再谋统一对外。这时，国民党政府便可以堂而皇之地宣称"攘外必先安内"，组织兵力，深入中央苏区，加紧"清剿"行动了。

1927 年大革命失败后，为了维护共产国际的权威，中国共产党解除了陈独秀总书记的职务。党中央机关设在上海，领导人由共产国际指定的人选担任；他们遵照莫斯科的指示，发动城市暴动，秘密指挥革命。但是，所有这些行动遭到一次又一次失败，党中央不得不于 1933 年迁出上海，转移到毛泽东带头开辟的江西的中央根据地。当时，毛泽东在党内遭到排挤，得到莫斯科青睐的教条主义者占了上风。蒋介石接连率兵"围剿"中央苏区，迫使中共不得不撤离根据地，开始长征。在长征途中，先后确立了毛泽东在军队和党内的领导地位。1935 年 12 月，中央红军到达陕北，在延安成立边区政府，抗衡南京的国民政府。中国共产党充分利用广大社会团体和各种媒体力量，组织统一阵线，多次发布宣言，打击国民党的"不抵抗主义"政策，扩大抗日宣传。

苏联的介入是影响时局的重要因素。其实，几乎整个 20 世纪，中国政治的走向都不曾摆脱苏联的阴影。苏联固然可以随时向中国共产党方面施加垂直性压力，对国民党政府同样可以通过经济和军事援助而保留持续的影响。鉴于日本咄咄逼人的气焰，为了确保苏联的安全，斯大林极力设法加强东方防线，阻遏日本侵华战争扩大化。按照苏联的意图，共产国际第七次代表大会向各国共产党提出一个成立"统一战线"的要求，中共代表团以中国共产党的名义发表著名的《八一宣言》，要求停止内战，一致抗日，号召全国人民不分阶级、不分党派联合起来，组织国防政府和国防联军，挽救民族危亡。当时，左联的党团书记周扬正是据此引入苏联"国防文学"的口号，与此同时，奉命解散左联。

1936 年 2 月间，周扬将他定调的"国防文学"口号，作为文艺界的统战口号，由组织层层传达，并通过各种渠道和媒体进行大力宣扬。上海、北平、广州，以至远在日本东京的左联盟员和文化界，都纷纷发表文章表态支持，一时形成一股"国防文学"热。

鲁迅是反对解散左联的，认为不经盟员的同意，又不做公开声明，实质上是"溃散"。他也不赞成"国防文学"的提法，唯"国防"中心，只能走向关门主义。倘若一切都必须通过"国防"，接受内政的最高指挥权，甚至使大家得出这样的结论：与其做异族的奴隶，还不如我们似的做自己人的奴隶好，这是他所不能接受的。而且，以"国防"统领文学，把这一政治主张当成"汉奸以外的一切作家的作品之最中心的主题"，删除了生活，限制了作家，对于创作实践将变得十分有害，实际上也行不通。他始终认为，民族解放斗争是同社会解放斗争结合到一起的，最终是解放"奴隶"，争取人权的斗争。因此，他同意冯雪峰和胡风他们针对"国防文学"而提出来的"民族革命战争的大众文学"的口号。

两个口号的论争开展起来，文坛似乎变得混乱而热闹。当时，鲁迅正在病中。总的说来，茅盾、郭沫若是支持"国防文学"口号的，周扬在当时就表现出了非凡的组织能力。论争中，"周扬派"也即"国防文学"派明显地呈现出压倒性优势。

周扬还有一个杰作，就是由他导演，由郑振铎、傅东华出面，茅盾挂帅的一个先叫"作家协会"而后叫"文艺家协会"的新组织在6月间正式成立。成立大会通过了主席团，宣读了茅盾起草的宣言，还有协会章程，大会选举成立了理事会，其中设总会、出版、调查、研究、联谊各部，设正副主任若干，颇有衙门化倾向。会议决定把周扬等办的《文学界》当作会刊，由徐懋庸负责。戏剧性的是，还一致通过了致鲁迅的慰问信。

而鲁迅是明确拒绝这个"大一统"的官僚主义团体的。对于已发生的这一切，他看得十分清楚，在一封私人信件中指出，这里边有借"统一战线"以营私的性质。他对"吓成的战线"是反感的，赞成有别的团体出现，以打破这种"统一"的局面[77]。

大约当时确有人在筹划不同的团体，可是后来并没有成立。不过，在文艺家协会成立后一个星期，倒是出现了另一批作家，他们联名发表了一个《中国文艺工作者宣言》。其中的起草人之一，就是巴金。

在完成《从资本主义到安那其主义》之后，巴金确实很少涉及政治，而以纯粹的作家现身。他不再批判苏联，不再撰写时评，几年来写的多是小说和散文。他虽然在意别人对他的作品的褒贬，而且动辄做出回应，却很少介入文坛，对于其中的各种会议、活动和斗争缺少参与的兴趣。譬如在两个口号的论争中，他便充当了局外人的角色，不曾加入任何一派或写过表态的文章。也许，他不愿意为此陷于无聊的人事纠纷之中；也许，他仍然把这种论争看成为左联内部的左右之争。他对左联的政党背景，大约仍未消除戒心。这时，国家、民族的观念在他那里已经随同救亡运动的到来而变得愈加明晰，而这些观念，与固有的安那其主义不是没有冲突的。他保持沉默，但是，不能据此认为，他——一个无论对政治还是对文学都有着宽广视野的人——没有自己的看法。

5月间，巴金在黄源处看到一份"作家协会"内定的发起人名单，自己是被派定的五个最初发起人之一。黄源把名单交巴金看过之后，又转达了别人的意思。巴金回答说，他不想做这个发起人，因为他从来没有加入过任何团体，并且也还不知道组织"作家协会"的意图何在。黄源也说自己年轻，不会应付事情，也说不予加入。过了些时候，巴金有一位朋友拿了一份发起"作家协会"的宣言要他签名，巴金照样说不愿意做发起人。后来，巴金听说"作家协会"改成了"文艺家协会"，又有朋友介绍他加入，还交了一些单据给他，他回答说暂时不想加入，事情就这样过去了。

"中国文艺家协会"的宣言在报上登了出来。巴金看到参加者有王统照、艾思奇、朱自清、茅盾、郁达夫、洪深、郑伯奇、郑振铎、赵景深、叶圣陶、谢冰心、丰子恺等，共一百一十人。是一个很庞大的阵容，而且有不少是他的朋友。巴金看后，觉得虽然没有签名，但也应当找机会表明自己对抗日救亡的态度。有一天，黎烈文同巴金谈起来，也有同样的意思，认为最好另发一个宣言。两人商量过后，便分头起草，第二天黎烈文带着两份宣言稿去征求鲁迅的意见。

到了鲁迅家里，黎烈文把它们合并成一份，请鲁迅修改后在定稿上签了名；然后加上《中国文艺工作者宣言》的标题，抄录了几份，交给熟人主编的刊物《作家》《译文》《文季月刊》分头找人签名后发表出来。在宣言上签名的除了鲁迅、黎烈文和巴金外，还有曹靖华、曹禺、章靳以、萧乾、陆蠡、鲁彦、孟十还、胡风、萧军、萧红、黄源、聂绀弩、欧阳山、张天翼、吴组缃、塞先艾、田间、宋之的、周而复、周文等，共七十二人联署。也有极少数人同时在两个宣言上签名的，如茅盾、唐弢。

《中国文艺家协会宣言》贯穿"国防"的精神，强调"全民族一致救国的大目标"。《中国文艺工作者宣言》则在"争取民族自由"的大前提之下强调签名者保持"各自固有的立场"，本着"原来坚定的信仰"，沿着"过去的路线"，加紧"从事文艺以来就早已开始了"的工作，也即强调斗争的多元性和个体性。鲁迅在给一位文学青年的信中谈到这个宣言时说："《文艺工作者宣言》不过是发表意见，并无组织或团体，宣言登出，事情就完，此后是各人自己的实践。"他是把作家的自主性看作这个宣言的特点的，相对于《中国文艺家协会宣言》来说，应当说，这是一个意义不小的区别。

但因此，小报开始大肆攻击鲁迅，诬他为"汉奸""托派"，说他"破坏国家大计"，还将"投降南京"，云云。就在这时，徐懋庸突然给鲁迅来了一封信，指鲁迅"最近半年来的言行，是无意地助长着恶劣的倾向"。举例扯到胡风、黄源，还扯到巴金。鲁迅知道，写信虽然是徐懋庸一人，背后却是一伙。他感到信中涉及统一战线及"两个口号"等大是大非的问题，有必要加以澄清，何况还得为青年朋友辩诬。于是他抱病写了洋洋万言长文《答徐懋庸并关于抗日统一战线问题》，做公开信发表。

巴金从《作家》月刊主编孟十还处得知鲁迅的长文已经付印，其中有涉及他处，便赶到印刷所看了原稿。徐懋庸信中攻击他说："再说参加'文艺家协会'的'战友',未必个个右倾堕落,如先生所疑虑者;况集合在先生的左右的'战友',既然包括巴金和黄源之流,难道先生以为凡参加'文艺家协会'的人们,竟个个不如巴金和黄源么?我从报章杂志上,知道法西两国'安那其'之反动,破坏联合战线,无异于托派,中国的'安那其'的行为,则更卑劣。"[78] 答信是由冯雪峰起草,由鲁迅本人修改定稿的,后面说到人事的部分则是亲笔所写,其中说道:"巴金是一个有热情的、有进步思想的作家,在屈指可数的好作家之列的作家,他固然有'安那其主义者'之称,但也并没有反对我们的运动,还曾经列名于文艺之作者联合的战斗的宣言。……难道连西班牙的'安那其'的破坏革命,也要巴金负责?"[79] 可谓义正词严,尤其是结尾:"抓到一面旗帜,就自以为出人头地,摆出奴隶总管的架子,以鸣鞭为唯一的业绩——是无药可医,于中国也不但毫无用处,而且还是有害的。"[80] 战斗的意气贯穿始终,极富于雄辩的力量。

与鲁迅之间,不过宴席间见过几回,托黄源赠过书,约过文稿,所谓交往不过如此而已。而以多疑著称的鲁迅居然以"朋友"称呼他,给他以肯定性的评价,在他受到攻击时拔刀相助,这种仁厚、勇毅、近于侠义的精神人格,不能不使巴金深受感召。

在围绕"两个口号"论争及成立"文艺家协会"的前前后后,鲁迅的思想,他对于抗日统一战线及文艺统一战线的看法,对原来左联及其中周扬、徐懋庸等人的看法,对目前的文艺运动的看法,巴金应当有了较充分的了解。但是,在答徐懋庸的长信中,由于侧重于"统一战线"问题,说到法国和西班牙两国的安那其主义者时,并未具体置评,更没有提及"中国的安那其",而徐懋庸是明白地加以诬蔑的。

巴金读信归来的当晚,心里很不好受。他这样记录当时的感受,说:

　　我没有扭开电灯，亭子间沉落在阴暗里了，我坐在书桌前面，我痴呆似的望着那蓝色的墙壁。我的眼睛渐渐地花了，墙上的雨蚀的痕迹变成了一幅欧洲的地图。我的眼光先定在我住过的那一点上。但过后它慢慢地往下移。南欧——于是那被称为"诗之国土"的西班牙就在我的眼前出现了。吸引着我的注意的尤其是加泰龙纳（加泰罗尼亚）一带。因为那里有好些我所敬爱的朋友，虽然好几年不和他们通消息了，但我的心却没有一个时候忘记了他们。在这阴暗的亭子间里我看见了西班牙斗争的全景。这生与死的斗争联系着一部分人类的命运。这的确是一场苦斗，那胜败是很难预料的。但是那里没有口号，没有文字，没有创作，有的只是血和力。那里的人是拿自己的生命来维护他们所宝爱的理想，来维护他们的利益的。这一个认识使我十分感动，但同时我更加苦恼了。我自己仿佛成了一个垂死的人，极力睁开眼睛带着羡慕的眼光去旁观活人世界里的活动。[81]

　　巴金决计独立出击，写下《答徐懋庸并读西班牙的联合战线》，开辟另一个角度呼应鲁迅发出的批判。他在文中否认自己是安那其主义者，因为脱离了实际运动，个人行为有不少小资产阶级的坏习惯，作品中也有部分和信仰相冲突，所以已经失去了这个资格。这里明显地带有自我批判的性质。但是，他又告白说，虽然不配做一个安那其主义者，却是拥护安那其主义的思想立场的，至今仍然相信这个主义，对真正的安那其主义者是敬仰的。这其中，不但包括在西班牙革命战争中英勇战斗的安那其主义者，也包括中国的安那其主义者。对此，他慨然辩护说："其实徐懋庸是不会看见什么'中国安那其的卑劣行为'的，因为那种人从来不曾在文坛里混过，他们只在一些荒僻的地方沉默地埋头工作。他们不写文章、不办杂志，他们的言行不见于小报。他们势力固然不大，但他们能够怀着热情的希望、坚强的信仰、自己牺牲的精神忍耐地工作。"[82]巴金通过安那其主义这一世界性思想，把西班牙和中国两个国度两条战线联系起来，并且集中到共同的革命斗争和联合战线问题上。

巴金接下来又写了《答一个北方青年朋友》的短文和虚拟的《一篇真实的小说》，继续说"两个口号"和"统一战线"，并且都说到安那其。此时，他更加明白地显示了自己的偏向："我自己并没有参加最近的文艺论争，但我得说一句公平话，这绝不是无谓的笔战，更不能说是'内争'。这论争对新文学的发展是有大的帮助的。有许多问题经过几次的论战后才逐渐地明朗化而终于会得到解决的。倘使没有过去的论争，我们的新文学还能够发展到目前的这个阶段么？"至于安那其，他明确指出："在西班牙的斗争中'安那其'占着一个极重要的地位。"[83] 而且，他还表示说，虽然和徐懋庸并无私人恩怨，但是，他要"为那在西班牙人民解放战场上牺牲的英勇斗士辩诬，替那少数沉默地工作着的'中国安那其'申冤"[84]，因为他相信，在文坛上肯站出来替这两种人说话的，只有他一个人。他说，他是把这当成为"一个义务"来看待的。

其实，攻击西班牙无政府主义者，并非出于徐懋庸的个人立场。诬蔑西班牙无政府主义工团派在革命内部制造分裂，破坏反法西斯统一战线，导致后来联合政府被推翻，乃完全出于共产国际和斯大林的战略决策。巴金几年来沉埋于创作中间，对政治问题保持沉默；想不到被一个文学口号拉了出来，在无政府主义及有关革命的一些重要问题上，再度表达了他的反苏观点。

在论争中，可以看得出来，鲁迅和巴金的观点有某种叠合之处。基于青年时建造的"人国"乌托邦，鲁迅不能容忍任何形式的奴役；因此，试图用"统一"之名，使人顺从地做本国人的奴隶，他是反抗的。巴金的无政府主义信仰主张自治，反对权威，即便是国家的权威。对于"统一战线"的态度，在鲁迅和巴金那里，同样含有一种反对绝对统一、绝对集权的反国家主义、专制主义的革命因素。

就在巴金可能进一步接触鲁迅的时候，鲁迅遽然离开了这个世界。

鲁迅逝世后，巴金同萧军、黎烈文、吴朗西、章靳以等人组成治丧办事处，陪送鲁迅遗体前往万国殡仪馆，日夜守灵；出殡时，又同胡风等十六位青年作家抬棺前往万国公墓。在守灵严肃而悲痛的四天里，巴金从早到晚，看见许多人络绎不绝地排队向已逝的老人致敬。他看见秃顶的老人、小学生、杂志社的工友、盲人、穿和服的太太，看见穿粗布短衫的劳动者、抱着课本的男女学生、绿衣的邮差、黄衣的童子军，还有小商人、小店员，以及国籍不同、职业不同、信仰不同的各种各类的人。在无数不同的人的脸上，他看见同一种悲戚的表情，听到帷幔外面悲痛的哭声。在死者入殓的下午，他看见长长的送葬的行列，看见悲痛地唱着挽歌或是严肃地沉默着的人们，看见"民族魂"的旗幡渐渐下沉……他见证了鲁迅的伟大，当晚作《一点不能忘却的记忆》，记下这许多让他深深感动的情景。他又写了《悼鲁迅先生》，称鲁迅为"伟大的导师"，指出单单珍惜他的文学成就是不够的，说："我们也和别的许多人一样以为他的作品可以列入世界不朽的名作之林，但是我们更重视：在民族解放运动中，他是一个伟大的战士；在人类解放运动中，他是一个勇敢的先驱。"[85]

巴金为鲁迅守灵期间，《大公报》发表了主笔王芸生的一篇短评，题目也叫《悼鲁迅先生》，借悼念的名义攻击鲁迅，说鲁迅的杂文"给了青年不少的不良影响"，云云。巴金阅后气得拍桌大叫，声音大得把房东太太都吓坏了。在《大公报》当记者的萧乾也非常气愤，为此质问老板，并提出辞职。巴金支持他，说辞职不会饿饭，可以给文化生活出版社翻译屠格涅夫。

为了反驳《大公报》的短评，巴金写了《片断的感想》。在阐明鲁迅作为一个伟大的战士的特质之后，特别指出鲁迅杂感的价值，说："他的小说固然可以列入不朽的名作之林，但他的杂感也是光芒万丈的。昨天还有一个朋友说：'杂文家的鲁迅在世界散文作者中

▌鲁迅与青年木刻家黄新波、曹白、陈烟桥、白危（吴渤）

▌1936 年 10 月 22 日，鲁迅葬礼。左一为巴金

也不容易找出匹敌的来。'一个西洋人也说：'世界文化界也只有几个鲁迅。鲁迅是太可宝贵了！'"[86]巴金第一次如此高度评价鲁迅的杂感，大约在共同的斗争中，特别是后来在抗日的旗帜之下的斗争中，他深刻地意识到了唯在杂感中得以最直接表达的鲁迅思想的意义所在。

其实，巴金也写了不少杂感。在鲁迅逝世前后，他一连写了几篇关于路的短文。《我的路》说，他的作品中有一个共同的东西，就是他强调的"我的路"，即是"所有不愿意做奴隶的人""趋向自由的路"[87]。《路》说，他始终没有怀疑过自己的路，没有怀疑过抗日的路，他相信这就是目前的出路。他说："我所看见的大众的路里就包含着争取民族自由的斗争。此外我再没有个人的路。"[88]《只有抗战这一条路》还明白地说"我是一个安那其主义者""倘使这战争是为反抗强权，反抗侵略"，又"得着民众的拥护而且保卫着民众的利益，则安那其主义者也参加这战争，而拥护这武力"，认为"我们目前只有'抗战'这一条路可走"[89]！

在民族解放的道路上，鲁迅是一个伟大的、勇敢的先驱。

鲁迅仆倒了。鲁迅身后的道路如何延续，这对于巴金，对于每一个进步的中国知识分子都是一个严峻的考验。

注 解:

1. 巴金:《巴金全集》第 18 卷，人民文学出版社，1993 年，481–482 页。

2. 全文收录于《巴金全集》第 17 卷，人民文学出版社，1993 年，130 页。

3. 唐金海、张晓云主编:《巴金年谱》，四川文艺出版社，1989 年，217 页。

4. 爱德蒙多 · 亚米契斯（Edmondo De Amicis，1846–1908），意大利小说家、记者、诗人。

5. 亚历山大 · 普希金（Alexander Pushkin，1799–1837），俄国诗人、剧作家、小说家，被称为"俄国文学之父"。

6. 巴金:《分治合作与无政府主义》，原载于《平等》月刊每 2 卷第 3 期（1929 年 3 月），署名春风。

7. 见《从资本主义到安那其主义》，1930 年 7 月由上海江湾自由书店初版，作者署名芾甘，此后不曾再版，除序言收入《巴金全集》第 17 卷外，其余部分未曾收入《巴金全集》及各种文集。直至 2009 年 10 月，始由香港文汇出版社重印，未做删节。

8. 同上，3 页。

9. 巴金:《巴金自传》，江苏文艺出版社，1995 年，276 页。

10. 同上，216 页。

11. 巴金:《从资本主义到安那其主义》，香港文汇出版社，2009 年，85 页。

12. 同上，122 页。

13. 同上，124 页。

14. 同上，125 页。

15. 同上，121 页。

16. 同上，130 页。

17. 同上。

18. 同上，133 页。

19. 同上，134 页。

20. 同上，143 页。

21. 同上，180 页。

22. 同上，226 页。

23. 同上，234 页。

24. 全文收录于巴金:《佚简新编》，大象出版社，2003 年，73 页。

25. 全文收录于《巴金全集》第 10 卷，人民文学出版社，1993 年，136 页。

26. 唐金海、张晓云主编:《巴金年谱》，四川文艺出版社，1989 年，222 页。

27. 同上。

28. 全文收录于巴金：《佚简新编》，大象出版社，2003 年，75 页。

29. 李存光：《巴金研究资料》上卷，海峡文艺出版社，1985 年，376 页；又见《巴金全集》第 20 卷，人民文学出版社，1993 年，674 页。

30. 巴金：《〈家〉第十版代序》，《巴金全集》第 21 卷，人民文学出版社，1993 年，88 页。

31. 巴金：《谈〈灭亡〉》，《巴金全集》第 20 卷，人民文学出版社，1993 年，556 页。

32. 巴金：《谈〈家〉》，《巴金文集》第 14 卷，人民文学出版社，1988 年，358 页。

33. 唐金海、张晓云主编：《巴金年谱》，四川文艺出版社，1989 年，246 页。

34. 巴金：《巴金全集》第 13 卷，人民文学出版社，1993 年，281 页。

35. 唐金海、张晓云主编：《巴金年谱》，四川文艺出版社，1989 年，244 页。

36. 亚历山大·赫尔岑（Alexander Herzen，1812–1870），俄国思想家、革命活动家，被称为"俄国社会主义之父"。

37. 巴金：《海行杂记》，《巴金全集》第 12 卷，人民文学出版社，1993 年，17 页。

38. 巴金：《巴金全集》第 13 卷，人民文学出版社，1993 年，477 页。

39. 巴金：《巴金全集》第 13 卷，人民文学出版社，1993 年，288 页。

40. 巴金：《巴金全集》第 16 卷，人民文学出版社，1993 年，715 页。

41. 本文最初发表于《战时文艺》第 1 卷第 2 期（1941 年 12 月 15 日），题目为《生》；现收录于《巴金全集》第 13 卷，人民文学出版社，1993 年，396 页。

42. 巴金：《醉》，收录于《巴金全集》第 13 卷，人民文学出版社，1993 年，95 页。

43. 巴金：《南国的梦：黑土》，《巴金全集》第 13 卷，人民文学出版社，1993 年，282 页。

44. 参见陈思和、李存光主编：《巴金研究集刊》卷二，上海三联书店，2007 年。

45. 巴金：《〈雨〉的序》，《巴金全集》第 6 卷，人民文学出版社，1993 年，100 页。

46. 巴金：《爱情三部曲：附录一》，《巴金全集》第 6 卷，人民文学出版社，1993 年，15 页。

47. 伊凡·屠格涅夫（Ivan Turgenev，1818–1883），俄国著名小说家、诗人。著有小说《罗亭》《贵族之家》《前夜》《父与子》等。

48. 巴金：《新生》，《巴金全集》第 4 卷，人民文学出版社，1993 年，183 页。

49. 同上，323 页。

50. 同上，324 页。

51. 巴金：《爱情三部曲》，《巴金全集》第 6 卷，人民文学出版社，第 1993 年，216 页。

52. 同上，273 页。

53. 同上，300 页。

54. 尼古拉·车尔尼雪夫斯基（Nikolay Chernyshevsky，1828–1889），俄国作家、哲学家、民主主义者。著有小说《怎么办》。

55. 同注 51，469 页。

56. 同注 51，474 页。

57. 同注 51，464 页。

58. 巴金：《巴金全集》第 10 卷，人民文学出版社，1993 年，148 页。

59. 巴金：《给 E.G.》，《巴金自传》，江苏文艺出版社，1995 年，270 页。

60. 巴金：《谈自己的创作》，《巴金全集》第 20 卷，人民文学出版社，1993 年，556 页。

61. 尼古拉·果戈理（Nikolai Gogol，1809–1852），俄国作家，现实主义文学的奠基人之一。代表作《死魂灵》。

62. 巴金：《巴金全集》第 12 卷，人民文学出版社，1993 年，244 页。

63. 李存光：《巴金研究资料》上卷，海峡文艺出版社，1985 年，129 页。

64. 巴金：《巴金全集》第 18 卷，人民文学出版社，1993 年，349 页。

65. 巴金：《巴金全集》第 12 卷，人民文学出版社，1993 年，455 页。

66. 亚历山大·仲马（Alexandre Dumas，1802–1870），著名法国浪漫主义小说家、剧作家，代表作《基督山伯爵》。

67. 巴金：《巴金全集》第 12 卷，人民文学出版社，1993 年，455 页。

68. 斐迪南·拉萨尔（Ferdinand Lassalle，1825–1864），德国犹太人法理学家、政治活动家。

69. 河上肇（Hajime Kawakami，1879–1946），日本作家、马克思主义经济学家。

70. 爱罗先珂（Vasili Eroshenko，1890–1952），俄国作家、世界语者。

71. 鹤见俊辅（Shunsuke Tsurumi，1922–2015），日本思想家、历史学家。

72. 芥川龙之介（Ryunosuke Akutagawa，1892–1927），日本知名作家，被称为"日本短篇小说之父"。

73. 参见陈思和、李存光主编：《巴金研究集刊》卷五，上海三联书店，2010 年。

74. 上海鲁迅纪念馆编：《吴朗西文集》，上海书店出版社，2014 年。

75. 本文收录于《巴金全集》第 18 卷，人民文学出版社，1993 年，363 页。

76. 参见上海鲁迅纪念馆：《吴朗西年谱》，《吴朗西文集》，上海书店出版社，2014 年。

77. 参见《鲁迅全集》第 6 卷、第 13 卷，人民文学出版社，1981 年。

78. 全文收录于《鲁迅全集》第 6 卷，人民文学出版社，1981 年，527 页。

79. 同上，536 页。

80. 同上，538 页。

81. 巴金：《巴金全集》第 18 卷，人民文学出版社，1993 年，383 页。

82. 同上，377 页。

83. 唐金海、张晓云主编：《巴金年谱》，四川文艺出版社，1989 年，429 页。

84. 同上。

85. 全文收录于《巴金全集》第 13 卷，人民文学出版社，1993 年，336 页。

86. 巴金：《巴金全集》第 18 卷，人民文学出版社，1993 年，395 页。

87. 出自《巴金全集》第 13 卷，人民文学出版社，1993 年，103 页。

88. 同上。

89. 巴金：《巴金全集》第 12 卷，人民文学出版社，1993 年，544 页。

第五章

烽火中

1937 年 7 月 7 日，卢沟桥事变爆发，从此中国开始全面抗战时期。

在日军步步进逼、国内反日情绪空前强烈的形势下，国民党"攘外必先安内"的战略方针难以实行，不得不改弦更张。1936 年 12 月西安事变发生后，国共两党实现第二次合作，抗日民族统一战线宣告正式形成。这时，蒋介石被授予新的广泛权力，主持国防最高委员会这一最高政府机构，更为重要的军事委员会也由他主持，并且先后被授予总裁和党主席的头衔，在中国历史上首次集党、政府和军队的最高职务于一身。在统一战线的架构下，中国共产党同意把红军改编为八路军，成立新四军，为中央政府所统辖，在国民党军队从正面战场抗御日军之外，另行开辟敌后战场，坚持独立作战。国民党方面允许中共在几大城市设立联络办事处，在重庆出版《新华日报》，并派代表参加国民党的国民参政会，照样维持形式上的统一。

蒋介石率先提出"持久战"的概念。基于"以空间换时间"的原

▌中国守军在卢沟桥上抗击入侵的日军

▌卢沟桥事变后，蒋介石在庐山发表讲话，号召全国军民抗日

则，战前即已构想了撤至中国西南偏远内地的战略。随着上海、南京的沦陷，国民党政府迁至重庆，即所谓"陪都"。军事工业及一些关键性的工厂企业、民众和物资随之向西南部内地做大规模迁移。大学也加入了迁移的行列，其中清华、北大和南开三所大学最后迁至昆明，成为闻名一时的"西南联大"。在这场旷日持久的战争中，中国人民经受了无比深重的灾难，同时，也提振了一个古老而伟大的民族不屈不挠的刚毅精神。

8月13日，日军进攻上海。

当天，巴金隔河望见对岸的大火焚毁房屋的景象，犹如观看燃烧的罗马城，随即想起西哲的名言："这样的几分钟会激起十年的憎恨，一生的复仇。"[1]下午，他即会同茅盾和冯雪峰，商量出版《呐喊》（后改名《烽火》）周刊。稍后，他又成了由日本归国的郭沫若创办的《救亡日报》的编委。抗战刚刚开始，他在报刊的亮相，便已显现出一个爱国者亢进的、活跃的姿态。

1938年2月，巴金离开孤岛上海，辗转于广州、武汉、柳州、

▌抗战爆发后，巴金主编的
《呐喊》杂志

▌1937年9月5日出版的
《烽火》创刊号

桂林等多个城市。次年4月，巴金返回上海，在法租界住满一年，然后从水路绕道越南进入昆明；1940年11月动身前往重庆，再赴成都。离家十八年，这是他第一次回到故土。在成都耽留一个多月，重返重庆，至1941年9月经由昆明回到桂林。1942年3月，他离开桂林到各地旅行，返回重庆时已是1944年6月。他一直住在重庆，1946年5月才回到上海，从此结束长期往返内地的动荡生活。

八年间，巴金恪守文化生活出版社总编辑的位置，一面编辑出版计划中的丛书；一面在广州、桂林、重庆、武汉等地营建出版社的分支机构，在艰困中设法扩大业务。这时，他已不仅限于编辑工作，而且进一步介入经营管理事务，充当起出版人、发行人的角色。在不断的迁徙、旅行中，他从未中辍翻译和写作。若论写作的成就，以1937年划界，后八年比起前八年来毫不逊色；继《家》之后，又写下《第四病室》《憩园》《寒夜》诸作品，还著有多种散文集，这一时期是他的文学创作的黄金时期。

在烽火连天的岁月里，巴金走过许多地方，遭遇了许多事情，出现了许多前所未有的变化。

作为一个无政府主义者，他认为严密的组织形式不符合自由联合的原则，所以他长期不同任何具有党派性质的组织发生关系。1936年他极力避免加入"文艺家协会"，便是基于这个原则；但是，现在

《憩园》封面　　　　　《第四病室》封面　　《寒夜》封面

则主动加入"中华全国文艺界抗战协会"（战后改名"中华全国文艺界协会"），担任一定工作，并多次出席纪念会、欢迎会、庆祝会、招待会、座谈会一类活动。最重要的一个变化是，他开始了与共产党方面人物的接触。

巴金从 20 世纪 20 年代起，不止一次公开宣称国共两党都是他的敌人，而且他是不赞成政治革命而鼓吹社会革命的，无论从理论到实践，都对"政府"抱有敌意。1944 年 5 月，他在重庆寓所接待从延安来的何其芳。这时的何其芳，已经不再是在北平时所见到的"画梦"的才子，而是"钦差大臣"式的人物，同刘白羽一起，由中共中央派至重庆，任务是向郭沫若等文艺界人士传达延安整风运动，以及文艺座谈会的精神。随后，何其芳即陪巴金到曾家岩的"周公馆"，详细介绍延安的情况。这是私人性质的会见，与公共场合做公开传达大不一样。至于在"周公馆"里，有没有将巴金引荐给周恩来不得而知，但是，在此前后，巴金见过几次周恩来，至少听过两次周恩来的

▌ 1938 年在武汉，"中华全国抗敌文协"成立合影；内有周恩来、邵力子、罗果夫、田汉、安娥、鹿地亘、胡风等人

报告。在重庆，他还被毛泽东接见。据他几十年后在新语境下的追述，他听周恩来的报告深受感动，确信周恩来是"可以依靠的巨大力量"。需要补充说明的是，在当时，他却并未留下任何这等足以动摇固有的无政府主义信仰的文字证据。不过从 40 年代对中国共产党的试探性接触可以看出，巴金的信仰事实上已经出现了松动。

如果说早期他还耽于理论上的探讨，热心于俄国和世界的社会运动与革命的宣传，其中甚至带有幻想或意气用事的成分，那么，这等狂热已趋于冷静，变得尊重现实，讲求实际许多。他不能不重视中国政治社会的实际问题。从性格上说，他固然易于亢奋、激进，但也有退避的时候，遇事容易变得犹疑、怯弱，乃至小心翼翼。关于这两重性，他使用过堂吉诃德和哈姆雷特的比喻，说他总是用堂吉诃德鼓励自己。倘若生存环境具有很强的压迫性，他身上原有的卑抑的层面便将凸显出来，堂吉诃德做不成，却扮成了哈姆雷特。这时，"本我"乃适时释放出某种自保的欲求，使"自我"变得难于固守，以致走向与对立面相妥协，甚至为对立面所同化，最终成为异己者的局面。

与家庭的实际联系，以及由此引起的家庭观念的变化，是巴金另一个重要的转变。大哥死后，由三哥接济老家，他基本上取一种近于"局外人"的态度；及至三哥病故，只好由自己负担起整个家庭。开始时，他把稿费寄回老家，后来则把亲属陆续带出来工作，于是昔日的"家"的叛逆者戏剧性地变成了庇护者，变成大家长了。而战时，恰好巴金由恋爱而结婚，也建立了自己的小家庭。新旧两个家庭重叠的压力，应当使巴金不堪重负。鲁迅说："家是我们的生处，也是我们的死所。"[2] 家庭对于中国人的影响是重大的，而对于巴金的影响，简直可以说是带决定性的。1949 年之前，它已经把原来作为一个安那其主义者的锋芒磨蚀得差不多了。

20 世纪 40 年代以前，巴金是一个忠实而坚定的无政府主义者。同其他无政府主义者一样，反对国家和政府乃是一贯的信条。巴金说过，"祖国仅仅是一个地理上的概念"[3]，国家是实行阶级压迫和专制统治的机器，是应当废弃的。按此逻辑，他必然反对"爱国主义"，早年就曾著文把"爱国"看作是"战争的起源""人类进化的障碍"，说凡是说"爱国"的话的都是"敌人"和"骗子"，还利用托尔斯泰的话作证。他所要的是一个"大的祖国"，显然不是我们惯称的"祖国"；所谓"工人无祖国"，实质上消除了国家原有的界限。这就是无政府主义的国际性、世界性。可是，在国难当头的此刻，中国，作为一个被侵略、被蹂躏的国家形象，不能不使巴金感到震骇、哀痛和愤慨。留日时被唤醒的爱国意识，这时迅速得到强化。他说他反对"爱国主义"，但于爱国，他有切身的感受，当时就明确地表示说，要"永远做一个中国人，一个正直的中国人"[4]。

卢沟桥事变发生不久，巴金从日本报纸上读到社会主义者山川均[5]写的《华北事变的感想》，渲染中国军队的"残虐性"，咒骂为"鬼畜性"，立即发表公开信回击，指出："中国人民是流了够多的血后来才发动抗日的运动的。这是自发的民众运动，没有力量可以阻止它，也没有力量可以抗拒它，现在是讨还血债的时候了。"[6]又以通信的形式写了《给一个敬爱的友人》，赞扬日本反战人士石川三四郎[7]始终站在反强权、反侵略的一边，从中提出一个反对"狭义的爱国主义"的问题。在题为《国家主义者》的杂感中，他具体地列举了诸如"杀尽日本人""杀到东京去""把朝鲜拿回来"之类的狭义爱国主义、极端国家主义的论调，认为都是要不得的、对抗战前途有妨碍的。

在有关抗战的文章中，巴金一再强调人民的力量，并且使之同"自由"联系在一起，而不是"国家"或"祖国"。自由是第一位的。《"重进罗马"的精神》[8]一文引用《圣经》故事，说耶稣基督重进罗马，宁可再次被钉上十字架，也要同人民在一起。文章说："真正酷爱自由的人并不奔赴已有自由的地方，他们要在没有自由或者失去自由的地方创造自由、夺回自由。"又特别引了潘恩的话："不自由的地方才是我的祖国。"人民是无政府主义的起源和基础，自由是它的灵魂，社会革命则是全部的实践活动。当抗战起来以后，巴金不能不对民族、国家、民众与个人等相关的观念进行整合。但是这种整合，不仅仅是一种兼容，他有他的方向性，他是坚持在无政府主义的思想原则上进行的。所以，他会反对"抗战第一"的主流观点，叫出"抗战与改革同时并行"的口号。"改革"即反贪污、反腐败，实行政治机构改革。正当政府强化中央集权，全国在"联合阵线"的旗帜下，拥护最高政治军事权威以一致对外的形势下，巴金的口号看起来是不合时宜的。但是，他会认为，政治改革只是社会改革在目前最为紧迫的部分而已，改革必须持续进行，不可以轻易放弃，不应当把改革同抗战对立起来。不然，即使取得军事上的胜利，改革也不可能得到保持，而"最后胜利"是不会到来的。

巴金"抗战与改革"的思想，回应了十年前高德曼在信中表示过的对中国革命的看法。她当时便说："在中国发生的事情意味着远高于民族主义的东西。"巴金认为，即使当前面临着从外国侵略者的铁蹄下解放自己的任务，也不能让民族主义高于革命、代替革命，那是非常危险的。

恰好在这时候，发生了西班牙内战。这个重大事件使巴金感到兴奋，他决计把它介绍到国内来。徐懋庸不正是从批判西班牙无政府主义者的角度，就"统一战线"问题发起挑战的吗？西班牙的斗争事实是最雄辩有力的回答。更为重要的是，在巴金看来，西班牙内战与中国的抗战是联系在一起的。西班牙的斗争不是普通的内战，不是单纯的反法西斯，而是一场革命。巴金认为，中国这次抗战同样含有革命的意义。

从 1937 年 10 月开始，延续三年时间，巴金编译出版了两套小丛书，一套是《西班牙问题小丛书》，计有六种：《西班牙的斗争》《战士杜鲁底》《西班牙》《一个国际志愿兵的日记》《西班牙的日记》《巴塞罗那的五月事变》；另一套也是关于西班牙的，名为"新艺术丛刊"，出版有《西班牙的血》《西班牙的苦难》《西班牙的黎明》三种；

1938 年，巴金编印的有关西班牙内战的画册

还编选过"西班牙战争画刊"，仅出一种，名《西班牙在前进中》。关于西班牙内战，巴金直接发议论如《公式主义者》者甚少，多记录在这些书的序跋及画册所配文中。鉴于官方对舆论的钳制未见松弛，而民族主义的氛围又愈见浓厚，这时，援用国际上的时事新闻和政治语言，其实是明智的，也是有效的 [9]。

从 19 世纪后期开始，西班牙几百年的君主制度一再遭到冲击。1923 年，随着国外战争的失败和殖民地的丧失，国王被迫退位，提名德里维拉 [10] 进行独裁统治。可是，由于西班牙矛盾重重，经济急剧衰退，这一独裁统治无法维持下去，终于在短短几年间垮台。在旧制度瓦解的过程中，劳动阶级和民主派势力迅速壮大。

1931 年 4 月 12 日，西班牙举行地方选举，左派支持率上升，4 月 14 日，西班牙第二共和国正式成立。但是，共和制只有在巴塞罗那等大城市获得支持，在其他地区，特别在农村则遭到了抵制。1934 年，右派势力赢得大选，佛朗哥 [11] 担任军队最高统领，使用铁腕手段重建秩序。在右派执政期间，工会被取缔，左派活动遭到禁止。出人意料的是，在 1936 年 2 月的议会选举中，左翼民众前线党获得大多数选票，形成广泛的左翼联盟，右翼党人落败。

左、右势力的角力持续紧张地进行。1936 年 1 月 16 日，共和政府的突击队认为右派领袖何塞·卡尔沃·索特罗[12]应为一名队员的死亡负责，将他刺死。此起行刺事件恰好为军人所利用，成为发动政变的导火索。流放在外的圣胡尔霍[13]将军被任命为政变司令，但在回国途中坠机身亡，残暴的佛朗哥成了接替者。这时，马德里、巴塞罗那等大城市被控制在政府军手中，警卫队和工人武装很快制服了叛乱势力。为了颠覆危险的民主共和政权，意大利和德国法西斯给予遭到重创的佛朗哥叛军以及时而巨大的支援。1936年8月，佛朗哥的摩洛哥兵团到达马德里，大量屠杀无辜平民。西班牙人民奋起反抗，成千上万的城市居民积极行动起来抵抗法西斯叛乱。在民众力量的支持下，共和政府对右翼的反叛行为进行了坚决的反击。

内战开始了。法西斯国家公然支持佛朗哥叛乱集团，英法两个所谓民主国家却采取不加干涉的态度，甚至阻止其他国家援助共和国。在这紧要关头，来自法国、德国、意大利、南斯拉夫、美国、加拿大、阿根廷、苏联、波兰、保加利亚等54个国家的4万多名志愿者，以不同的途径跨越边境，长途跋涉来到西班牙，组成有名的"国际纵队"，为共和国而战。苏联派出5000名军事顾问开赴西班牙，还支援大量军需品。当苏联介入西班牙内战以后，便力图将反法西斯阵线的各派政治力量置于它的控制之下，在共和国阵营内部清除异己：把马克思主义统一工人党（POUM）打成所谓的"托洛茨基派"，假手西班牙共产党和共和国政府，甚至出动秘密警察实行清洗；全国劳工联盟（CNT）和伊比利亚安那其主义者联合会（FAI）的无政府主义者，同样遭到毁灭性的打击。

共和国分崩离析。1939年3月，佛朗哥军队占领了巴塞罗那和马德里，内战至此结束。

巴金始终关注西班牙局势的发展，激动的时刻，也曾几次表示说要到西班牙去。当然，这是做梦的话。他喜欢做梦，并不准备实行，事实上也并没有实行。

到30年代，无政府主义在中国已经归于沉寂，其实在世界上也得不到响亮的回应，没有哪一个国家有过成功的实验，有过无政府主义社会的存在。所以，当西班牙在一个极短暂的时期内奇迹般地涌现出那么多无政府主义者，实现那么多无政府主义思想，不能不给巴金以巨大的鼓舞。

活跃在西班牙内战中的无政府主义，不但坚定了巴金的信仰，而且使巴金在面临民族战争中所形成的思路变得更为清晰。"国家——人民——革命"，三者统一的思想，是巴金在抗战中所坚持的无政府主义思想。这一思想超越"国防"，超越"党派"，它来源于无政府主义的基本原理，又显然在西班牙内战中得到光辉的验证，而为巴金所接受。把这一思想应用于中国的抗战，应当说，这多少带有巴金的创造。在当时，全国只有巴金老家成都的一家无政府主义杂志《惊蛰》提出类似的抗日战争是反压迫的战争的观点。在文艺界，"国防文学""抗战文学"的观点十分流行，而持有反潮流思想的作家，大约只有巴金一人。

巴金说："西班牙问题是一个难解的谜，尤其是对于远处中国的我们。"[14] 他编译了这么多种关于西班牙的书，可见他自觉地做了一个解谜者。其中，《西班牙的斗争》的作者若克尔感叹说："西班牙的大悲剧就是直到现在它还是很少被人了解。"[15] 巴金所做的工作，就是要让同西班牙民族一样经受了无数创伤，流着血，还在英勇战斗的中国人了解它，了解它的苦难，了解它的胸膛里不屈地生长着的人的尊严与自由。这里有一种国际的依赖性。巴金清楚地知道，西班牙的命运关系着中国人民的前途。

西班牙人民从法西斯主义残暴的压制下拯救祖国的斗争，对巴金来说，确实无异于一场"振奋精神的大雷雨"。他看到西班牙人是如何阐释他们的祖国的。首先，他们从 1936 年抵抗法西斯叛乱的斗争中发展为革命；随后，由于国际法西斯对国内法西斯的援助而进一步引发为反侵略的战争。战争和革命连在一起，于是，西班牙成了"革命的祖国"。

爱祖国，就是爱革命的祖国，爱祖国中革命的人民。人民是国家疆域中唯一有意义的生命存在，这意义是革命所赋予的。巴金在一篇题为《西班牙的梦》的文章中赞美未谋面的朋友去西班牙，便说过在革命的民众中学习革命的话。他曾经说："人民在一个决定的时期的懦弱，虽然常常招来惨祸，甚至延长了残暴的统治，可是这惨祸也不能将人民对于自由的渴望和争自由的力量完全粉碎。人民是要永久存在下去的，而且在任何时代都要为争自己的独立而斗争。我们的全历史就是一部人民争自由的历史。每一次的失败不过多添一页血的记录，并不曾结束这个长期的斗争。"[16]抗日战争，就是中国人民争自由的斗争。巴金明确表示说："我主张中国革命是民众的。"他特别注重民众在抗战中的自发行动的重要性，崇尚民众的自发性，而不是政府的组织，不是国家框架中的军事行动。因此，他并不强调，甚至排除所谓的组织纪律，而把个人自由和社会正义看作反法西斯战争的基础。

巴金翻译的《西班牙的斗争》特别详细地介绍了无政府主义者领导的民众斗争的事迹，作为一种典范，以期将中国的革命战争"引到无政府主义的路上"。书中有两个由工团主义者、安那其主义者组成的主要的团体：全国劳工联盟（CNT）和伊比利亚安那其主义者联合会（FAI）。它们以工人为主体，包括农民和知识分子，在"联合主义"和"自由协意"的原则下团结起来，并同其他反法西斯的力量组成广泛的联合阵线，"一面作战，一面革命"；一面开赴前线，一面做社会建设的工作。关于革命战争中的统一战线问题，作者若克尔写道："倘使我们不能学得尊重别人的意见，却只根据一个党派的主张，用狭窄的眼光批评它们，那么所谓'统一战线'与'人民战线'便成了一文不值的废话了。"这样的意见，对抗战中的中国来说是很可借鉴的。事实上，西班牙的反法西斯"统一战线"，最后到底被来自莫斯科的"一个党派"的私利葬送了。

徐懋庸大谈"统一战线"，攻击西班牙的无政府主义者，是毫无根据的信口胡说。巴金特别编译了高德曼等人撰写的小册子《战士杜鲁底》，把杜鲁底作为西班牙无政府主义者的代表人物，向中国读者展示了一个争自由的国度里伟大战士的雄姿。

早在 20 世纪 20 年代，巴金就曾介绍过作为流亡者的杜鲁底。这个西班牙的机器工人，被赞誉为"完全的安那其主义者"。当他历经流亡、逮捕、监禁，而最后回到他的祖国，就成了一个领袖式人物，一个反抗西班牙历史命运的斗争的象征。他致力于组织和改造安那其工团主义运动；战争中，又从工人、农民中组织志愿兵，组成有名的"杜鲁底纵队"，开赴前线抵抗佛朗哥叛军，终于在马德里巷战中阵亡。杜鲁底以他天才的军事才能、组织才能和道德力量，在工人和农民中组织并带领着这个纵队。杜鲁底纵队是革命的产物，同时又是革命的保卫者，它代表着 CNT 与 FAI 的精神。纵队的志愿兵、作家卡尔·爱因斯坦 [17] 在一篇演讲词中说到它的目标、性质和特点时，有一段很简洁的话："这个纵队并不是军事化或官僚政治化的组织，他是从工团主义运动中产生出来的。它是一个社会革命的联合，而不是一个军队，我们是为全体的自由而战的、被压迫的无产阶级的联合。这个纵队是杜鲁底的工作，杜鲁底决定了它的精神，防卫着它的自由的原理一直到死。我们纵队以友情和自动遵守纪律为基础。我们纵队的活动的终极目的，除了自由共产主义外并无其他。" [18] 巴金愿意他的同胞在一个艰苦奋斗的抗战时期中，也能像杜鲁底和他的同志们一样，遵守革命的法则，彼此信赖与自动合作，为全体的自由而战。

在《战士杜鲁底》的前记中，巴金写道："我希望它能够透过一层层虚伪报道的暗雾清晰地现露在我的同胞的眼前，让他们知道在西班牙斗争中谁尽了最大的力量，什么人是西班牙民众爱戴的英雄。" [19] 可以认为，这也是对徐懋庸对西班牙无政府主义者诬枉之词含蓄而有力的回答。

在巴金的译述里还有对国际的志愿兵、意大利真正的反法西斯主义者罗塞利 [20] 和柏尔奈利的介绍。柏尔奈利是一个无政府主义者，他从意大利来到西班牙，热诚地贡献了他的一切。可是，他不是在前线阵亡的，而是在反法西斯统一阵线内部的斗争中被卑劣地谋杀的。他早就以他明澈的洞察力，指出来自莫斯科的"独裁的党派"对当前争自由斗争的威胁。他写道："西班牙安那其主义的心脏巴塞罗那不仅处在马德里和罗马之间，而且还处在蒲尔哥斯和莫斯科之间。等到法西斯主义被征服了以后，CNT—FAI 就应该继续为着一个社会的纲领奋斗了。在这场合社会党和共产党多半要努力阻止这纲领的实现。西班牙共产党执行委员会最近宣言在目前的战争中共产党要保卫民主制和私有财产。这就带着诺斯克的味道！"²¹ 几个月以后，形势的发展证明了他的预见的准确性：CNT 与 FAI 遭到打压，整个联合阵线的核心力量被削弱，直到革命付出大量鲜血和生命的代价之后以失败告终。

《西班牙问题小丛书》第六种《巴塞罗那的五月事变》详细记录了 1937 年 5 月发生在反法西斯阵线内部不同倾向的势力之间的一场斗争。巴金为此书写了前记，指出：自相残杀的内部斗争必然地削弱革命的力量。他还特别提醒研究西班牙问题的人，不要忘记"历史的教训"。徐懋庸在攻击巴金时，特别提到西班牙，并牵涉到"托派""联合阵线"之类的字眼，分明是拉"共产国际"的大旗做虎皮。在这里，巴金不但表现出了一个联合阵线的坚定拥护者的姿态，而且，以他的政治警觉和勇气，挑开"黑暗的幕"，把"莫斯科的训令"的祸害揭示了出来。

整套小丛书是经由巴金严格的选择和编排的，而文章又多出于国际无政府主义者，也即巴金引以为同志者之手，从书中的前言后记中可以看出，它们基本代表了巴金的意见。

在翻译过程中，巴金随处强调西班牙的命运同抗战中的中国的命运的共同性。他在选编的反法西斯配文画册《西班牙的画》的序文中写道："我们同胞的哀号和地中海畔诗之国土上的呻吟响成了一片。我们眼前出现了汪洋的血海。那许多无辜者的血！然而这血海开始怒吼了。我们求生存的呼声和地中海畔争自由的呐喊压倒了呻吟、哀号和呼吁。我们和西班牙的兄弟以绝大的毅力经历过了同样的苦难，现在更应该以同样的勇气向着伟大的目标迈步了。"[22] 他说，他所以把这些画幅集束地奉献出来，正如《西班牙问题小丛书》里的译文一样，就是要让自己"酷爱自由的同胞""在西班牙的血里看见他们自己的血"[23]。

巴金以一个编辑家的特殊语言表达了他的抗战思想，是他在漫天战火中献给祖国和人民最宝贵的礼物。但是，这其中关于民众团体的斗争作为抗战主体的论述，关于一边抗战一边革命的论述，关于无中心的、多元的、自由联合的"统一阵线"的论述，乃至关于"莫斯科势力"的破坏性的论述，当然不会被中国抗战的领导者所关注，但也同样被文化界同行所忽略。姑不论这些论述在中国的气候和土壤中是否宜于生长，若从思想的实质来说，它明显地标志着巴金的政治思想在民族战争的语境中所到达的新的高度。

就在巴金编辑《西班牙问题小丛书》的同时，他想写一本直接宣传立足于无政府主义立场的有关抗战方面的书。但是，他放弃了早期所惯常使用的论文的形式，而是采用一种感性的容易为普通读者所接受的文体，这就是小说《火》的头两部。

《火》第一部以上海八一三事变为背景，叙述上海爱国青年和广大军民的抗日活动。其中写到两个抗日团体，一个是"青年救亡团"，一个是朝鲜青年流亡者的秘密团体。书中写到冯文淑、周欣、朱素贞等年轻女性如何走出家庭、告别恋人、奔赴社会从事宣传救亡工作和救护工作。他们是自发的、自觉的，互相激励和互相支持，完全为了一个民族解放的崇高目标而自由结合到一起。第十一章八百壮士坚守四行仓库的感人场面，令人想起西班牙战争中的马德里保卫战，一样是英勇的战士，一样为争自由、争解放的斗争，一样的牺牲精神。而那些支持中国抗日的朝鲜青年，也很容易使人把他们同奔赴西班牙作战的志愿者，同国际纵队联系起来。

《火》封面

第二部的故事发生在上海沦陷之后，曾明远带领的由冯文淑、周欣等人组成的战地工作团深入内地乡村进行抗日宣传，动员民间力量。在书中，既有国民党正规军的抗战，也有地方游击队的战斗。中国没有西班牙那样的工人团体，巴金便写他不熟悉的农民、写有组织的群众运动，实际上旨在表现人民作为抗战主体的思想。在冯文淑的宣传小分队中，队员们来自不同地区、不同阶级，而且有着各不相同的政治信仰和工作作风；在民族解放的共同信念的感召之下，他们终于走到一起，团结战斗，各自贡献了自己。小分队的活动，不妨看作巴金有关联合阵线思想的一种形象演绎。

20世纪30年代后期至40年代初，《西班牙问题小丛书》的编译工作及《火》头两部的完成，标志性地表明巴金作为一个无政府主义的坚持。但接着，便出现了一个空白地带，他不再公开宣称他原来的信仰，而是把爱国主义同无政府主义分开，如此一直延至1949年。之后，他甚至连"无政府主义"一词也不再提起，避之唯恐不及；偶尔使用，也都因为出于批判而不得不尔。为什么会在此时出现这种近于断裂性的思想变化呢？

大约这同巴金在此前后所经历的抗战形势及人际关系的变化有关，其中一个最直接的因素，就是发生在1940年年底，《火》第一部刚刚出版的时候，桂林文协发动的"研究巴金"的浪潮对巴金所造成的冲击。

巴金刚从桂林到达重庆，便参加了全国文协总会举办的"欢迎来渝作家茶会"。这次茶会，周恩来代表中国共产党也出席了，并讲了话，一派统战的祥和气氛。巴金想不到的是，桂林的几家大报，包括《救亡日报》的副刊，还有"文协"领导或同"文协"有关的报刊，都刊登了以"研究"为名而以批判为实的针对巴金的文章，甚至还出了专号。声势迅猛，一时颇动文艺界的视听。

这些批判文章涉及巴金的方方面面，从创作到印书、从思想到艺术，都是有组织的辱骂、诬陷和攻击。比如说巴金作为作家的生活"单调窄狭"，而作品都是"用差不多的技巧再三地去写那'差不多'的主题"[24]；"沉郁的气氛都相当浓厚，比光明的期望来得强烈，这对于纯洁的青年人，好像难以获得良好的影响"[25]；"和读者的需要与理想，实在还相距相当的遥远"[26]，等等。所有的文章都做出"失望"的表态，其实用意在于消除巴金在青年读者中的影响。还有在政治上，根据《火》第一部中对朝鲜"一个小团体"从事"恐怖主义"活动等，把"无政府主义"作为一个罪名，套在巴金的身上。

桂林文协是由夏衍主持的。带讽刺意味的是，巴金在1938年来桂林后不久，即被推举为成立"抗敌文协"桂林分会的筹备员。筹备员一共三人，除他之外，便是夏衍和盛成。按照当时在桂林主编《自由中国》的作家孙陵在其所著《浮世小品》的说法，"导演"这场对巴金的批判的，正是夏衍。早在20世纪20年代末，夏衍便同留学日本的郭沫若、钱杏邨等一批青年共产党人一起攻击过鲁迅。左联成立后，夏衍一直是其中的核心成员，接近周扬

1938年冬，巴金在桂林

而疏远鲁迅。在"两个口号"论争时期，他是"国防文学"热烈的鼓吹者，并有示范性的作品《赛金花》问世。鲁迅在答徐懋庸的长信中，在袒护胡风、巴金等人的同时，指斥了所谓的"四条汉子"，其中之一便是夏衍。巴金对于明枪暗箭背后的布置是清楚的，而这时，世上已经没有了像鲁迅这样伟大的侠客。正如鲁迅去世后，他感叹说的，无人可以弥补这个缺额，唯靠他个人拿出勇气和意志孤身奋战了。

然而，又有他意想不到的事情是，命运给他安排了另一位保护人，就是周恩来。

在夏衍所导演的这出闹剧发生后，周恩来派李亚群向巴金做出解释，并听取巴金的意见。由于李亚群不认识巴金，为慎重起见，由党员作家司马文森找巴金面谈。显然，闹剧没有进一步扩大，是与周恩来的指示有关的。及战后，由郭沫若、杨晦合编的《文汇报》文艺周刊曾组织整版篇幅攻击巴金等人，而且一连几期，颇具杀伤力。但后来竟至于让郭沫若一反常态，出面撰文《想起了斫樱桃树的故事》，向巴金等人"请罪""认错"，看来很可能同样是周恩来的作用。当时，整个中国共产党南方局是由周恩来领导的，包括意识形态方面的斗争。作为政治家，周恩来首先出于统战方面的考虑。那时候，巴金显然是被当成统战对象看待的；至于1949年以后，则以"无党派人士"身份进行国际和平外交的统战工作，成为体制内的"齿轮和螺丝钉"，而为周恩来所看重，并在历次政治运动中予以保护，直至"文化大革命"无力保护时为止。

延安整风运动后，中国共产党开始重视知识分子工作、舆论工作，加强了对全国文艺出版界的影响，并极力争取在其中的领导地位。由于抗战的原因，许多著名的作家、学者、教育家都集中到了南方内地的几个城市，如重庆、桂林、昆明等。这样，南方局不能不做大量的工作。

巴金在这时还能够应付，而不至于依靠外面的党派势力。但是，在应付的过程中，可以看出他在退却。《火》在计划中要写四部，他现在打算要缩减了，而且改变了原先的情节内容，撤销了被攻击的有关朝鲜爱国者的部分。前后写了六年的小说，只用三个月的时间便写完了第二部。巴金要借此向"研究者"显示："我还要继续写我的小说，而且要永久地写下去。"[27]但是，在第二部后记中，他做了这样的声明：

> 我写过译过几本解释"安那其"的书，但是我写的译的小说和"安那其"却是两样的东西。譬如拿这部《火》为例，它便不是"安那其"的书。这理由很简单：我虽然信仰从外国输入的"安那其"，但我仍是一个中国人，我的血管里有的也是中国人的血。有时候我不免要站在中国人的立场上看事情、发议论。[28]

这时，巴金不敢为"安那其"辩护，他把外国的"安那其"同中国的"安那其"分开，把爱国主义同安那其主义分开。他不但把爱国主义置于安那其主义之上，而且极力撇清两者之间的关系，把自己定位为爱国者，只是一个爱国者。似乎"安那其"之于他，不过是"从外国输入"的一种观念形态的东西而已。

他胆怯了。不论国民党还是共产党，都不能容忍无政府主义，因为它恰恰是消解党派性的一种稀释剂或溶解剂。特别在抗战时期，大敌当前，全国需要政治上和军事上的高度集中，需要文化思想的统一。文协不就是一个全国性组织吗？梁实秋、沈从文等人的一些言说，也被归于"与抗战无关论"而遭到围攻，谁还敢于在这时候宣传自治主义、分散主义的意识形态，挑战最高权威呢？所谓"众口铄金，积毁销骨"，舆论一旦形成一边倒的情势时是可怕的。这时，巴金连借西班牙问题说事的较为隐蔽的手段也放弃了，干脆不再提及无政府主义。

到了1960年，巴金在出版文集时，对《火》在内容上做了很大的修改。一是明确刘波等人从事的抗日斗争是党组织领导的，他最后没有死掉，而朱素贞也不做刺客了，他们一起投奔了圣地延安。再就是，李南星离开战地工作团时，将一直带在身边的心爱的书籍，即克鲁泡特金的《我的自传》留赠给冯文淑。修改后，这书却变成了苏联作家法捷耶夫[29] 的《毁灭》了。这还不算，涉及克鲁泡特金的地方，也都全数删去。这种看似不必要的删改，实际上是害怕因此联系到作者个人曾经作为一个激进的无政府主义者的历史。

"文革"过后，历尽沧桑，巴金在撰写《创作回忆录》时，居然还为 20 世纪 50 年代对结尾的改写做辩护。作为创作历史的回顾，全文只字不提桂林"研究巴金"的旧案，不提无政府主义。其实，在《火》再版时，他早已把第二部后记的相关内容删得干干净净了。

虽然，巴金以对抗"研究者"的姿态写完了《火》的第二部，但是，桂林的批判毕竟给他留下了挥之不去的阴影。他借了昆明的一个下雨天，一气写了十九篇短文，后来结集名为《龙·虎·狗》，算是抒愤懑之作。这个集子，在他的十多本散文集中是比较特别的，其中的文章既像杂感又像散文诗，锋利又含混，分明有所指却又无实据，可以看出他所面临的尴尬的处境。他写大自然诸种物象；写"窒息得快要闭气"[30] 的情景；写梦中"御风而行"，幻想乘云"摆脱一切的羁绊"[31]；写从小"怕听雷声"，及至"看穿了神和鬼的谜"，不但"不再畏惧"，且"感到无比畅快"[32]；写一些动物，说从前看见狗总是逃，到觉悟"怕狗是可耻的事情"[33]，乃至敢于拾起石子对狗打过去；写"在兽类中我最爱虎"[34]；写与龙在梦中相会，表示说"就是火山、大海、猛兽在前面等我，我也要去"[35]……作品通过系列隐喻，表明巴金对斗争的态度，同时，也折射出他面临批判时的一种心路历程。

集子中有《死去》一文，可以说是鲁迅《野草》中《死后》一文的仿作。文章以嘲讽的笔调，写一群"吱吱喳喳"的文人，在一位作家死去以后，在墓前举行批判大会。全体先是围着棺材盖唾骂，随后又劈开棺材诅咒，作家实在忍受不了，乃忽然坐了起来，大家吓得大叫"有鬼"，"马上鸟兽似的逃散了"。1959 年出版文集时，这篇被删去。据他在《创作回忆录》中供述，他曾为此文暗中责备过自己的"小器"和"不虚心"。他到底没有鲁迅那种至大至刚、单身鏖战的勇气。他怕开罪于人，这其中当然有计算利钝的成分，毕竟不是少年"安那其"了。况且在 20 世纪 50 年代，知识分子动辄得咎，文坛也已经没有了 30 年代那种多少还可以自由论辩的空气。

自桂林批判之后，巴金斗争的意气确实消磨了许多。

《火》第二部完成后一年，他动手写第三部，共用了五个月时间。这时距他的朋友、林语堂的兄长林憾庐去世后不久，他用亡友做模特，写一个基督徒的生与死，并借机写一个宗教者和一个非宗教者的思想情感交流。小说除了冯文淑和朱素贞与上两部有联系以外，基本上是独立的。或许在抗战的主题上有一致性，在统一战线中，容许不同宗教信仰者的存在。但是，小说从头两部到第三部，无论内容或风格，都有很大的改变：从青年到老年，从集体到个人，从开放的战斗空间到一个封闭的家庭空间；情调上，头两部是昂扬奋发的，第三部虽然带有朱素贞行刺的小尾巴，总体上是平静的、沉郁的。

当林憾庐化名田惠世进入小说之后，巴金把他从大后方昆明的贫乏、庸俗、苟且、萎靡、颓败的知识者群中脱出来，赞颂了他怀有永远的理想，始终如一地、沉实地工作着的崇高品格。田惠世为了出版抗战刊物《北辰》，所经受的考验并不稍减于在战火中辗转的青年。他从事抗战宣传的忘我热情，完全出于对人类的爱，出于一种道德自觉。对于抗战，从《火》可以看出，巴金十分看重党国意识形态及纪律要求之外的个人道德性、自觉性，讲求道德自觉与人类互助，正是无政府主义的人性基点，这与宗教家的现世关怀不无相通之处。在《火》第三部后记中，巴金说："我愿意声明一句：对真正相信基督的教训的教徒，我是怀着敬意的。然而……然而下面的话我不说了。"[36] 巴金素性喜欢坦白自己，这里却是欲说还休，自有他的苦衷。

对于抗日统一战线，巴金是把道德的内在一致性看作建设它的基础的。唯其如此，田惠世即使是一个基督徒，即使做的是杂志编辑的工作，没有上过战场，也仍然是一个坚强的抗日战士。抗战爆发后，巴金写过一篇题为《做一个战士》的短文，其中说："在这个时代，战士是最需要的。但是这样的战士并不一定要持枪上战场。他的武器也不一定是枪弹。他的武器还可以是知识、信仰和坚强的意志。"[37] 田惠世的塑造，对于同样作为一个文字编辑的巴金来说，不妨看作是一种自我表达、自我肯定。

田惠世的家庭乃毁于日本的炮火。大约为了反衬侵略战争的罪恶，小说颇为细致地描述了田氏一家宁静、友爱、和谐幸福的日常生活。这在巴金的小说创作史上是未曾出现过的。当时，他与萧珊的恋爱长跑已经进入最后阶段，或许，在意识和潜意识中，表现了对于长久颠簸于社会风涛间而欲驶入避风塘的一种想往。在这中间，也多少流露出了某种倦意。

《火》之后，巴金的小说创作出现了很大的变化。过去的短篇惯于采用外国题材，像第一个集子《复仇》，十多篇小说都是国外的故事，这时唯集中于中国社会的描写。他不再谱写英雄的颂歌，却多写了平凡的人物。1943 年出版的《小人小事》，1946 年出版的《第四病室》是最突出的例子。他日夜召唤的革命，从此离他远去，像《沉默》那样的历史故事，其实是未泯的少年情怀而已。所谓"四海为家"，或许不无浪子的落拓，但也不失为一份豪情。革命者每每以"世界公民"自居，这种情形，青年巴金又何尝不曾有过，只是届时已入中年，心魂也就不能不返回到家庭中来了。后来的两个长篇《憩园》和《寒夜》，都是关于家庭悲剧的。

巴金的小说，早期多出于情感的宣泄，述说的是浪漫的、英雄的故事；后期则侧重于普通人的日常生活，即使是知识分子，也都是置于生存的意义上，而不是在斗争的意义上被书写。写法上，相应地增加了客观性和叙事性；往昔的激烈，已趋于冷静与平和，甚至多出了阴郁。

无政府主义者，由来注重"群"、注重普通人，其实这与注重英雄个体并不矛盾，不妨视作由革命所连接的同一信念的两端。因此，从实质上说，巴金小说题材与风格的变化，与其说是一种叙述策略的嬗变，毋宁说是政治策略上的转移。

巴金力求保留信仰中的无政府主义，但是，又要把它带向一个无害的地带。这是一种寄存。既然要避开现实政治中的冲突风险，就必须改变原有的信仰形态。他不愿意完全放弃无政府主义，至少在理论上、观念上如此，以求得心的慰安。虽然从这时开始，他在文章中已经不再提及这个不合时宜的概念，连翻译他所心爱的克鲁泡特金的工作也从此中辍，而代之以屠格涅夫及其他文学作品以至于童话了。

如果说，从写作社会论文和时事评论，公开宣扬无政府主义，转而写作文学作品是巴金思想的第一个转折的话，那么，在文学创作中，由《灭亡》《爱情的三部曲》《火》到《激流三部曲》乃至于《憩园》和《寒夜》，则标志着巴金思想发展中所出现的第二个转折。

抗战时期，在巴金的个人生活史上发生了两个事件：一个是1941年初，他离川后第一次返回故家；另一个是结束了多年的单身生活，经过相当持久的恋爱，与萧珊于1944年5月正式结婚。

浪子回家应当是一个大事件，尤其对写作《家》这样一个旧礼教的叛逆者来说。关于这次回家，巴金在20世纪80年代写下《我的老家》一文，其中这样写道：

> 我离家以后过了十八年，第一次回到成都。一个傍晚，我

走过那条熟悉的街，去找寻我幼年时期的脚迹。旧时的伴侣不知道全消失在什么地方。巍峨的门墙无情地立在我的面前。守门的卫兵用怀疑的眼光打量我。大门开了，白色照壁上现出一个圆形图案，图案中嵌着四个绛色篆文大字"长宜子孙"。这照壁还是十八年前的东西，我无法看到别的什么了。据说这是当时的保安处长刘兆藜的住宅，门墙上有两个大字"藜阁"。我几次走过"藜阁"门前，想起从前的事情，后来写了一篇散文《爱尔克的灯光》。[38]

四十年后的行文，对于故家，还是如此深情。《爱尔克的灯光》则是离家不久的三月间写成的，其中眷恋与伤感的调子更加浓郁：

▌1941 年，巴金在成都与家人合影。中坐者巴金，后排左三为九妹李琼如，其余为大哥的儿女们

傍晚，我靠着逐渐黯淡的最后的阳光的指引，走过十八年前的故居。这条街、这个建筑开始在我的眼前隐藏起来，像在躲避一个久别的旧友。但是它们的改变了的面貌于我还是十分亲切。我认识它们，就像认识我自己。还是那样宽的街，宽的房屋。巍峨的门墙代替了太平缸和石狮子，那一对常常做我们坐骑的背脊光滑的雄狮也不知逃进了哪座荒山。然而大门开着，照壁上"长宜子孙"四个字都是原样地嵌在那里，似乎连颜色也不曾被风雨剥蚀。我望着那同样的照壁，我被一种奇异的感情抓住了，我仿佛要在这里看出过去的十九个年头，不，我仿佛要在这里寻找十八年前的遥远的旧梦。

……

黑暗来了。我的眼睛失掉了一切。于是大门内亮起了灯光。灯光并不曾照亮什么，反而增加了我心上的黑暗。我只得失望地走了。我向着来时的路回去。已经走了四五步，我忽然掉转头，再看那个建筑物。依旧是阴暗中一线微光。我好像看见一个盛满希望的水碗一下子就落在地上打碎了一般。我痛苦地在心里叫起来。在这条被夜幕覆盖着的近代城市的静寂的街中，我仿佛看见了哈立希岛上的灯光。那应该是姐姐爱尔克点的灯罢。她用这灯光来给她的航海的兄弟照路，每夜每夜灯光亮在她的窗前，她一直到死都在等待那个出远门的兄弟回来。……

十九年，似乎一切全变了，又似乎都没有改变。死了许多人，毁了许多家。许多可爱的生命葬入黄土。接着又有许多新的人继续扮演不必要的悲剧……我禁不住几次问我自己：难道这十八年全是白费？难道在这许多年中间所改变的就只是装束和名词？我痛苦地搓自己的手，不敢给一个回答。[39]

文章一改小说《家》里祖父的形象：专制者变成了被叛卖的无辜

的创业者。巴金写道："最近在家里我还读到他的遗嘱。他用空空两手造就了一份家业，到临死还周到地为儿孙安排了舒适的生活。他叮嘱后人保留着他修建的房屋和他辛苦地搜集起来的书画。但是儿孙们回答他的还是同样的字：分和卖。我很奇怪，为什么这样聪明的老人还不明白一个浅显的道理，财富并不'长宜子孙'……"[40] 言说中，分明有一种缅怀之情。

巴金说，第一次返家，他有两件事印象最深：一是五叔之死，人事寥落；二是路过正通顺街，住宅易主，物是人非。他说次年回成都治牙，住了三个月光景，都不曾过正通顺街，甚至想到以后也不会再到那里去，可见他所受的刺激之深。

重返成都，逝去与存在，给了巴金一种在场感。这种感受，加强了他同旧家庭在精神上的联系。作为家庭中的一个知识成员，一个承前启后的过渡性角色，他不能不意识到此前对父兄的亏欠和今后对众多幼小者所应负担的实际责任。《爱尔克的灯光》是匆匆的一则手记，其中记下"遗嘱""家业""财富"，记下"生活技能"和"生活道路"，记下"个人的利益"和"崇高的理想"。而所有这些，都成了三年后的长篇小说《憩园》的"关键词"。人生应当如何度过？家庭应当如何维系？可以认为，《憩园》是巴金最早交给家族的一份答卷。

比起反叛旧家庭，建立新家庭无疑需要更大的勇气和耐心，特别对于一个青年安那其来说。他从少年时开始，就睁开眼睛看广大的世界，他不可能让"家"这个小圈子束缚自己；何况，他漂泊多年，早已习惯了孤独和黑暗。

巴金自述说，他在孩提时代的幻梦中也没有安定的生活与温暖的家庭，少年时有一种雄心，因此从来不曾起过在恋爱中寻求安慰的念头。他说："为着别人，我的确祝愿'有情人终成眷属'；对于自己我却只安放了一个艰苦的事业。"[41] 显然，他深受老牌无政府主义者人格和思想方面的影响。他和他的朋友们曾在《平民之声》终刊号刊载过刘师复1912年发起"心社"时制定的十二戒约，其中第六条就是"不婚姻"。30年代初，因为他和另外两位朋友坚持不谈恋爱，被大家戏称为"独身三人党"。

大约革命者本身有一种斯多葛主义倾向，在巴金的心目中，革命者都是把个人幸福看得很轻淡而专注于为大众设想的。他说过，"在革命者中间我们很少看见过幸福的人"[42]。在回答大哥尧枚的信中，他明确表示说："我对生活不感兴趣。"

对于爱情，巴金一贯取禁欲主义态度。刚到巴黎不久，法国政府因召开无政府主义国际大会，驱逐了三十位外国籍的无政府主义者，其中就有朋友吴克刚的恋人、波兰女社会活动家亚丽安娜。吴克刚向巴金公开了与亚丽安娜的关系，并且倾诉了即将分离的痛苦。他告诉巴金，亚丽安娜的姐姐因参加革命被捕，后在狱中发狂致死；而亚丽安娜，也因遭到波兰政府通缉而逃亡法国，如果被逐回国，前途吉凶难料。巴金对亚丽安娜有着很好的印象，在他内心里，对眼前的这对恋人充满同情，然而，他竟用法文背诵左拉《萌芽》中赛威林说的一句话来劝慰朋友，说："我们不应该相爱，我们爱，我们就有罪了！"[43]回应是近于决绝的。

在小说《海的梦》中，巴金就直接引用了左拉书中的这句话。从《灭亡》《新生》到《爱情的三部曲》，许多小说都有类似"你应该知道人并不单靠爱情生活，而且今天许多人都生活在困苦和屈辱里，他们一生得不到爱情"[44]，或是"我们是生来帮助别人找幸福的，不是来给自己找幸福的"[45]这样的话。在谈到《爱情的三部曲》时，作者有一段自白："我求幸福，那是为了众人；我求痛苦，只是为了自己。我有信仰，但是信仰只给我勇气和力量。信仰不会给我带来幸福，而且我也不需要幸福。"[46]

许多无政府主义者都不需要婚姻带来的个人幸福。刘师复所定戒约的"不婚姻"，从根本上指的是"废绝婚姻制度，实行恋爱自由"，而遗产制度也可因此随之废除。在安那其主义的理想社会里，男女只是以纯粹的爱为基础的自由结合，彼此没有婚姻的束缚，也即没有"所有"的关系，不存在占有和奴役。在《家》的初版本中，第二十四章写到梅、瑞珏与觉新的关系时，有一段议论说："因为现在社会制度判定了年轻女子以爱为其生命，又判定了一个男人只能够被一个女子所爱，换句话说就是把爱规定成一件专利品，不能够分配在两个女子之间，于是这两个互相了解、互相爱着的女郎，竟被这畸形的社会制度，把她们放在敌对的地位，使她们无法互相帮助。谁都明白这情形，因为有了一个的缘故，而其他的一个就不得不失望了。"[47]这里说的"畸形的社会制度"就是指现存的婚姻制度。自然，这种无政府主义的性爱观、家庭观，在后来的修订本里全给删掉了。

理想是理想，现实是现实。巴金终于从激进主义的立场上退了下来，政治上如此，婚姻上也如此。1936年，"一个自称十几岁的女孩"开始和他通信，一年左右相约见面。恋爱开始了。

她就是巴金后来的妻子陈蕴珍，也即萧珊。从一封写于1937年的信中可见，巴金在成立家庭的问题上仍然是不积极的。他写道：

> 对于我，一个凌乱的房间，一大堆外国文破书也许更可以使我满意。再不然一次远地的旅行，或者和许多朋友在一起做事，也是好的。或者关在房里整天整夜地写文章，或者在外面奔走，或者整天地玩个痛快。这些我都受得住。我不惯的就是一个有秩序的安定的家，这家在别人是需要的，我也常常拿这事劝别人。但我自己却想做个例外的人。我宁愿一个人孤独地去从历人世的风波，去尝一切生活的苦味。我不要安慰和同情，我却想把安慰和同情给别的人。我已经这样过了几年，这种生活不一定是愉快的，但我过得还好。[48]

然而，一个善良、热情、进步的女中学生走近他了。"青春毕竟是美丽的东西"，这是他所不能抗拒的。恋爱的时候，他已经接近

"不惑"之年，应当说是理智的，可是他又是一个易感的人，由于长期流浪在外而置身于感情的荒漠地带，一旦接获来自一个异性真诚、柔弱而纤细的关怀，满怀感激之情是难于避免的。

1937年4月，正是相恋时节，巴金写下一篇《梦》的短文。他这样记叙他的梦境：

萧珊送给巴金的第一张照片

> 我忽然被判决死刑，应该到一个岛上去登断头台。我自动地投到那个岛上。伴着我去的是一个不大熟识的友人。我们到了那里，我即刻被投入地牢。那是一个没有阳光的地方……整天看不见一个人影，也没有谁来向我问话。我不知道那位朋友的下落，我甚至忘记了她。在地牢里我只有等待。……原来那位朋友站在走廊上，她惊恐地叫我的名字，只叫了一声。她的眼里含着满眶的泪水。我的心先前一刻还像一块石头，这时却突然融化了。这是第一个人为我的缘故流眼泪。在这个世界里我居然看见了一个关心我的人。虽然只是短短的一瞥，我也似乎受到了一次祝福。我没有别的话，只短短地说了"不要紧"三个字，一面感激地对她微笑。这时我心中十分明白，我觉得就这样了结我的一生，我也没有遗憾了。我安静地走上了绞刑架。下面没有几个人，但是不远处有一对含泪的眼睛。这对眼睛在我的眼前晃动。然而人把我的头蒙住了。我什么也看不见。

> 以后我忽然发觉我坐在绞刑架上，那位朋友坐在我身边。周围再没有别的人。我正在惊疑间，朋友简单地告诉我："你的事

情已经了结。现在情形变更，所以他们把你放了。"我侧头看她的眼睛，眼里已经没有泪珠。我感到莫大的安慰，就跟着她走出监牢。门前有一架飞机在等候我们。我们刚坐上去，飞机就动了。

……

后来回到了我们住的那个城市，我跟着朋友到了她的家，刚走进天井，忽然听见房里有人在问："巴金怎样了？有遗嘱吗？"我知道这是她哥哥的声音。

"他没有死，我把他带回来了。"她在外面高兴地大声答道。接着她的哥哥惊喜地从房里跳了出来。在这一刻我确实感到了生的喜悦。[49]

《梦》最后写道："有一个年轻朋友读了我的《死》，很奇怪我'为什么会想到这许多关于死的话'。她寄了一张海上日出的照片来鼓舞我、安慰我。我在她读到我的这篇短文大概会明白我的本意罢。"[50]从最末一句话中透露出，现实中的"年轻朋友"与梦里的那位关心他、为他的命运流泪，以致终于带他离开死地的朋友是同一个人。这个人，应当就是萧珊。

萧珊的出现对他是有影响的，至少减少了他的忧郁，给他在战乱中增添了一种诗意的慰藉。因为萧珊，巴金才改动了《秋》预先构思好的悲剧性结局，布下一道爱和希望的光辉。

5月，是初夏让人感觉灼热的季节。巴金与萧珊在贵阳郊外一个叫"花溪小憩"的小旅馆结婚。这是一个在战争边缘举行的知识者的婚礼：简单、安恬、自然。

巴金回忆说：

我们没有举行任何仪式，也不曾办过一桌酒席，只是在离开桂林前委托我的兄弟印发一份"旅行结婚"的通知。在贵阳我们寂寞，但很安静，没有人来打扰我们。……

　　我们结婚那天的晚上，在镇上小饭馆里要了一份清炖鸡和两样小菜，我们两个在暗淡的灯光下从容地夹菜、碰杯，吃完晚饭，散着步回到宾馆。宾馆里，我们在一盏清油灯的微光下谈着过去的事情和未来的日子。……我们谈着，谈着，感到宁静的幸福。四周没有一声人语，但是溪水流得很急，整夜都是水声，声音大而且单调……[51]

▌1936 年冬，中学时代的萧珊

　　天鹅绒般的家庭幸福确实是容易麻痹人的斗志的。巴金享受着这种幸福。分手后，萧珊先到重庆，他留在贵阳写《憩园》。其间，萧珊两次写信要他到那里去，这样，还没有等完稿，他就带着原稿走了。在同一篇文章中，他这样写婚后的一种缱绻之情："动身前我还再去花溪在'小憩'住了两天。我在寂寞的公园里找寻我和萧珊的足迹，站在溪畔栏杆前望着急急流去的水……"[52]

　　在重庆，他们住在民国路文化生活出版社门市部楼梯下七八个平方米的小屋子里。虽然逼窄，在战争年代，总算有了一个和平的新居。萧珊托人买了四只玻璃杯，开始组建小家庭。

　　眼前是小家庭，背后是大家庭。巴金试图修建一条连通两个家庭的走廊，然而，走在上面，并不像走在法国小城的丛林里那般自由适意，而是步履沉重。从前，他一直把家庭和社会分隔开来。他深知家庭的吸附能力，可以把一个人的意志、才智，以致生命的全副集中起来，为了有限的几个人，毫无意义地消耗掉，而不是向社会做更大范

位于重庆民国路上的文化生活出版社，巴金夫妇的家就安在这里

围的发散。所以，他从家庭出走，一直逃，逃向异地，逃向稿纸，一任青春荒芜。他是如革命者一样立誓把自己献给社会的。一旦回归家庭，这个激进的人，难道不觉得这是相当于战士阵前撤退的行为吗？他将如何面对曾经使一个十五岁少年热血沸腾的无政府共产主义信仰？事实上，为了两个叠加的庞大家庭，他付出了高昂的代价。而他，直到这时，恐怕在思想上也并没有完全准备好。

家庭态度的改变，对一个以写作为生的作家来说，必然在作品中留下移动的辙迹。巴金在完成《火》三部曲后，接连写下两个家庭题材的长篇，在《家》的断裂处进行新的接续。

萧珊走后，他一个人留在旅馆里动手写作《憩园》。书名的来源，很可能得自雅静而温暖的"小憩"。按巴金的说法，早在头一次返回成都的时候，他便起意要写这个败家子的故事了。三年过去，重新捡起写作的念头，又写得如此顺手，所有需要的东西都像喷泉一样涌流出来，可见在此期间，他在不断反刍有关家庭的问题。

巴金明确表示过，五叔的死亡丝毫不曾引起自己的哀痛和惋惜。对于五叔，他始终没有好感。这是一个纨绔子弟，典型的寄生虫式人物。五叔从小聪明伶俐，深得祖父的宠爱，他是在阿谀中长大的。一个阔少爷，又交了坏朋友，很快就学会了吃喝嫖赌的一套。他挥霍无度，先花妻子的钱，拿妻子的陪奁换钱花，后来就偷、骗、借。他还用他父亲的名义在外面借了不少钱，包下一个叫"礼拜六"的娼妓，租了一个小公馆。当他的行为暴露出来以后，他的父亲打骂他，他便赌咒发誓痛改前非，结果依然故我，甚至变本加厉。他用尽了妻子的钱，抛家而去，后来山穷水尽才厚着脸皮回家，被妻儿扫地出门。到了这步田地，他还不肯放下老爷架子，照样偷、骗、混，再加上讨。最后他成了"惯窃"，在一个冬天给警察抓进了监狱，终至病死狱中。

五叔在巴金的两部小说《家》和《憩园》中化身为两个颇有点不同的形象：一个是高克定，一个是杨梦痴。高克定凭借家族势力为非作歹、无恶不作，甚至连亲生女儿也遭到他的迫害。高老太爷死后，也是他带头吵闹要卖掉公馆。杨梦痴在小说中被隐去了恶的一面，只是好吃懒做、爱惜面子而已。一个浪荡子，可以弃妻儿而不顾，最后却似乎还是"孝子"。他说他"对不起爹的事情做得太多了"，"是个不肖子弟"，卖光了爹留给他的田，因此即便到了唯靠偷骗度日的境地，也反对卖掉父亲留下的公馆。

《憩园》里的杨梦痴，身上重叠了高克定的某些经历，但显然被巴金放大了五叔尚存的人性善的方面。小说写他怀旧，住在大仙祠内依然记念自己的宅园，要他的孩子寒儿定期为他采折园内的红茶花，供在一个矮胖的玻璃瓶内。他已沦为乞丐，还手执旧印本《唐诗三百首》，感动于"共看明月应垂泪，一夜乡心五处同"[53]的诗句。其中写他失悔的地方更多。他多次表示对不起他的妻儿，他的下场是应得的一种"报应"。他对寒儿说的是："你不要学我，你不要学你这个不争气的父亲。"[54] 到了最后，他尽量躲避家人，留给寒儿的短信写的是"忘记我"，希望把他当成"已死的人"看待。"不留德行，留财产给子孙，是靠不住的。"[55] 他体悟到他父亲说过的话的真确，因为"不放心"后代，所以转告给寒儿，当是作为一个"慈爱父亲"的遗嘱。家庭环境造就的寄生性已经深入骨髓，正如李老汉说的"他要回头，真的不容易"[56]，但是毕竟有所忏悔，在一个垂死者的身上表现了未泯的良知。

巴金把杨梦痴写得跟高克定很不一样，试图通过另一个角度，揭示家族制度和私有财产的罪恶。其实，这也是无政府主义的主题，对巴金来说并没有太多新意，倒是发掘杨梦痴的人性，并加以美化，是有意味的事，见得出巴金的同情与怜惜。在这里，批判中隐藏着对故家的怀恋，有一种失悔的心情，一种伤感。不同于《家》的激越，《憩园》堪称一曲哀婉的挽歌。

更有意思的是，小说虚构了一个十五岁的杨家小孩寒儿。他早熟、善良，有宽恕心。他依恋父亲，原谅父亲，到处寻找父亲；在大仙祠找到父亲以后，经常送零用钱、食品，还折花送去，劝父亲回家和家人一同生活，从此改变父亲的命运。他说："我们都过得好，不能够让他一个人去受罪！"[57] 又说："他已经后悔了，我们也应该宽待他。"[58] 对于杨梦痴，寒儿不像他的哥哥那样"划清界线"、严词呵斥、态度决绝，甚至不承认父子关系，而是既批评父亲的行为，指出"你不应该骗我""我不信你的话"[59]，又好言劝说："你不要再跟妈吵嘴""不要再到'阿姨'那儿去"[60]。巴金对寒儿这种既拒绝又接受的态度是欣赏的，这是一种人道主义的态度，也是负责任的态度。

到了60年代，他写的《读〈憩园〉》却翻了过来，说是"我不喜欢他对父亲那样宽容。我倒愿意他父亲得到自己应得的惩罚。所以我不曾严厉地谴责他哥哥赶走父亲的行为"[61]。这种说法违背了小说的逻辑，试看小寒在姚太太和黎德瑞眼中的形象，可知作者对小寒的有条件的宽容是肯定的。

巴金之所以涂改小说的结论，大约同 1958 年就写作《法斯特的悲剧》做检讨，或是与 1959 年批"人性论"的大环境有关。巴金在文章中说到寒儿讲起他哥哥对待父亲的态度颇有"微词"，竟然说："但是他哥哥仍然在自己那个小圈子里愉快地工作和生活，说明时代究竟不同了。"[62] 他都扯到哪里去了？就小说主题说，根本没有必要涉及寒儿哥哥的劳动态度问题。

杨家的故事仅及小说的一半，另一半是姚家的故事，杨梦痴和姚国栋是"憩园"的先后两代主人。比起杨梦痴，姚国栋是一种新型寄生虫，奉行资产阶级的生活方式。他读过大学、留过洋、做过教授和官僚，然后回家靠父亲遗下的七八百亩田过安闲日子。他自恃富有，闲懒成性，刚愎自用，放纵独生子小虎赌钱、看戏、摆阔、逃学，一味胡闹。"就害怕他不爱玩，况且家里又不是没有钱。"[63] 赵外老太太家里比姚家更有钱，对小虎也更纵容，她企图通过对小虎的占有和教唆，造成为她所忌恨的小虎后母万昭华的痛苦。小虎一天天往外婆家跑，结果，跟赵家几位少爷出城浮水，被水流冲走了。

在憩园里重叠出现两个家庭，金钱是共同的枢纽。严格说起来，传统家庭的本质特征并非金钱，而是威权、等级、封建礼教；比较而言，现代家庭更为重视物质利益，资产阶级家庭物质至上主义、拜金主义的特征是明显的。巴金从旧家庭中来，自然深知其罪恶；而作为无政府主义者，他对资本主义是有认识的，上海十里洋场的生活也给了他许多感性经验，所以，对于金钱社会及其主宰的家庭怀有警惕。巴金说他两次回到老家，最为注目的是照壁上的四个字：长宜子孙。他在《爱尔克的灯光》中写道："财富并不'长宜子孙'，倘使不给他们一个生活技能，不向他们指示一条生活道路，'家'这个小圈子只能摧毁年轻心灵的发育成长！倘使不同时让他们睁起眼睛去看广大世界，财富只能毁灭崇高的理想和善良的气质，要是它只消耗在个人的利益上面。"[64]《憩园》反复强调的是：从社会到家庭，只要旧的根基不曾改变，不管换了什么主人，一样要走向没落和崩溃。

在姚家，作者着意写了一位年青的太太万昭华。她聪明美丽，心地善良，性情温婉。她希望做一个护士，帮助那些不幸的病人，驱除他们的寂寞和痛苦。实际上，"两个家，一个学堂，十几条街"⁶⁵构成了她生活于其中的全部天地。她没有独立的经济条件，无法摆脱作为依附者的角色，正如她说的，她是"一只在笼子里长大的鸟"⁶⁶，由于缺乏勇气，想飞而到底飞不起来，后来竟至于连想也不敢想了。小说除了父与子的主题之外，这里还牵涉到娜拉走与不走，以及走后怎样这样一个"五四"遗下的老问题。这个问题，在巴金看来，无论在旧式或新式家庭里都同样存在。

不能说万昭华没有人生理想，但是因为受困于家庭而不能走出社会，只好成为"废人"。家庭与社会，是如何可能做到兼容的呢？在万昭华的身上，巴金楔入了对于家庭与社会关系问题的思考，以及随之而来的某种内在的紧张。

在贵阳与萧珊分手后，巴金到中央医院做矫正鼻中隔手术，住进第三病室。

在医院里，他目睹了人们怎样受苦、怎样死亡，目睹了管理的混乱，也目睹了医生和护士的工作。他很有感触，出院后，常常想起第三病室的情景，决定如实记下，写一部小说。第二年，他和萧珊住在沙坪坝吴朗西家里，在那里很快地以日记体的形式将小说完成了。小说把原来的第三病室同第四病室颠倒过来，题目也就成了《第四病室》。

小说写的仍然是小人物的悲剧命运。除了极少数条件优越者外，大多数都是穷困的人们，他们挣扎号呻于各种痛苦之中，却往往得不到应有的同情和救助，以至孤独地走向死亡。这是一个阴暗的角落，大时代被隔在外面，病房里很少有人关心抗战的形势，他们关心的唯是一己的痛苦，甚或将注意力转移到周围的病人身上，拿别人的痛苦取乐。病人来自不同的阶级，但是无论是富人或穷人，普遍缺乏同情心和正义感。像第六床公开抗议工友老郑虐待病人，反对大家取笑病弱者的人绝无仅有，结果遭到老郑和众人的报复。老郑自觉收入低微，地位卑贱转而迁怒于其他病人，变服务为虐待。比如不给病人喝水，不送大小便盆，用绳索捆绑病人直至鲜血直流，等等。凶狠、乖戾、贪婪、势利。长期的贫困、无休止的精神奴役，导致劳动者的畸变；这是社会环境的产物，反过来又构成为社会环境。小说详细地记叙了第四病室充满阴郁、荒诞、令人惊悚的日常生活，勾画出不同的形象与灵魂，重在揭示人性的堕落和道德的沉沦。

巴金对病室的描绘基本上是真实的，唯有年轻的女医生杨木华是虚构的。显然，作者要通过她的善良、正直、热情、高尚的品格，同周围的人们做对比，展露现实中的一线希望之光。

杨木华满怀仁爱之心，忠于职守，热爱读书，积极生活。她不但注重科学技术，而且重视人文修养；不但疗治病人的肉体，而且拯救病人的心灵。她随时帮助别人减轻痛苦，给别人以生活的勇气，要别人"变得善良些、纯洁些、对人有用些"[67]。她把一些读过的书介绍给病人，像陆怀民，就从她手中借到两部书：一部是《唐诗三百首》，另一部是《在甘地先生左右》。这部鼓吹甘地的书，后来被巴金用罗曼·罗兰的小说《约翰·克利斯朵夫》替换了。甘地的非暴力主义、和平主义与马克思主义的阶级斗争的主张是相对立的，他不是不知道。杨木华对作为一个普通医生的地位和能力有着清醒的认识，她自责地说："我就是学医学到了天大的本领，也不见得便能够救人。我敌不过钱，没有钱的人得不到我的好处。"[68]在小说中，巴金一再回到为金钱所支配的社会中来。这里表明巴金对现行制度怀有一贯的敌意，从中也可以感受到他在战时所经受的经济压力。

现实中唯一优秀的人，小说的结局让她工作不下去、让她死掉。浪漫主义者的巴金在这里变作了一个批判的现实主义者。《第四病室》最初的版本写到杨木华在有名的金城江大爆炸中死去："一个姓杨的女大夫非常勇敢而且热心地帮忙着抢救受难的人……她自己也死在连续三小时的大爆炸中。"[69]60 年代编印《巴金文集》时，他对这部小说做了修改，在《小引》里增加了一小段，暗示杨木华到了四川改名"再生"，额上留着一块小伤疤，总之有了光明的尾巴了。在谈及这部小说的创作时，他补充说道："她要是活到今天，一定能够认真地改造自己。"接着，一再强调说："是的，杨大夫一定会接受改造的。"于是，批判的现实主义者又有了犬儒主义者的扮相了。[70]

《第四病室》应当是巴金为医院的环境所触发而临时起意创作的小说，构思时，受到契诃夫[71]《第六病室》的启发是可能的。他说病室是当时中国社会的缩影，未免过于夸大小说的社会效果。小说是写实主义的，是实际生活的速记，而非表现主义或象征主义。他不习惯现代主义的手法，他的小说的写法总体上是较为传统的、拘谨的；对制度有所批判，也是建立在具体的叙述和刻画上面，缺乏那种漫天而来、毒汁四溢的诗意的涵盖性。契诃夫的《第六病室》倒是带有象征的味道，它描绘了俄罗斯的总体秩序，它的批判力量不仅在于契诃夫式的细致而精到，而且在于通过病室与小城画面的联系，使人随时联想到生活的全盘荒谬、社会普遍的不合理。小说有一种神秘的恐惧，这种氛围笼盖了整个小说，有如俄国的一位批评家为小说辩护时所说的："你根本闹不清，在那伙人里，谁可以算是健康人，谁是精神病人，而且第六病室是在哪里结束，所谓健康的领域又是从哪里开始……"[72]而巴金的小说呈现的是一种有限性，他笔下的形象是清晰的、单面的、确定不移的。

《寒夜》是巴金的最后一部长篇小说。其实，早在 1944 年冬桂林沦陷时，他已开始动手了。小说写了几页便停了下来，中途插进《第四病室》，到了 1945 年年底接着写，脱稿时正好是 1946 年的尽头，12 月 31 日深夜。在重庆期间，他一直待在一个楼梯间里，萧珊去成都两次，安静而又寂寞，这时写作一个带幻灭感的小说是合宜的。

据巴金说，起意写《寒夜》同看了苏联影片《外套》有些关联。他由片中的小公务员阿加基·巴什马金联想到中国大批穷苦的、勤劳的、屈辱的小知识分子，于是有了主角汪文宣。接着，他的妻子曾树生和他的母亲相继出现了。这样，小说就有了两个生活面，一面是社会，一面是家庭，社会问题是通过家庭的关系与冲突来表现的。

汪文宣和曾树生同为上海某大学教育系学生，两人都有着献身于教育事业的理想，彼此相爱而同居生活。抗战爆发后，他们从上海来到重庆，不但无法实现美好的理想，连生存也受到了威胁。汪文宣到一中书局做校对员，工资菲薄，唯靠在大川银行当职员的曾树生的收入填补家用。由于工作辛苦，加上精神上的磨难，汪文宣终于染上肺病。他无钱治理，带病上班，甘受上司和同事的侮辱，直到被书局开除。失业后，全家生活更加依赖曾树生，他在贫病交迫中挣扎着生活，最后吐血失音而死。小说中还出现与汪文宣同样命运的唐柏青、钟文安等小人物，明显地看到巴金沿着《小人小事》的路子走，批判社会现实的意识是清楚的。

但是，在《寒夜》中，如果仅仅满足于这样一个主题，就不会为汪文宣与家中的两个女人——妻子与母亲——的感情纠缠费去那么多的笔墨。可以认为，《寒夜》正好连接了刚刚完成的《第四病室》中关于人性的思考，在这里，巴金将目光集中在家庭伦理上面，而比《憩园》的开掘更广更深。

汪文宣的母亲从前念过书，曾是昆明的才女，在上海有过一段安闲的日子，现在却变成了一个"二等老妈子"，像用人一样操劳家务。她深爱自己的儿孙，为了舒缓家中的困难，变卖戒指及自己所有值钱的东西。但是，她对曾树生极为不满，认为曾树生没有同儿子举行婚礼，只是儿子的"姘头"，"比娼妓还不如"；在银行上班，穿着打扮像去吃喜酒一样，也无非是当"花瓶"，于是常常讥讽辱骂，甚至公开挑拨曾树生和儿子的关系。她不愿意靠媳妇的收入度日，但是又不能不用媳妇的钱，唯其如此，内心里愈增了对媳妇的妒忌和憎恨。在家中，她只顾发泄，却不曾想到她的话将如何伤害儿子的心。

现实生活无情地摧毁了曾树生的理想，留给她的是一个病弱的丈夫、幼小的孩子、贫困而扰攘的家庭。如果说汪文宣对青年时的理想还有所顾恋的话，她则完全报以一种决绝的态度。她不相信昨天，但也不相信明天，只有今天的消受对她来说才是真实可靠的。因此，当汪文宣的面，她说："我不要再听抗战胜利的话。要等到抗战胜利恐怕我已经老了、死了。现在我再没有什么理想，我活着的时候我只想活得痛快一点，过得舒服一点。"[73] 她年轻、健康、充满活力，坚持现代女性的自由、独立的追求。但是，她落入一个专事捕获弱者的严密的网里，无从施展自己，只能继续保持作为"花瓶"的身份。当上司陈奉光向她示爱的时候，她并不乐于接受，但是又不敢也不愿舍弃这份暧昧的关系，正如她并不愿意抛开自己的丈夫和孩子，却终于跟随上司登上飞往兰州的飞机一样。她不满于汪文宣的软弱顺从，不满于汪母的严冷忌刻，当然也不满于单调贫乏的日常生活，即便如此，还不能说她对汪文宣的爱情已经成为死灰。她所以最终离家出走，根本原因不在于战争、不在于物质和金钱的外部诱惑，而是来源于这个让她爱恨交加、始终无法摆脱的家庭本身。这时，家庭的羁系又甚于社会，使她不可能展翅奋飞。

汪文宣的母亲原本是一位知识女性，在家庭中却变成传统观念的顽固代表者和维护者。曾树生作为现代价值观念的体现者，却从追求个性解放和社会进步的理想高度迅速滑向贪恋个人享受的泥淖，甚至不惜委身于人，成为新的附属品。她们的蜕变，在小说中全然体现在家庭生活中。更可怕的是两个人都是为了爱同一个人——汪文宣，都是为了维护同一个家庭而成为势不两立的仇敌。

汪文宣在公司固然自卑胆小，在家里同样小心翼翼，进退不得。他依赖和敬畏母亲，却又深爱他的妻子，并因此感到愧疚，认为自己耽误了妻子的幸福前程。处在她们的庇护与夹击中间，他既没有能力把母亲和妻子拉到一起，也没有毅力在两个人中间选取一个，只有一条路可以走，就是在母亲和妻子日复一日的矛盾冲突中痛苦地活下去，让生命之血一滴一滴地慢慢流尽。小说的结局是惨败：没有一个人可以得到什么，只有丧失。

汪文宣在庆祝抗战胜利的鞭炮和锣鼓声中死去，他的母亲带未成年的孩子小宣漂流异地。一个月后，曾树生从兰州回来，眼前的家已经是一个空巢。该往何处去呢？但见她的身影孤零零地消失在凄清的寒夜里……

十六年后，巴金在分析他的这部小说时表示，他对于三个主要人物是"全同情"。他说："他们彼此相爱（婆媳两人间是有隔阂的），却又互相损害。他们都在追求幸福，可是反而努力走向灭亡。对汪文宣的死，他的母亲和他的妻子都有责任。她们不愿意他病死，她们想尽办法挽救他，然而她们实际做到的却是逼着他、推着他早日接近死亡。汪文宣自己也是一样，他愿意活下去，甚至在受尽痛苦之后，他仍然热爱生活。可是他终于违背了自己的意志，不听母亲和妻子的劝告，有意无意地糟蹋自己的身体，大步奔向毁灭。"他问："这些都是为了什么呢？难道三个人都发了狂？"[74]

对此，巴金的结论是："他们不反抗，所以都做了牺牲者。"反抗什么呢？他说是"在后面指挥他们"的"快要崩溃的旧社会、旧制度、旧势力"。巴金极力强调把寒夜的主题往社会方面拉，说"目的无非要让人看见蒋介石国民党统治下的社会是个什么样子"。如果一定要把一出家庭伦理剧改编成一出社会剧，则全然违背了写作的初衷。

1949 年以后，他一再修改旧作，包括撰写创作回忆录一类诠释性文字，都在突出如何批判旧社会上面，力图抹去无政府主义及其他非主流的思想痕迹，把自己塑造成已经通过"改造"关的合乎标准的知识分子形象，以期同新政权的意识形态接轨。

对于《寒夜》的修改有几个方面。一是增加其中的社会色彩，比如大谈教育理想与现状，插入做投机生意等一些有关战时经济的内容，包括点明汪文宣所在书局的国民党官方背景等细节在内，也都在如何扩大暴露国统区范围的前提下加以修改。二是初版《寒夜》中的曾树生囿于家庭的困境，更多表现出对家庭的抗拒，修改后反而给她以一种温和的形象，增加了她与汪文宣深情爱恋的细节。目的是通过减少家庭冲突的色彩，相对加强社会批判的力度。修改的重点，是重写《寒夜》的"尾声"，以增加作品的亮色。正如他曾经承认说的，本来这是"一本悲观、绝望的小说"，最后一句便是"夜的确太冷了"；修改包括在后面加上一句"她需要温暖"，完全是蛇足。这些改动实在有点可笑，不足以改变整部作品的基调，他对此也无可如何。然而，他竟振振有词地说道："我虽然为我那种'忧郁感伤的调子'受够批评，自己也主动做过检讨，但是我发表《寒夜》明明是在宣判旧社会、旧制度的死刑。我指出蒋介石国民党的统治已经彻底溃烂，不能再继续下去。旧的灭亡，新的诞生；黑暗过去，黎明到来。"[75] 他声明他更喜欢修改本，一再强调说："我要讲一句真话：它不是悲观的书，它是一本希望的作品，黑暗消散不正是为了迎接黎明！……"[76]

批判社会制度仅是小说的一个方面，甚至可能不是主要的方面。小说中，汪文宣绝望地叫道："我有的是一个怎样的家啊！"[77] 应当说，这个乐句，才是贯穿《寒夜》的主旋律。

巴金对知识分子的生活状况是深有体会的。他说："我写汪文宣，写《寒夜》，是替知识分子讲话，替知识分子叫屈诉苦。"[78] 但是，我们很清楚地看到，书中与知识分子相关的思想意识，包括情绪，都是同"家"这个实体联系到一起的。他在《知识分子》中回顾说："在那样的社会里我能够活下去，因为（一）我拼命写作；（二）我到四十才结婚，没有家庭的拖累。"[79] 到了结婚前后，特别在战后，他会明显地感受到家庭的拖累。这个从青年时开始就一直对家庭存有敌意的人，在写作《寒夜》时，他不会不把自己放进去。正如他为《寒夜》挪威文译本所写的序言说的："我写文章如同在生活。"[80] 这是他的一句近于"口头禅"的话，但是在这里出现却变得特别有意思。他接着在文中述说他的"生活"。（一）他说他当时就住在主人公汪文宣居住的民国路上的一座"大楼"里，四周的建筑物、街道、人同市声就和小说中的一样。（二）那些年，他经常做的，正是汪文宣做的校对工作。他说："不过我靠稿费生活，比汪文宣的情况好一些。汪文宣的身上有我的影子，我写汪文宣的时候也放进了一些自己的东西。最近三四年来我几次对人说，要是我没有走上文学道路（或由于偶然的机会成了作家），我很可能得到汪文宣那样的结局。"[81] 这就是身临其境体会家庭的疑虑和恐惧。此外，他在谈及《寒夜》的原始构思时说过："我最初在曾树生的身上看见一位朋友太太的影子，后来我写下去就看到了更多的人，其中也有萧珊。"[82] 从构思到写作，在汪文宣和曾树生的身上，就相随有了巴金和萧珊的影子。巴金所谓放进小说中的"自己的东西"，正是有关个人家庭的一种隐私性。

鲁迅在确定他与许广平的爱情关系的时候，以极快的速度同时写下两篇短篇小说《孤独者》和《伤逝》，流露了当时的心迹：如果拒绝爱，不能组织爱的共同体，他将如魏连殳一样，陷于至死无人送终的彻底孤独的境地；如果两人结合到一起，到最后仍然如涓生一样，牺牲了对方，而自己的人生也只能在悔恨中度过。这种两难，反映了鲁迅对家庭的恐惧。不能说涓生和子君就是鲁迅和许广平，正如汪文宣和曾树生也不是巴金和萧珊，但是，鲁迅和巴金都在小说中放大了家庭所带给个人的威胁，这应当是一个事实。

在整个 40 年代中后期，巴金在物质和精神两方面都经受了家庭对他的压迫。但是，无论对《寒夜》做局部的解说，还是对人生做全局的回顾，他都在设法回避对家庭的否定性结论，回避家庭对他个人的支配的事实。"家庭的牵累"实际上是一个带普遍性的问题，对巴金来说，他有他的内容和形式。然而，他不愿意公开，他在"家"里把自己隐藏了起来。

注 解：

1. 唐金海、张晓云主编：《巴金年谱》，四川文艺出版社，1989 年，463 页。

2. 鲁迅：《家庭为中国之基本》，收录于《鲁迅全集》第 4 卷，人民文学出版社，1981 年，620 页。

3. 陈思和、李辉：《巴金论稿》，人民出版社，1986 年，110 页。

4. 唐金海、张晓云主编：《巴金年谱》，四川文艺出版社，1989 年，522 页。

5. 山川均（Yamakawa Hitoshi，1880–1958），日本社会主义学者，创立日本共产党的主要人物之一。

6. 巴金：《给山川均先生》，收录于《巴金全集》第 12 卷，人民文学出版社，1993 年，571 页。

7. 石川三四郎（1876–1956），日本社会运动家、作家、无政府主义者。

8. 全文收录于《巴金全集》第 13 卷，人民文学出版社，1993 年，333–334 页。

9. 参见陈思和、李存光主编：《巴金研究集刊》卷二，上海三联书店，2007 年。

10. 米戈尔·德里维拉（Miguel de Rivera，1870–1930），西班牙独裁者、军官，曾于复辟时期担任该国首相。

11. 弗朗西斯科·佛朗哥（Francisco Franco，1892–1975），西班牙前国家元首、首相、长枪党党魁。

12. 何塞·索特罗（José Calvo Sotelo，1893–1936），西班牙政治家、右派领袖，曾于德里维拉独裁时期担任财政部部长。

13. 何塞·圣胡尔霍（José Sanjurjo，1872–1936），西班牙军事领袖，曾企图发动军事政变以推翻第二共和国，但以失败告终。

14. 巴金：《巴金全集》第 17 卷，人民文学出版社，1993 年，191 页。

15. 同上，197 页。

16. 巴金：《巴金全集》第 10 卷，人民文学出版社，1993 年，464 页。

17. 卡尔·爱因斯坦（Carl Einstein，1885–1940），德国犹太作家，因其被指是支持共产和无政府主义而成为德国右派攻击的目标。

18. 巴金：《巴金译文全集》第 8 卷，人民文学出版社，1997 年，344 页。

19. 巴金：《巴金全集》第 17 卷，人民文学出版社，1993 年，187 页。

20. 卡洛·罗塞利（Carlo Rosselli，1899–1937），意大利政治领袖、反法西斯主义者，曾参与西班牙内战抗争。

21. 巴金：《一个国际志愿兵的日记》，收录于《巴金译文全集》第 8 卷，人民文学出版社，1997 年，359–360 页。

22. 巴金：《巴金全集》第 17 卷，人民文学出版社，1993 年，387 页。

23. 同上。

24. 谭洛非主编：《巴金与中西文化：巴金国际学术研讨会论文集》，四川大学出版社，1992 年，459 页。

25. 同上。

26. 同上。

27. 唐金海、张晓云主编：《巴金年谱》，四川文艺出版社，1989 年，559 页。

28. 巴金：《巴金全集》第 7 卷，人民文学出版社，1993 年，374 页。

29. 亚历山大·法捷耶夫（Alexander Fadeyev, 1901–1956），苏联作家，曾任苏联作家协会总书记，代表作有描绘俄国内战的《毁灭》。

30. 巴金：《巴金全集》第 13 卷，人民文学出版社，1993 年，351 页。

31. 巴金：《巴金选集》下卷，人民文学出版社，2005 年，113 页。

32. 巴金：《巴金全集》第 13 卷，人民文学出版社，1993 年，356 页。

33. 同上，364 页。

34. 巴金：《巴金选集》下卷，人民文学出版社，2005 年，126 页。

35. 巴金：《巴金全集》第 13 卷，人民文学出版社，1993 年，375 页。

36. 李存光：《巴金研究资料》，海峡文艺出版社，1985 年，454 页。

37. 巴金：《巴金文集》第 10 卷，人民文学出版社，1988 年，207 页。

38. 巴金：《我的老家》，收录于《巴金全集》第 16 卷，人民文学出版社，1993 年，557 页。

39. 巴金：《爱尔克的灯光》，收录于《巴金全集》第 13 卷，人民文学出版社，1993 年，345–346 页。

40. 同上，348 页。

41. 同上。

42. 巴金：《巴金全集》第 6 卷，人民文学出版社，1993 年，466 页。

43. 巴金：《巴金全集》第 9 卷，人民文学出版社，1993 年，140 页。

44. 巴金：《巴金全集》第 5 卷，人民文学出版社，1993 年，81 页。

45. 巴金：《巴金全集》第 9 卷，人民文学出版社，1993 年，312 页。

46. 巴金：《巴金全集》第 6 卷，人民文学出版社，1993 年，477 页。

47. 这个版本的《家》曾编入 1958 年由北京人民文学出版社出版的《巴金全集》第 4 卷。

48. 巴金：《巴金选集》下卷，人民文学出版社，2005 年，571 页。

49. 巴金：《巴金文集》第 10 卷，人民文学出版社，1988 年，251–252 页。

50. 同上，254 页。

51. 巴金：《巴金全集》第 20 卷，人民文学出版社，1993 年，588 页。

52. 同上，591 页。

53. 白居易诗：《望月有感》。

54. 巴金：《巴金全集》第 8 卷，人民文学出版社，1993 年，113 页。

55. 同上，114 页。

56. 同上，99 页。

57. 巴金：《巴金文集》第 13 卷，人民文学出版社，1988 年，94 页。

58. 同上，117 页。

59. 巴金：《巴金全集》第 8 卷，人民文学出版社，1993 年，110 页。

60. 巴金：《巴金选集》第 5 卷，人民文学出版社，2005 年，293 页。

61. 巴金：《巴金全集》第 20 卷，人民文学出版社，1993 年，483 页。

62. 同上，484 页。

63. 巴金：《巴金全集》第 8 卷，人民文学出版社，1993 年，67 页。

64. 巴金：《巴金全集》第 13 卷，人民文学出版社，1993 年，346 页。

65. 巴金：《巴金全集》第 20 卷，人民文学出版社，1993 年，482 页。

66. 同上。

67. 巴金：《巴金全集》第 16 卷，人民文学出版社，1993 年，271 页。

68. 巴金：《巴金全集》第 8 卷，人民文学出版社，1993 年，373 页。

69. 巴金：《巴金全集》第 20 卷，人民文学出版社，1993 年，596 页。

70. 同上，493 页。

71. 安东·契诃夫（Anton Chekhov，1860–1904），著名俄国短篇小说家、剧作家。

72. 此为俄国批评家斯卡比切甫斯基在 1892 年 12 月 3 日和 10 日《新闻和交易所报》
    中的论述。

73. 巴金：《巴金文集》第 14 卷，人民文学出版社，1988 年，90 页。

74. 巴金：《巴金全集》第 20 卷，人民文学出版社，1993 年，506–507 页。

75. 巴金：《创作回忆录》，人民文学出版社，1982 年，121 页。

76. 同上，122 页。

77. 巴金：《巴金全集》第 8 卷，人民文学出版社，1993 年，448 页。

78. 巴金：《创作回忆录》，人民文学出版社，1982 年，115 页。

79. 巴金：《随想录》，作家出版社，2005 年，16 页。

80. 巴金：《巴金全集》第 8 卷，人民文学出版社，1993 年，706 页。

81. 同上。

82. 同上，707 页。

第六章

沉默中退守

1945 年 8 月 10 日，陪都重庆已经得悉日本投降的消息，狂欢的人们彻夜不眠。14 日深夜，美联社最先向世界发布如下新闻："第二次世界大战，历史上最惨烈的死亡与毁灭的汇集，今天随着日本的投降而告终。"15 日，中央通讯社总社"急电"播发中国外交部公告："日本政府已正式无条件投降。"9 月 2 日，在停泊于东京湾的美国"密苏里"号战列舰上，中、美、英、苏等九国代表与日本代表举行签字受降仪式，标志着中国人民艰苦卓绝的"抗日战争到此结束，世

1945 年 9 月 3 日，重庆市民庆祝抗战胜利

界反法西斯战争取得彻底的胜利。

日本投降日是一个结束，也是一个开始。人们有理由希望一个和平时代的到来。在美国驻华大使赫尔利[1]的斡旋之下，国共"两大军事集团"领导人终于有了一个和解的机会。日本投降之后一天起，蒋介石连续三次电邀毛泽东赴重庆和平谈判。8月28日，在赫尔利的陪同下，毛泽东率代表团从延安飞往战时首都。

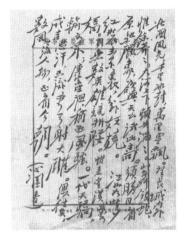

▌毛泽东《沁园春·雪》手迹

和平谈判基本顺利，毛泽东于10月11日返抵延安。10月10日，双方签署协定，宣布了主要原则，其中包括实行民主、统一军队，以及承认中共及其他政治党派的平等合法性，等等。此外，根据协定，还需召集一次政治协商会议，重新改组政府，并通过一部新宪法。

12月，马歇尔[2]作为杜鲁门[3]总统的特使代替赫尔利，继续执行调解任务，实现政府军队与共产党军队之间的停火。1946年1月10日，双方发布停战协定，接着，政治协商会议于1月11日至31日召开。参加者除了国民党和中共代表外，还有青年党、民主同盟、民社党、救国会及其他无党派代表。会议就国共之间所有突出的政治和军事问题都达成了协议，可是，会议结束之后，这些协议又统统被抛到九霄云外去了。

前前后后，所有的政治运作，都表明了国共两党之间存在着严重的不信任态度。事实上，正当双方的领导人忙于讨论和平方案之际，共产党军队和政府军已在长江以北的日占区展开了一场接收的争夺战。在有着战略意义的东北三省，共产党正在那里开辟新的根据地。美国支持国民党政府，调动其军队进入北平、天津及北方其他要地；而苏联军队也在日本宣布投降的同一天进入东北。随着两个大国在国共两党冲突中的介入，未来中国政治版图的变动，便渗入了极具影响的国际性因素。

马歇尔的调停计划终告失败，周恩来于1946年11月底返回延安。共产党方面坚决主张在军队撤离的地区，保留现存的地方政府，拒绝中央政府管理；当然，这是国民党方面所不能接受的。于是，政府加快制订了全面进攻共产党区域的计划，而中共对此也早有准备。所谓"联合政府"云云，不过是一张画饼而已。

抗战期间，巴金一直保持着对胜利的期待和工作的热情；自然，他与萧珊的爱情长跑也有助于维持这种亢奋。但是，当胜利到来之际，他反而感到失落了。就在听到日本投降消息的当夜，他写了一篇随感，说压在头上的"可怕的梦魇去掉了""浓墨的暗夜发白了"；接着却以十分明确的语气指出："单是'胜利'两个字并不能解决我们的一切问题，我们狂欢得太早了。"过了一周，又作文说："胜利只

1946年，民主同盟负责人章伯钧、沈钧儒和罗隆基

是一个开始"，"它给我们带来了更多问题"[4]。

巴金对于时局的不祥预感，不禁使人想起《寒夜》反讽式的结尾：

> 母亲愣了一下。完了，她的心上挨了一下石子。她问道："你怎么去了这么久？"
>
> "大街上人多得很，明天庆祝胜利，到处都在准备，我走错路，到张家又耽搁了一阵。"小宣答道。他又加一句解释："今晚上很热闹，到处扎好了灯彩。"
>
> ……
>
> "他们在庆祝，"他想道：他愿意为他们笑一笑，可是痛苦阻止了他。"胜利会不会给他们带来解救呢？"他又想，第二个"他们"指的是母亲和小宣。可是痛苦又来阻止了他。他被痛苦占有了。痛苦第一。痛苦逐渐增加，不停地增加，痛苦赶走了别的思想。痛苦使他忘记了一切。他只记得忍受痛，或者逃避痛。一场绝望的战斗又在进行。他失败了。但是他不得不继续作战。他无声地哀叫着："让我死吧，我受不了这种痛苦。"
>
> ……
>
> 9月3日，胜利日，欢笑日，也没有给这个房间带来什么变化。在大街上人们带着笑脸欢迎胜利游行的行列。飞机在空中表演，并且散布庆祝的传单。然而在汪文宣的屋子里却只有痛苦和哭泣。
>
> ……
>
> 最后他断气时，眼睛半睁着，眼珠往上翻，口张开，好像还在向谁要求"公平"。这是在夜晚八点钟光景，街头锣鼓喧天，人们在庆祝胜利，用花炮烧龙灯。[5]

1946年6月，巴金写了一篇题为《月夜鬼哭》的短文，说是1940年离开上海时，在悲愤中还充满希望，如今胜利了，回来了，相反却有一种"受骗以后的茫然的感觉"。他说，"你要我们相信未来……你要我们把一切贡献给抗战……你允许过我们独立与自由……你骗了我们……"又说："胜利给我们的亲人带来饥饿、痛苦与贫困，而另一些人中间却充满荒淫与无耻。我们粉身碎骨、肝脑涂地所换来的新秩序绝不应是这样。"鬼魂还发出这样的质问："为什么不用自己的力量争取到独立与自由、光明与幸福？"[6]同年10月，在《鲁迅先生十年祭》中，他断然说道："在先生逝世十年后的今天"，"民族并没有得到真正解放"[7]。这个声音，仍然是独立的声音，隐晦地包含了他在出版西班牙内战系列小册子时所表达的无政府主义观点。他呼唤"人民"的力量，而不是政党的力量；呼唤社会运动的力量，而不是政治斗争的力量。尤其是美国和苏联对中国事务的介入，他是不认同的，是反对的。但是，他没有发表这方面的意义更为明确的文字。比较十年、二十年前的时评，可以说，他此刻表现出了退守的状态，基本上持一种引而不发的态度。不过，从他参与联署的知识界的宣言或信件来看，如《陪都文艺界致政治协商会议各委员书》《致美国国会争取和平委员会书》《中国文化界反内战争自由宣言》，其中的内容，都并非仅仅针对国民党政府，而是针对战后的时局，面对中国各大政治势力而言的。

作为一位无政府主义者，巴金从来反对中央集权的、组织严密的政党式组织，反对以夺取政权为终极目标的政治革命，因此反对被看作政治斗争的最高形式的战争，也即内战，这是没有疑义的。事实上，国共两大政治力量支配了中国目前以致未来的政局，双方的博弈根本不可能停下来，直到其中一方消灭另一方。从前，巴金曾经做过政治表态，说国共两党都是他的敌人；随着国民党一党独大，他自然更多更集中地对其予以抨击。虽然20世纪30年代中期以后，他对国民党的公开批判减少了，但是不信任态度是一贯的，直至抗战胜利后，毫不掩饰内心的失望和反感。至于共产党方面，他理论上是反对的，实际上却在观察着、接触着、交流着。比如他与冯雪峰、何其芳、沙汀等人的交往，以致接近共产党高层，包括会见毛泽东、周恩来等，都可以看出他并没有采取排斥的态度。相反，随着时间的推移和共产党势力的壮大，他相对变得更加开放和宽容，即便如此，他与共产党在主观上仍然保持着一定的距离。

巴金与周恩来的几次接触很值得注意。周恩来作为南方局的负责人，十分重视统战工作，尤其是对文化界人士的团结。郭沫若被党内推为鲁迅之后的知识界领袖，他是起主导作用的。他在《新华月报》撰文，把郭沫若与鲁迅并列，说："鲁迅是新文化运动的导师，郭沫若便是新文化运动的主将。鲁迅如果是将没有路的路开辟出来的先锋，郭沫若便是带着大家一道前进的向导。"[8]对于胡风，他也十分重视。周扬曾邀胡风到延安鲁迅艺术文学院任教，他的意见是："国民党地区需要能公开出面的人，不一定非到延安不可。"[9]他主张胡风留在"外面"，所起的作用更大。像冰心这样一个温和的人，与她丈夫吴文藻受国民党政府之命进驻日本，也暗中听从中共地下党的指挥，卒至起义归国。那么，对于巴金，周恩来是否有过类似对胡风、冰心一样的要求呢？至今没有这方面的档案材料可以佐证，但是，从巴金战后的表现看，似乎并没有进行更多的人际联络与社会活动，就是说，没有接受政治任务方面的迹象。如他后来忆述说的，终于没有走上"新的路"。不过，在周恩来那里，巴金仍然是一块宜于做文化统战工作的材料。所以，自1949年中华人民共和国成立之初，他就安排巴金同冰心等人一起，作为第一批和平文化的使者出访，陆续参加各种国际会议。

在巴金看来，抗日战争并非他所寄望的西班牙式的全民抗战，而是政治集团或军事集团的协同或不协同的作战；但因此，当外敌被消灭以后，仍然由这些集团逐鹿中原。所以，他会对中国的前途感到忧虑。可以设想，如果他对其中的任何一派政治势力抱有坚定的信念，或寄有明确的希望的话，绝不至于情绪低落，如他在信中说的"心里相当烦"。1945年年底，长女小林于重庆出生，依照家族惯例，辈分是"国"字辈，他念及"国事之糟"，因之取名国烦。

抗战结束，万众欢腾之后，重庆陷入一片混乱之中。滞留重庆期间，巴金见许多外省人找不到返家的交通工具，而他自己也无法返回上海看望病中的三哥。这时，文化生活出版社显得愈加冷清，许多书印不出来，印出来的土纸书也没有人要。在出版社里无事可做，他把萧珊送去成都待产之后，除了做些杂事，同时为交通工具奔走之外，空余下来又关进小房间里写文章，或者翻译王尔德[10]的童话。

使巴金感到忧烦的，自然还有家庭问题。

1945年11月上旬，他总算来到上海霞飞路霞飞坊五十九号三楼尧林的病榻前。在陪住的一段短时间里，他过的仍旧是忙乱的生活，后来尧林病势加重，由他送院治疗，然而没有几天就得为之办理后事了。次年5月，他陪萧珊由重庆乘机返沪，仍住霞飞路三哥生前住过的房子。他、太太、孩子，从此终于有了一个完整的新家。

但是，旧家依旧压在他的肩上，而且，他明显地感到越来越沉重。自尧林去世后，他不能不经常将稿费寄回成都，应付侄儿侄女的学费。战后物价高涨、货币贬值、食品短缺，经济压力之大可想而知。而且，两个弟弟的工作也成了问题。如何处置新旧家庭重叠到一起的问题？这对多少年来一直置身事外的巴金来说，不能不说是一个巨大的负担。

1946年至1947年，文化生活出版社出现了一个戏剧性的情节：同为信仰无政府主义的同仁吴朗西和巴金分道扬镳了！

吴朗西曾经表示说，他与巴金在抗战前的一段相处是融洽的。其实，在抗战前期，彼此间也不见得有什么太大的矛盾。巴金在重庆时，就在吴朗西夫人柳静开办的"互生书店"楼上创作小说《还魂草》，原型便是吴朗西的女儿吴西柳和陈之佛的二女儿陈修范。其中描写到"朋友"、利莎的父亲，也即吴朗西的形象，不乏赞美之辞。小说写道："利莎的父亲就是一个这样的人，一个实心的人。他自己说他永远乐观。的确，甚至在应该动气的时候，他也带着笑容。他可以忍受任何不公平的待遇，也可以在任何困难的环境里设法为自己找一个正当的出路。他不灰心，也不想投机取巧。他只是安安稳稳地一步一步走那人生的道路。"[11]1945 年 5 月，巴金与萧珊住在吴朗西家中，开始写作《第四病室》。1946 年 1 月，吴朗西替亲戚所办的上海图画杂志《环球》向巴金组稿，巴金将即将写好的《寒夜》部分原稿给他拿去连载，因杂志不久停刊，一共刊出两期。1945 年的 11 月，巴金在《第四病室》后记中，特别提到小说写于重庆西郊沙坪坝友人家中，这时尚称吴朗西为"友人"，怎么可能在几个月之后闹翻？其间到底发生了什么事情？

　　1945 年 11 月，吴朗西由和成银行总行派到上海。到沪后，他随即与负责人吴金堤共同恢复上海文化生活出版社的出版业务。

　　据吴朗西说，1946 年 4 月，巴金由重庆突然寄给吴金堤、杨挹清两人一封信，要求改变出版社发行人名字，并要吴朗西辞职，否则就用"社务委员会"名义将其免职。巴金向桂林撤退到重庆时，曾向总经理吴朗西表示，希望在行政上有个名义，从此担任"协理"，而名为"社务委员会"的机构，则从来不曾有过。随后，巴金带同弟弟李采臣回到上海，要吴金堤把文化生活出版社经理的职务直接交给李采臣。吴金堤为此专程到南京找吴朗西商量，问是否将职务交出。吴朗西说是为了"保持文生社"，自然也为了息事宁人，便答说交掉算了。接着，巴金又写信要吴朗西来上海。吴朗西到上海之后，巴金进一步要他交出总经理的职务。矛盾公开化了。

　　这时，由双方共同尊重而且同出版社有密切关系的朱洗出面调解，最后通过协商决定社务暂交巴金管理，期限为两年，并且从速组织股东会、董事会，将社务正规化。此后，文生社改组为股份制有限公司，成立了由巴金、吴朗西、朱洗、毕修勺、郑枢俊五人组成的董事会。巴金自接受全部社务之后，以李尧棠名义任董事长，以李芾甘名义任总经理，以巴金名义任总编辑，又专函通知以自己曾用的别名"黎德瑞"为发行人，一身而兼四职，可见对管理事务涉入之深。而且，他管理的时间也超过预定的两年，从 1946 年 5 月至 1949 年 9 月，实际负责三年多。

关于文生社内部的分裂，吴朗西总是归咎于李采臣，说："我和巴金之间的纠纷是完全由李采臣挑起的。……我始终希望与巴金合作，但由于李采臣的关系，以致造成我们的对立。"据吴朗西讲述，李采臣在文生社创办不久便来社工作，巴金当时对吴朗西表示说，他的弟弟有缺点，他对他是不满意的。抗战爆发后，巴金和李采臣到广州开办分社；及后广州沦陷，分社随之结束，但李采臣对撤退后的全部损失无法交代，便离开文生社，到政府机关和学校工作。这时，巴金对他仍然是不满意的，曾对他们的朋友说，以后绝不让他再回到文生社工作。抗战胜利后，李采臣写信给吴朗西，要求重回文生社，吴朗西不答应。可是，他想不到巴金却亲自带领他前来接收社务了。毕修勺是吴朗西和巴金的老朋友，文生社的董事，他和董事长朱洗都是一直劝吴朗西对巴金让步的。吴朗西在一份交代文生社问题的材料中写道："后来因为李采臣太恶劣了，而巴金却始终维护李采臣，因此他和朱洗和我一道反对李采臣，也就同巴金闹翻了。"

至于巴金，虽然在给索非的信中说到对于"文生"与吴朗西"意见相差甚远"，但是在公开文字中从来不曾讲过具体的"意见"。他还曾说过吴朗西因为别有职务，并不专心办出版社，"总是弄两个月又跑开，过几个月又回来"。对此，吴朗西表示说，可以辞掉和成银行的职务，全力来搞文生社，但巴金又不肯接受。对于文生社后来发生的状况，巴金多次自责说是个人"能力"不够，"大家都有错"，而他的错是"没有把'文生'的整个组织弄好"，"最大的错误"是没有把人"团结"好 [12]。

其实，李采臣的问题，或是"能力""团结"之类的问题，都不是巴金与吴朗西分手的根本原因。吴朗西在他的一份手稿中回忆说：

> 太平洋事件发生之后，上海文生社遭到日寇搜查封闭，负责

人陆蠡被捕了。而当时重庆社会局要文生社办理商业登记手续。文生社在上海从来没有办过商业登记，我便和巴金商量，文生社的股本作为巴金、陆蠡和我三人平均分配，作为合伙经营，办理登记（抗战胜利后，在上海改组为股份有限公司）。后来巴金提议，文生社增设副总经理由他担任，于是巴金便是总编辑兼副总经理。我和巴金在文生社都是不拿薪金的，这时候他和我说，他要补给他的家属，建议我们都拿薪金，大概支了几个月就没有再拿了。自从文生社迁到内地之后，巴金和我，便有一些意见产生了……总之我们之间的关系逐渐僵化了。

其中的一个枢纽所在，就是文生社完成商业登记一事。

商业登记意味着出版社由原来的带有理想乌托邦性质的同人出版社——用黄裳在一封信中的话说是"办一个可以发言的出版机构"——向企业、商业性质转变，这就把出版业务中的股本、资金、利润等经济利益问题突显了出来。巴金原来的身份是总编辑，职责在组织和处理稿件；后来并不满足于阅稿和校对这样"纯业务性的工作"，而着意染指管理，由"协理"而"副总经理"而"总经理"，都是在商业登记之后。1947 年 11 月 25 日，他写信给汉口办事处负责人，由他引入文生社的朋友田一文，通报说："文生登记执照已领得，现正计划增资，俟增资手续办好，即可印股票，宣布为有限公司。"[13] 作为企业管理者的雄心，跃然可见。

直到 1944 年为《憩园》写后记时，巴金还可以说："我不爱钱。钱并不能给我增添什么。"[14] 然而到了战后，当新旧两个家庭的重担压过来之后，他就不能不考虑钱了。

鲁迅著名的讲演《娜拉走后怎样》讲的就是"钱"。在北京生活期间，他就常常借债、索薪，为钱而苦恼。此外，亲人就业的问题在经济不景气的情况下也显得相当窘迫。可以设想，巴金与吴朗西之间的矛盾，倘使不存在来自家庭的上述两个因素的话，他完全可以泰然放弃文生社：一者，该社本来就不是他参与发起筹办的；二者，他多次做过类似的表白："我在文化生活出版社工作了十四年，写稿、看稿、编辑、校对，甚至补书，不是为了报酬，是因为人活着需要多做工作，需要发散、消耗自己的精力。我一生始终保持着这样一个信念：生命的意义在于付出、在于给予，而不是在于接受，也不是在于争取。"[15]既然他说在出版社做编辑工作是尽"义务"的，可以不拿薪水，那么自然可以放弃股份。但是，他没有。因为这时候，他已经不是孤身一人，不再可能重过从前的漂流式生活了。

文生社迁入内地后，还有一个同巴金有关的人事安排的现象是，他先后把两个弟弟李采臣和李济生、侄女李国煜、弟媳陈宗俊、李国煜的同学萧荀（吴朗西称其为巴金"干女儿"），还有表兄弟濮纪云等亲属引入社内，并担任重要职务。对此，吴朗西做出如下评述："事实充分证明了巴金先生不惜用种种方法，要把文化生活社变成他私人的家族事业，——也许这位因写《家》成名的作家，却正有一个家族需要扶养。"

一个家族给巴金的负担实在太重了。他说过，这是"一个沉重的包袱"。为了一个家族，他不能不改变自己、牺牲自己。文生社由原来的同人出版社终至衍变成为一个"家族企业"，应当承认，巴金是负有责任的。

巴金自从在上海安置新家，并接管文生社之后，便陷入大量繁杂的事务之中。

他根本没有管理的经验，从性情看，大约也不长于经营，因此，在出版业务方面，只能倚重颇为能干的弟弟李采臣。即便可以找到替身，他也不可能把社务推得干干净净而不复闻问；至少，他不做具体处置，也必须有所了解，这样他就轻易地被缠进去了。还有，社内的人际关系也不见得很单纯，比如李济生与田一文、田一文与陈晖之间有矛盾，结果没有处理好，田一文还因此离开了出版社。鲁迅说过：

"中国的家族制度，真是麻烦，就是一个人关系太多，许多时间都不是自己的。"[16] 又说："中国亲权重，父权更重。"[17] 看来亲权很难避免，至于父权，对此时的巴金来说，确实已非旧家族的家长，乃一反《家》中高老太爷的权威思想而关爱之、保护之。

巴金早期对"家"的背叛，同时表现为对社会运动的关注和对大众利益的皈依；后期成为大家长，虽然未曾丧失社会意识，但是对社会实际问题的涉入程度显然大大递减，而先前为社会而牺牲的那种决意承担风险的使命感与责任感也都随之弱化。家庭意识与社会意识的关联甚为紧密，对中国人来说尤其如此。

1946 年 9 月 26 日《大公报》副刊董桑的文章，这样说巴金："对于一个一向都缺乏着较安定的生活的人，有了家，却无异于一种幸福。"这是另外一个视角，虽然观察点一样是家。1947 年 11 月 13 日，这家报纸发表了一篇苏夫的报道，写到巴金的状态时，也是与家联系到一起的。报道说："巴金这次到上海后很沉默，在沉默中写了《寒夜》，在沉默中出版了《憩园》和《第四病室》，在沉默中支持着'文化生活出版社'。"文中将目前的"沉默"同抗战初期的"热情"做了比较，认为通过散文集《龙·虎·狗》可以多少把握一点巴金的思想线索。文章写道："那里面有一点伤感气——他到了阔别很久的'家'，而那个'家'又变了不少，于是中年的巴金先生突然由战士一溜走出了战壕，有点子伤感起来。伤感只是一瞬间的病症，真正给他痛苦的还是窒息。《龙·虎·狗》是弥漫了这痛苦的气氛。"关于创作的情况，文章说："巴金除了那部《火》外，并没有写什么'轰轰烈烈'的小说。他从前开的那张支票并没有兑现。"至于近期行止，文章说是"他最近除了在文化生活出版社外，就是回家，因为他已经有了一个'家'了"，还具体说："开会没有他，演讲没有他，除了章靳以下了课常到出版社找他外，他和别的人联络也很少。"

在外面，巴金固然没有参加各种活动，像其他知识分子那样参与时局的讨论；在家里和朋友中间，他也同样保持着这种"沉默"的态度。黄裳对此有过一段描写：

> 巴金平常很少参加这种闲谈，他总是一个人在楼上工作。到
> 了吃饭或来了客人时才叫他下来。到今天我还保留着一个清晰的
> 印象：披着一件夹大衣，手里拿着一本小书，咿咿哦哦地读着，
> 踏着有韵律的步子从楼上慢慢地踱下来，从他那浮着微笑的面
> 颜、微醺似的神色中，可以看出他从阅读中获得的愉悦……

在战后上海的生活，应当说，是相对稳定、安静的，虽然忙碌了
不少。

激情沉淀下来，巴金似乎再没有创作小说的冲动和计划。此时，
连《小人小事》那样的关于普通人的短篇，也没有兴趣再写了。他的
精力，除了投入社务，主要集中在译述上面：其一，延续几年来的文
学翻译；其二，重返过去关于革命理想及社会人生的主题。

继翻译屠格涅夫、施托姆[18]、王尔德等人的作品之后，巴金倾力
翻译"俄国革命的贞德"妃格念尔的回忆录第二卷《狱中二十年》。

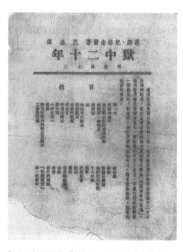

巴金写的《狱中二十年》广告

早在 1927 年，他就发愿要译这位革
命者的回忆录，曾在一本书中写下
如下的话："实在这本书像火一样
点燃了我的献身的热望，鼓舞了我
的崇高的感情。我每读一遍，总感
到勇气百倍，同时又感到十分的惭
愧……"[19] 妃格念尔出身贵族，却自
愿抛弃安逸的生活，深入民间，投
身于革命工作。她在一次刺杀沙皇
的活动中被捕，系狱多年，至死不
渝。理想和行动完全一致，"整个身

心十分谐和"，这是使巴金特别感愧的地方。他很早便以革命者自期，行动起来却常常感到疑惑、犹豫，甚至退避，无法参与到实际的社会工作中去。而今，距离青年乌托邦是愈加遥远了！译完全书之后，巴金之所以在后记中重新抄下二十年前的话，应当是包含了自责和自慰两重意思在里面的。

接着，巴金翻译了德国流亡作家洛克尔[20]的《六人》。作者是一个具有无政府主义思想的革命者、反法西斯战士。此前，巴金还译过他的《近代劳工运动中的议会活动观》《克鲁泡特金学说概要》《西班牙的斗争》等。在《六人》里，洛克尔选取世界文学名著中的六位主人公，使他们复活过来，一点也不改变他们的性格和习惯，只是让他们联合到一起，说明他的改造世界的理想，回答"人生的目的和意义究竟是什么"。

巴金一再回到无政府主义的信仰中去。他自觉离它愈远，平时对它愈是保持缄默而不在世人面前提起，愈是感到内疚。这是一个忠实于自己的理想而没有勇气达致的人。他内心扰攘，他要安顿自己，努力做一点与信仰相关的事情。从20世纪30年代中期开始，其实他已经看到中国无政府主义的失败，在1949年3月的信中甚至说在中国"并不存在""无政府运动"。即便如此，他仍在反复考虑："我能够做什么呢？"他告诉欧洲的无政府主义者，信仰是个人的、独立的，他不会为社会的潮流所动，"我在这里单枪匹马地工作，将像作家似的独自在做宣传"。他编辑插图本中文版《克鲁泡特金全集》，针对中国战后的社会实况，继续翻译克鲁泡特金的作品，如《社会变革与经济改造》；重新发表旧文《巴枯宁二三事》，并表示因此"又起了重写《巴枯宁传》的雄心"。最值得注意的，还是他与欧美无政府主义者的大量通信，这种私密往来的热情，超出了以往任何一个时期。[21]

在通信中，他废弃了为社会所熟知的作家的名字"巴金"，而恢复了往年作为无政府主义者现身的名字 Li Pei Kan（李芾甘）。在面向社会公开的场合，巴金作为一个安那其主义者的身份已经丧失；在战后的中国，也不宜对社会直接做无政府主义的批评。这时，"我能够做什么呢"？除了老朋友刘钟时、作家洛克尔等人之外，巴金联系了在美国密歇根大学图书馆工作的安格妮丝·英格里斯、印刷工匠出身的约瑟夫·衣希儿，还有鲍里斯·叶伦斯基，以及法国的安那其主义国际联络委员会等，信中内容很明显，就是关于无政府主义史料的搜集和翻译问题。巴金的意图可能是，既然目前的工作无补于无政府主义的开展，那么就回到它的源头、历史中去，如果将来条件允许，可以使用这些文献资料，做一部《从资本主义到安那其主义》的姐妹书或续篇。

这些通信还有一个值得注意的地方，就是对苏联的态度。从前，巴金多次批判过苏联作为"无产阶级专政"的国家的本质，这个观点直到 40 年代后半期都未曾改变。他在 1947 年 4 月 24 日致法国明兴礼神父信中明确表示不赞同罗曼·罗兰后期部分的思想行为，其实就是指其盲目追随和拥护苏联，其中举例说"譬如他攻击 A·Gide（安德烈·纪德）和 Istrati，等等"。纪德著《从苏联归来》，公开揭露苏联国内的黑暗现实，成为轰动法国和西方世界的重大政治事件。在这次事件中，罗曼·罗兰公开反对纪德。Panait Istrati（1884 — 1935），生于罗马尼亚，1919 年认识罗曼·罗兰后，两人一直通信。1927 年，在苏联的一次旅行中，Istrati 震惊于自己的发现，出版了一本题为《走向另一团烈火》（*To the Other Flame*）的书，被认为持反苏立场。罗曼·罗兰对此表示沉默，没有为 Istrati 辩护，也不回 Istrati 的信，显然是以背叛友情作为政治的代价。1949 年 1 月 23 日，巴金在致鲍里斯·叶伦斯基的信中还这样写了：

> 我非常欢迎你将要出版的关于"自由哲学"的小册子。我相信它的出版一定会取得巨大成功，世界已经在受难中，并且仍有那么多受难者仍在极权主义和资本主义的奴役下呻吟。从世界大战中逃生的人民需要太多的光明解放思想来启蒙他们，帮助他们

以摆脱奴役成为一个自由人。[22]

信中的"资本主义"指的是欧美国家，而"极权主义"其实就是指伟大的苏联。

从与同道的这些通信看来，巴金对于眼前世界的大势是清楚的。他有他的判断，只是他无力改变整个情势的发展，只好日复一日地往返于家庭到文生社的途中，消极地等待时局的变化。这种态度，既不同于左翼知识分子，包括忙于组党结盟的社会人士的躁进，自然更不同于右翼知识分子的雌伏，寄希望于政府的改革。

对无政府主义文献的搜集与进一步的准备，事实证明只是一场自慰的梦幻而已。这些通信，是巴金显示其无政府主义信仰的最后一次回光返照。1950 年之后，他同国内外所有的无政府主义者的关系，都被他主动斩断了。

到了关键时刻，巴金起了警觉。他知道，在新政权里，这是危险的导火索。

文生社对巴金来说是一个大包袱。根据协议，也应当到了放下的时候了。

在巴金担任总经理兼总编辑时，曾成立一个由以朱洗为首的五人组成的董事会。成立之初，董事会就没有按期召开过会议，后来更是长期不开会，也没有将社务情况向董事会做过报告。经济也从未公开，据说因此引起部分董事的不满。1948 年，巴金提出，他虽是总经理，但并不到社办公，实际工作由李采臣做，而且做得很称职，要求董事会任命李采臣为总经理。这个提议遭到毕修勺的反对，朱洗也并不支持，于是文生社领导层分成了对立的两派。

此时，吴朗西做了和成银行旗下的华光公司上海分公司经理，在日本东京专事中日贸易。1949 年 4 月，柳静带同孩子从南京搬到上海，住入距文生社仅十几米的里弄房。她曾经找到巴金，表示希望到文生社工作，巴金不同意，只好写信动员吴朗西返回上海。在日本，吴朗西感到战败了的日本人仍然看不起中国，心里颇为气愤，本来他是因为九一八事变而弃学归国的。当他在电台广播中得悉共产党的军队已经占领南京，正向上海推进时，对未来的新中国不无憧憬之情。接到柳静来信后，他下决心放弃华商身份，重操出版旧业。

巴金拒绝柳静的工作要求，对吴朗西是有刺激的，多年以后回忆起来仍然难以平静。"文革"初期，他在交代文生社的问题时写道："柳静从文生社创办时起直到抗战胜利为止，她另有其他工作、收入，一直是在为文生社义务工作，抗战时间文生社沙坪坝的货栈就是由她管理的。她应该说是文生社的一个成员。1948 年 11 月我们由南京来到上海，我不久就去日本，柳静在上海没有找到其他工作，便去找巴金说她要回文生社工作，当时巴金的弟弟李采臣、李济生，侄女李国煜，弟媳陈宗俊，干女儿萧荀都在文生社工作，但巴金、李采臣完全加以拒绝。从此便把柳静排除在文生社大门之外。……她为文生社出过资、出过力，到头来在巴金、李采臣的排挤之下，连在文生社工作也不可能。"巴金的做法，在吴朗西看来已毫无友情可言；总之，隔阂是越来越深了。

事实上，巴金在给朋友田一文的信中已公开表明对吴朗西的不满，并表示无法与之合作。同在一个社里工作，两人后来竟然可以毫无交集，以致弄到要用第三人传话的地步。巴金所译屠格涅夫《散文诗》，于 1945 年初版、再版，其中均有一段关于受了吴朗西"苦干的精神和乐观的态度的感动"才决心参加并坚持留在文生社的话，至 1949 年 1 月在上海出第四版时被全部删去。公然抹去这段历史，可见巴金决绝的态度。

1949 年 8 月，文生社领导层经过多次协商，最后决定由双方提名增加董事和监事人数，提出并通过以朱洗、巴金、吴朗西、毕修勺、章靳以为常务董事，推朱洗为董事长，并推定康嗣群为总经理，巴金为总编辑。自 1949 年 9 月 1 日起，总经理一职正式移交康嗣群，重要事项取决于常务董事会。

巴金出席常务董事会一次，后来就拒绝出席了。个中缘由，他曾于 1950 年 2 月 21 日有信致董事长朱洗：

> 启者：本人承文化生活社董事会推选为本届常务董事，且曾于 1949 年 10 月下旬出席常务董事会一次，当时即因本人意见与吴、毕二常董意见不合而发生冲突。贵董事长既不能判别是非，又不能照顾本人意见，致本人无法行使常董职权，只得拒绝出席此少数人操纵之常董会，借以表示抗议。但对于未经本人参加之常董会过去所通过之一切违法决议（如不遵照同业公会 1949 年 8 月底重行估值的办法擅将原值一亿二千万之本社资产减为六千万元，致股东蒙受六千万元之损失，实属违反股东权益，又如未经总编辑同意强迫编校李采臣辞职，更是越权之举）以及此后任何损害股东权益妨害社务发展之决议，贵董事长均应负其全责，而本人亦当保留发言权。此当维护股东权益起见特做如上之声明。希贵董事长予以书面答复，并请将本人之声明录于本次常董会例会记录中。

朱洗当天立即做了答复，复信如下：

> 敬复者：2 月 21 日大函收到，并于今天下午三时常董会开会时当众宣读。各董事咸认最近数次开常董会都有通知送达贵董事，而贵董事俱已收到通知，为何不能"亲自"出席共商社务之进行。用意何在未能索解。据来信陈述，因与吴、毕两常董意见不合故不出席，这是贵董事个人问题，常董会实无法解决，万望原谅！至于资产减为六千万元亦为当时全数出席常董（4/5）公意。常董会亦无法判断是非，亦请原谅。至于李采臣离职事亦为董事（4/5）之议决，常董会有何理由可以推翻？天下事，不论

古今中外，不外情理法，贵董事应该易地而处，就能明白，单方责难，徒增烦恼，于事何补。目前新法尚未宣布，违法合法，无从遵循。现拟最近召集董监事会联席会议，并请职工代表出席，解决一切问题，务望贵董事届时"亲自"出席宣发胸怀，是非曲直能见正于大众之前……

像朱洗、毕修勺这些朋友，都不会否定巴金对文生社的贡献，但是，对于社内的权力过于集中在他的亲属那里是持反对态度的。尽管他在十四年间把大部分时间奉献给了文生社，他任用和保护亲属的行为，仍然得不到他们的同情和谅解。对此，巴金似乎没有反省，反而觉得委屈，抱怨他的朋友。他在1949年9月出版的《六人》的后记中坦率地吐露了这种心情，说："这本小书的翻译并不需要那么多的时间。事实上我执笔的时候并不多。我的时间大半被一个书店的编校工作占去了。不仅这三年，近十三年来我的大部分的光阴都消耗在这个纯义务性的工作上面（有那些书和那些书的著译者和读者给我作证）。想不到这工作反而成了我的罪名，两三个自以为了解我的朋友这三年中间就因它不断地攻击我、麻烦我、剥夺我的有限的时间，甚至在外面造谣中伤我，说我企图霸占书店。我追求公道，我举事实为自己辩护，我用工作为自己申冤。然而在那些朋友中间我始终得不到公道，始终争不到一个是非。"[23]这个一向珍重友情的人，把他们之间维持已久的情谊称为"梦魇的友情"。不过，后来《六人》再版时，这段文字被删掉了。

1950年2月，总经理康嗣群提出辞职，常董会决议召开董、监事联席会议，并请职工代表列席。在联席会议上，通过了康嗣群的辞职，朱洗亦提出辞去董事长职务。董、监事会认为，社务必须继续维持，决议推定人选，组织社务委员会。在有职工参加的董、监事联席会议上，大家一致推选吴朗西为社务委员会主任委员（除吴朗西投给巴金一票外）。从此，吴朗西辞去华光公司的工作，全力投入到文生社的重建工作之中。

　　1951 年春，部分站在巴金和他的亲属一面的职工向外发表了《我们的呼吁》一文，陈诉文生社事，据称对吴朗西"颇多污蔑"。抗战时期文生社的主持人吴金堤出于义愤，亲自执笔替吴朗西写了一篇长篇材料作为回应，名为《巴金与文化生活出版社》，印成二十页的三十二开小册子散发。材料简述文生社成立及发展经过，包括巴金负责的三年时间在内；其中提到有关巴金的事情，将"比较重要"的列为十二条：

　　一、改文灭迹：1945 年 5 月在重庆出版的巴金试译的屠格涅夫《散文诗》书后，巴金插入了一段后记，首先正确地肯定了文化生活社初创的一段事实，……后来他接收了全部社务之后，大概是主观上觉得这篇《后记》对于他的独占企图是有一些妨碍的，所以就在以后的版本上把这一段全部取消了，另写了一篇删改了的《后记》。最有意义的是这两篇《后记》的年月都是 1945 年 3 月。这意味着巴金先生是能够在同一时期存在两种不同的思想，而且能够写成两种不同的文字的，这是作家应有的行为吗？

　　二、欺凌寡妇：陆蠡先生为了艰苦支持本社在沪的据点，牺牲了生命，他的夫人当时仍住在社内，李采臣多方加以阻碍，甚至在半夜里用铅桶装满了水，安置在她的住房门口，企图黑夜里使她倾跌。这虽是李采臣个人的恶作剧，无疑是巴金先生默许的。陆蠡夫人说过，巴金不但话说了不算数，就是字写在纸上也不算数的。

　　三、不守诺言：1946 年夏由巴金先生提名朱洗、毕修勺、郑枢俊、巴金和本人共五人为董事，但该董事会开始并未按期召开，后一年可说没有开过，而且声言不开。三年内更从未向任何人做过报告，经济从未公开。

　　四、企图一家独占：巴金独霸了本社全部社务，犹不满足。

当二年期满（1948），除不守诺言，不愿交出社务——甚至连一部分也不肯交出——之外，反乘朱洗先生、郑枢俊先生不在上海的时候，他拟了一条决议，他自己并代郑枢俊先生签了名，并要求在沪的毕修勺先生签名，并要他代朱洗先生签名，推举他的弟弟李采臣任总经理，企图使事实上操纵社务的李采臣变成合法。毕先生拒绝签字，他即写信表示与毕先生十年以后相见。

五、编辑不负责任：在排印李健吾先生译的《情感教育》的时候，发现了译文有很多错误。当时朱洗先生曾向巴金先生提出意见，要他加以修改，他起初表示要修改的，及至印出后，丝毫未改。朱洗先生又提出了质问，为何不改？巴金先生说："中国的读者是盲目的，只要书能销二三千册，书店能赚钱就好了。"

六、滥用私人：巴金先生虽挂名总经理，并不到社办公，而由他的弟弟李采臣执行实际职务，他的干女儿萧荀任会计主任，弟妇陈宗浚（李采臣的太太）任出纳，另一个弟弟李济生任重庆办事处经理，当时有人称文化生活社为"李记"（他的表兄濮纪云曾任成都分社经理，他的侄女李国煜曾任重庆分社会计，因与李济生不和辞职）。这种情况，是不是滥用私人的现象呢？

七、克扣版税：在巴金先生负责、李采臣把持的时候，币值变动得很厉害，但是版税总是压了一些时候才发出去，以致本埠的作者，拿到版税的时候只达原值的五分之一甚至二十分之一；外埠作者损失更大。……当然巴金先生是不会受到损失的，他本来是未到期前预支版税，目前仍是如此，他经常地比别人早半个月支取版税——通过了会计是他的私人方便。

八、擅自取消发行人：1949年（解放前夕）初，巴金先生没有征求和得到任何人的同意，就把发行人吴文林取消了。……

九、不买纸张买金钞：在解放前，别的同业都购存纸张……而巴金先生负责李采臣把持的文化生活社却在买卖黄金、美钞、银圆，事后又没有明确的账目记载。等到解放之后，既无存纸，又无存款，甚至职工薪水都发不出去了。

十、造成官僚作风：……

十一、排除异己：……

十二、优待私人：……

文中还提到 1949 年 9 月以后的一些事情，其中指责巴金在未辞去文生社总编辑的情况下，把原定在文生社出版的个别书稿转到李采臣新成立的平明出版社出版，实际上是利用文生社的资源。此外，巴金还要求取消印在文生版书上的"巴金主编"字样，而在平明出版社同时出版的《新译文丛书》上印上"巴金编"。文中提醒说，这时巴金作为文生社的总编辑并未辞职。[24]

据称《巴金与文化生活出版社》的小册子只散发给有关人士，共散发十份，影响的范围应当很小。但是，小册子措辞严厉，意图明显是毁损巴金的人格的。巴金的反应当然很强烈，但是没有反驳，也没有做出进一步扩大事态的行动。两天后，他在平明社重印罗淑译《何为》时，写下《再版题记》，特别宣告说："我手边正放着昨天收到的文化生活出版社吴朗西先生私人印发的攻击我的小册子。"

至此，巴金和吴朗西，这对曾经在无政府主义信仰下共同携手工作过的友人完全决裂。[25]

1950 年 8 月，巴金正式辞去文化生活出版社总编辑职务，此后又做了平明出版社的总编辑，时间大约一年多。再后来，他完全脱离了出版界，跻身于文艺界的领导层。吴朗西在"公私合营"期间，随文生社并入新文艺出版社，任外文编辑室副主任，分管欧美文学。"文革"结束后，吴朗西、柳静夫妇曾几次到巴金家中探望，巴金在复田一文信中说"只是我抽不出时间去看他"[26]。两人因友人事偶有通信，但双方裂痕太深，修复已不容易了。

回顾文生社往事，晚年巴金对于与吴朗西的关系有一种新的认识。李辉为《一个知识分子的历史肖像》图片集撰文，记录说："对这件事，巴金晚年甚感遗憾。他曾对小林感叹过，自己当年家庭观念太重，偏信了别人的话，结果造成了赫赫有名的文化生活出版社因两个创办者发生冲突而衰落。"[27]

这里说到了矛盾的本质。巴金毕竟是一个有反省意识的人，可惜这样的认识来得太迟了。他可能过去也曾意识到"家庭观念"对自己的束缚，但是，压力太大，他无力挣开。即使他意识到了、反思到了，最后仍然无力挣开。

中国战后形势的急遽变化，出乎所有人的预想，包括巴金。他紧紧地守护着家庭这只小船，于沉默中注视着风云变幻。用《红楼梦》的话来说，无论是东风压了西风，还是西风压了东风，未来的任何一种风向，都不是他所确定的方向。从一个无政府主义者的立场来说，形势的发展是令人悲观的；他只能专注于手头的出版和翻译工作，保持一个较为超脱的文化人的身份，以不变应万变。

全国的经济状况非常糟糕。政府官员从日军手中接收沿海一带城市，借机攫夺，贪污腐败，完全不考虑恢复工业生产，工人失业严重，生活没有任何保障。政府没有能力进行有效的经济管理，唯有滥发钞票一途，造成严重的通货膨胀；此外，过度征税和摊派，任由官员与商人互相勾结、囤积居奇、垄断市场，鼓励"权贵资本主义"。恶性通货膨胀直接导致物价高涨，到了1948年6月，上海商店每隔两三个小时便要改动一次物价。这时，还出现粮食和日用品的抢购风潮，许多商店货架空空如也，或者干脆关门。上海的停业情况，传染病一样波及其他大城市，到处人心惶惶。

物价飞涨和货币贬值对城市中产阶级，包括知识分子、教师、作家和记者，以及政府职员，都构成了巨大的生活压力。巴金一家也不例外。巴金后来有文章追忆说："起初我和萧珊眼睁睁看着钞票化成乌有，后来也学会到林森路去买卖'大头'，把钞票换成银圆，要购买东西时再把银圆换成钞票。我上街总要注意烟纸店门口挂的银圆

（'大头'）牌价。在那些日子要活下去的确不是容易的事。"[28] 不过，巴金到底还可以匀出钱来，购买别人抛售的西文书，在那个紧张艰窘的年头里算得是奢侈的事。而萧珊，这位年轻的主妇，难得保留了学生时代新鲜开朗的心情。

从 1947 年 2 月到 1948 年 8 月，在短短的不足两年的时间里，国民党政府发动了两次运动式的改革，力求稳定经济，恢复广大民众的信心。但是，这种应急式的改革，既没有触动根本性的经济结构，也缺乏持续有力的推动力量，结果所有宣布的措施都先后放弃了。面对官场全面腐败的现象，中央发起反贪打虎的运动，由于不是通过制度反腐，只是借此有选择地清除个别政治障碍物而已。对权力的争夺毕竟是一个专制政党和政府所无法克服的死症。在国民党拒绝承认中国共产党及其政治盟友民主同盟在行政院行使联合否决权，而中国共产党和民盟随之退出这场所谓"政治协商"的游戏之后，国民党政府一意孤行，单方面按照原先政治协商会议的决议进行活动，召开国民立宪大会，颁布准宪法，选举国大代表，直至 1948 年 4 月选举总统和副总统。

对国民党"一党专政"及由此造成的专制、匮乏、混乱的局面，知识分子普遍感到不满。他们或者组织政党或社团，如民盟、民社党等直接参与政治权力的角逐；或者不依附任何党派，不偏袒甚或反对国共任何一方，以"自由思想分子"或"民主个人主义者"自居，希望借由"第三条道路"，推动社会改革，组织联合政府，建造一个自由、民主、独立、和平、统一的中国。

这些自由知识分子多为作家、编辑、记者，手中往往掌握报纸和刊物，有一定的话语权。对于这批人物，萧乾为《大公报》起草社论《自由主义者的信念》描述说："自由主义者不是看风使船的舵手，不是冷门下注的赌客，自由主义是一种理想、一种抱负，信奉此理想抱负的，坐在沙发上与挺立在断头台上信念得一般坚定。自由主义不

《观察》创刊号封面

是迎合时势的一个口号。它代表的是一种根本的人生态度。这种态度而且不是消极的，不左也不右的。"[29]巴金的另一位朋友沈从文同样表现出这种所谓"不左也不右"的态度。他反对国共两党之争，以及一切战争，把国共双方的战争称作"数十万同胞在国内各处的自相残杀"，是"一群富有童心的伟人在玩火"，说这些"用武力推销主义寄食于上层统治的人物，都说是为人民，事实上在朝在野都毫无对人民的爱和同情"。他一方面批评国民党政府，另一方面又把内战的责任归于"政府首脑或行踪不定之毛泽东氏"[30]。主持著名刊物《观察》的储安平，其实也都是在维护国民党政府的基本立场上开展批评的。

在阶级论者看来，世间是从来不存在什么"中间"立场的。所以，对于这些自由知识分子的言论，一贯重视意识形态的毛泽东十分警惕，公开指出这是"右派"立场。在他那里，右派立场，就是反动立场。他批评说："有一部分知识分子还要看一看。他们想，国民党是不好的，共产党也不见得好，看一看再说。其中有些人口头上说拥护，骨子里是看。但他们不是国民党反动派，他们是人民中国的中间派，或右派。他们就是艾奇逊所说的'民主个人主义'的拥护者。"[31]

对于中国共产党，自由知识分子并不采取欢迎的态度。他们对中国共产党是否真的不反对民主，对共产主义与法西斯主义是否有很大的区别，始终疑虑重重。储安平在一篇评论中曾经如此表明他的看法："国民党的腐败统治是造成共产党发展到今天这样庞大势力的一个主要原因。……假如二十年来的统治，不是如此腐败无能，何以致使人民觉得前途茫茫，转而寄托其希望于共产党？"[32]

20世纪40年代后期，形势确实非常紧迫，除了经济问题，政治上的当务之急是反对内战。从1945年年底发生在昆明的一二·一运动开始，到1947年间席卷全国的"反饥饿、反内战"运动，学潮接连不断，目标都是针对国民党政府的。但是，政府拒绝承认学生抗议运动的合法性，不但不加退让，反而把它看作地下党策动的产物而予以镇压，从而进一步招致知识分子和社会舆论的谴责，在国共对立中陷入更加不利的地位。

这时，中国共产党广泛开展宣传攻势，同时加紧进行统战工作。早在抗战后期，周恩来就指出："欲实行宪政，必须先实行宪政的先决条件。我们认为最重要的先决条件有三个：一是保障人民的民主自由；二是开放党禁；三是地方自治。人民的自由和权利很多，但目前全国人民最迫切需要的自由，是人身居住的自由，是集会结社的自由，是言论出版的自由。"[33]刘少奇撰文抨击国民党的一党专政，还特别提到有人对共产党的攻击和诽谤，明确指出：共产党反对国民党

▌北平学生"反饥饿、反内战"示威游行

的"一党专政"，但并不要建立共产党的"一党专政"。毛泽东说中国有一个"很大的缺点"，就是"缺乏民主"。他说："我们很需要统一，但是只有建筑在民主基础的统一，才是真统一。"[34] 在延安，他在民盟的发起人之一、著名民主人士黄炎培提出如何跳出"其兴也勃焉，其亡也忽焉"的周期律的问题时，自信地回答说是找到了"新路"，这就是"民主"。中共领袖对于民主的论述，对于民主党派和知识分子来说无疑是具有吸引力的。

从那时候开始，一直到战后，《解放日报》和《新华日报》都在宣传民主。从 1943 年开始，一连几年，每当美国的国庆日、总统大选或者重要的国家纪念日，这两家报纸都会发表社论，表示纪念和祝贺之意，一再宣扬说"美国在民主政治上对落后的中国做了一个示范的先驱"。

从国共和谈时起，延至战后，中国共产党的舆论攻势是成功的。但是，也有西方学者包括费正清在内，认为绝大多数大声疾呼赞成和平民主的知识分子和青年学生并没有抛弃政府，直到其命运在战场上被决定时为止。不必考究人们对政府的改革是否寄存希望，事实是，彻底改变中国政治格局以致人们的观感的，是由军事手段达成的结论已经无可更改。

1946 年 7 月，共产党的军队改名为人民解放军。这时，共产党通过土地改革，动员了大约 160 万分得田地的农民参加了这支军队。致力于乡村机构建设，使共产党在广大农村站稳了脚跟，确保了坚持同国民党军队作战所必需的粮食和人力供应。1947 年是一个转折的年头，国共两党军事力量的对比悄然发生了转变。外国观察家普遍认为两军旗鼓相当，无论进攻还是防御都不会迅速赢得胜利；但是，这时至少有一个人断然拒绝这一看法，他就是毛泽东。这个从江西丛林转战到西北沟壑的共产党领袖是自信的，其时，整个中国的政治军事情势，已然在他的掌握之中。

1947 年 2 月，最后一批访问延安的外国记者之一罗德里克[35]，对毛泽东做过这样一段记述：

> 毛泽东披着一条军毛围巾伫立在延安机场上，眼望着远处的峡谷，正在沉思。
>
> ……
>
> 毛的宿敌蒋介石的军队正在挺进，延安快要失守了。我在延安的任务已经结束了。
>
> 我说："毛主席，看来中国共产主义的前景确实黯淡，将来会怎么样呢？"
>
> 毛淡然一笑，想了想，就用我的中国名字称呼我，慢声地说："罗德烈，我邀请你两年以后到北平来看我。"[36]

毛泽东"进京赶考"，时间不早不迟，正好在两年之后。

这是一个天翻地覆的年头。毛泽东雄才大略，当此战马倥偬之际，他的目光早已越过战场，在未来新中国的疆域中游弋了。他延续从延安开始的文武两条战线的斗争，在国统区里提前整顿知识分子队伍，为新政权的确立扫清道路。

1948 年 1 月 14 日，毛泽东电告香港、上海地下党和文化机构："要在报纸上刊物上对于对美帝及国民党反动派存有幻想、反对人民民主革命、反对共产党的某些中产阶级右翼分子的公开的严重的反动倾向加以公开的批评与揭露……"[37] 在香港，共产党领导的左翼文化界率先批判《大公报》，说是该报的言论对国民党统治"小骂大帮忙"，装出"超然独立的姿态"，实际企图是"损害新势力和新中国在人民中的信心，而给旧中国统治寻觅苟存的罅隙"。[38] 郭沫若写了《斥反动文艺》一文，直接点了萧乾、沈从文、朱光潜等人的名字，并配以红、黄、蓝、白、黑几种颜色，给萧乾们贴上"反动文艺"的标签。郭沫若特别指出，今天是人民的革命势力与反革命势力短兵相接的时候，因此，凡事都得以"人民解放战争"的内战立场作为衡定是非善恶的标准。冯乃超撰文批判沈从文的散文《芸江的熊公馆》，直指沈从文为"地主阶级的弄臣"。邵荃麟、乔冠华（乔木）等人批判胡风关于"主观战斗精神"以及现实主义问题的思想观点的火力范围明显扩大。还有胡绳对路翎小说的批评，可以看作后来的意识形态斗争的一种预演。这些文章，都集中刊载在《大众文艺丛刊》前两期上面。

用《大公报》社评的话说，"在这天下滔滔，不归于杨则归于墨的情形之下"[39]，中国的自由知识分子何去何从呢？海外历史学家汪荣祖用"夹心饼干"形容他们的处境，评论说：

> 回顾历史，战后中国的自由主义者固有其严重的弱点，但对情势的发展，看得很清楚，并无幻想，只是他们的命运并未操在自己手中，万分无奈。自由与民主为极大多数的知识分子所欢迎，反对内战更是极大多数国人的共识。但自由主义者无法将此一共识，转化为有效的政治力量，更起不了领导作用。所以如此，除了自由主义本身的问题外，外在的恶劣环境，更不可忽视。国民党的专政固不利于自由主义的发展，美国对华政策亦属不利。至于内战爆发之后，日渐恶劣的社会与经济危机，更迫使自由主义者放弃许多自由民主的原则。最后在内战中成为"夹心饼干"被迫放弃中立。他们之中的大部分选择"左倾"，其实，他们对共产主义，并不曾一厢情愿地接受，只是觉得战乱中的中国，自由主义已不相干。与社会主义妥协，不仅可行而且是正确的。

到了1948年，政治的天平明显地向中国共产党倾斜，加速了"中间势力"，包括自由主义知识分子队伍的分化。在分化的过程中，国共两党都做了争取的工作，而以中国共产党的力度为最大。鲁迅说过，中国的知识分子"无特操"。所谓自由主义知识分子，其实并无"主义"可言，不出一年便全都一边倒了。

1948 年胡风在香港，与冯乃超、周而复在一起

比起一般的自由主义者，看似带有几分虚无色彩的无政府主义者的信念倒还算得坚固。就说巴金，他对国民党政府毫无好感，甚至是憎恶的。早在年轻时候，他就极力反对国安合作了，何况国民党统治每下愈况，至今已经到了不可收拾的地步。至于中国共产党，应当说，他同其他自由主义者一样存有戒心，即便尝试着接近，也不曾表现出投靠的热忱。四年来，中国共产党不断宣传美国式民主，实际上出于策略上的考虑，从本质上说，共产主义者与资本主义国家是格格不入的、敌对的，结果不是"别了，司徒雷登"吗？无政府主义的"原教旨"就是反对资本主义的，巴金对此在理论上也做过系统的阐述。就是说，在反对资本主义这个问题上，他同共产党方面颇有一致的地方。及至对美国的态度，由于有萨、凡事件在前，他早就"放下幻想"，把美国以至所有西方国家视同"反动的深渊"了。相反，中国共产党同苏联有着很深的渊源，直至 40 年代末，仍然没有完全摆脱苏联的控制。对于这种情形，巴金和其他中国知识分子都有着清楚的了解。应当特别指出的是，巴金反对苏联的极权主义的态度，在这

| 香港出版《大众文艺丛刊》

些知识分子中间是极其突出的。早年反对列宁、十月革命及"无产阶级专政"固不必说，在西班牙内战问题上，他也是认同国际无政府主义对苏联的批判的。一直以来，他不曾赞美过苏联，也不曾写过拥护中国共产党的文章。对于中国共产党，他于近期确实做出倾侧的姿态，但是，依旧原地踏步，并没有像多数的民主人士和知识分子那样向左转。说他在暗地里温习无政府主义的旧梦也好，说他出于生存策略也好，说他举棋不定、左右为难也好，他在几年间始终保持沉默不言，用传统的说法，样子有点近于"韬晦"。

到了 1949 年和 1950 年，巴金撰文做出归顺新政权的表态，前后看起来未免过于突然。从黑到白，这中间缺乏一层过渡色。可以认为，这是处在一种紧张而严厉的社会氛围里的政治态度的改变，而非思想观念的转变。一个不惧"灭亡"的激越的人、富于思考力的人，转眼之间变成了一个处处迎合主人、近于听差的角色。对于一个已过"不惑之年"的成熟的知识分子来说，这是不可想象的。按照正常的逻辑，在一个极短的时间内，他根本不可能发生如此彻底的改变。对此，唯一的解释只能是：他成了一个"二元主义者"。即表面上顺从听话，实际上并没有放弃几十年来所坚持的个人信仰，这就是无政府主义。至少，没有证据表明他已经完全放弃。

1948 年 5 月 1 日，中共中央发布了纪念"五一"劳动节口号，内容有"各民主党派、各人民团体及社会贤达，迅速召开政治协商会议，讨论并实现召集人民代表大会，成立民主联合政府"。同日，毛泽东委托潘汉年转交致中国国民党革命委员会主席李济深及主持民盟工作的沈钧儒的信，表达中国共产党愿同民主党派合作筹备政治协商会议的意图。5月5日，民革、民盟等八个民主党派和其他无党派民主人士在香港通电响应。随后，中共中央决定，将大批民主党派领袖、工商业家、文化界人士，先从西南、西北、华中、上海等地集中到香港，然后再秘密护送到烟台、大连，最后到河北西柏坡一地会合。

决战前夕，国民党也在抢运文化人到台湾。据说曾任国民党宣传部部长的张道藩已经为巴金准备了船票。1948年秋，在周恩来领导下从事统战工作的杨刚从香港来到上海，动员巴金前往解放区。杨刚在文生社出版过小说和长诗，谈话中说及全国文协大部分理事都已离开了上海，力劝巴金撤离，但是巴金终以家庭和书店的事务为由婉拒了。冬天，黄佐临为夏衍带信前来，说是希望巴金到解放区看看，巴金回答说是不能去，理由同样是家里的事情放不下。1949年春天，陈白尘再次带来夏衍的问讯，仍然希望巴金去解放区。据说巴金这样回答：自己不善于搞政治，不会讲话，也不喜欢见人，还是留在上海为好。同时，他还表态说：绝不会当"白华"，愿意接受改造，将来继续做点出版和翻译工作。

1949年1月23日，巴金致信鲍里斯·叶伦斯基时说："由于目前这个国家的形势，我现在不能寄你要的文章。自从去年11月份起，这个城市已经处在战争的恐怖之下，我们生活在军事管制中（尽管不是严格意义上说的这个术语），这里的人民不知道将有什么在等待他们：战争，还是和平？形势如此严峻，以致我不能写任何东西，至少现在是如此。"[40] 可见，巴金这时仍然处在焦灼的观望和等待之中。不能说他对于时局已经持有定见，不过，在未来可能的共产党政权下面，他相信对于不再过问实际政治的人来说，总不至于面临太大的威胁。

2月间，毕修勺和朱洗来到霞飞路找巴金。毕修勺因在抗战时担任国民党《扫荡报》主编、国家总动员会委员会简派参事和中央训练团指导员，眼见国民党政府大势已去，便打算同吴稚晖一起飞往台北。为此，毕修勺征询巴金的意见，巴金认为共产党不会算旧账，即使算，毕修勺也没有大罪恶，不至于有事。他劝毕修勺留下来，并且表示，如果一旦有事，他愿意和朱洗一起代为说话。最后，毕修勺听从了他和朱洗的劝告，取消了第二天与吴稚晖乘坐"美龄号"飞台的计划，留在上海。

事实证明巴金的估计过于天真。中华人民共和国成立后不久，毕修勺即遭到逮捕，在老家浙江临海一处被关押起来、判处死刑。幸好他的夫人情急中想到何长工，于是赶到北京求见。时任地质部党组书记兼副部长的何长工闻讯，马上找到周恩来。周恩来与毕修勺是留法同学，对毕修勺相当了解。抗战时，周恩来身为国民政府军委会政治部副主任，而《扫荡报》恰好是政治部属下的报纸，于是由他出面干预，才将毕修勺从枪口下抢救了出来。

巴金没有信守承诺为毕修勺说话，事实上他也没有机会为毕修勺说话。岂但如此，中华人民共和国成立后毕修勺的生命全"浪费在坐牢、劳改、受管制等迫害上"，当他历尽劫波，获得平反之后，巴金与他也没有恢复往来。环境迁流，人事升沉，恢复谈何容易。

首先，巴金要保存自己。在一个长期进行阶级斗争和政治运动的环境下，不要说保存名誉、地位和既得利益，仅仅为了获得一种"安全感"，巴金就必须放弃信仰、思想、社会关系等一切危险之物。在获取与放弃之间，巴金跟自己斗争了几十年，挣扎了几十年！

注 解:

1. 帕特里克·赫尔利(Patrick Hurley,1883–1963),美国军事家、政治家,曾任战争部长、驻华大使。

2. 小乔治·马歇尔(George Marshall, Jr., 1880–1959),美国军事家、陆军五星上将,参加过两次世界大战。曾任美国国务卿,战后提出"马歇尔计划",于 1953 年获诺贝尔和平奖。

3. 哈利·杜鲁门(Harry Truman,1884–1972),美国民主党政治家、第 33 任美国总统。

4. 巴金:《巴金全集》第 18 卷,人民文学出版社,1993 年,531 页。

5. 同上,691–692 页。

6. 巴金:《巴金选集》第 8 卷,四川人民出版社,1982 年,393–394 页。

7. 巴金:《巴金全集》第 18 卷,人民文学出版社,1993 年,536 页。

8. 周恩来:《周恩来政论选》第 1 卷,人民文学出版社,1993 年,379 页。

9. 梅志、晓风编:《胡风:死人复活的时候》,中国青年出版社,1999 年,31 页。

10. 奥斯卡·王尔德(Oscar Wilde,1854–1900),著名爱尔兰作家、诗人、剧作家。

11. 巴金:《巴金全集》第 9 卷,人民文学出版社,1993 年,338 页。

12. 巴金:《巴金全集》第 24 卷,人民文学出版社,1993 年,294 页。

13. 巴金:《巴金全集》第 22 卷,人民文学出版社,1992 年,271 页。

14. 巴金:《巴金选集》上卷,人民文学出版社,2005 年,263 页。

15. 巴金:《随想录》,作家出版社,2005 年,354 页。

16. 鲁迅:《鲁迅全集》第 13 卷,人民文学出版社,1981 年,86 页。

17. 同上。

18. 狄奥多·施托姆(Theodor Storm,1817–1888),德国作家,被视为德国现实主义的代表者之一。

19. 巴金:《巴金全集》第 17 卷,人民文学出版社,1993 年,244 页。

20. 鲁多夫·洛克尔(Rudolf Rocker,1873–1958),德国作家、无政府主义者。

21. 参见山口守、阪井洋史:《巴金的世界》,东方出版社,1996 年。

22. 原信为英文,收录于巴金:《佚简新编》,大象出版社,2003 年,43–44 页。

23. 巴金:《巴金全集》第 17 卷,人民文学出版社,1993 年,248 页。

24.《巴金与文化生活出版社》,未刊稿,今存上海鲁迅纪念馆。

25. 参见《吴朗西文集》;另有吴朗西:《我与巴金》《关于文生社》,未刊稿,今存上海鲁迅纪念馆。

26. 巴金:《巴金书简》,四川文艺出版社,1987 年,133 页。

27. 李辉、李存光、陈丹晨主编：《百年巴金：一个知识分子的历史肖像》，四川人民出版社，2003 年，154 页。

28. 巴金：《巴金全集》第 16 卷，人民文学出版社，1993 年，519 页。

29. 李辉：《萧乾传》，江苏文艺出版社，1993 年，278 页。

30. 李辉：《沈从文图传》，长江文艺出版社，2006 年，86 页。

31. 毛泽东：《毛泽东选集》，人民出版社，1964 年，1374 页。

32. 本文发表于《观察》（1947 年 10 月 25 日）。

33. 引文出自周恩来 1944 年 3 月 12 日在延安举行的纪念孙中山逝世十九周年大会上发表的《关于宪政与团结问题》的演讲。

34. 高狄主编：《毛泽东周恩来刘少奇朱德邓小平陈云著作大辞典》第 1 卷，辽宁人民出版社，1991 年，786 页。

35. 约翰·罗德里克（John Roderick，1914–2008），美联社特派记者。

36. 李辉：《在历史现场：换一个角度的叙述》，大象出版社，2003 年，200 页。

37. 毛泽东：《毛泽东文集》第 5 卷、15 卷，人民出版社，1993 年。

38. 胡绳：《为谁填土？为谁工作？——斥大公报关于所谓"自由主义"的言论》，发表于《华裔报》（1948 年 2 月）。

39. 见发表于《大公报》的《论宣传休战》（1948 年 5 月 30 日）。

40. 巴金：《佚简新编》，大象出版社，2003 年。

第七章

大转折

　　抗战胜利后，依旧战云密布。在 20 世纪 40 年代的最后几年，中国的知识分子普遍处在巴金给钟时信中所说的状态："等待与希望。"

　　随着时间的推移，国共两党势力彼消此长，成败之象日渐明朗。共产党加紧进行统战工作，动员一批知识分子取道香港，然后转往解放区；与此同时开展思想斗争，为日后的新政权奠定基础。国民党败退前夕，竟也不忘抢救知识精英，制订了一个"抢救学人"计划，拟用飞机接载到台湾，由蒋经国等三人小组负责执行。在知识分子中，这时大多数人对国民党政府已经丧失信心。1948 年 6 月 20 日《纽约时报》有报道说："北平一万多大学生一年前约有半数倾向共产党，这个比例到今年暑期已增加到 70%。教授中亦很多赞成共产党。有大部分教授本来稍倾向政府的，现在亦憎恶政府，已准备接受共产主义。"人心向背真是无可抗拒，整个国民党政权一下子就坍塌了，什么"抢运"计划只是一场梦幻。

　　知识分子大都以各种理由拒绝了国民党。除了巴金，在他的"三个最有才气的朋友"中，萧乾和沈从文也都是同样拒绝离开大陆。境外为沈从文直飞台湾的机票都准备好了，他并没有接受。萧乾收到英国剑桥大学友人的出国邀请，这位友人以苏联斯大林

沈从文

❙曹禺

❙萧乾

时代的肃反事实为依据，忠告他说"知识分子同共产党的蜜月长不了"，而他仍旧不为所动。至于曹禺，与老舍同在美国讲学，而今也一道应召归国了。

巴金与冰心于1933年认识，关系称不上亲密；中华人民共和国成立以后，多次一同到国外访问，及后引为"知己"。抗战时，冰心是国民参政会参政员，曾任"新生活运动妇女指导委员会"文化事业组组长，在蒋介石夫人宋美龄手下工作，曾极力称颂蒋夫人为"伟大的女性"，对蒋介石不乏褒扬之辞。战后，她随驻日军事代表团的丈夫吴文藻赴东京，后来接受中国共产党的指派，与地下党人一起策划起义，事后秘密归国。

等待是焦灼的。表面上巴金隐居在家，译述如常，事实上很有可能借此缓释内心的紧张情绪。这时，他最大的希望就是能够保持一个安定的生活和写作环境，让他刚刚垒筑的温暖的家庭不至于遭到外力的破坏。但是，这是可能的吗？虽然他劝说毕修勺留守大陆，而自己对于时局却不见得有很大的把握。他拒绝国民党，是因为早已把国民党看透了。他不去解放区，找了家累的借口，其实很可能是对于共产党仍然心存疑虑。长期形成的对苏联，对同样师从苏联的国共两党的敌意和戒惧，应当不会在顷刻间消除；何况，解放区发起的对他的熟人和朋友如胡风、萧乾、沈从文等人的批判，为现实政治的走向提供了新的案例。总之，巴金这时并不想介入政治，可是政治偏偏前来叩门。他无法摆脱精神上的困扰。

对于苏联和国际共产主义运动，他是有着深刻认知的。一个有着反对列宁、反对十月革命、反对苏联和无产阶级专政历史的无政府主义者，在新政权面前，难道是可以相安无事而逃脱惩罚的吗？对巴金来说，显然这是一个绕不开去的问题。

1949 年 5 月 27 日清晨，巴金接到在报馆工作的朋友来电，朋友告知他上海"解放"的消息。在致钟时的信中，"解放"一词是打了引号的。"解放"，无论是对巴金个人，还是对全体中国人来说，确实是一个具有重大意义的新词。他立刻把消息转告给友人，下午便约了黄裳出街，到文生社看了一下，随即到南京路看共产党的军队入城。

战争，还是和平？这时大局已定，"等待"的阶段结束，而"希

▎1949 年夏天，中国人民解放军占领上海，骑兵队伍在外白渡桥上走过

望"还来不及展现它的全貌。在给钟时等人的信中，巴金说及他所感受到的"新气象"，唯是秩序的恢复、币值的稳定、物价的回落；在社会改造方面，则有消除腐败、缩小贫富差距，以及对劳动的尊重。他注意到少数负责干部"思想狭隘"，没有说具体内容，大概同集权和专政有关。至于个人，只是草草说到经济状况，只字不提安身立命的大事。等到正式参加了几次政治活动之后，他便将长期保持的同海外的无政府主义者的通信关系完全掐断了。

巴金同所有的知识分子一样，被时代的大潮推着走，根本无从左右自己的命运。在一个严整的大一统的世界里，没有选择，只有被选择。结果将会如何，巴金不知道，他的朋友也不知道。

就在这时，巴金接到何其芳从北平的来信，问及近况，表达一种关切之情。这封信对巴金来说是重要的，因为它是来自解放区的第一个问候。晚年回忆何其芳时，他还提及这封信，说到当时带给他的亲切温暖的感受。接着，多年不见的朋友黄源穿着军装到访，这是使他感到特别踏实的一件事。因为这时，黄源已经是上海军管会文艺处的负责人了。再接着，他收到周恩来发自北平的电报，邀请他北上参加全国第一次文学艺术工作者代表大会。

这个信息直接来自中央政府，因而带有某种权威性。至少，巴金被告知：他并没有被排除在"革命队伍"之外，从现在起，他已经获得新政权的信任了。

国内战争尚未结束，共产党就在政治思想战线上发动了另一场战争。而且，一开始马上进入高潮。当毛泽东的战友还在温习"新民主主义"课程的时候，他早已提前揭开了社会主义的新篇章。

从1949年到1950年下半年，全国最早在大学展开政治学习运动；以此为出发点，迅速转入更大范围的知识分子思想改造运动。

在原来国统区的地方，组织教师和知识分子学习政治不是没有阻力的，不少人不能接受"改造"一词，他们甚至把政治学习同国民党

▎毛泽东向全世界宣告中华人民共和国成立

▎1949 年 12 月 16 日，毛泽东抵达莫斯科车站

时代的"党义课"等同起来。陈叔通就是一个例子。他说:"凡国民党之所为,令人头痛者,皆亦反道而行之,否则即引人反感,而令人受训,正是国民党令人头痛者也。"[1]清华大学生物系教授崔之兰说:"我最痛恨共产党提知识分子改造。"[2]张东荪反对思想改造有他的一套理论,宣称文化上没有自由主义,政治上就没有自由。他认为,中国接受西方文化已有几十年历史,由此催生了一种自由精神的萌芽,必须让它保存下来,而不容摧毁。他表示在日常生活方面,他可以成为体制内的一员,但在思想方面,依然"嗜自由不啻生命"。他的学生叶笃义在共产党成立三十周年大庆时,劝他写一篇庆祝文字,他坚持不写,说是要保持他的"沉默自由";在再三劝说之下,才勉强写了一首打油诗。自然,像这样的顽固分子,被革除教职,以致最后住进监狱都是必然的事。据《光明日报》报道,当时上海、南京地区参加学习的教师中,存在怀疑和对抗思想的几乎占了一半[3]。

新政权庞大的政治资源,如群众、传媒、行政措施等,足够使不驯的知识分子就范。最有影响力的知识分子,最早做出公开检讨。像朱光潜和冯友兰,他们在 1948 年 11 月底便将检讨在《人民日报》发表出来了。他们都同国民党发生过政治关系,存在所谓"历史问题",在运动中被列入重点批判对象,所以承受的压力特别大。冯友兰和金岳霖是老朋友,在运动中,金岳霖很快过关,而冯友兰检查多次仍未通过。据说金岳霖去看他,本是慰劝,但是乍见之下,两位哲学家竟禁不住相抱痛哭。一年后,冯友兰又发表了《一年学习的总结》,并下乡参加土改,还特意给毛泽东写信,希望给他一个改过自新的机会。

1950 年 6 月 6 日,毛泽东在中共七届三中全会上正式提出:"对知识分子,要办各种训练班,办军政大学、革命大学,要使用他们,同时对他们进行教育和改造。"前哨战早已打响,宣传攻势铺天盖地,这时运动战才正式开始。

从 1948 年 8 月到 1950 年,全国有 57 所革命大学和训练班,一

1949 年 9 月，巴金在全国政协会议期间与文艺界代表合影。前排左起：艾青、巴金、史东山、马思聪；后排左起：曹靖华、胡风、徐悲鸿、郑振铎、田汉、茅盾

北京北郊召开控诉、宣判、处决反革命分子大会

共集训旧军政公教人员 47 万人，其
中有大批知识分子。革命大学以华北
大学规模最大，最有影响，当时的口
号是把学校建设成为"思想战场""政
治工场"。运动开展以后，"改造"的
方式变得益发激进，甚至使用党内斗
争的方法。有的大学提出"把思想
解放战争进行到底"的口号，连哲
学家艾思奇也在报上提出，知识分子
"'脱裤子'要彻底，把最后的遮羞布
也要去掉"。

镇压反革命宣传画

　　1951 年 10 月，毛泽东在全国政协会议第一届全国委员会第三次
会议开幕词中强调指出："思想改造，首先是各种知识分子的思想改
造，是我国在各方面彻底实现民主改革和逐步实行工业化的重要条件
之一。"从此，知识分子思想改造运动在全国全面展开，其中包括文
学界。

　　与此同时，国内正轰轰烈烈地开展土地改革和镇压反革命运动。
知识分子思想改造运动，就在疾风骤雨式的革命暴力背景下展开。
1951 年 11 月 30 日由中共中央发出的《关于在学校中进行思想改造
和组织清理工作的指示》，以及随后发出的《关于在高等学校中进行
批判资产阶级思想运动和准备进行清理中层工作的指示》，都是采用
延安整风的方式，对于知识分子在运动中能否"过关"，做出有着具
体的比例数字的规定。运动中，仅北京大学就有七个人自杀身亡，沈
从文也是从自杀中被抢救过来的，可见精神压力之大。

　　在密集的政治运动之上，一个新的社会结构和管治体制建立起来
了。从此，没有单独的所谓"个人"，也没有传统意义上的家庭，所
有社会成员都分别进入单位组织内，成为"单位人""公家人"。这是

上海市店员举行"五反"运动代表会议

一个带根本意义的变动。

"单位"是国家借由分配社会资源，并以此实现社会控制的形式，也即韦伯[6]所称的一种"组织化"的统治形式。因此，单位组织既是一种结构，也是一种体制。人们的收入、地位、各种资源的获取，很大程度取决于所在的单位组织；而单位组织的所有制性质、行政级别、从属关系等，又近乎先定地划分了不同的层级，从而构成一个层级差序的社会，最高权力归于党和国家。

美国历史学者杜赞奇[7]认为，单位作为一种组织化的国家统治体制，其意义类似传统中国社会中的家族。他指出，在现代中国，将个人和国家联系起来的是单位，而单位和国家之间的关系是二者的一体化。他的比方有一个缺陷之处在于，中国的传统家族相对于国家有相当大的独立性，而单位与国家的关系却是密不可分。如布鲁斯[8]所说，这里存在着一种"依赖性机构"，即下级对上级的依赖，个人对单位的依赖，单位对国家的依赖。国家将一切权力掌握在自己手中，以致基本上与社会重合。

在依赖性结构中，国家通过其国有和集体单位分配它所控制的社会资源和社会机会，赋予单位以生产、生活、思想、政治等全面的功能，对所有社会成员实行全面管理。所有的社会组织，包括党组织、工会、作协，各种社会团体，几乎无一不是以单位组织为基础组织起来的，因此，国家可以借助于对资源的占有和单位组织分配资源的功能，保留它对单位运作，以及对单位成员从工作到生活各个方面进行干预的权力。在任何一种依赖情景中，通过服从，然后换取资源、利益和机会，个人如此，单位也如此。实际上，个人的单位化、国家化要先于生产资料公有制。首先是政治伦理关系的变动，然后才是生产关系的变动。这种借由"单位"发生的个人关系及身份的变化，不但确保了知识分子改造运动的顺利进行，其他各项政治运动，一旦发动起来也都因此得到一样的强有力的推动，风从草偃，势不可挡。

新政权建立之初，中国大体上搬用苏联的建制。第二次世界大战时，中国共产党与美国一度有过接近，后来敌意扩大了，尤其在1949年以后，包括朝鲜战争，基本上消除了中美合作的可能性。在和平建设时期，苏联是国际上唯一可以提供军事经济援助和管理经验的国家。

本来，中共与苏联有着很深的历史渊源。众所周知，它是由共产国际特派员按列宁主义的民主集中制的原则指导创建起来的一个组织。美国政治学者詹姆斯·汤森和布兰特利·沃马克合著的《中国政治》一书分析说，中国共产党人的政治行为和休制足以契合集权主义模式，其中说到四个基本特征是：统一的官方意识形态，单一的大众政党，对传统媒介的管制，由中央掌握调配的计划经济。作者特别指出：中国共产党从列宁主义结构中汲取了关于专政的观念，这一观念认为，尽管与其他政党和阶级的合作在革命初期也许是必不可少的，但革命政党必须最终以无产阶级的名义掌管实际的政治权力[9]。

西方学者在分析中国政治的时候，往往套用国际共产主义运动的共同框架，而容易忽略中国共产党根植于中国政治文化传统的特殊性或独创性。不过，在50年代初期，年轻的共和国确实搬用苏联的模式。毛泽东号召向苏联学习，于是，中国加速工业化、农业集体化，实行"统购统销"，制订"五年计划"，政治、军事、文化教育无一不是袭用苏联集权式的做法。50年代有一个响亮的口号是："苏联的今天就是我们的明天。"苏联现象在中国随处被复制，包括在知识界。

1949年7月2日，第一次全国文学艺术工作者代表大会在中南海怀仁堂召开。

巴金从来没有参加过这样庄严、盛大的会议，所有的作家也不曾经历过。这是一个近千人的大会，充满了政治色彩；在新国家还来不及正式宣布成立之时，会议已经充分体现了国家意志。大会揭幕日，朱德代表中共中央到会致贺词。几天后，周恩来在会上专门做了一个长篇的政治报告；同一天，毛泽东亲临大会并讲了话，全场鼓掌长达半小时之久。会议期间，有《红旗歌》一类文艺演出。19日，大会在全体代表高呼"全国文艺工作者团结起来为工农兵服务""中国共产党万岁""毛主席万岁"的口号声和奏乐声中闭幕。

从3月份开始，会议就由一个"筹备委员会"进行准备了。其中一项工作，就是确定受邀代表的名额，并实行分配。代表有两种："当然代表"和"聘请代表"。所谓"当然代表"，囊括了解放区及国统区文艺界的头面人物；"聘请代表"又分两种，由解放区的文艺领导干部和一般文艺工作者组成。及后，又增补了八十九人，可见组织的缜密，而且是分等级的。胡风原是作为筹委会发起人之一，名列由八人组成的文代会章程及重要文件起草委员会，表面上看来，被安排在一个较为显著的位置。巴金只是作为上海代表团的成员赴会，到京的次日，被纳入主席团常委会，多少算得上重要角色。

▌1949 年在第一次全国文学艺术工作者代表大会上。左起：毛泽东、周扬、茅盾、郭沫若

大会前一天，是中国共产党成立二十八周年纪念日，会期的选定显然带有深刻的寓意。其实 6 月 30 日的一天，与会代表已经开完了预备会，还给毛泽东、朱德发了庆祝党的生日的电报。翌日却并不开会，而是让全体代表参加北平市的"七一"纪念大会。就这样，巴金头一次接受了集体的政治洗礼。

会议最重要的是确立党在思想上和组织上对文艺的领导作用，把毛泽东文艺思想作为文艺的总方针，重申"工农兵方向"的重要性，建立统一的文学机构和领导方向。

会上，巴金和代表们听取了周恩来、郭沫若、茅盾和周扬等人的几个报告。周恩来的政治报告，基本上在阐发毛泽东《在延安文艺座谈会上的讲话》（简称《讲话》）的精神，一是强调党的领导，二是明确"毛泽东文艺方针"。茅盾的报告是对国统区文艺的总结，重点反省和检讨存在的"问题"，指出这部分作家进行思想改造、"向时代学

巴金与周扬

习，向人民学习"的必要性。报告重提几年前关于《论主观》的讨论，并看作是存在的问题之一；"附言"中简要说明报告的起草情况，特别提及胡风坚辞、拒绝参加起草工作，有意给代表留下一个"疑窦"。周扬做关于解放区文学运动的报告，介绍解放区文艺的成就，总结创作经验，阐明延安文艺的开创性，《讲话》的经典性、权威性、唯一性。报告力图说明解放区文艺是"真正的新的人民的文艺"，从而把文艺配合政治任务，宣传党的政策的一整套做法法则化、普遍化，并合理地延伸为"新中国的文艺的方向"。

报告把中国文学分为解放区和国统区两部分，而会议代表同样包括了这样两个部分。这是色彩很不协调的两个部分。翻译家魏荒弩忆述说：在郭沫若、茅盾等报告完后，民革代表邵力子上台发言，刚说了几句，因话中提到孙中山的名字，立即遭到台下何其芳和赵树理等人的厉声斥责，而这时，台上台下竟然无人制止，一片鸦雀无声。对此，魏荒弩感叹说："初识老区来的'斗争精神'，不禁为之敬畏不已！"胡风致艾青信中还说到，何其芳在文代会后说：不能给国统区作家有创作机会。解放区作家有一种共同的优越感，相形之下，国统区作家是孤立的、自卑的。巴金到了晚年，还曾对人说过，当时他在会场上看见那些穿军装开会的作家，心里就有一种"自卑、惭愧"的感觉。

从会前会后人事的变动可以看出，随着举国统一的政治文化体制的建立，排除、淘汰一批知识分子是不可避免的。

最突出的是几位被大家视为鲁迅"弟子"的窘境。在冯雪峰身上潜伏的危机，这时还没有表现出来，但是，他显然已经无法获得30年代组织对他的那种信任，他开始被"边缘化"了。

萧军负气离开延安回到东北之后，主编《文化报》，遭到长达数月的公开批判，被加以"反苏、反共、反人民"的罪名，由中共中央东北局决定停办，他所创办的鲁迅文化出版社也随之停业归公。对萧军的批判，很快造成全国性的影响。上海大众书店编成《萧军批判》一书出售，封面有一幅漫画，画的是一头牛，胸脯插着两把匕首。文代会前夕，萧军到了北京，会见从前文艺界的朋友时，"发现过去的朋友全已成了敌意的存在"。人们疏远他、回避他、歧视他，使他产生一种"家族以外的人"的感觉。这些人中间，就包括许广平、丁玲和胡风。

比较1949年1月20日胡风和萧军两人同一天的日记很有意思：

胡风记道："萧军住在文协。见面后谈话时似忍不住流泪。"[10] 萧军记道："胡风来了，大家见了觉得很酸楚，他较过去憔悴而苍老，也瘦了。除开谈一些普通的话而外，我不愿提到别的，他似乎也避免问到一些事。……大家表面全似乎表现得很欢快，但心中是各想各人的事。"[11]

情况是：（一）两人同时陷入困境；（二）朋友间不是相濡以沫，而是虚伪敷衍，相当隔膜；（三）拒绝和回避同类，以求自保，普遍存在一种侥幸心理。

萧军被排除在文代会的名单之外，在文艺界，应当是一个很重要的信息。巴金出版过萧军的多种作品，虽然没有过多私交，仍然不能不引起他的关切。大会上，主管东北宣传工作的刘芝明对萧军进行"缺席审判"，完全是一种"专政"的口气。刘芝明在题为《东北三年来文艺工作初步总结》的报告中说："萧军的反动思想正是反映着东北的垂死的封建主义、官僚资本主义的最后挣扎，其思想本质正是一些上层小资产阶级的反动分子和封建官僚资产阶级结合起来企图打入革命的思想战线中，保持一个地位并散布于人民有害的毒汁，但这个是被揭穿了，是被打垮了。"[12]

　　受到同类的敌意的规避和谴责，萧军可以忍受；但是因此连累到

▎1952 年萧军在北京市文化局文物组工作期间的写作室

工作，其实也即生计问题，却不得不求助于"组织"了。在延安，当他同组织闹翻的时候，还可以跑到僻远处开荒种地，如今普天之下，莫非公有，已经没有一块可容私人立足之地了。他两次找周扬，请求安排工作，均碰壁而返，只好一再写信给北京市市长彭真，历述生活困难，希望"代寻"一份普通工作，结果被安置到北京市文化局文物组。两年后，他上书毛泽东，才得以获准出版个人的著作。

　　比起萧军，胡风的情况其实好不到哪里去。自从 1948 年香港中国共产党组织发起对他的批判之后，各种不利于他的流言便没有断绝过。表面上挂了些荣耀的头衔，譬如让他进入文代会报告的起草班子，他自觉是不被信任的、被排斥的。杨晦等人起草的报告草稿，就有批判他的内容，以他敏锐的触角和鲠直的个性，当然不会周旋于其中，而决然退出起草委员会，并且随后拒绝了《文艺报》主编的职

衔。本来，对于应否承担某项工作，个人完全有自由选择的权利，但是现在没有了。环境条件已经起了根本的变化，所有人都会从"组织""集体""大局"出发要求他、批判他，斥之为"骄蹇""狭隘""宗派主义"等。然而，最具有反讽意味的是，胡风在大会发言中居然大谈"团结"！

此前，胡风曾经高调批评过巴金，而巴金也做过不太客气的答辩，由于彼此都没有恶意，因此日后还能维持一般的友好关系。这一年，因为赴京开会，两人曾经两度同行，但也不见得有更密切的接触。对于胡风在文代会的报告中被翻起关于"主观"的旧账，巴金应当是有所警觉的，所以在胡风眼中，似乎也就变得更加"世故"了。其实，除了极少数的朋友和青年诗人，文坛上有头有脸的人物都在远离他。

散会后，胡风困留北京，等待周恩来总理的接见，一者希望安排合适的工作，二者伺机替"痛苦的文艺战线打开一条小缝"[13]。

可是，希望一天天地黯淡下去。焦虑中，他不惜为文造情，写作长诗《时间开始了》，大颂特颂新中国。事实上，他陷入寂寞和苦闷中，根本无力自拔。用电影导演蔡楚生的话来描述他，这时是"常在醉乡中找寻解脱"[14]。无路可走的境地造就了两重人格：既表白忠诚，反过来又嘲讽这忠诚。10月28日，他写信给夫人梅志说："太平犬，从前的人想往而不可得，今天我们是得到了的。不过，是犬，总不会有太平日子，时不时难免有人提几棍子。"[15]11月16日，又在信中写道："我们多么可怜，献出心去还要看人家要不要！"[16]

在此期间，有读者写信给《人民日报》文艺部，提问道：如果鲁迅活着，党会如何看待他？编辑李离等收信后，转请国务院文化工作委员会主任郭沫若答复。郭沫若回答说：鲁迅和大家一样，要接受思想改造，根据改造的实际情况分配适当的工作。

如果在1949年以前做出这样的回答是不可想象的。然而，世易时移，至今确实没有任何人可以独立生存于体制之外。知识分子的改造是一个统一的过程，对于曾被毛泽东称为"现代圣人""旗帜"和"方向"的鲁迅来说尚且如此，更不必说萧军、胡风之流了！

比较之下，被郭沫若斥为"一直有意识的作为反动派而活动着"[17]的沈从文更是在劫难逃。从前，他曾鼓吹"第四条道路"，现在除了彻底投降，连第二条路也没有。在新政权时期，每个人的命运，很大程度上取决于此前的社会地位、生活状态和基本立场。简言之，这叫阶级属性，它不是由自己说了算，而是由"群众"和"组织"评判决定。这种情形，用沈从文的话来说，或者叫"偶然"，或者叫"凤命"。

这个行伍出身的人变成文人之后，本来可以好好地写他的小说，当他的教授，不幸染上了政治病，整个战后时期几乎不写小说，专一做起政论家来了。周有光说："解放前中国知识分子大多倾向共产党，而沈从文感到恐慌。"[18]他唯恐有人"操纵红绿灯"，曾著文《中国往何处去》，预言说，"中国往何处去？往毁灭而已"；"我们为下一代准备的，却恐怕是一份不折不扣的'集权'"[19]！1948年11月28日，他有信给大哥沈云麓，说："大家都心情沉郁，为三十年所仅见。二百万人都不声不响地等待要来的事件。真是历史最离奇最深刻的一章。"[20]他深感在"新时代"里将写作无望，在这一年的最后一天，给同学写一条幅，落款即"三十七年除日封笔试纸"。

更为不幸的是他开罪于郭沫若，特别是挑剔战时由郭沫若领导的政治部第三厅的设置和经费问题，郭沫若干脆指为"造谣"。作为沈从文的连襟，周有光称沈从文自己讲的，"郭沫若对他很不好"[21]。所谓"如鱼饮水，冷暖自知"，沈从文应当很清楚，郭沫若对他的批判，不是没有个人的因素羼杂其中。

1949年开头几天，北京大学教学楼挂出"打倒新月派、现代评论派、第三条路线的沈从文"的大横标，校内又以大字报的形式抄贴出郭沫若的名文《斥反动文艺》。紧接着，他收到一封匿名信，打开

1949 年 9 月，在北平。左起：马思聪、胡风、巴金

一看，信笺没有称呼，也没有署名，只是大大地画了一颗子弹，下面有一行字："算账的日子近了。"他原来的精神已经被弄得很压抑、很紧张，在旧作《绿魇》文末写下："我应当休息了，神经已发展到一个我能适应的最高点上。我不毁也会疯去。"[22] 而这时，他便变得更紧张了。

　　在孤立中，沈从文感到困惑：从前那些养尊处优的人，共产党来了仍然可以在社会的上层活动，而他这个当过多年小兵的乡下人，为什么现在连个归队的机会也没有？究竟自己犯了什么罪过？他渴望共产党里面的老朋友如丁玲、学生何其芳能够和他见面，实际上是想通过这些人获得平安无事的信息。可是，他所想望的人物非但没有出现，而且后院起火，用妻子张兆和的话说，全家人都"觉得他落后、拖后腿"，责怪他、疏远他、嫌弃他。沈从文私下称张兆和为"政委"，显然政见不同，而张兆和把握了全家的方向，黄永玉称她是沈家的"一位高明的司机"，孩子都跟着她走。风雨袭来，他便完全失去了荫蔽。正如他这时的文章题目所言，"政治无处不在"。他想不到政治竟然侵入了他的家庭。

同巴金一样，沈从文非常爱护他的家庭。1948 年，沈从文在西南联大的旧同事、国民党政府代理教育部部务的陈雪萍飞抵北平"抢救"学界精英，愿意为他全家提供南下机票，由于张兆和及大儿子龙朱对新政权抱有信心，主张留在北平，"一动即破家"，这样他就留下来了。

1949 年 1 月 29 日，正是大年初一，他复信张兆和说："我很累，实在想休息了，只是为了你，在挣扎下去。"[23] 次日在张兆和信上写下批语道："给我不太痛苦的休息，不用醒，就好了""我看许多人都在参与谋害，有热闹看"[24]；又写道："完全在孤立中。孤立而绝望，我本不具有生存的幻望。我应当那么休息了。"[25] 2 月 2 日，他有信给张兆和说："我不向南行，留下在这里，本来即是为孩子在新环境中受教育，自己决心做牺牲的！应当放弃了对于一只沉舟的希望，将爱给予下一代。"[26] 至于他自己，则说："我能挣扎到什么时候，神经不崩毁，只有天知道！"[27] 又说："根据过往恩怨，我准备含笑上绞架。"[28]

其实，从 1 月中旬开始，沈从文就已经出现精神问题了。28 日他到清华园金岳霖处静养，然而，周围的友情也未能解救他。在金家，他在笔记本上写下三篇文稿。其中，《一个人的自白》开篇便写明，这是在"求生的挣扎与自杀的绝望"中留下的文字。《一点记录》写道：

> 我的甲胄和武器，我的水壶和粮袋，一个战士应有的全份携带，都已失去了意义。一切河流都干涸了，只剩余一片荒芜。[29]

沈从文在文中向有限的几个"熟人"诉说他的无望处境：一切都在失去，特别是为他所爱的"家"，在他看来也都不复存在。他写道："我曾经有了个家，已十六年。这时节看来，竟像对我毫无意义。我并非为家而存在，这个家也不是为我而存在。"这时，他想起逝去已久的母亲，哭喊着写道："母亲，你在什么地方？……"一个中年汉子，自诩为"战士"的人，顿时成了孤独无助的孩子。

接连几个月精神不安，到了这时，他挣扎着再也支持不下去了。他得了"迫害狂"，时而开朗，要下决心改造自己，追求新生；时而忧郁、疑惑、悲观，说人家要迫害他，闻狗吠声不已。后来他常常对人说，不如自己死了算了。3 月 28 日上午，他用剃刀划破颈部和两腕动脉，又喝了一些煤油自杀。孩子回家时，发现他已深度昏迷，立即送医院急救。几天之后他醒过来，还怀疑进了监狱，大喊"我要回家，我要回家……"，随后被送往一家精神病院疗养。

4 月出院后，北大国文系已不再安排沈从文的课程。这时，北大博物馆从市内迁至东厂胡同新址，他自愿带病前往工作。他需要获得重新工作的机会。

8 月，他的人事关系正式转入历史博物馆，分配到陈列组，做布置陈列室、编写文物说明、抄卡片、清点库房文物一类工作，甚至当讲解员。在身体恢复之后，思想和心情仍然处于病态之中，如他所说的悲剧转入静谧。（一）他自觉过去对于文学的观念已被摧毁，搁笔是必然的；（二）三十年朋友不仅陌生，而且从疏隔转变成忌恨；（三）家庭依样生疏，孩子如同路人，和一切幸福隔绝。在张兆和入华北大学住校学习后，他有信给丁玲，说自己"是一个牺牲于时代中的悲剧标本"，并表示为了"补救改正"，放弃文学创作并不足惜。他最担心的是，张兆和和孩子会因政治进步而离开他，诉说道："这个家到不必须受革命拆散时，我要有个家……"他觉得和一个"群"的哀乐完全隔绝，凡事无份；孤立、彷徨，不知道自己遗落在一个什么位置上，等待什么，希望什么。

沈从文和萧军一样，都被取消了作为文代会代表的资格。在缺席会议的情况下，茅盾的报告列举国统区同进步文艺对立的几种思潮，其中"与抗战无关论""战国策派"都同沈从文有关。

巴金在文代会期间，曾与王辛笛、章靳以、唐弢一起看过沈从文，印象中，他见到他们时"很害怕，很紧张"。第二次到北平，巴金又同萧乾看望过他，印象还是那样。四十年后，巴金形容说是"战战兢兢，如履薄冰，仿佛就要掉进水里"[30]。巴金知道沈从文在这时是多么需要有人拉一把，但是自己并不曾伸出手去，其实他的所有朋友都不曾施以援手。

巴金成了旁观者。

他回忆自己没有站出来替沈从文讲话时，说是："我不敢，我总觉得自己头上有一把达摩克利斯的宝剑。"[31] 他多次提到这样一把剑，这把剑就是无产阶级专政。50 年代初，它的矛头被"新民主主义"包藏了起来，但是在现实中已经足够显示出苏式的锋利。这把剑，随时可以指向他曾经作为无政府主义者的反苏反共的思想，因此，他必须伺机及早卸下这个历史包袱。

临到大会发言，同样是两种调子。解放区作家作为"改造"的过来人，纷纷介绍经验，调子是高亢的。其实，早在延安整风时期，他们便已留下不少这类"思想检查"的范本。周立波写了《后悔与前瞻》，何其芳写了《改造自己，改造艺术》，丁玲写了《关于立场问题我见》，诅咒自己的过去，说"旧知识分子"如何的"坏脾气"，如何像"半人半马的怪物"，如何做一个"投降者"、拔去自尊心、缴出自己的甲胄，然后表明"脱胎换骨"的决心。这次大会发言的有赵树理、陈学昭、柳青、草明、杨朔、康濯、碧野等人，过程由旧入新，叙述先抑后扬，颇像复制的延安文本。但是，对国统区作家来说，却不失示范的意义。

国统区作家的发言，包括会前会后发表的各种"感言"，总的来说是谦抑的，或者自赎，或者颂圣，又或兼而有之。郭沫若作为文化班头，发表《向军事战线看齐》，作为一种号召又另当别论。叶圣陶发表《祝文代会》，郑振铎发表《文代大会的前瞻》，冯至发表《写于文代会开会之前》，都属于歌颂性质。冯至写道："在广大的人民面前要洗刷掉一切知识分子狭窄的习性。这时听到一个响亮的呼声，'人民的需要！'如果需要的是水，我们就把自己当作极小的一滴，投入水里；如果需要的是火，就把自己当作一片木屑，投入火里。"表达的是一种责任感、一种牺牲精神。胡风在会前发表所谓"代祝词"，不谈《讲话》，不谈方向，只谈"团结"。曹禺是既要团结，又要斗争，以保证"全体的进步"，意思是照顾大局的。比较之下，巴金的发言低调得多。

巴金的题目是《我是来学习的》，作为发言稿发表在《人民日报》上，关键词"学习"是一个新词，明显是对于茅盾的报告的响应[32]。

他开始便声明说，"我参加这个大会，我是不发言的，我是来学习的。"发言虽然简短，却有意透露几点信息。（一）"学习"是有收获的，"的确得到了不少的东西"。（二）自我评价："我常常叹息我的作品软弱无力，我不断地诉苦说，我要放下我的笔。"在此后三十年间，这种自贬之词不断重复并扩大。（三）歌颂解放区作家："现在我发现确实有不少的人，他们不仅用笔，并且用行动、用血、用生命完成他们的作品。"（四）美化体制性会议，以他惯常使用的"家"的意象——此时代表"温暖"——做比喻，说"每次走进会场总有一种回到老家的感觉"，"仿佛活在自己的弟兄们中间一样"，"自由，坦白，没有丝毫的隔阂，好像七百多个人都有着同样的一颗心似的"。几乎与此同时，《人民日报》发表了他的另一篇感想文字，和冯雪峰、白杨、梅兰芳等人的感言一起编在同一个栏目里。

1950 年 5 月 5 日，事情过了大半年，巴金在上海《文汇报》发表《一封未寄出的信》，说是在文代会上要他在大会上讲话，他"逃走"了。意思是，现今诉诸以信件的形式，实际上是一个补充发言。信的内容，其实在《我是来学习的》一文中已经表述过，只不过把对解放区文艺工作者的赞扬加以放大，并表态说为此感到"骄傲"之类罢了。7 月 24 日，他又在《文汇报》上发表《"会"把我们更紧密

地团结在一起》的文章，同样重复先前的关于"会"的颂歌。他写道："'会'，'会'是我的、我们的家，一个'甜蜜的家'。……我需要友爱，'会'要给我温暖；我感到能力薄弱，'会'要给我帮助。离开了'会'，我只是孤立渺小的个人，生活在自己兄弟姐妹的中间，我对工作有更大的信心。'会'把我们大家更紧密地团结在一起，'会'加强友爱的空气。""会"一方面是集体的象征，巴金在此表现出对集体的皈依；另一方面，"会"又代表了一种价值，一种资格、荣誉和地位，萧军、沈从文等人不就未能与会，无"家"可归吗？

因此，巴金在文章中把自己说成是"受惠的人"。对于 1949 年之后政府给予他的待遇，显然他有一种满足感、一种"知遇"之恩；用他的话说是，"有一种负债未偿的感觉"。他不厌其详地说："好比一个人在无意间受到了别人的恩惠，他当时不知道，施惠的人也不曾觉得，可是有一天受惠的人明白了，他想表示一点谢意，也不过是为了使自己心安而已，对别人并无好处，对施惠的人更说不上报答。"如果作为一个无政府主义者看问题，如常的生活和写作，是他固有的权利，他并没有因此额外地得到什么"恩惠"。但是，如果自认是一个背负着历史包袱的"罪人"，站在新政权的门槛上等候发落的话，那么现今的结论是，不仅对过去未曾追究，反而获得相当程度的奖赏。这种意外的信任，则确实要让他无比感激的。

需要弄清楚的是：这时，巴金在内心深处，是已经完全改变了一个无政府主义者原有的信念呢，还是在一个历史转折关头一种应对"出关"的策略，一种为保护自己及家庭所做的拟态？

在全国作家中，像巴金这样一年内一共发表四篇内容重复的表态文章，应当是少有的，可见其内心的紧张和过关之后幸免于难的欣悦。他的表态，归根到底是两个字：服从，也即他说的"投降"。他晚年回忆说："1949 年后，既然这是为人民拥护的政权，我就向人民投降，接受改造。我希望能改造自己成为人民所需要的。"一个无政府主义者向新政府无条件"投降"，在这里，他用无政府主义者和共产主义者同样喜欢使用的大词"人民"指代和置换"政权"，无论对于自己或是对于社会的任何一个面向，都显得特别正大堂皇。但是，细看他的表态文字，他只是把手高高举起来，却不见缴交从前使用的武器，包括伴随他多年征战的军用行李包。假如是彻底投诚，为什么他始终不敢揭开反对苏联十月革命、反对无产阶级专政、反对列宁、斯大林，以及反对中国共产党的旧账？为什么不敢提及历来信奉的无政府主义的错误思想，甚至连"无政府主义"一词也都极力避讳？事实上，他仅止于政治表态，一味输诚而已。对于以苏联为榜样的新政权，他毕竟有所顾忌，他不敢暴露他曾经作为批判家的历史和内心的真实想法，他需要藏匿、需要有所保留。

在众多朋友中间，他敢于倾吐的对象或许只有曹禺一人。一者，他于曹禺，亦师亦友，曹禺对他的发现和支持是感谢的；二者曹禺是一个胆小谨慎的人，不容易惹祸；三者，曹禺与周恩来总理私交甚厚，是一个有背景的人。所以，曹禺去世以后，巴金要陈思和去找曹禺的夫人李玉茹，希望能把曹禺留下的日记、讲话和文稿整理出来。据陈思和说，巴金始终认为，曹禺真正的心里话还没有公开说出来。可以知道，他对曹禺是了解的、有话可说的，但对于其他人未必如此。晚年他回忆起沈从文对他的小说的批评时，就说，他不会对沈从文说"真话"。

曹禺的女儿万方说曹禺"永远被锁在门的里面"[33]，其实巴金同样如此，许多中年以上的知识分子都大抵如此。阶级斗争的严酷"环境"使他们不敢袒露自己，从这时开始，人与人之间确实筑起了高墙。巴金到了晚年也并没有完全地把门打开，打开的只是一道门缝而已。我们窥见其中的一部分，外面的一部分，还有更多的部分仍然被锁在里面。万方说，曹禺竟至于"用惯常的、虚伪的方式表现他的那种真诚"[34]。其实，巴金从 1949 年开始，在历次运动中的"真诚"表态，都带有同样的"虚伪的方式"。他们活着，都需要自我保护。人为的"阶级斗争"扭曲一切、粉碎一切，它将逐步消灭真诚的人、正义的人、勇敢的人。

第一次文代会讨论并通过全国文联的章程，最后选举产生文联领导机构。这次大会在完成确定文学方针和文学机构这样两个相互衔接的环节方面，比起当年的延安文艺座谈会无疑更臻完善。整个会议可谓功德完满，遂于 7 月 19 日隆重闭幕。

对全国作家和文学工作实行统一集中的管理，源自苏联的经验。苏联作家协会是在 20 世纪 20 年代中期成立的"拉普"（俄罗斯无产阶级作家联合会）的基础上进一步建立起来的。虽然对于"拉普"的极端主义、宗派主义在思想上和组织上有所纠正，但是那种意在统一的实质并无改变。"拉普"成立后，苏俄以外的一些国家也在"无产阶级文学"的旗帜下，将作家统一化、组织化，对作家进行系统的行政管理。在中国，则有 1930 年在上海成立的中国左翼作家联盟。左联作为一个文学团体，接受中共中央设立的"支委"（上海临时中央文化工作委员会）和"文总"（左翼文化总同盟）的层层领导，成立以后越来越政治化。及至 1949 年第一次文代会召开，一个规模庞大、组织严密的举国体制终于建立起来。

早在 1941 年，还是萧军向毛泽东建议，说党应制定一个文艺政策，使延安及各个抗日根据地的文艺工作者有所遵循。他的意见为毛泽东所采纳。两年后，由中共中央宣传部发出《关于执行党的文艺政策的决定》，明确地将毛泽东《在延安文艺座谈会上的讲话》规定为指导中国文艺运动的基本方针，指出文艺应当为政治服务，为工农兵

老舍、丁玲、周扬在苏联参加会议

服务。政治与文学的关系是复杂的。鲁迅却看得简单，他提纲挈领地做过一个讲演，题目就叫《文艺与政治的歧途》，那是一种近于文化学的超党派的论述。

　　文学政策是政党意识形态施于文学的一种权力化、制度化的表现，与建立于个体创造之上的个人主义和自由主义的文学观念是有冲突的。周扬多次强调"不容许文学的发展带有自发的性质"，因此，必须不断完善文学机构，研究制订文艺政策。仅 1951 年 9 月到 11 月，中央宣传部召集胡乔木、周扬、丁玲、赵树理等人，便连续八次开会检讨文艺思想，为配合开展整风运动，调整和制定"进入城市后"的文艺政策。

　　第一次文代会产生的文联领导机构，有全委 87 人，候补全委 27 人，其中常委 21 人，主席郭沫若，副主席茅盾、周扬。辖下文学工作者协会（文协）也按同样程序产生了全委、候补全委和常委，主席为茅盾，副主席丁玲、柯仲平。1952 年 10 月，中国作家协会（简称"作协"）正式成立。文联和作协的领导人为著名文艺理论家和作家，直接接受中宣部的领导，是党和毛泽东文艺思想的最忠实的阐释者和执行者。中国作协独立建制以后，在主席团下设书记处，处理日常工作，包括规定创作任务，制定工作纲要，召开各种会议。此后，作协常常以会议决议或声明的形式，对文学问题进行政治裁决。

作协成立后，以驻会作家方式供养少数专业作家，以解放区作家为主，分为不同级别，享受行政级别相应的工资及福利待遇。这次文代会创立的形制，基本上为日后的文联作协所袭用。1953年，胡乔木试图仿效苏联，保留文联辖下的各个协会而取消文联，对作协会员采用登记制，以期刺激创作。毛泽东听取汇报后大为光火，批评胡乔木说："有一个文联，一年一度让那些年纪大有贡献的文艺家们坐在主席台上，享受一点荣誉，碍你什么事了？文联虚就虚嘛！"[35]

按照苏联模式，除了统一机构、统一人员编制之外，作协当然还要有统一的方向、口号、步骤、创作方法和出版办法。所谓"统一"，也就是集中。民主集中制是一个长期实行的组织原则。关于权力集中，在制度方面，中共"七大"党章明文规定：党员和下级在运用民主权利时，不得妨害集中原则，否则就是"极端民主化""无政府主义"或"向党闹独立性"[36]。

1949年9月，巴金在北平参加中国人民政治协商会议第一次代表大会

第一次文代会通过的章程规定，宗旨是建设"新民主主义的人民文学艺术"；对会员有五项要求，要点仍然是坚持"工农兵方向"，解决歌颂和暴露问题。在1953年第二次文代会上，周扬宣布将苏联发明的"社会主义现实主义方法"作为整个文学艺术创作与批评的最高原则；直至中苏"蜜月期"过后，才用毛泽东的"革命现实主义与革命浪漫主义相结合"

的提法取代它。

列宁的《党的组织和党的出版物》对于社会主义文学的统一与自由做过经典的论述，指出文学事业根本不是"与无产阶级总的事业无关的个人事业"，它应当成为一部统一的、伟大的、由整个工人阶级的先锋队所开动的社会民主主义机器的"齿轮和螺丝钉"。列宁强调文学和出版物的党性原则，对中国文学的影响是巨大的。从写作到出版发行，整个文学流程被完全置于党的绝对领导之下。"党的文学应受党的监督"，这是天经地义的。早在1948年即已成立一个出版工作委员会，在周扬的领导下，负责接收北平及全国出版业。40年代的重要刊物，几乎没有一种可以延至1949年以后。这时出版工作委员会决定出版的期刊共九种，文艺方面有《文艺报》和《人民文学》，后者是唯一专门发表文学作品的刊物。《人民文学》创刊时，正副主编需经文协全国委员会选举和党组批准，发行通过官方渠道，经由新华书店和邮局，有制度性保证。《人民日报》作为党报，对中央级文艺期刊起到统领作用；从中央到地方，与文联、作协的机构一样，这些期刊构成为一种恒定的秩序，在此后的政治运动和思想斗争中互相推动，又互相制约。

文代会结束后，文协及其他各个协会都举行了成立仪式，照例有文艺表演等活动，直至7月28日结束。"共和国文学"的奠基典礼如此盛大，恰如所有仪式化的效果一样，以其非凡的规模和气势令人震撼。

巴金不是文代会筹委会委员，虽然是大会产生的69名委员之一，但不在21名常委之内；而且，全国政协开会的第一次通知，上海名单内也没有他的名字，他和胡风两人都是在出发前一天才接到补发通知。

胡风对此耿耿于怀，认为得不到领导部门的重视，后来甚至还写进上书的"三十万言"中。他看重名分，是因为它不但事关个人的工作、声誉，还关系到他的文学事业在新的环境条件下将遭到窒息，还是有进一步发展的可能。

如果说巴金也有所谓事业，那么，这事业与无政府主义息息相关。从事出版的初衷如此，个人翻译及创作也都大多如此。但是，所有这些到了后来都越来越趋于文学化，远离原先的政治信仰，所谓"著书都为稻粱谋"，编书或著译而今都得考虑经济收入；家庭的担子大了，即便养家糊口也已经不是容易的事情。不能说他不关心名分，但所关心的与胡风不同，唯是获得新政权的信任，即由此获得一种安全感。他不需要像胡风那样独据山头、呼风唤雨，也不想像其他人那样谋取权位、热心行政；其实对他来说，能够如常译著也就可以了。然而，要确保这份工作的权利谈何容易，作为"自由职业者"，必须首先享有充分的自由。环境天天变化，前途有一种不可测性，就像在激流中航行，脚底动荡不宁，他需要抓住船中的一个固定物。

本来，巴金大可以远避多事的文坛而专注于出版，然而这时，文生社内的纠纷让他非常头痛，而且事实上，社务已经掌握在吴朗西手里。稍微明智一点的话，他是应当及时摆脱一些人事上的无谓的纠缠的。果然，在一年之内，随着个人机会在文艺界方面的顺利进展，他先后辞去文生社董事和总编辑职务。至于完全投身于平明出版社，大概也会有他的顾虑。以他对苏联"无产阶级专政"经验的了解，他知道，对于出版这个意识形态最敏感的部位，政府是不会放手的。虽然近几年基本上停止了创作，在这个关键时刻，他还是不能不离开出版岗位，为自己选定专事写作的道路，而以著名作家的身份出现于众人之前。既然如此，在文艺界就需要有一个合适自己的位置，至少他不会反对这种安排。

从 1949 年到 1951 年，巴金先后当选为中华全国文联委员、上海文协副主席、华东军政委员会委员、上海文联副主席、中国保卫世界和平反对美国侵略委员会上海分会副主席、上海人民代表、反革命案件审查委员会委员、华东毛泽东思想学习委员会委员、华东文联筹委

1950 年 11 月，巴金参加在华沙举行的第二届世界保卫和平大会

会副主任、中苏友协上海分会理事等。一身而兼数职，四方八面，应有尽有。

当有了各界的众多头衔之后，巴金实际上改变了一个作家的身份，而成了政治人物、社会活动家，整个安静而有序的写作生活随之改变。他频繁地出席会议，成了"华威先生"，但是他不能拒绝，而且必须设法适应，甚至迎合。他从不习惯到习惯，渐渐地与一个激进的时代环境趋同；他变得平庸了，甚至卑俗了、滑下去了。姑不论如何获得如此多的头衔，只要一旦获得，就需要切合头衔本身的规定性，接受它的制约。就是说，头衔要求拥有者必须按照既定的游戏规则把游戏做下去，连半途停下来也不可能。

巴金除了开会，确实没有多少属于自己的时间。各种各样的会议。文联、作协、政协、人大的工作会议固然要参加，许多属于政治性质的会议同样不能缺席。1950 年 10 月，他跟随郭沫若到华沙参加第二届世界保卫和平大会，第一次代表国家出访，用去差不多两个月时间。1951 年 8 月，巴金作为访问团的副团长率团访问北方老根据地，也用了一个月时间。奔走间，巴金写信告诉萧珊说："疲乏不堪，但精神很好。"[37] 说明他对眼下的境遇非常满意，毕竟，像出席开国大典，和像沈从文形容的"大宾"一样的"出国飞来飞去"，一般文艺工作者是没有这种资格的。显然，他已经进入了被"改造"的良好状态。

只要有空隙，巴金就写一些散文发表。内容无非是以下几个方面：歌颂新中国，反对法西斯及美帝国主义，拥护苏联，维护世界和平和各国人民友谊，以及思想改造问题。访苏期间，巴金随团参观列宁博物馆、列宁墓、列宁故居。他献了花圈，并写下挽词："献给人类的伟大导师列宁"。比较对于列宁的态度，前后判若两人，可以看出他在思想方面的重大变化。写任务、写政策，完全按照文代会的精神写作，不触及自己的灵魂，不留一点往日的阴影，所写大抵是宣传广告、表态文章。

翻译方面，较集中于俄苏文学，这是同当时学习苏联的风气密切相关的。两年间，巴金便翻译出版了苏联文学的代表人物高尔基[38]的四本小册子；另外，还译有屠格涅夫和迦尔洵[39]的小说，而这两位俄国作家，在苏联时代是并不排斥的。

就在巴金频频进行各种活动的同时，他切断了与国外无政府主义者的通信来往，同国内的无政府主义者也不再发生联系。他主动地不断调整自己，以期适应党对知识分子改造的方针政策。这时，他开始改写旧作。在重版旧作时，他当然不会收录早期批判苏联和列宁的文章，以及《从资本主义到安那其主义》一类论著。即便出示的文字于政治无害，他也十分注意不使留下无政府主义的痕迹。因为小说中的思想带有弥漫性，无法完全清除，便设法借用"前言""后记"做思想检查，极力淡化历史记忆。他不断地修改，而且掩饰这修改，把它说成是自觉自愿进行的，而没有承受任何思想压力。

1951 年，开明书店出版了一套由茅盾主编的《新文学丛书》，内收"五四"以来的"进步"作家二十二人的作品。像沈从文的作品，自然是不在此列的。这套丛书开了作家根据政治需要随意删改原著的先例，后来被称为"开明版"。郭沫若是带头者，将《女神》中几首代表作做了大幅度的修改；曹禺极力把《雷雨》《日出》修改得"光明"一些，像《雷雨》中的鲁大海就被改换为工人阶级的代表人物，带人捣毁英国顾问的家，发动工人罢工；老舍将《骆驼祥子》砍掉了将近一半的篇幅，让祥子等劳动人民和革命者的形象更高大、更完美。丛书中也有巴金的一种，内收《亡命》《奴隶的心》等二十二个自觉"进步"的短篇，做了必要的修改之后，按照丛书体例要求写了"自序"，否定自己过去的创作。他说"作品中思想性都薄弱""缺点是很多的"，又强调说"没有写过一篇像样的作品"，重读选集中的文字，"只有感到愧怍"。在《家》《憩园》等作品重版时，他也不忘在"后记"中重新评价和贬损自己。但是，他郑重表示说："为了迎接这伟大的新时代的来临，我献出我这一颗渺小的心。"

从 1952 年 10 月开始，巴金着手修改从前的创作，从《家》到《新生》《海的梦》《爱情的三部曲》《憩园》《旅途随笔》《还魂草》等。《家》的修改，巴金说至少不下八遍。有专家对《家》的版本做过研究，说仅校初版本和全集本，就发现修改多达 14000 多处，几乎每章、每段甚至每句都有改动，其修改次数之多，堪称新文学作品之最。其中一种修改是文字方面的，值得注意的是，除修辞以外，他还为响应 50 年代提倡"汉语规范化"而做出合乎"规范"的努力。当然更重要的是思想内容方面的修改，北京外文出版社翻译出版英文本《家》时，要求巴金对外宣传要本着维护"国家利益"，以及新中国的形象的原则进行修改，被删除的文字就更多了。

《家》修改后，婉儿不再死去，而是在冯乐山家里活了下来。在《火》第一部中，刘波所在的地下小组在旧版本中只是民众抗战团体，这与巴金在抗战时期赞成西班牙内战中无政府主义者依靠民众抗战的思想是一致的；但在新版本中，便完全改为中国共产党领导下的抗日活动。《火》第二部写到战地服务团团员分手时，原来留下克鲁泡特金《自传》作为赠送的礼物，后来改作鲁迅翻译的苏联作家法捷耶夫的《毁灭》。第三部删除了原先引用《圣经》的《出埃及记》中的一节，淡化了原来的宗教色彩，减少了对田惠世作为一个虔诚的基督徒的赞美。修改后，人物的结局有较大变动，冯文淑和朱素贞等几位青年走向共产党领导的斗争前线，走向"圣地"，喻指延安。重版《第四病室》时，同意新文艺出版社删去赞美甘地的一段，其中《在甘地先生左右》也换成了罗曼·罗兰著的小说《约翰·克利斯朵夫》。对《寒夜》也做了修改，以光明的暗示取代原来对生活本身的悲剧的认知。在修改《寒夜》的同时，巴金致信萧珊说："关于《群》，我也常在考虑，我只要身体不坏，一定要把它写出来。不过现在的写法跟我从前想的不同了，我的生活不够，需要的材料多，若照从前的计划写出来，一定会犯错误。"[40]

巴金的所有做法，都在于极力避免"犯错误"。日本学者山口守解读说："在这一时期特地修改民国时期的小说，可以认为巴金是在社会主义体制下赋予过去的小说以新的形式，对自己的文学进行社会主义改造。"他惊异于巴金本人对于修改，竟然可以做到如此毫无抵触。

巴金小说中有的较少讲无政府主义，如《激流三部曲》；有的无政府主义色彩明显，如《灭亡》《爱情的三部曲》《火》等。修改时，巴金在无政府主义与共产主义观念之间进行偷换，即思想调包，从而使这些小说成为新政权所认可的社会主义文学的一部分。

无政府主义以其去权力化的核心价值区别于共产主义，但在许多方面，两者是可以通约的，比如重视劳动群众、反对资本主义、主张阶级斗争、宣扬大公无私和献身精神等。巴金在观念上一直不重视个人权利而偏重于平等互助，"集体""人民""革命"这些大词，原来便为巴金所爱用，所以在修改时，他很容易便使昔日的作品在现实政治及意识形态中找到思想契合点，也是切换点，于是实现安全转移。像觉慧、陈真、吴仁民、李佩珠等人，除了丁玲这些思想正统的人有意挑剔外，一般的青年读者都把他们看作革命者，寄予向往之情。

在回顾自己的思想历程时，巴金尽可能删除自传文字中的无政府主义痕迹，而以"小资产阶级的思想感情"作为代替，明显地避重就轻。但因此，就如美国的巴金研究者奥尔格·朗所指出的那样：这些变化毁灭了他的纯自传文字的历史价值。新修订本再也表现不出 20世纪 20 年代和 30 年代中国青年知识分子的真实画面。

在肯定原来的形式的同时置换其主体内容，这既是适合形势的需要，也是安妥灵魂的需要。一旦达致改造与被改造的内在逻辑的一致性，将会减少不少痛苦，完成一种近乎顺流而下的舒适的演变。

直至 50 年代中期，对于绝大多数知识分子来说，可以说是个人自我批判时期。连郭沫若都要带头否定自己的过去，可以推想，原来在国统区的作家，几乎无人可以免于批判和自我批判。所谓"不破不立"，要建立党和领袖的权威，确立无产阶级意识形态的正统地位，就必须破除知识分子——最流行的说法是"资产阶级知识分子"或"小资产阶级知识分子"——的自信，要使他们明白，他们身上是最"不干净"的、"最脏"的，所以要"脱裤子"、要"洗澡"、要"割尾巴"。

老舍和曹禺到美国讲学，于 1949 年 10 月启程回国。老舍回到北京，说最先看的书是《毛泽东选集》，第一篇文章是《在延安文艺座谈会上的讲话》。他发表《毛主席给了我新的文艺生命》，表示决心"听毛主席的话，跟着毛主席走"。原来是一个小说家，这时成了戏剧家和说唱文学作家，写下一批讨喜的话剧和"歌颂""庆祝"的"太平歌词"。舒乙说很多作家不敢写，写不出来，而老舍没有顾虑，如鱼得水。老舍有一篇文章的题目，就叫《要为目前的政治任务写作》。

1954 年，他被选为全国人大代表，在大会讲台上，公开声称自己是"歌德派"。

曹禺以他在戏剧界的重要地位，自 1949 年初就受到重用。他参与筹备文代会，随后在会上当选为常委，与丁玲、何其芳等同为文联编辑部负责人，1950 年 4 月被任命为中央戏剧学院副院长，1952 年 6 月任北京人民艺术剧院院长。他深感文代会是一个"新的开端"，说他"没有经历像共产党这样重视和关心文艺工作，给文艺工作者以如此崇高的地位和荣誉"[41]。在国统区作家中，他是最早做出反省表态的作家之一。1950 年，他在引用毛泽东《讲话》中关于"深入生活"的一段话之后写道："每当读到这一段话，就想起以往走过的那段长长的弯路，就不觉热泪盈眶，又是兴奋，又是感激。我真能做这样一个好学生么？无论如何，现在该学习走第一步了。"1952 年，他有文章纪念《讲话》发表十周年，说："新社会到来了，我居然成为千千万万个革命文艺工作者的一员，成为毛主席文艺队伍中的一员，我是多么感激和骄傲！然而，我多么胆怯，仿佛刚刚睁开眼的盲人，初次接触到了耀目的阳光，在不可抑制的兴奋里，又不知道如何迈出第一步……"[42]

他的多篇文章都以走路比喻知识分子的思想改造。在人生的道路上，他从来是力求安稳、怕出差错的。在他被邀赴美讲学时，因为看不清国内大势，曾给八路军办事处打电话，找吴玉章、找董必武，就是想问问到美国该怎样讲话。为了博取安全感，寻找未来的政治靠山，这个胆怯又聪明的人，居然想到提前下注。

现今，曹禺感觉到改造的需要，极力污辱自己，把自己的创作思想比作"疮脓"溃发，作品是"狗皮膏药"。1951 年，他完全遵照周扬在 30 年代对《雷雨》和《日出》的批评意见，用"时代话语"阐释和修改，连同《北京人》一起，由开明书店出版。从批评家张光年直到周恩来，都不满意这个修改版；到 1954 年，人民文学出版社出版《曹禺剧作选》时才将原貌恢复过来。

土地改革运动中，农民在丈量土地

当了中央戏剧学院领导之后，曹禺即下工厂"体验生活"，"做工人的小学生"。1951年春，他赴安徽农村参加土改；返京后，又马不停蹄积极投入批判电影《武训传》，以及由此引发的更大规模的文艺整风运动。在周恩来的支持下，他随北京市委工作组参加高等院校教师的思想改造运动，选定协和医学院作为"蹲点"单位。在医学院里他蹲了整整三个月，做了二十多本笔记；在此基础上，用了三个月时间，日夜兼程，完成了第一部表现知识分子思想改造的话剧《明朗的天》。

巴金经常提到的另外两位朋友萧乾和沈从文，都是被郭沫若在《斥反动文艺》中点名批判过的。文章中，郭沫若对萧乾的语气十分激烈，直斥为"买办型"的"御用文士"，是"麻醉读者"的"贡烟""鸦片"。萧乾认为，1949年以后的命运变化，与郭沫若的这篇名文大有关系。

当冯友兰、朱光潜、费孝通等带头进行"自我批判"时，萧乾随即发表同类文章。他紧跟形势，努力表现进步，自修俄语，研读《联共（布）党史简明教程》；1950年冬赴湖南采访土改，写出大型特写《土地回老家》，在英文版《人民中国》连载，被译成多国文字出版；此外，还写了多篇政治表态文字，如《我认清了阶级》《我骄傲做毛泽东时代的北京人》《在土地改革中学习》等；批判《武训传》时，又同留学欧美的一批知识分子费孝通、潘光旦等人一道，联系自己的"改良主义"思想进行批判。

然而，所有的努力无济于事。萧乾在回忆录中总结说：除了1956年间短短几个月，他基本上被排斥在文艺队伍之外。改造知识分子的过程，其实就是整人的过程。整风的整，使人在整和被整，也即批判斗争中转变思想立场。至于最后转变与否，却往往并不为人们所关注。

沈从文自杀获救之后，他有信给张兆和说："我温习到十六年来我们的过去，以及这半年中的自毁，与由疯狂失常得来的一切，忽然像醒了的人一样，也正是我一再向你预许的一样，在把一只大而且旧的船做调头的努力，扭过来了。"[43] 从这时开始，他学会平静地接受现实，"靠拢人民"，力求不脱离"时代"。

1950年3月，沈从文被安排到北京拈花寺的华北大学进行政治学习，不久转入华北人民革命大学。在当时，革大把许多被"改造"的知识分子集中到一起，是非常出名的。他在革大一共待了十个月，直到年底毕业。所谓"学习"，就是听报告、学文件、讨论、反省、批判，最后由"群众"通过。沈从文后来的同事史树青也曾在革大学习过，他回忆说："记得那时几千人听艾思奇做报告，场面很大，有的人表态时痛哭流涕，有少数人不能毕业，后来都逮捕了。"[44] 从介绍看，在里面学习的氛围是紧张的。

在革大，沈从文自觉别的事情做不来，也无事可做，只好打扫厕所。他给朋友写信：对政治学习和文娱活动感到"格格不入"，自评"对政治问题答案低能"。在这段时间，他说体力精神都很差。有一次，听李维汉做报告说，国家在世界上有面子就好，个人算什么，他更感到自己的渺小。他有信给好友程应镠说："生命封锁在躯壳里，一切隔离着，生命的火在沉默里燃烧，慢慢熄灭。搁下笔来快两年了，在手中已完全失去意义。国家新生，个人如此萎悴，很离奇。"[45] 他曾在毕业前的一份总结中公开承认对这种集体学习的改造方式不能适应，"越学越空虚，越无话可说"；"把自己完全封锁隔绝于一般言笑以外"[46]。他是压抑的、自卑的，说是越是学习越认识到自己的错误。对于过去的作品，他评价说"毫无意义可言""应当随同旧社会一齐埋葬"[47]。

革大毕业后，正好遇到批判《武训传》，沈从文写了一篇批判文章，题目是《〈武训传〉讨论给我的教育》，承认自己过去的工作走的是改良主义道路，不知何故未曾发表。后来又写了一篇题为《我的学习》，实质上是一篇思想检讨，对自己过去的思想和写作进行"清算"，据说经过多次改写，始由《光明日报》发表，再由《大公报》转载。

1951 年 10 月，沈从文随北京土改团到四川内江地区参加土改。这时，他的情绪出现了很大的变化，积极、热情、奋发，完全成了另一个人。一到内江，他就写信给两个儿子说："共产党一来，什么都有了办法。"[48] 他表示："我一定要为你们用四川土改事写些东西，和《李有才板话》一样的来为人民翻身好好服点务！"[49] 还表示说："要入党，才对党有益。我就那么打量过，体力能回复，写得出几本对国家有益的作品，到时会成为一个党员的。"[50] 写信给张兆和说："一出来，心中即只有一件事，放下包袱，去掉感伤，要好好地来为国家拼命做事下去，来真正做一个毛泽东小学生。"[51] 他读《毛泽东选集》，读《实践论》，当然不会不读《讲话》，于是痛骂旧知识分子，说："知识分子真是狗屁，对革命言，不中用得很。而且一脱离人民，渺小得可怕。罪过之至。"[52] 他认识到，"更重要还是工人阶级的人生观和无产阶级的思想，来领导国家向前，中国才真正站得起来，向社会主义共产主义前进"[53]；对个人来说，则"要从乡村工作锻炼，自己也才能够在思想上真正提高。目下说来，处处还是小资的自私自利思想、个人打算，而且是幻想多而不切实际、受不住考验的，我要从工作实际中改造自己。"[54]

在家信中，沈从文曾问及三弟沈荃的情况。沈荃 1925 年入黄埔军校，参加北伐和抗日战争，获少校军衔，1949 年在家乡湘西凤凰随老上级陈渠珍和平起义。事后，他即被辰溪军分区当作"反革命"收押。当此天下易帜的重要关头，三弟的军人身份不能不引起沈从文的隐忧。他不知道，就在他慷慨激昂，信誓旦旦要"拼命工作""改造自己"，迎接"自己的新生"时，他的三弟正在自己的家乡饮弹身亡。

沈从文力图跟上时代，在革大时，即开始以厨房里的一个炊事员为原型，写作小说《老同志》。他自己也想不到，五千字的东西竟写了两年，数易其稿，还是写不好。他将稿子寄了出去，遭到退稿；转而寄给丁玲，也被退还。此外，还写成一篇纪实性作品《中队部》，描述土改工作队生活的，同样未能发表。

这时，开明书店通知沈从文说，他的作品已经过时，所有已印未印的书稿及纸型，均奉命销毁。戏剧性的是，在台湾地区，居然也明令禁止出版他的著作。

1951 年 5 月 10 日，丁玲在中央文学研究所做"如何迎接新的学习"的报告，批评小说《我们夫妇之间》《烟的故事》时说："坏的是穿工农的衣服，卖小资产阶级的东西。《烟的故事》简直是沈从文的趣味，味道是不好闻的。"[55] 稍后，王瑶的《中国新文学史稿》上册出版，也说到沈从文的"趣味"，批评说他"写的也多是以趣味为中心的日常琐屑"，有的作品"奇异哀艳而毫无社会意义"；"观察体验不到而仅凭想象构造故事，虽然产量极多，而空虚浮泛之病是难免的"[56]。王瑶的这部明显带有迎合新型意识形态的学术著作在高校影响很大，沈从文一直耿耿于怀，十年后，张兆和还批评他老是为此"嘀咕不完"。

初到内江时，沈从文表示参加土改是他"一生重要一回转变"，"希望能好好地在领导下完成任务"；"再学习，再用笔，写一两本新的时代新的人民作品，补一补二十年来关在书房中胡写之失"[57]。然而，在接连的打击之下，他不免感到沮丧，对大哥说，希望把留在家中所有的作品烧掉，以免误人子弟。

此前在革大，学员毕业多由组织重新分配工作，沈从文为稳妥起见，曾问计于小组长，小组长告诉他，上级仍然希望他回到作家队伍中搞创作。那时，他已经十分虚怯，怕重新写作出差错，表示愿意返回历史博物馆工作。走了一趟内江回来，对于创作，他便完全断念了。

在历史博物馆上班时，沈从文天不亮就出门，在附近买了个烤白薯暖手，坐电车到天安门，有时门还未开，即坐下来看一会儿天空星月；每天工作十一个小时，从早上七时报到到傍晚六时回家，若下大雨，就披个破麻袋。生活是十分的单调、平板、枯寂，他用"可怕"二字来形容，觉得自己越来越像是一个"平庸的公务员"。他抱怨往日的朋友，那些"身在北京城圈子里的人"从来不曾想到找找他。其实，他不知道这些人大多自顾不暇，少数地位升迁的人又把他看作"落后分子"，或者耻以为伍，或者有所顾忌，而主动拉开距离。在他儿子的眼中，他对郑振铎、巴金、老舍等有时怀着近于妒羡的心情，有时又看不惯他们过分的活跃，在官场上走动，在国际间往来。

沈从文有一封未发出的信，是写给一位青年记者的，透露了当时在馆中的生活状态："一听到大家说笑声，我似乎和梦里一样。生命浮在这类不相干的笑语中，越来越远。"[58]他有一段关于下班时候的情景的描述："关门时，照例还有些人想多停留停留，到把这些人送走后，独自站在午门城头上，看看暮色四合的北京城风景，百万户人家房屋栉比，房屋下种种存在，种种发展与变化，听到远处无线电播送器的杂乱歌声和近在眼前太庙松柏林中—声勾里格磔的黄鹂，明白我生命实完全的单独。就此也学习一大课历史，一个平凡的人在不平凡的时代中的历史。"[59]在《从文自传》中，又这样写在同事和家人中那种无法融入的孤独感："工作转到历史博物馆时，我的存在只是一种偶然。一切对我都极陌生。虽然每天还是一些熟人在一处吃喝，工作时也似乎还肯出力，事实上即家中人也一点不熟悉，好像是客人偶尔在一起。同事就更加生疏了。一天要我数钱、拔草，就照做，但是一点看不出这对国家有什么意义。对我自己，头脑极沉重，累极时想休息又不可能，实在只想哭哭，以为既然并不妨碍别人，但是听馆中人向家中说这很不好，也不敢了。见什么人都吓怕。对于自己存在，只感到一种悲悯。"[60]

当所有的门都向他关闭，这时，沈从文只好反求诸己，沉到最底层做他的文物研究。

1953年，沈从文的有关论文开始接连发表。这时，馆中的党委书记专门找他谈话，动员他入党。9月间，他又以工艺美术界代表身份出席第二次文代会，受到毛泽东和周恩来的接见。据说，毛泽东接见时勉励他"再写几年小说"。大概出于这个原因，胡乔木给他来信，告诉他，将为他重返文学界做出安排。《人民文学》主编严文井出面向他约稿，并计划让他当专业作家。为了工作调动事，他曾写信给丁玲。丁玲将信转给刘白羽和严文井，刘白羽向周扬做了汇报，周扬批示道："把这样一个作家改造过来，也是一件值得做的事。"[61] 在中国共产党领导人的眼中，沈从文成了一个自觉接受"改造"的知识分子典型。

这一年，沈从文全家搬入历史博物馆宿舍，次年张兆和调入《人民文学》编辑部工作。据黄永玉忆述说，"1954年、1955年日子松动得多，能经常听到他的笑声。"[62] 而今，沈从文在官方席次上，已然成了座上客，甚至提议让他做北京文联主席。像他说的这样一条旧船，只要主动调头，扭转方向，此后便可以减少许多颠簸，避免覆没的命运了。

萧军的处境与沈从文有几分相像。他被朋友疏远他，甚至"围剿"他；而且，同样觉得妻子不能理解他。他的作品被禁止出版，失去工作，也曾几次想到自杀。他同沈从文一样，明白表示"不想再踏进文艺圈子"。毛泽东对他来信的批复使他重获出书的机会，并因此受到诱惑，一度产生像从前一样靠写作为生的冲动，乃至把彭真为他找到的在文物局的工作辞掉了。他万万想不到，用不了多久，出版界彻底向他关上了大门。

1949 年 3 月，丁玲在东北文艺界的一次座谈会上发言说，萧军的"个人英雄主义"已经垮台了，"纸老虎"已经拆穿。她指出，萧军只有向工农兵学习，跟共产党走才有出路，否则就没有前途。虽然这是个人发言，但实质上代表了官方的警告、主流的声音。

在四面受敌的时候，萧军如何对付呢？他在 1949 年 7 月 2 日的日记中写道："我宁可完成一出悲剧离开这人生，我也不愿意屈服含着耻辱生活下去。……我不能做任何人、任何阶级的主人，我也不能做任何人、任何阶级的弄臣或奴才！——这就是我人生的态度。"[63]几天以后，他气愤不过，曾经想将已出版的所有有关的书报寄一份给文代会和毛泽东，把问题弄清楚；继而一想，又觉得无聊、无用，也没有必要，便放弃了。在 7 月 14 日的日记里，他写道："在那样一批文化官僚、文化政客式的人们中，胆小鬼墙头草之中，会得到什么'真理''正义'么？这是降低自己的举动，绝不能做。"[64]

在整个文坛中，大概只有萧军一人如此发出抗拒改造的声音。

身在一个严密的体制里而要独立生存是不可能的，即使彭真一再给他的工作开绿灯，他不是在这个街道，就是在那个协会，而不可能无所属。但是，他习武行医，毕竟远离了文坛。这是他所愿意的，又是他所拒绝的。直到 1980 年，他已届暮年，才被人们所记起而重返文坛。他自嘲说是"出土文物"，很明显带有抗议的意味；"风云才略已消磨"，毕竟沉埋得太久了！

对于生活在体制内的知识分子来说，当时不可能有太多的选择，在存在与服从之间，他们只能选择服从，因为只有服从才能实现存在的承诺。这是存在的代价，而存在，则是由他者授予的，由体制授予的。

巴金同样面临着"存在"的问题，而且同样，他不能不为此感到恐惧和焦虑。一者是对自己信仰的恐惧，因为他是众所周知的一位无政府主义者，巴枯宁和克鲁泡特金的信徒；二者，就是家庭的未来。多年以来，他会发觉，他的许多心力，都不得不耗费在这上面。现在，又添了两个孩子，家庭的成员越来越繁，仅是维持日常生活便不堪重负。从青年时代起，他一直靠稿费过活，可以设想，如果自己受到像萧军、沈从文那样的对待，作品无法出版，而私人出版社又收归国有的话，全家只好喝西北风去。翻译家傅雷一家的全部收入，也同巴金一样，靠的是稿酬。他有信给上海市委宣传部部长石西民，便坦言"一旦停止翻译，生计即无着落"。所谓"停止翻译"，其实是指停止译作的出版，所涉唯是出版问题。因此，巴金必须设法逃出自困的泥淖，及早表态支持新政权。

对此时的巴金来说，做出这样的选择已经并不困难。早在 30 年代中期以后，他所建立的无政府主义信仰大抵上是一种观念，且仅敷布于部分译著之中，而不复诉诸时事评论及社会实践。正如法国的一位巴金研究专家明兴礼评论说的："他没有现代诗人的高旷理趣，他的人生哲学乃是一个有些空泛的情感主义和人道主义。"所谓"空泛"，就是根基不深，容易转向。况且，这时的巴金已过不惑之年，不再如《灭亡》时代的无所畏惧、狂飙突进，而是趋于相对稳定、冷静。他明白大势，趋利避害，对很多事情不能不做出风险评估。巴金性格具有两面性，其中迟滞、忧郁、怯懦的一面这时开始上升到支配的地位，支持了他的服从。

关于十月革命后的苏联知识分子，娜杰日达评述说，当时所有人在心理上害怕陷入孤独，害怕置身于一致的运动之外，甘愿接受那种可运用于一切生活领域的完整、有机的世界观。她接着指出，其中最主要的一点，在于这些人的内心一无所有。所谓一无所有，是指这些知识分子没有自己的价值观。

回顾 1949 年后的转向，晚年巴金正好也有过"向人民投降"之说。其实，"投降"一词常常为被改造的知识分子所用。史学家何兹全在访谈中坦然承认说："我回国就投降，我认错，你对了。投降思想就是没有反抗精神。解放后，一次次的运动不是都在打击知识分子吗？我没事，因为我老实认错。政治上没问题，我就可以多搞学术研究。虽然不被看重，但自己可以安心念书。当了'右派'就不能念书了。"投降就是认错，认错不用受罪，所以检讨认罪会在知识界成为一时风气。何兹全投降是为了学术，巴金投降却并非纯然为了写作，他的情况显然要比何兹全复杂得多。

"有组织的孤独"是可怕的。巴金在获得新政权的信任，参加文代会和政协会议之后，他必须设法保持这种信任，让自己继续留在"群"里。群，一方面是同类，另一方面是读者，就是说，他只有在文学界中显示自己的身份，并获得有关组织如文联、作协的肯定。娜杰日达比较了帕斯捷尔纳克[66]和曼德施塔姆[67]，指出他们的命运其实早已被置于两个人不同的精神构造之中。帕斯捷尔纳克借道文学界走向文学，从未步出文学界；曼德施塔姆则力图摆脱文学界和文学事务。帕斯捷尔纳克为向心力所控制，曼德施塔姆则为离心力所左右。于是，文学界也分别对他们采取了相应的态度：厚待帕斯捷尔纳克，至少起初是如此；但是从一开始，便敌视曼德施塔姆。青年巴金的《灭亡》是为自己写作的，当他被称"名作家"以后，转而为读者写作。如今，对巴金来说，写作已经成为一种政治态度，因此，无一例外地为向心力所支配，追随文学界的风气写作。

"阁下，请下命令，我马上就转。"[68]马雅可夫斯基的剧本《澡堂》有一句台词说。

巴金转得太快了。他写了很多，开始便承认自己是一个债务人，他要偿还、答报新政权。组织的触角极其灵敏，鉴于他的能见度和声望，以及积极配合的可信性，很快便派给他以文学界领导者的角色。他不领工资，但他照样可以无忧地靠稿费生活，直到同郭沫若、茅盾并列，获得在人民文学出版社出版多卷本文集的资格。学者一直声称巴金没有单位，事实上他的单位就是上海作协。他在家书中把"人委"（人大常务委员会）称为"组织"，事实上正是作为组织的成员之

▍1951 年，巴金一家在上海复兴公园。

后产生的一种组织观念。妻子萧珊后来加入上海作协机关刊物《上海文学》编辑部，同样不拿工资，只尽义务，目的也是要结束游离于社会的孤立状态，与新社会结合为一体，获得一种共同感和归属感。

巴金想不到新政权对他这位无政府主义者如此慷慨，给予他政治上如此多的信任和荣耀，也因此给他经济上带来许多的好处。40 年代末，他家里没有分文，要到开明书店预支版税解困；到 1955 年，短短几年，巴金已经有能力租用武康路一栋洋房作为新的寓所。巴金通过无条件服从而换取各种头衔和利益之后，必然地，他与组织的联系更为紧密，依赖性也就更为突出。对组织的依赖使巴金成为一个新主体，一个将权力吸纳成为自我认同的精神形式的无政府主义者，一个奉命唯谨的自由职业者……

阿尔都塞[69]和福柯[70]等对权力机制的研究表明，在服从的过程中，有一种基本的屈从。屈从是一定要产生卑贱物的。法国哲学家朱莉娅·克里斯蒂瓦[71]在《论卑贱》中写道："就客体而言，卑贱物只有一个品质——与我对抗的品质"；"卑贱物不断觑视它的主人"[72]。我一无是处，我不成其为我，这种自我的卑贱成了可怕的精神现实。

一方面，是自我申斥，自贱自虐；另一方面，是自我禁欲，高度压抑，全面约束自己。一方面，积极地践行自己之所非；另一方面，又极力藏匿自己之所是。于是，巴金过起了一种如娜杰日达所说的"两重生活"，出现了如奥威尔说的"两重思想"，米沃什[73]说的"两重人格"。压抑和管制保存了巴金的良心，使原来被瓦解的主体以隐蔽的形式存留和延续。良心的保持使巴金虽然相随着摇旗呐喊，却不至于为虎作伥；而且，它会开启内疚，这种内疚的累加，使后"文革"时代的忏悔变得有线索可寻。但是，长期的压抑与管制对巴金奴隶习性的养成——即背叛原来作为主体的自由意识——也是一种累积，而最终不可避免地损害了他的思想深度或是觉醒的程度。

说到知识分子的"伪装"，也即"两重人格"时，米沃什说，几乎所有人都不得不成为演员，但是需要非常高超的表演技巧，思想必须战战兢兢，时刻处于警觉状态；说话也必须顾及后果，免使给自己带来危险。他写道："假如一个人明知自己在演戏并长时间进行这种有意识的表演，他的性格就逐渐变成他所扮演的角色，而且越演越起劲。这就像一个拥有健全双腿的人，经过跑步训练之后，得以成为跑步健将一样。人在经过长时间与自己所扮演的角色磨合之后，就会与该角色紧密地融为一体，以致后来连他本人都很难区分哪个是他真正的自己，哪个是他扮演的角色。"[74]这段话对于演变中的巴金来说再合适不过。经过40年代的大转折，巴金在政治运动中一步步地往下滑，直到"文革"发生后被宣告无须如此扮演为止。

在屈从的过程中，他自我分离，使原来的无政府主义者成为被抛弃者。他是否能够正视自己的卑贱不得而知，但是可以肯定，对于卑贱，他不可能一无所知。即使卑贱物被他置于被遗忘的角落，但也仍然会不时地被回忆起。克里斯蒂瓦形容从遗忘到被唤醒的过程说："在被抹掉的时间里，卑贱物大概是强力的磁极。现在，遗忘的灰烬成了屏风，把厌恶反感反射过去。清洁变成肮脏，珍品变成废物，魅力变成耻辱。这时，被遗忘的时间突然进出，聚合成一道闪电，照亮一种活动，我们可以将这个活动想象成两个不同极的相互接触，发出闪光，像雷电那样释放出来。"[75] 她用哲学的语言写道："卑贱的时间是双重的：遗忘的时间和雷电的时间，朦胧的绵绵无期和真相大白的那一刻。"[76] 对巴金来说，雷电的时间太短，也来得太晚；而且，即使到了这一刻，真相也只是暴露了一部分，并未大白。

这时，巴金提倡"讲真话"，却也没有最后回到真实之中。对于"组织"，他始终讳言无政府主义信仰，以及反苏反共的经历；对于读者，他自称完全皈依现体制，单纯、天真、轻信，对个人崇拜如此，对政治运动包括"文化大革命"也如此。他执意掩盖"两重性"、伪善性、复杂性，总是以真诚示人，相信一切都是真的，宁可一再表示忏悔。

卑贱物不容易清除。克里斯蒂瓦说，对恐怖症患者来说，除了卑贱物以外，没有别的客体。

注 解：

1. 叶圣陶：《叶圣陶集》第 22 卷，江苏教育出版社，1994 年。

2. 《试行批评与自我批评的经过》，《光明日报》（1951 年 11 月 5 日）。

3. 参见《光明日报》（1950 年 8 月 17 日）。

4. 罗德里克·麦克法夸尔（Roderick MacFarquhar，1930–2019），有中文名马若德，英国著名历史及政治学者、中国问题专家，哈佛大学教授。

5. 毛泽东：《正确处理人民内部矛盾的问题》（记录稿），1957 年 2 月 27 日（油印件），转引自杨奎松：《中华人民共和国建国史研究 1》，江西人民出版社，2009 年。

6. 马克斯·韦伯（Max Weber，1864–1920），德国政治经济学家、社会学家、哲学家，被认为是现代社会学和公共行政学最重要的创始人之一。

7. 杜赞奇（Prasenjit Duara，1950–），美国著名中国史学者，芝加哥大学荣休教授。

8. 弗·布鲁斯（Virlyn W. Bruse，1921–），波兰经济学家，专门研究社会主义经济改革。

9. 詹姆斯·汤森、布兰特利·沃马克：《中国政治》，江苏人民出版社，2003 年。

10. 胡风：《胡风全集》第 10 卷，湖北人民出版社，1999 年，7 页。

11. 萧军：《东北日记》，香港牛津大学出版社，2014 年，559 页。

12. 本文被收录于《萧军思想批评》，作家出版社，1958 年。

13. 胡风：《胡风家书》，复旦大学出版社，2007 年，122 页。

14. 巴金：《巴金全集》第 16 卷，人民文学出版社，1993 年，740 页。

15. 胡风：《胡风家书》，复旦大学出版社，2007 年。

16. 同上，128 页。

17. 出自郭沫若 1948 年在香港《抗战文艺丛刊》上发表的《斥反动文艺》一文。

18. 陈徒手：《人有病，天知否：1949 年后中国文坛纪实》，人民文学出版社，2000 年，14 页。

19. 沈从文：《沈从文全集》第 14 卷，北岳文艺出版社，2002 年，323 页。

20. 沈从文：《沈从文全集》第 18 卷，北岳文艺出版社，2002 年，515 页。

21. 同注 13。

22. 沈从文：《沈从文全集》第 17 卷，北岳文艺出版社，2002 年，456 页。

23. 沈从文：《沈从文全集》第 19 卷，北岳文艺出版社，2002 年，7 页。

24. 同上，9 页。

25. 同上，10 页。

26. 同上，17 页。

27. 同上，16 页。

28. 同上，17 页。

29. 沈从文从"失常"到自杀的这段时间里，写下的三篇长文：《一点纪录》《一个人的自白》《关于西南漆器及其他》，后两篇均收入《沈从文文集》第 27 卷，北岳文艺出版社，2002 年。《一点纪录》未发表。

30. 巴金：《再思录》，广西师范大学出版社，2004 年，23 页。

31. 同上。

32. 全文见《人民日报》（1949 年 7 月 20 日）。

33. 蔡登山：《往事已苍老》，台湾秀威资讯科技股份有限公司，2006 年，147 页。

34. 同上。

35. 李辉：《往事苍茫》，花城出版社，1998 年，277 页。

36. 参见《中共中央文件选集》第 15 卷，中央党校出版社，1989 年。

37. 巴金：《巴金全集》第 23 卷，人民文学出版社，1993 年，392 页。

38. 马克西姆·高尔基（Maxim Gorky，1868–1936），苏联作家、政治活动家，社会主义现实派文学奠基者。

39. 弗谢沃洛德·迦尔洵（Vsevolod Garshin，1855–1888），俄国短篇小说家，其作品令此文学类型流行于 19 世纪后半时期的俄国。

40. 同上，441 页。

41. 田本相：《曹禺传》，东方出版社，2009 年，400 页。

42. 曹禺：《永远向前——一个在改造中的文艺工作者的话》，发表于《人民日报》（1952 年 5 月 24 日）。

43. 沈从文：《沈从文全集》第 19 卷，北岳文艺出版社，2002 年，54 页。

44. 陈徒手：《人有病，天知否：1949 年后中国文坛纪实》，人民文学出版社，2000 年，15 页。

45. 沈从文：《沈从文全集》第 19 卷，北岳文艺出版社，2002 年，92 页。

46. 沈从文：《沈从文全集：物质文化史》，北岳文艺出版社，2002 年，118 页。

47. 同上，121 页。

48. 沈从文：《沈从文全集》第 19 卷，北岳文艺出版社，2002 年，127 页。

49. 同上，134 页。

50. 同上，213 页。

51. 同上，153 页。

52. 同上，161 页。

53. 沈从文、张兆和：《沈从文家书：1930—1966 从文、兆和书信选》，台湾商务印书馆，1998 年，184 页。

54. 沈从文：《沈从文全集》第 19 卷，北岳文艺出版社，2002 年，155 页。

55. 参见《中国现代·当代文学研究》第 5–8 期，中国人民大学书报资料社，2008 年，

101 页。

56. 同上。

57. 沈从文：《沈从文全集》第 19 卷，北岳文艺出版社，2002 年，121 页。

58. 陈徒手：《人有病，天知否：1949 年后中国文坛纪实》，人民文学出版社，2000 年，16 页。

59. 沈从文：《沈从文全集》第 19 卷，北岳文艺出版社，2002 年，117 页。

60. 沈从文：《沈从文全集：物质文化史》，北岳文艺出版社，2002 年，153 页。

61. 吴世勇编：《沈从文年谱》，天津人民出版社，2006 年，369 页。

62. 黄永玉：《这些忧郁的碎屑》，生活·读书·新知三联书店，1998 年，74 页。

63. 萧军：《东北日记》，香港牛津大学出版社，2014 年，714 页。

64. 同上，736 页。

65. 娜杰日达·曼德施塔姆（Nadezhda Mandelstam，1899–1980），苏联小说家、传记作家，诗人奥西普·曼德施塔姆的妻子。

66. 鲍里斯·帕斯捷尔纳克（Boris Pasternak，1890–1960），俄国诗人、作家，以小说《齐瓦哥医生》闻名，并获诺贝尔文学奖。

67. 奥西普·曼德施塔姆（Osip Mandelstam，1890–1960），20 世纪中最具影响力的苏联诗人之一，生前遭监禁流放，后被处决，作品大多在列宁时期后才得以面世。

68. 马雅可夫斯基：《马雅可夫斯基选集》第 3 卷，人民文学出版社，1986 年。

69. 路易·阿尔都塞（Louis Pierre Althusser，1918–1990），法国马克思主义哲学家，曾是法国共产党党员。

70. 米歇尔·福柯（Michel Foucault，1926–1984），法国哲学家、历史学家，第二次世界大战后一位最具影响力且最具争议性的学者。

71. 茱莉娅·克里斯蒂瓦（Julia Kristeva，1941–），法国保加利亚籍哲学家、文学评论家、社会学家、女性主义者。

72. 茱莉娅·克里斯蒂瓦：《恐怖的权力：论卑贱》，生活·读书·新知三联书店，2001 年，2 页。

73. 切斯瓦夫·米沃什（Czeslaw Milosz，1911–2004），波兰著名诗人、翻译家、外交官，于 1980 年获诺贝尔文学奖。

74. 切斯瓦夫·米沃什：《被禁锢的头脑》，广西师范大学出版社，2013 年，45 页。

75. 茱莉娅·克里斯蒂瓦：《恐怖的权力：论卑贱》，生活·读书·新知三联书店，2001 年，12–13 页。

76. 同上，13 页。

第八章

在朝鲜

随着第二次世界大战结束，世界的政治局势出现重大变化。以苏联和美国为首的两个不同价值体系的国家集团，即东方的"社会主义阵营"和西方的"资本主义阵营"的对峙开始形成，从此展开长达几十年的"冷战"时期。

美国通过马歇尔计划重振欧洲，从东翼对苏联构成压制；另一翼向西，把中国和菲律宾，包括战败的日本，纳入它的势力范围。苏联同样向两面伸手，一面占领东欧各国，一面攫取对蒙古、中国东北和朝鲜的控制权。针对马歇尔计划，苏联强制东欧各国在政治上清一色苏维埃化；在经济上结成一体；在对外战略方面，成立共产党和工人党情报局以加强掌控，并对西欧各党施加影响。美国以自由民主世界的盟主自居，苏联则高举"无产阶级国际主义"的旗帜，极力把自己打造成为世界革命的中心。因此，无论在地缘政治，还是意识形态方面，美苏两国的冲突都是不可避免的。

战后，战胜国协议对朝鲜进行共同托管，实际上主权完全落在美国和苏联手里。最先，在美国的支持下，朝鲜半岛南部成立了南方大韩民国；接着朝鲜民主主义人民共和国在北方成立，得到苏联的大力支持。

1950年6月25日，朝鲜战争爆发。朝鲜人民军迅速越过三八线，向南方长驱直下。27日，美国总统杜鲁门宣布出兵支援韩国，并命令第七舰队进入台湾海峡，防止台海两岸战事发生。与此同时，美国向联合国提交议案，利用苏联代表缺席的机会，通过了谴责朝鲜发动武装进攻的决议，号召联合国各会员国采取紧急的军事措施，全力支援韩国。在联合国军的旗帜下，十几个国家的军队随之进入朝鲜战场。10 月 25 日中国宣布出兵朝鲜，几十万人民志愿军跨过鸭绿江作战。于是，朝鲜战争成了继第二次世界大战之后卷入国家最多、投入兵力最大的一场国际性战争。

朝鲜人民军开局很顺利，至 8 月底严重受阻，无法向前推进。9 月中旬，美军在仁川登陆，重新占领汉城（今首尔），并切断人民军主力与平壤的联系，致使进入半岛南部的人民军面临覆灭的危险。这时，金日成向斯大林和毛泽东紧急求援。

10 月 8 日，毛泽东正式发布了组成中国人民志愿军的命令，并通知了金日成。[1] 13 日晚，毛泽东和政治局领导人经过反复讨论出兵事宜。10 月 19 日，在彭德怀的指挥下，志愿军分批入朝，与联合国军正面交锋。

在志愿军出兵之后，加以苏联空军的配合，战场情况确实出现了有利于中朝方面的变化，所以，当印度等国提出的停火议案在联大通过后，周恩来受命发表声明表示拒绝。美国代表随即借机提出中国侵略朝鲜案，并且于 1951 年 2 月 1 日在联合国大会通过。与此同时，以美军为主的联合国军开始大规模反攻，形势迅速逆转。根据苏联的建议，朝鲜战争双方在 7 月 10 日开始停战谈判，至 1953 年 7 月 27 日正式签订了朝鲜停战协定。至此，朝鲜战争宣告结束。[2]

据有关记载，在这场战争中，中国方面至少付出 50 万人的伤亡，直接军费损耗 20 亿美元，其他经济损失难以统计。总之，对于一个刚刚从战争废墟中建立的中华人民共和国来说，确实做出了巨大的牺牲。

在中国出兵朝鲜之后，国内迅速掀起"抗美援朝"运动，同土地改革、镇压反革命一起，并列为"三大运动"，进行广泛的政治宣传，加强爱国主义教育。朝鲜战争是由美帝国主义企图侵占朝鲜并进而侵入中国大陆的狂妄野心所引起的，因此，抗美援朝就是为了保家卫国，向美帝国主义的侵略势力做斗争。

在抗美援朝宣传中，政府号召民众踊跃参加志愿军、捐献飞机大炮、大力发展生产，进行"仇美、反美、蔑美"的思想教育；其中，还提出反对美国细菌战，并以此兴起一场"爱国卫生运动"。当时，每天的日报和广播都在传播胜利的消息。各级政府组织代表团赴朝慰问，志愿军也组织了代表团分批回国报告，传播英雄事迹。

从1950年年底随团从莫斯科访问回京之后，巴金一年来频频参加有关抗美援朝的各种会议和活动。他是忙碌的、兴奋的。后来，冯雪峰和曹禺先后向他透露了丁玲希望他赴朝的信息，接着正式收到丁玲的来信。信中说，现在准备调集一批人去朝鲜、工厂，希望他能抽出一段时间，不去朝鲜则去工厂。实际上，丁玲不待他同意，已经把他的名字列在调集作家的名单之内了。但她仍然很客气地问道："你是否能设法来满足我们的希望呢？"[3]

巴金有理由感到突然、压抑、纠结。但是无论如何，他会觉得，事情已是没有回旋的余地。

丁玲是谁？在这里，她并非单纯的作家，而是文艺官员，时任中宣部文艺处处长、作协党组书记兼副主席、中央文学研究所所长、《文艺报》主编。由于她从延安来，身居高位，又刚刚获得斯大林文学奖，有一种优越感是毫不足怪的。她公开批评冰心和巴金，认为巴金描写的革命"上无领导，下无群众，中间只有几个又像朋友、又像爱人的人在一起革命，也革不出一个名堂来。"[4]又说："巴金的作品，叫我们革命，起过好的影响，但他的革命既不要领导，又不要群众，是空想的，跟他过去的作品去走是永远不会使人更向前走，今天的巴金，他自己也就正在要纠正他的不实际的思想作风。"[5]毕竟，丁玲也是一个作家，而且是从"莎菲女士"群中过来的，因此多少能够体会创作的苦衷。她私下里对巴金有过比较充分的肯定，曾经表达过有所"疏忽"的歉意，还曾热诚地加以鼓励，表示愿意提供到各处走动的机会。然而，当她以官员的身份出现时，毫无疑问就不再是单个人，而是"组织"的代表。所以信中会使用"我们"一词，请求同意和谅解云云，不过是文人之间的一种礼貌，实际上是不容讨论的。

形势逼人。1951年11月，文艺界展开整风学习。在文艺整风中，文艺家"深入生活"是一个关键环节。文艺界学习委员会主任正是丁玲。所谓深入生活，实质上由组织给予生活、分配生活，并且自始至终确保对个人生活的干预、监督和审议的权力。从1952年年初开始，或者由个人报名，或者由组织指派，不少文艺家下乡下厂，奔赴朝鲜战场。连巴金自己热烈赞美过的来自解放区的人都成批地下去了，他将何以自处？

巴金回忆说，就"深入生活"事曾经征求萧珊的意见，萧珊同意他去朝鲜。至于理由，他从来不曾透露过。论本意，巴金是希望继续过书斋般的生活，守护自己的家庭的，何况现今又多出一个男孩，那么幼小，不满两岁，如何可以放心远行呢？这完全是一个没有选择的选择，从他们此后的一段通信看，他的内心是矛盾的、抵触的，甚至是痛苦的。

1952年2月10日，巴金离开萧珊坐车北上。在列车的颠簸中，他开始给萧珊写信，在北京的二十多天里，一共写了十多封；到了沈阳，又写了五封；在边境安东还有一封。信中除了报告日常生活及赴朝的准备工作之外，就是诉说对"家"的依恋之情：

> 这次分别我心里最难过，因为分别时间最久，而且对前面的工作我全无把握。我无经验，无工作能力和方法，有的就是热情和决心。不过我总会尽我的力量做去。半年并不是长时间，我想很快就会过去的。……珍，你要忍耐，你要相信未来……我的确想家，我真不愿意离开家，离开你们。我一生一直在跟我自己战斗。我是一个最大的温情主义者，我对什么地方都留恋。我最愿意待在一个地方，可是我却到处跑了。我最愿意安安稳稳地在上海工作，可是我却放弃一切到朝鲜去。我知道我有着相当深的惰性，所以我努力跟我自己战斗，想使自己成为一个更有用的人。

不要责备我离开了你，不要责备我在上海时没有好好陪你玩，跟你多谈话。你想到我现在受着多么深的怀念的折磨，你会原谅我的。（1952 年 2 月 18 日，北京）

这一次我特别想念你。昨晚看见及人，想到他今天动身去沪，忽然起了羡慕之感。我不知道什么时候方能够坐上平沪通车，什么时候才能够跟你再见。（1952 年 2 月 20 日，北京）

我的确说过：我时常跟自己在斗争，我到处跑来跑去，其实我最不愿意离开家。到现在我还是想着家，想着你们。但我觉得我也该好好锻炼一下。把希望放在未来吧。（1952 年 2 月 25 日，北京）

我的确有千言万语，却无法把它们全倾泻在纸上。从明天起我们离得更远了。……我会在工作中把自己锻炼得坚强，有用。我会吃苦，也会学习。起初一个月的生活大约不容易过，我得咬紧牙齿。但以后就不要紧了。我有决心。而且想到你，想到孩子，想到大家，这会给我增加勇气，我的心里永远有你。在艰苦中，我会叫着你的名字。在任何环境下我要做一个值得你爱的人。（1952 年 3 月 6 日，北京）

我想念你们，在国外一定更想家。……这次是我们结婚以来时间最长的分别。这么久得不到你们的信息，我会感到寂寞。但我会把自己沉浸在工作里面来驱除寂寞。（1952 年 3 月 6 日，北京）[6]

从通信看，巴金到了北京以后，曹禺还劝说他下工厂，就是说，去朝鲜一事在组织上并没有最后决定。直到这时，他还对萧珊说"我想还是去朝鲜好，可以锻炼一下，对自我改造也有帮助"[7]。

| 1953 年，巴金一家合影

在赴朝问题上，萧珊只是"同意"而已，并不见得有多少支持，信中也只是要他注重"安全"而非"改造"，所以希望他在朝鲜不要住得太久，住一两个月就找个队伍一块回国。而巴金不断地说到"改造""锻炼"，以此作为一种安抚、劝慰的话语，请求萧珊"原谅"，要她"忍耐"现在，着眼"将来"等，说明两人对于同一问题的认识并非完全一致。

巴金决心赴朝，出于响应"改造"的考虑，这时选择化被动为主动。及后回国未久，无须组织安排，而又自觉地做了第二次朝鲜之行，也都是为此。

作为一个残存的无政府主义者，巴金不但不能坚持"自治"，反而接受反自治、一种组织性行为。一个作家，本来是一个名副其实的"自由职业者"，但是，巴金比谁都清楚，在无产阶级专政的国家里，没有人可以自外于组织。对知识分子来说，所谓"改造"是长期的、命定的、与身俱在的，不仅仅限于一两场政治运动。所以，在 1960 年，他还在做"朝鲜的梦"，并且告诉大家："我怎么能够忘记那些可纪念、可宝贵的日子！我怎么能不怀念那个时期的生活！我怎么能不反复地重温朝鲜的梦！"[8] 直到 1991 年，他还强调说："两次入朝对我的后半生有大的影响。"[9]他是把赴朝鲜战场作为主动接受"知识分子思想改造"的一个标志性行动来看待的。

比较一件往事很有意思。

1938年5月，巴金与章靳以一起前往汉口。据毕修勺回忆，他当时担任《扫荡报》的主笔兼总编辑，到旅馆看望巴金。湖北省主席、武汉卫戍总司令部司令、中央政府军事委员会政治部部长陈诚要他转达巴金，说将命令政治部和《扫荡报》给巴金一个名义，请巴金到前线去采访战况，写些文章，鼓舞抗战士气。毕修勺将陈诚的意思告诉巴金后，巴金摇头，表示不予接受，不久便离开武汉回到桂林去了。

一个是抗日战场，一个是抗美战场，同样的采写任务，巴金却可以舍弃前者而接受后者。当时，他早已被选为"中华全国文艺界抗战协会"理事，并且被推为桂林分会的筹备人，从身份来说是负有宣传的义务的，况且这也是一个难得的机会。然而，抗战时的文协并不同于新中国成立后的文联和作协，它没有任何权力，对巴金及其他作家没有约束力，构不成生存的压力。

生存高于信仰，高于道德义务，这是显而易见的。

巴金到北京后，听报告，学习文件，筹备全国文联组织的"朝鲜战地访问团"。全团共十八人，巴金任团长，葛洛是党小组的组长，团员有艾芜、古元、白朗、宋之的、黄谷柳、菡子、逯非等人。其中，许多人还是从延安过来的，足见组织对巴金的信任。

这种信任并没有消除巴金的紧张。他不知道应如何应付眼前的"新生活"，行期愈加逼近，心里愈不安定，总觉得一切都没有准备好。他几次找丁玲，讨教到部队"锻炼"的经验。在家信中，他一再回到他的预想里，说开头一个时期"不容易过"，可知内心的焦虑和虚怯；但是，他有决心改造自己，甚至说"我得咬紧牙齿"，不期然做出痛苦的、吃力的表示。

当巴金穿上军装出现在朝鲜战场时，实际情形并不如他预期中的可怕。志愿军一个英雄部队 193 师的宣传科长王奂回忆说：巴金来到连队以后，他每天都得按照商定的日程，陪同巴金深入班排和居民中进行采访。午休时，两人一同坐在炕铺上闲谈，有时还请来采访对象专门谈话，或者召开座谈会，或者跟随战士干些农活。巴金的日常工作，就是听报告、开会，或者听汇报、采访、看材料之类。他的采访，几乎都有专人陪同，采访对象也都是事先指定和安排的。

在炮火纷飞的战场，巴金不同于那类随军记者，在危急的时刻，孤身前往。他是名作家，是受保护的。他被安顿到火线之外最安全的地方，原总政治部专门分派一个通讯员给他，帮助他照料生活。在营地里，他随处得到指战员和机关干部的细心照顾，采访之外，常常有机会看表演、会餐、跳舞，以及闲谈。从日记看，如果不能说养尊处优，至少没有风险，没有紧张之感。他在家信中承认说："在部队里处处受到照顾，生活相当舒适。我感到受之有愧。除了上次在连部防空洞内十多天喝白开水外，天天都有茶喝。处处都送烟来，我不愿意

巴金在朝鲜战地

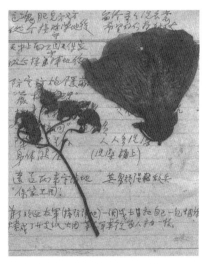

巴金在朝鲜战地的采访笔记和采集的金达莱花标本

浪费国家财产，这月起索性不抽烟了。"[10]

1933 年 2 月，徐懋庸发表过一篇报道《巴金到台州》，记录与巴金会见时的谈话。其中谈到艺术与题材的关系时，巴金强调要写自己熟悉和感受中的生活，其实也就是固有的生活，没有必要为了寻找题材而深入农村。他的观点是"艺术的使命是普遍地表现人类的感情和思想"[11]。大概基于这种观点，所以对于当时的中国批评界，他会说"第三种人"论者苏汶和韩侍桁"很有希望"。胡风用"谷非"的笔名，批评巴金的创作《罪与罚》《海的梦》时，称他为"第三种人"，也不能说毫无根据。

时至现在，巴金就不再有先前所主张的"无支配的自由"了。在"改造思想""深入生活"的号召下，他不能不走进陌生的环境，接触不熟悉的生活。巴金一直认为，赴朝是必要的。直到 1993 年 10 月，他在谈话中还说："抗美援朝，对我影响很大。我想改造自己。对于战争本身来说，有当时形势的需要。朝战、越战的评价，今日可以讨论。但当时有当时的形势。"[12] 而今，所谓"生活"，已经不仅仅是一个题材问题，而是一个安身立命的问题，他必须借此确立经由改造获致的合格的政治身份。只有获得这种身份，写作才有可能算是合格的。

比较起来，写作要比思想改造容易得多。就这时的巴金来说，文学题材无非就是找材料，而且有一个叫"组织"的帮忙找；所谓构思，其间既不需要、也不能够放入个人思想，思想是属于领导的、组织的，有统一的宣传路径，因此余下的只是一种简单的技术活，技术太复杂、太个人化会使"工农兵"看不懂。在家信中，让萧珊读点赵树理和李季也是这个意思。而且，许多文章是集体讨论怎么写的，巴金简直是一个执笔者、书记员的角色，如此而已。完稿以后，不必考虑什么艺术效果，因为其中根本就没有艺术；更不必考虑风险，因为重要一点的稿子，要经过政治部审查，然后交由新华社用电报发出。

《我们会见了彭德怀司令员》一文的写作，便很有代表性。

1952 年，巴金（中）在朝鲜与志愿军战士合影

巴金（左二）在朝鲜战地坑道中采访

到朝鲜的第六天，3月22日中午，巴金这个代表团受到志愿军司令员彭德怀的接见。巴金说，彭总司令的谈话诚恳、亲切，如话家常，他听了非常感动。接见完后，整个团队连续讨论彭总司令的谈话，大家要巴金写一篇"彭总会见记"。从日记看，巴金从八时开始写，十一点半完成初稿，人被弄得相当疲惫。次日听了彭总司令的一次讲话，有了新的内容，他立刻做修改，至十一点把文章写完。又次日，他根据大家的意见再做修改，然后交葛洛送新华社。

彭德怀最后看了原稿，给巴金写了一封短柬，说：

巴金同志：

"像长者对子弟讲话"一句可否改为"像和睦家庭中亲人谈话似的"？我很希望这样改一下，不知可许否？其次，我是一个渺小的人，把我写得太大了一些，使我有些害怕！致以同志的敬礼。

彭德怀

3月28日 [13]

巴金根据信中的意见再次做了修改。所谓"写得太大了一些"，他很可能因此想到彭德怀的"诚恳谦虚"，而不会深究"害怕"一词的用意，只有深谙党内斗争历史的人，才会知道"伟大"一词背后隐含的风险。全文在《志愿军》报发出，而在《人民日报》发表时，却把好几段内容删去了。

1959年，在著名的"庐山会议"上，彭德怀成了反党集团的挂帅人物被打倒。一年前，巴金在一篇题为《谈我的"散文"》的文章中用很大篇幅介绍写作《我们会见了彭德怀司令员》的体会；一年后，当他将这篇创作谈编入《赞歌集》时，却把津津乐道的同彭德怀有关的几大段文字全给删除掉了。

　　巴金入朝的创作，迎来他在写作史上的第三次转折。在40年代，他由无政府主义者群进入"家"，而今他再次由家走出，进入"国"，拒绝旧的党国而进入新的"共和国"。过去的写作，是一个年轻的安那其主义者的写作，有一个自由的主体；而今主体在组织，完全按照组织的意图和指令写作。对于巴金，可以说是一次带根本性的转折，是对过去的写作的一次颠覆。

　　早在延安时期，毛泽东就提出"文艺为政治服务"。"为政治服务"，就是把文艺作品当成宣传品，在朝鲜战争中，要点在宣传反对美帝国主义，保卫社会主义祖国。但政治宣传的功利性、直接性，致使文学作品满足于故事的简要交代和外部描写，人物类型化、脸谱化，没有性格，没有内心活动，缺乏艺术应有的丰富与幽微。巴金的战争小说难于幸免，就因为意在宣传，是形象的政治表态。他所做的，不过是材料加工，虚构的成分很少，甚至害怕虚构，小说中的主要人物几乎都是照搬原型。关于《坚强战士》，他自述说："我写的是'真人真事'，可是我把它当作小说发表了。后来《志愿军英雄传》编辑部的一位同志把这篇文章拿去找获得'坚强战士'称号的张渭良仔细研究

了一番。张渭良同志提了一些意见。我根据他的意见把我那篇文章改得更符合事实。……小说变成了特写。"[14] 文体是一门艺术，由于害怕材料在艺术加工的过程中走样，即所谓"歪曲生活"，因此宁可保留更多的原始性，把小说写成报道或特写。

　　巴金说的"真人真事"，原出于延安时期对文艺配合政治任务的一种要求。权威理论家周扬指出："我们写的真人真事大半

描写朝鲜战争的小说集《坚强战士》封面

是群众中的英雄人物和英雄模范事迹，他们本身就是新社会中的典型，就带有教育的意义。"[15]又说，真人真事写作是文艺创作的一个"新现象"，是"文艺工作者走向工农兵，工农兵走向文艺的良好捷径"[16]。巴金在朝鲜，接续了中断多年的小说创作，正是有意识地进行"走向工农兵"的实践。

在作品中，巴金热烈歌颂中国的出兵行动，歌颂在朝的指战员，歌颂战争本身。他初到朝鲜时，作为作家代表团团长，在欢迎晚会上致词说："面对最可爱的人——英雄的志愿军，祖国的作家有着责无旁贷的歌功颂德的义务和与伟大的朝鲜人民共同战斗争取大获全胜的决心。"[17]在过去的反法西斯战争中，巴金使用的是无政府主义者的个人语言，而在朝鲜战争中，则完全改用了意识形态话语。

在朝的日子，巴金写了不少散文、通讯和小说，并先后结集为《生活在英雄们中间》《英雄的故事》《保卫和平的人们》《李大海》等出版。据他说，他积累了十几册采访来的英雄故事，此后所写的小说都是以这些故事为蓝本。在《激流》里，在《火》里，他写叛逆者，写革命者，都是英雄般的人物，但是，用今天的眼光看，正如丁玲所批评的，他们脱离领导和群众，事实上是不合格的。所以，要改造自己、证明自己，就必须写出无愧于时代的"当代英雄"。在巴金看来，英雄是只能来自工农兵队伍的，在朝鲜就是志愿军指战员，特别是普通战士。20世纪三四十年代，他写过"平凡人"，那是黯淡的、沉默的、消极的一群；现在不同的是平凡人被英雄化，就是说，身份是平凡的，精神是伟大的。他要借由这些平凡的英雄承载新的价值，祖国、人民、党和领袖，都在他们身上发出神圣的光辉。

巴金自述说：在朝鲜寒冷的土地上，他的"心很热""激动得厉害"，他的写作完全是为了抒发堆积在心里的爱。他说："不是为了我自己，是为了祖国和人民。"[18]巴金第二次入朝，时间比第二次文代会的召开提前了一个月，他在一间农舍里给大会写了贺信《衷心的祝贺》，以一种热烈的笔调传递同样的信息："每天我都感觉到有一种力

描写朝鲜战争的小说《李大海》封面

量在推动我，有一种感情在激动我，有一种爱在我心中燃烧。"[19] 对于采写的对象志愿军战士，他也不断重复同样的概括，就是："为了整体的利益牺牲个人的生命，用自己的鲜血来表示对祖国、对和平、对中朝人民的热爱。"[20] 在这里，巴金的思想感情和工农兵"打成一片"了。

在《坚强战士》中，写"坚强战士二级英雄"张渭良在战斗中负伤，坚持十天爬回自己的阵地。在这个过程中，他告诉自己："只要有一口气，我就会爬回来。"[21] 这个坚定的信念，就是源自对祖国、对领袖的热爱。英雄的语言是："我是中国人民志愿军，我是代表祖国人民出来的。我一定要为祖国人民争光！"[22] 小说还写到，在关键的时刻，是毛主席慈祥的笑容在英雄的脑海中浮现，才给了他战胜死亡的力量。

《黄文元同志》里面也有作者为主人公设计的梦见立功回国见毛主席的故事。小说把邱少云牺牲的事迹移植到黄文元身上，最后写到黄文元被燃烧弹烧死之后，加了一个冗长的结尾，即黄文元所在的班以死者为榜样，取得集体的进步，彰显"为祖国献出一切的黄文元同志并没有死"[23]。

《一个侦察员的故事》所记主人公黄山捉"舌头"，对祖国的爱一样是支配他行动的力量源泉，正如小说中说的，"我们早就把生命献给了祖国了"[24]。

自朝鲜回国后，巴金还写了1949年之后第一部，也是唯一的一部中篇小说《三同志》。其实，它同其他短篇一样，都是根据在朝的采访见闻完成的非虚构作品。小说叙述三位同样出身于贫苦家庭的年轻通讯员并肩作战的故事。他们都有原型，特别是杨林，明显使用了巴金在另一篇散文通讯中描述过的李吉武牺牲的事迹，连死后尸首直立不倒，都是重复用过的材料。还有一些情节和细节，包括场面，都与别的通讯和小说雷同，像做梦见到领袖，几个小说都出现过，可见巴金创作思想的框架是狭窄的，其间存放的是政治宣传工作中的几个大词。

《三同志》通篇平铺直叙，无悬念、无冲突、无波澜、琐碎、拼凑、夸饰，甚至矫情。巴金对于写这个小说其实并无冲动，也无信心，大约觉得短篇不够分量，需要有一个中长篇，想不到开笔以后，一直涩滞不前，写写停停，至1961年才脱稿。他从前的写作速度极快，像《三同志》这般的缓慢是前所未有的。完稿后，原计划送部队文艺编辑审查把关，说是"免得犯错误、闹笑话"。萧珊看了，认为不好发表。从此，小说作为"废品"一直在箱子里锁了三十年，直到1991年编辑《巴金全集》时才拿了出来。

第二次赴朝前夕，巴金在北京给萧珊写信时，对于创作还抱有一种雄心，至少不失为一种期待，说："我想从事创作是因为我心中有许多感情，我非写出一部像样的东西来才不白活，否则死也不会瞑目……要写出一部像样的作品，我得吃很多苦，下很多功夫……为了创作，我得多体验生活，多走多跑。"[25] 为了寻找生活，充实素材，巴金还准备第三次赴朝。他写出《黄文元同志》时，似乎还颇自得意，及至后来，信心却大大受挫。他说是"写完了《三同志》，我对自己的前途绝望了"[26]。

"体验生活"中的生活毕竟是客体的生活，有距离、可移动的生活。即使面对这样的生活，有经验的作家仍然可以从中发现若干生活的秘密。比如巴金在他的日记中，记录某位副班长开枪自伤的传闻，就是跟政治宣传相抵触的……但是，这些富于人性的内容，并没有进入巴金的小说。

《金刚山上发生的事情》写到面对志愿军坟墓的情景，文中有这样的描述：

> 我凝望着坡下方形墓地上两座隆起的新坟。雨打着我们头上顶的雨布，我听得清楚那一点一滴的声音。雨打着坟，把坟头枯黄的衰草打得紧贴在黄土上面。
>
> 我的眼光在坟上停留了好几分钟。雨下得更急了。我看见许多滴水珠落在黄土上，我担心朝鲜深秋的雨水打湿了那两颗安息在坟里的伟大的心！[27]

文章高度赞颂战士的牺牲精神，但是，从字里行间可以感受到某种痛惜与悲哀。这种不合时宜的思想情感暴露出来是危险的，因此被作者及时地加以压抑、省略和掩蔽了过去。应当承认，像这样个人化的文字，在巴金在朝的创作中是罕有的，在1949年以后的全部创作中也是罕有的。

自延安文艺座谈会召开之后，歌颂与暴露问题，成了文艺创作的一个原则性问题。在大规模的宣传攻势下面，巴金非常清楚歌颂什么，暴露什么；迎合什么，回避什么。对于朝鲜战争的性质，以及战事中的一切，他都是按照官方的基调写作，没有任何个人的发现。在体验生活的过程中，由组织布置妥帖，包括派人协助采访，在这种情况下是不可能出错的。因为是"遵命文学"，他不得不找来苏联的战争小说如《日日夜夜》等，从中找模式、找灵感，只求政治正确，在艺术上宁可流于平庸、肤浅和粗糙。

巴金回顾他的创作时，就从这些作品说起，说在十七年间，"没有写出一篇使自己满意的作品"[28]。至于原因，他认为跟题材有关，说写不好是因为不熟习生活，并且一连举了茅盾、曹禺、师陀的例子来支持这个观点。事实上，他掩盖了个人的写作动机，以及贯穿其间的原则，掩盖了一个生存环境问题和状态问题。

《红楼梦》里贾宝玉变得失魂落魄，就因为失去了他的通灵宝玉。

巴金之所以完全失去写作的能力，就因为他不是独立写作。他出于怯懦，剥夺了内心对艺术选择的自由。

匈牙利作家哈拉兹蒂[29]在一部艺术随笔中，说到体制对作家的影响时说，在苏联和东欧国家里，大抵有三类作家：一种是独立作家，一开始就选择自由写作；一种是从外部接受政治任务，或者被同化为内在需求而写作的；还有一种作家，就是与官方相周旋、妥协、伪装，坚持"隐微写作"。前后两种作家从根本上说都是反体制的，而巴金不在其中。为政治服务，从参加文代会宣布"学习"时起，他就是自觉的，而且是策略的。

阿多诺[30]谴责布莱希特[31]的乐观主义是一种"撤退"。他论证说，布莱希特对社会主义的承诺的迷信是一种妥协。问题是，巴金并非是共产党人，像从延安过来的丁玲一样，而是国统区里的一个无政府主义者。以他目前的表现，称得上是阿多诺说的"撤退"，但是，他并没有迷信，因此也谈不上妥协。正如他所说，他缴械投降了。虽然他做出一个知识分子式的体面的说法，说是"向人民投降"，实际上是完全服从于新政权。就是说，他把手上的无政府主义的黑旗，换成了红旗，并且尽可能高地举过头顶。

当"文艺为政治服务"成为金科玉律的时候，作家能够自由写作和顺利出版作品，实在可以说是一种特权。从萧军、沈从文被剥夺出版的权利可以知道，更不必说担任文艺界的领导职务了。巴金歌颂新社会的新作源源不断出版，旧作也可以修修补补，改头换面出版，及后出版文集则明显是唯少数人所有的特权了。巴金是一个靠版税生活的作家，他能够不拿国家工资，就必须获得并保持出版个人著作的特权。渐渐地，他会变得习惯于享受现实中的特权利益，除了"名作家"之外，还包括文艺界及社会上的各种职衔带给他的一切好处。正如哈拉兹蒂指出的，只要没有决心放弃特权，就必然牺牲艺术的独立性，这是无可如何的事。

　　通过"思想改造"，通过在朝鲜的系列采访和写作，巴金果然如哈拉兹蒂说的那样，被培训为"有创意的行政人员"。在他不在场的情况下，第二次文代会内定他为中国作协副主席，并在大会上选举通过。用主流媒体惯常的说法，在体制内，他又上了一个"新台阶"。

注 解：

1. 参见《建国以来毛泽东文稿》第 1 册。

2. 参见徐焰：《第一次较量——抗美援朝的历史回顾与反思》，中国广播电视出版社，1990 年；沈志华：《中苏同盟与朝鲜战争研究》，广西师范大学出版社，1999 年；沈志华：《毛泽东、斯大林与朝鲜战争》，广东人民出版社，2005 年；杨奎松：《中华人民共和国建国史研究 2》，江西人民出版社，2009 年；大卫·哈伯斯塔姆著，王祖宁、刘寅龙译：《最寒冷的冬天：美国人眼中的朝鲜战争》，重庆出版社，2010 年。

3. 上海巴金文学研究会编：《写给巴金》，大象出版社，2008 年，56 页。

4. 丁玲：《丁玲全集》第 7 卷，河北人民出版社，2001 年，119 页。

5. 同上，120 页。

6. 巴金：《巴金家书》，浙江文艺出版社，2003 年，17 页。

7. 同上，16 页。

8. 巴金：《巴金全集》第 11 卷，人民文学出版社，1986 年，413－414 页。

9. 巴金：《再思录》，上海远东出版社，1995 年，99 页。

10. 巴金：《巴金全集》第 12 卷，人民文学出版社，1986 年，319 页。

11. 唐金海、张晓云主编：《巴金年谱》第 1 卷，四川文艺出版社，1898 年，301 页。

12. 丹晨：《巴金评说 70 年》，中国华侨出版社，2006 年，161 页。

13. 巴金：《巴金全集》第 20 卷，人民文学出版社，1993 年，540 页。

14. 巴金：《巴金选集》第 10 卷，四川人民出版社，1982 年，260 页。

15. 周扬：《周扬文集》第 1 卷，人民文学出版社，1984 年，502 页。

16. 同上。

17. 陈思和、周立民选编：《解读巴金》，春风文艺出版社，2002 年，65 页。

18. 巴金：《英雄的故事》，四川人民出版社，1979 年，30 页。

19. 同上，51 页。

20. 同上，117 页。

21. 同上，182 页。

22. 同上，194 页。

23. 同上，260 页。

24. 同上，214 页。

25. 巴金：《巴金全集》第 23 卷，人民文学出版社，1993 年，233 页。

26. 巴金：《巴金全集》第 20 卷，人民文学出版社，1993 年，707 页。

27. 巴金：《巴金全集》第 14 卷，人民文学出版社，1993 年，214 页。

28. 同上，488 页。

29. 米克洛什·哈拉兹蒂（Miklós Haraszti，1945–），匈牙利作家、记者、民主运动领导人。

30. 狄奥多·阿多诺（Theodor W. Adorno，1903–1969），德国社会哲学家、音乐家，法兰克福学派重要成员之一。

31. 贝托尔特·布莱希特（Bertolt Brecht，1898–1956），德国诗人、戏剧家，改革了现代剧场的发展，于 1955 年获列宁和平奖。

第九章　胡风集团案

1949 年，历史学者陈寅恪从英国返回清华园，不久，便离开北京到岭南教书。北京是他青年时代开始生活和工作的地方，作为迁客，他显然有远避政治漩涡中心之意。当时，郭沫若曾函请他担任中国科学院历史研究所第二所所长，据说他提出了两个条件，科学院难以接受。实际上，他并不在意到所后是否可以自由独立治学，只是设法不在北京立足而已。这种不合作主义的态度，有没有包含某种政治预见在里面很难说，不过在传统士人中，不仕则隐的情形倒也并不鲜见。

鲜见的是大红大紫的丁玲，居然也有这种规避政治的思想，令人想到她的好友，写出《多余的话》的瞿秋白。她以长期从事革命工作的经验，告诫胡风说：不要住北京，也不要做工作。所谓不做工作，

▌1939 年胡风、梅志、晓谷、晓风在重庆北碚

就意味着远离文坛，不在作协中担任职务，不出头露面，不跟那些活跃的人物混到一起。丁玲的劝告，应当综合了时局、环境、人事等多个方面的考虑。但是胡风没有听进去，仍然守株待兔；结果兔子不来，狼却来了。

胡风之所以不接受，是因为他不能不做事，而且要做大事。他不会把自己看作一般的诗人、作家和批评家，而是要做别林斯基[1]式或卢卡奇[2]式人物，时代文学潮流的倡导者和引领者。这就麻烦了。大创造需要大舞台，而且需要来到舞台的中心，就是说，他命中离不开中心。对于一个新国家来说，政治文化的中心，就是首都北京。

是文学理想、信念、使命感，让胡风在文代会结束之后，坚持留下来，等待周恩来的接见。他希望而且相信，总理能够为他安排工作，以便在北京安家，更直接有效地从事他所热爱的文学事业。

这里多少有点待价而沽的味道。不过，二十年来，胡风确实为自己累积了相当雄厚的资本。（一）长期从事左翼文学运动，坚定地站在鲁迅一边，阐扬"五四"传统，同形形色色反动的、朽腐的、虚无

▎《七月》封面

▎《希望》封面

的文艺做斗争。（二）抗战期间，培养了一批革命的、进步的青年作家，创办了有名的《七月》和《希望》，发表了一批富于战斗力的作品。（三）从文学活动中体现出来的才识与能力，已经获致知识界广泛的认可。（四）尤其在中华全国文艺界抗敌协会成立以后所建立起来的与周恩来的关系，胡风是抱信赖态度的。而今周恩来管理国事，自然包括文化事务在内，他不相信在北京没有用武之地。

其实，在宣布"中国人民从此站立起来了"之前，毛泽东已经让全体知识分子和文艺家站起来接受他的检阅了。恰恰，作为权威理论家的毛泽东事实上遭到了胡风的挑战。即便胡风在长诗《时间开始了》中用了很大的篇幅歌颂毛泽东，但此前与毛泽东在文艺思想方面的尖锐对立已然存在，无从消解。这是最根本的。

1955 年"胡风反革命集团案"终于发生。当时，许多人都对此感到意外，其实从 40 年代到 50 年代，可以说，他们一直在"追捕"胡风。

在第一次文代会上，茅盾在报告中公开点名批评胡风，虽然措辞不很严厉，但是意在引起大家的注意，企图是明显的。1950 年 3 月，周扬在大会上批评阿垅的《论倾向性》，首次公开提出"小集团"的危险性字眼。1951 年 11 月开始的文艺整风，已在较大范围内发起批判胡风的运动，发表通讯、散发材料、召开各种会议，分明"山雨欲来"。此间，舒芜迅速转向，反戈一击批判胡风，并且有意不断重复使用致命的"小集团"一词。

1952 年 9 月 6 日至 12 月 16 日，先后召开四次会议，批判胡风的调门越来越高，周扬把胡风的问题上升到反对毛泽东文艺思想、反对党的文艺路线的高度。1953 年 1 月，在一次大会上，林默涵做了关于检讨胡风文艺思想的专题报告，说明只准检讨，不能解释和讨论。2 月，《文艺报》发表林默涵、何其芳的批判文章，作为多次"讨论会"的一个总结。

一面穷追猛打，一面困兽犹斗。胡风不满于对"'五四'精神"和"鲁迅实质"的否定；不满于对国统区文学成就的否定；不满于对现实主义及不少带根本性的理论原则的否定；不满于官僚主义、教条主义的文艺管理模式；不满于当前文艺界的不良风气，说是出现"一种半身不遂的状态"；当然也不满于对他个人和周围一群献身于人民文学的朋友的压制和打击，以至于1954年3月至7月间，发愤写成《关于几年来文艺实践状况的报告》，即"三十万言书"，上呈中共中央。

"三十万言书"使批判胡风的运动迅速升级。在这份意见书中，胡风把林默涵等人的观点归纳为"左"的教条主义文艺理论，称为"五把刀子"。他否定《讲话》发表以来对《讲话》的教条主义的阐释，很容易被理解为对《讲话》的否定；他否定以周扬为代表的党对文艺的领导，也很容易被理解为对党的领导作用的否定。总之，胡风算是自动地跳将出来。

1954年12月8日，周扬在全国文联、作协主席团联席会议上做了《我们必须战斗》的讲话。内容分三个部分，最后一个部分专谈胡风问题，重点是"胡风的观点和我们之间的分歧"。在会上，郭沫若也做了讲话，题目是《思想斗争的动员》。胡风写了一万多字的《我的自我批判》，当然毫无用处。1955年1月26日，中共中央批转中宣部《关于开展批判胡风思想的报告》，至此，一场全国性的大批判运动随即扩展开来。

从1月到5月中旬，四个月内，在省级以上报刊发表的批判文章有446篇之多，声势不可谓不大。但是，所有的批判，大多集中在"三十万言书"，而且仍然限于文艺思想范围。舒芜从对自己、对路翎，发展到对胡风的批判时，竟率先直斥胡风为"反革命"，决心走上一条诬蔑和背叛朋友的不归路。紧接着，他接受了林默涵的诱导，把胡风给他的信，编成《关于胡风小集团的一些材料》上呈。

舒芜何以会走到这步田地？除了宣传部门及头面人物如周扬、林默涵等的胁迫和利诱之外，在舒芜那里，首先有一个自保问题。

所谓人人自危，第一要事就是自保。舒芜除了《论主观》以外，身上还有一个很大的包袱，就是自首。据牛汉的说法，舒芜1938年加入中国共产党，后来自首，因为整个支部都自首了。须知，自首的性质和叛徒差不多，牛汉称"这是他人生最大的隐患"，因此内心恐慌，必须根据新的形势而有所行动。

1955年5月13日，《人民日报》发表舒芜提供的胡风信件，将原题的"小集团"改定为"反党集团"，史称第一批材料；5月24日、6月10日先后发表第二、三批材料，性质升级为"反革命集团"。据1980年7月21日公安部、最高人民法院、最高人民检察院《关于"胡风反革命集团"复查报告》资料披露，在"胡风反革命集团"案中，全国受胡风牵连，有2100人被清查；92人被捕；78人被定性为"胡风分子"；骨干分子23人；61人被撤销职务，送劳动教养。

批判"胡风反革命集团"达致高潮时，参加批判已不限于文艺界，各民主党派、各社会团体和群众组织都卷进去了。运动对知识界震动最大，特别是对文艺界人士，不能不说是一次"集体人格"的考验。偌大中国，没有一个人同情胡风。如果说还有一个人，能够无视权势、不顾利钝，敢于公开站出来说话的，就是美学家吕荧。

1955年5月25日，中国文联、中国作协主席团召开联席扩大会议，决定开除胡风的作协会籍，撤销他在文艺界的一切职务，并建议全国人大常委会撤销他的全国人大代表资格，请求最

美学家吕荧

高法院依法惩处。全场 700 多名人参加，26 人登台发言，一片挞伐之声。这时，一个文弱书生主动走到台上要求发言，他就是吕荧。他从容地拿起话筒说道："胡风的错误，是不该发表舒芜的错误文章。这是理论问题、思想问题，胡风不是反革命……"[8] 大家一下子愣了，据说场上有几秒钟沉寂。突然，张光年站起来，大步上前，夺下吕荧的话筒，把吕荧揪住，连拖带搡地拉下了主席台。"轰下去！"台下立即鼓噪起来，全场一片嘘声。

何满子有文章《六亿一人》，写道："中国知识分子的良知，中国人民的正气一脉，全仗吕荧这个孱弱的书生孤丝独悬而赖以不坠了。"[9]

巴金晚年就他的思想历程总结说："我的'改造'可以说是从'反胡风'运动开始，在反右运动中有大的发展，到了'文革'，我的确'洗心革面，脱胎换骨'给改造成了另一个人，可是就因为这个，我让改造者们送进了地狱。这是历史的惩罚。"[10]

本来，从他在第一次文代会上宣布"我是来学习的"的时候起，应当算是"改造"的开始，而且那时候，知识界的思想改造运动确实已经运转起来了。那么巴金为什么把时间定格在 1955 年呢？大约因为此前的运动仅限于政治表态，唯有这次运动挟带了合法性暴力，才真正触及了灵魂。

巴金自称是一个人道主义者，当目睹了一出时代的悲剧在身边上演，而且还得担任其中的一个小分队的队长角色，带领众人一起诅咒、追打"国民公敌"，"向着井口投掷石块"，他当做何感想？他不是那类无知的追随者，受蒙蔽的人，他回忆说是"在批判胡风集团的时候，我被迫参加斗争"，这"被迫"，就说明他是在清醒的情况下接受无法接受的东西。内心抗拒而又不能不加接受，只能是出于恐惧：一个正常的人随时有可能被牵连进去，何况是一个有历史包袱的人。中国的"肃反"虽然刚刚开始，而苏联的"肃反"在历史上是有记录的。

对于新政权在意识形态斗争方面的作为，特别像批判胡风这样的知识分子熟人的事，不能不引起巴金的敏感。在 1952 年 4 月 10 日的朝鲜日记中，巴金记下了看到《文艺报》批评路翎的文章。在此期间，《文艺报》分发的不署名的《胡风文艺思想研究资料》，他不可能没看到。不少批判胡风的文章和读者来信，陆续见诸《人民日报》和《文艺报》，等他从朝鲜回国，对胡风的批判，作为一场运动已是正式开打了。整个运动酝酿已久，近期却在不断加速推进，从思想到政治、从内部到公开，特别在中途引进"肃反"，无疑加剧了巴金内心的紧张。

毛泽东为印发关于"胡风反革命集团"的三批材料和《人民日报》社论的小册子写了序言，其中说："我们是胜利者，各种人都向我们靠拢，未免泥沙俱下，鱼龙混杂，我们还没有来得及做一次彻底的清理。"[11]最后，他号召进一步清查"各种暗藏的反革命分子"。

如何清查呢？"肃清反革命分子"开始时，公安部成立了五人领导小组，运动在全面铺开以后，全国部级以上单位都相应成立了五人小组。作协内部也有五人小组，组长刘白羽，组员是严文井、阮章竞、康濯和张僖。时任作协副秘书长的张僖在回忆录《只言片语》中写到五人小组的工作情况，说："五人小组成立以后，主要的任务就是肃清反革命分子，同时还要审查作协机关和所属单位全部干部的历史。延安时期曾经有过审干运动，上级领导说那次是局部的，而这一次却是全国性的干部档案核对。大家都知道，政治运动离不了开会。作家协会也是每天开会，而且没有上班下班的概念，经常是晚上开会。运动开始，先由干部根据自己写的自传说出自己的'来龙去脉'。从学生时代说起，不但要说出那段时间做了什么、担任什么职务，还要说出证明人。审查办公室要根据每个人的自传到全国调查取证，一个人一个人地过关。"[12]这种从延安整风时期留下来的逐个"过关"的方式，对于那些多少有些"历史问题"的人来说，确实是一个很大的威胁。

2 月，上海作协传达了中国作协主席团扩大会议关于批判胡风的决定。4 月，巴金以亚非作家会议中国代表团副团长的身份去印度开会。途经广州时，巴金想起两位好友叶非英和陈洪有在这里教书，但因为他们都是无政府主义者，害怕由此生事，以致连打听一下有关他们的消息的念头也打消了。

巴金从 30 年代在南国旅行时，便同他们结下了友谊，他曾多次说过这友谊带给他的温暖。特别是叶非英，他称之为"耶稣"，说是"从没有见过如此大量、如此勇敢的人"[13]。但是，在多次运动中，为了不给自己增添政治上的麻烦，他将"我们的耶稣"改为"朋友Y"，后来连朋友 Y 也没有了，用虚点代替。写到叶非英这些无政府主义者的文章，删节不止一次，也不敢编入文集；还有，就是另行加注，增添许多假话，致使明白内情的读者说他意在同昔日的朋友"划清界限"。对此，他的解释是："全国解放以后，一个接一个的运动、一次接一次的学习仿佛把我放进一个大炉子烘烤，一切胡思乱想都光了，只剩下一个皮包骨的自己。我紧张，我惶恐，我只有一个念头：要活下去。"[14]

巴金为了要使自己和家人平顺地"活下去"，他只能够和他所意识到的危险分子划清界限，对叶非英、陈洪有如此，对胡风也如此。巴金是敏感的。胡风大祸临头不用说，叶非英和陈洪有不久即被打成"右派"，叶非英在广州市郊劳教农场劳动时死去。过去，巴金把"爱"和"友情"悬放到很高的位置，且自称为"人道主义者"，而今在严酷的斗争面前，所有这一切都变得一文不值。

这时候的巴金，已经不需要暴力或者纪律的约束了，知识分子纤细、敏锐而又脆弱的神经会帮助他成为自己的监督人，通过中肯的省察和推演，控制自己或反对自己，及时地加以防范，以求留在安全地带，同主流力量结合在一起，而不致滑入极少数的范围。他环顾，他谛听，他捕捉来自头顶的每一道目光、每一个细小的声音。"老大哥在看着你呢！"他知道。"上帝在叫你呢！"他知道。

阿尔多塞把上帝对彼得进行命名的声音，称为"询唤"，比喻为一种代表国家权威的声音、意识形态的声音，同样是不容拒绝的声音。在阿尔多塞的"询唤"理论中，如果没有被召唤者的某种准备或预期的欲望，命名不可能完成。就是说，被召唤者是先于这个召唤而存在的。一个人在回应之前，已经有了被权威的询唤所强迫的准备，即事前与这个声音有了关系，有了响应的前提条件，因而被他随后屈服的权威卷入鼓舞误识的范围之内，就成了自然而然的事。

巴金准备好了吗？早在"询唤"之前，他就准备好了，大的前提就是他说的"投降"。所以，只要权威发出召唤，说放弃就放弃，说接受就接受，态度是无条件服从。像批判胡风这样损害他人的事，虽然此前未曾做过，但也能立即做出积极的回应。这时，他已经被任命为中国作协副主席，在人大、政协那里都是有位置的；上海文联和作协批判胡风的会议，当然要推他为主持人了。

集体亮相之外，巴金作为文艺界的领头人，对于批判胡风这样的大事件，还必须发出个人的战斗的声音。为了批判胡风，上海作协主席团建立了一个核心领导小组，曾向中宣部文艺处上报过小组成员的专题批判计划，这其中就有巴金。什么时候表态，如何表态，巴金是有考虑的。从整个过程来看，巴金不算太主动，或许，他尽可能做到了克制和保留，但是，从台词到招式就不能不与集体表演相协调。

胡风与巴金为南京东南大学附中的校友。巴金比胡风高两级，曾经同在一个课室里听讲世界史，但是两人并无交往。1925 年，上海发生五卅事件，他们都参加了南方学生的救国运动。胡风是其中的积极分子，给巴金留下很深的印象，他在中篇小说《死去的太阳》中写到的学生干部方国亮，就是以胡风为原型的。直到 30 年代中期，他们才见面认识，此后，并未构成亲密的朋友关系。据巴金说，他很少读胡风的文章，他的文章也从来未曾在胡风主编的刊物发表过；而胡风同样很少读他的作品，还曾撰文批评过他。胡风发表系列作家论之后，可能有集中评论巴金的打算。事实上，巴金也把他的著作送给了胡风。但是，后来文章并没有写成，对此，胡风以碍于图书审查为由，应当是说不过去的，不过是一个委婉的托词罢了。在国统区，胡风从来是以左派自居的。他十分严苛地恪守他的"人民性"和"现实主义"的文学原则，轻视其他"自由派"作家，更不用说那些依附权势生存的御用作家了。1949 年之后，胡风与这些作家依然保持很大的距离，而这时成为正统的"延安派"却并不认同他左翼理论家的身份。可以说胡风在文坛中是颇受孤立的。对于胡风的境遇，巴金是了解的，所以很早便以为何为众人所反对的问题质询过胡风，胡风的回答是因为他替知识分子说了话，双方没有深谈。由于胡风及胡风的朋友都不是巴金的朋友，因此风暴一来，巴金只会更多地考虑个人的得失安危，而不会为运动中的这些结局悲惨的失败者着想。至于关心和保卫知识分子同行这样一种更为深远的考虑，对于自身难保的巴金来说，则简直是没有可能的了。

5 月初，巴金获悉要在全国开展"反胡风运动"，他形容当时的感觉是"晴天霹雳"。因为在他看来，胡风一向"左倾"，至少比他"进步"，虽然批判已有一些时日，但都是局限在文艺界内部，远没有现在来得凶猛。至中旬，在《人民日报》公布关于"胡风集团"的第一批材料之后，他知道问题已经升级了。他履行在文联和作协的职责，开始主持批判胡风及其"集团"的各种会议，并先后发表了五篇批判文章。

对应于运动，巴金的文章算得及时，但是在他也委实拖延了一些时候。大约在 3 月份，他想到写一篇文章，批评路翎的小说《洼地上的"战役"》，后来因为参加亚非作家会议而耽搁下来。挑选路翎小说作为枪靶，是因为他知道小说中写到志愿军和朝鲜姑娘谈恋爱是不被许可的。从这里突入有两个好处，一来批评作者罔顾生活真实，二来可以反衬自己"深入生活"的成果。而且，对于路翎的小说，包括此篇，都有过他人的批评。如此一来，既可以应付，而损伤也不至于太大，巴金似乎有点保守中庸之道的意思。但是，形势的发展太快，他感觉来不及了，于是率先发表《必须彻底打垮"胡风反党集团"》，作

1950 年路翎全家

1979 年的余明英和路翎夫妇

为政治表态。

文章同时在《人民日报》和上海《新闻日报》发表。文中重复使用报上公布胡风"材料"的按语和大批判文章的方式和语言，没有太多新意，倒是一再提到上海的"党领导的新文艺出版社"，坐实"集团"的新阵地，带有揭露性的内容。结尾呼吁道："我们必须彻底地打垮他整个集团，不让他们有卷土重来的机会。我们要完全揭穿他们的假面目，剥去他们的伪装，使这个集团的每一分子都从阴暗的角落里站出来，放下'橡皮包着钢丝的'鞭子和其他秘密武器，老老实实、诚诚恳恳向党和人民投降，从此改过自新，重新做人。这是他们唯一的向人民赎罪的路。"[15]紧接着，《人民日报》发表关于胡风的第三批材料，巴金知道问题又升级了，立即写下《他们的罪行必须受到严厉的处分》[16]，说读完材料感到"愤怒"和"吃惊"，为"过去的麻痹大意"而"责备自己"。他主张"他们的罪行必须受到严厉的处分"，不给他们以"死灰复燃的机会"和"卷土重来的希望"。

这时，巴金主编的《文艺月报》出了问题。6月，杂志因发表上海音乐学院院长贺绿汀批判胡风的文章《彻底揭发暗害分子胡风》，收到十五件读者来信来稿，一致给予谴责。其实，贺绿汀撰文时，胡风案件尚未上升到"反革命"性质，陡转的形势，反而使他积极斗争的态度顿时变得不合时宜了。为此，杂志补登贺绿汀的检讨，承认文章的实际效果是替胡风黑帮分子打掩护，而编辑部也不得不公开承认对"错误""应负主要责任"。据说，有位诗人在《解放日报》发文，责问《文艺月报》为何不转载胡风第三批材料，声称是"严重的政治性错误"[17]。编辑部只好做出整顿，年底发表《告读者》时，声明"犯了不少违反党性的错误"。所谓"群众""读者"一旦被煽动起来，有一种盲目的破坏力，使贺绿汀、巴金这些体制内的领导者，顺从的文化人，也不能不陷于被动。

经过《文艺月报》事件的困扰之后，巴金发表一篇杂文，题为《关于胡风的两件事情》，用事实批判胡风。所说的两件事：一是说胡风在鲁迅面前"挑拨离间"，鲁迅上当受骗；再就是胡风递交"三十万言书"之后，在北京遇见胡风，一副"做贼心虚"、惶惶不可终日的样子。前一个说法，类似冯雪峰、许广平的批判，也没有新意，当然，对于胡风的人格是一种重复的伤害。后一个说法，在胡风面前，他颇能以正确者自居，行文时，甚至多少带上一点作为胜利集团一分子幸灾乐祸的味道了。

5月底，巴金写完《读别有用心的〈洼地上的"战役"〉》，寄给《文艺报》，后来由常务编委康濯转给《人民文学》，直到8月份才登了出来。文章主要批判路翎塞进小说中的"小资产阶级"的思想感情，说路翎不但没有写出朝鲜战争的"真实"，而且写出"一大堆完全虚假的东西"。文中还因路翎而带及胡风，指"路翎的'导师和友人'，他的'实际扶助者'胡风"对《洼地上的"战役"》的评论是"别有用心的喝彩"。

6月初，巴金收到康濯的来信，说目前已进入揭露和粉碎"胡风反革命集团"的阶段，应更多地从政治上揭发和批判，由于巴金的文章只谈到路翎的思想根源，因此需要修改；又打招呼说，因往返邮寄费事，时间来不及，只好由编辑部捉刀代笔。巴金立刻写了回信：

康濯同志：

六月一日来信收到。文章迟发表，没有关系。我当初想用这篇文章参战，后来出国开会，拖了将近三个月，刚写好，情况已大变，文章也失去作用了。你们删改，这是对读者负责的表示，我当然同意，请不必客气。

此致

敬礼

巴金

六月八日[18]

文章发表出来时，有两个明显的改动：一是将题目改成《谈〈洼地上的"战役"〉的反动性》；二是增加了一些政治定性的文字，如"用颠倒黑白的办法来达到反革命宣传的目的"等。其实，做这样修改的地方不会太多，而且既经巴金同意，这些修改应该是可以预见的。他晚年写作《怀念胡风》一文，没有提到他与康濯的通信，至于说刊出后的文章"似乎面目全非"有点夸张，无非多加了一些政治术语。他忆述说，初读时很不满意，但接着觉悟到："我写的是思想批判的文章，现在却是声讨'反革命集团'的时候，倘使不加增改就把文章照原样发表，我便会成为批判的对象，说是有意为'反革命分子'开脱。《人民文学》编者对我文章的修改倒是给我帮了大忙，否则我会遇到不小的麻烦。"[19] 大概他想起《文艺月报》的事吧？过了一个晚上，当一个朋友和他谈起这篇文章时，他已是"心平气和无话可说"了。

8月份，巴金还写了另一篇杂文《"学问"与"才华"》[20]，紧接着在《人民文学》刊发。文中说，有人说"胡风集团"有"学问与才华"，其实"胡风反革命集团的本来面目跟别的反革命分子没有差别"，他们有的只能是反革命的"学问"与"才华"。巴金几次说到在运动中别人催他表态，以及约批判稿之类，但这篇文章的写作显然没有紧迫性，就是说，文章已经不是为了解决"过关"的问题，而是为了进一步做出积极的表现。

在批判胡风的年头，巴金一面发表战斗的檄文，另一面制作甜美的颂歌。他写下《数字的诗，幸福的保证》，以此称颂国务院副总理李富春在人大会议上公布的"关于发展国民经济的第一个五年计划"[21]；写下《最美丽、最光荣的事情》，告诉人们"社会主义离我们很近，它是可以摸到的实在的东西了"[22]；写下《圣人出，黄河清》，指"今天的圣人"是党、是政府、是毛主席、是人民；写下《让每个人的青春都开放美丽的花朵》《迎接我们的祖国的明天》《大欢乐的日子》；提前写下《1956年新年随笔》，说道："想到了我周围的一切，

▎1965 年年底胡风短暂回到家中

想到了就要到来的 1956 年，我觉得全身充满幸福的感觉。"[23]

　　1955 年一年，在巴金的文章中，批判与歌颂并举，可谓相映成趣。我们看到，国家权力和意识形态已然渗透巴金的灵魂和骨头，搜索和威胁到原先隐藏起来的信仰，成为他继续写作的秘密的心理源泉。

　　1955 年 5 月 16 日，在全国人大常委会正式做出批捕决定的前两天，胡风在家中被公安部人员拘捕。北京市高级人民法院判处胡风有期徒刑十四年，长期关押于秦城监狱，1965 年年底迁至四川成都。"文化大革命"开始，胡风夫妇被送到成都西部一个劳改农场里监护劳动。1967 年 11 月，胡风再度入狱；1970 年以"在毛主席像上写反动诗词"的罪名，被四川革委会加判无期徒刑，不准上诉。

　　直至 1979 年，胡风获释出狱。1980 年春节过后，他旧病复发，出现幻觉和行为失控的情况，获准回京治疗。这时，他无家可归，入住友谊医院，几个月后被安排住进国务院第二招待所。到了 1981 年，他的精神分裂症愈趋严重，不得不送往上海治疗。在上海，经过几家医院的治疗，病情大有改善，可以会见友人了。

巴金没有去看胡风，上海文艺界的头面人物自然也没有去看他，看望他的只有耿庸、贾植芳、何满子、王戎等居沪的几位"集团"里的余生者。

在《怀念胡风》一文里，巴金这样忆述道："这以前他在上海住院的时候，我没有去看过他，也是因为我认为自己不曾偿还欠下的债，感到惭愧。我的心情只有自己知道，有时连自己也讲不清楚。"[24] 巴金的心情到底如何呢？除了惭愧，还有就是恐惧、疑虑、怕连累自己。用"文革"后知识分子惯常使用的"心有余悸"来形容是不准确的，因为这个词属于过去式，而巴金的惊悸乃是现在时。

巴金不敢看望胡风，至少有两个原因。其一，胡风的事情还没有完。中央给胡风平反一共有三次，这在肃反或其他运动中是极其少见的，甚至绝无仅有。1980年9月，中共中央发出关于"胡风反革命集团"案的复查报告的通知，对"错案"做出明确说明，从根本上否定了"集团"的存在。但是，还有胡风的"历史问题"，以及"宗派问题"，所谓"五把刀子"等文艺思想问题，都没有得到澄清。留下来的这条又大又长的尾巴，还得在胡风去世的那一年，即1985年11月由公安部发出复查通知和1988年中共中央下达文件进行裁撤。由于问题悬而未决，巴金对"冤案的来龙去脉和它的全过程"无法知道更多的详情；同样，也不知道下一步如何发展，就像他所说，他"没有勇气面对现实"[25]。

再有一个原因，就是巴金同胡风的"宿敌"，对整个案件的推动起过重要作用的周扬的关系是比较好的。有人认为，周扬手头只有一个来自解放区的普及版的赵树理，作为作家在全国乃至国际上缺少代表性，因此有利用巴金平衡丁玲之意。当然，这只是猜测而已。但是无论如何，周扬对于巴金是赞许的。在政治上，周扬曾劝巴金入党，在作协做报告时称巴金为"当代语言大师"[26]。说到"小集团"，周扬特地举例说，巴金也有"小集团"，但是是"文学小集团"，意谓与胡风的"小集团"性质不同。此外还把巴金和路翎做对比。作为同到朝鲜战场体验生活的小说家，他说巴金"以作者素有的全部热情歌颂了我们这个时代的真正的英雄"[27]，公开褒巴金而贬路翎，有意把巴金推到与胡风"集团"相对立的位置。巴金对周扬与胡风长期以来的关系是清楚的，对胡风出狱后周扬等人的态度也不难了解。胡风在第四届文代会召开前夕，曾在

致楼适夷信中提到"罪行累累的宗派主义官僚们"[28]，在他那里，周扬肯定要包括在里面的，看此前的"三十万言书"可以知道。胡风连被邀参加文代会的资格也没有，他说的没有"合法身份"也是这个意思，其实他的名字在会前就已经列入四川省政协委员的名单之内。直到此时，茅盾在公开发表的文章中仍然称胡风是"暗藏的反革命"。1979 年第二期《新文学史料》发表周扬的访谈录，继续强调胡风在左联时期"在地下党和鲁迅之间做了许多挑拨的事"。在文代会上，周扬对于聂绀弩等人要求复查胡风案的发言力加阻止。夏衍在 1980 年的《文学评论》上发表《一些早该忘却而未能忘却的往事》，对冯雪峰和胡风继续施以攻击。茅盾、周扬、夏衍等人对于胡风的态度，对巴金应当是有影响的。其他如林默涵、刘白羽、张光年等在 1955 年批判和处理"胡风集团"前后的表现，巴金了如指掌，而今他们都已经在"文革"大劫之后重回了文坛的领导位置，为了召开第四次文代会，还亲自到上海找巴金商量。同为"既得利益集团"中的一员，巴金怎么可能因接近胡风而冒险拂逆他们的意志？

巴金是上海文艺界"反胡风斗争"的主持人，他曾重点揭露和打

击新文艺出版社的"集团"分子。而今这批人物与胡风劫后重逢，如果巴金不是竭诚地表示悔意，以补偿对他们的损害，而是仍然为了自保而多所顾忌，又如何可能在他们的面前亮相？他刚刚被"解放"出来不久，虽然尝受了家破人亡的创痛，但是毕竟胆小，惊魂未定，从《随想录》的开头部分，可以看出他在力求保持同官方话语的一致性，包括歌颂"文化大革命"和毛泽东。当形势未见十分明朗的情况下，难道他会那么快就把手伸出去？为安全计，毋宁同这群昔日的"罪人"保持实际的距离。

1980 年 9 月，周扬带同文研院院长和一位组织部干部到国务院第二招待所访问梅志，并出示中共中央决定为胡风案平反的文件稿，要梅志提意见。其后，他要梅志陪同他们去医院看望胡风。见面后，据说周扬说了一句被广泛称引的名言：你们受苦了，我也受了苦。

两个人都受了苦是事实，但是，当周扬把"肃反"同"文革"前后两个运动并置的时候，却掩盖了胡风从 1955 年，即二十五年前开始的"受苦"，以及这"受苦"与周扬直接有关的事实。

据说胡风本人对于平反之事反应颇为平淡，周扬临走前，问他有什么要求，他平静而简洁地回答说："我需要一个家。"[29]

1955 年胡风出事后，梅志跟着被关押，三个孩子各散东西，北京的家在顷刻之间消失了。

就在同一年 9 月，巴金举家搬迁，从霞飞坊搬到了武康路。

原来这是法国人的寓所，后来业主回国，房子收为国有。经上海作协协助申请，由陈毅市长特批给巴金使用。自从搬到这里之后，它就成了巴金在上海栖居最久的地方，共有四十多年。

这是沿街的第一座庭院，是一座英式乡野风格的花园建筑，包括一座三层的主楼、南北两侧辅楼和一个花园。赭色细卵石外墙，红瓦屋顶，阁楼窗台呈半圆形，木制窗架，下设十个孔洞以助空气对流。南侧底层设有敞廊，北侧入口设置半圆形拱券，颇有古典风味。

巴金在上海的寓所。从 1955 年开始，他一直在此居住

1955 年秋，在武康路巴金新居。左起：巴金、萧珊、章靳以、陶肃琼

　　建筑占地面积 1400 平方米左右。比起霞飞坊的老房子，简直天上地下。要是巴金到了外地，萧珊说在家就会有一种屋子太大、太空洞的感觉，甚至有点害怕。

　　寓所环境也十分幽雅。院里有宽大的草坪，环墙是冬青树，还有葡萄架。有两棵广玉兰树高大繁茂，巴金夫妇住进来之后，又种了两株樱花树，也种牡丹、菊花、昙花之属。一楼是客厅，二楼是书房和卧室，闲静下来，他们就坐在廊庑的藤椅上喝茶聊天儿。花树婆娑，日影绰约，真是写意极了。

　　搬到武康路新居，批判胡风的风暴刚好平息。这时，巴金心里一定充满了一种安定感和幸福感。10 月 1 日，他撰文称"国庆节"为"大欢乐"的日子；在年底写作迎接 1956 年新年的随笔中，还不禁描绘起家中夜晚温馨的情景，那该是何等的好兴致！

注 解：

1. 维萨里昂·别林斯基（Vissarion Belinsky，1811–1848），俄国思想家、文学评论家，被称为俄国激进派知识分子之父。

2. 乔治·卢卡奇（Georg Lukács，1885–1971），匈牙利马克思主义哲学家、文学评论家、匈牙利共产主义运动领导人。

3. 钱理群：《1948：天地玄黄》，香港城市大学出版社，2017 年，171 页。

4. 见胡风：《密云期风云小记》序。

5. 黎之：《文坛风云续录》，人民文学出版社，2010 年。

6. 毛泽东：《建国以来毛泽东文稿》第 5 卷，中央文献出版社，1998 年，9 页。

7.《在肃反问题上驳斥"右派"》，《人民日报》社论（1957 年 7 月 18 日）。

8. 钱理群：《1949–1976：岁月沧桑》，香港城市大学出版社，2017 年，511 页。

9. 何满子：《六亿一人》，载于《文学自由谈》第 5 期，2004 年。

10. 巴金：《巴金全集》第 17 卷，人民文学出版社，1993 年，57 页。

11. 毛泽东：《毛泽东选集》第 5 卷，人民出版社，1991 年，162 页。

12. 张僖：《只言片语》，北京十月文艺出版社，2002 年，63–64 页。

13. 巴金：《巴金全集》第 16 卷，人民文学出版社，1993 年，707 页。

14. 巴金：《随想录：无题集》，生活·读书·新知三联书店，1986 年，159 页。

15.《人民日报》（1955 年 5 月 26 日，第 3 版）。

16.《解放日报》（1955 年 6 月 12 日）。

17. 唐金海、张晓云主编：《巴金年谱》，四川文艺出版社，1989 年。

18. 巴金：《巴金书信集》，人民文学出版社，1991 年，185 页。

19. 巴金：《巴金全集》第 16 卷，人民文学出版社，1993 年，744 页。

20.《人民文学》9 月号（1955 年 9 月 8 日）。

21. 巴金：《巴金全集》第 15 卷，人民文学出版社，1993 年，90 页。

22. 同上，423 页。

23. 巴金：《巴金选集》第 9 卷，四川人民出版社，1982 年，226 页。

24. 巴金：《巴金全集》第 16 卷，人民文学出版社，1993 年，741 页。

25. 同上，742 页。

26. 参见 1956 年 3 月周扬的《建设社会主义文学的任务》的报告。

27. 周扬：《周扬文集》第 2 卷，人民文学出版社，1984 年，236 页。

28. 马蹄疾：《胡风传》，四川人民出版社，1989 年，262 页。

29. 梅志：《胡风传》，北京十月文艺出版社，1998 年，753 页。

第十章 多事之秋

1955 年的运动波及的范围很广，按规划，工人、职员、现役军人、知识分子、大学生、干部等，都在审查整肃之列。

频繁的政治运动，以及打击面的扩大，使知识分子产生一种普遍的焦虑感。周恩来 11 月 22 日从外地回京，向毛泽东汇报有关知识分子情况。毛泽东同意党内开会商议有关问题，并决定成立由周恩来负责的中共中央研究知识分子问题的十人小组，筹备知识分子会议。

1956 年 1 月，中南海红墙外面北风凛冽，宫墙里面却似乎氤氲着一种早春气息。中华人民共和国成立以后第一次知识分子会议在怀仁堂召开，刘少奇主持，周恩来作《关于知识分子的报告》，毛泽东到会讲话。参加会议者多达 1279 人，包括全体中央委员及候补委员、国务委员、副总理、部长、各省省委书记及八个民主党派的成员，学术机构和组织的非党代表同时应邀出席，可以说是又一次盛会。

周恩来的报告强调知识分子的重要性，说要"最充分地动员和发挥知识分子的力量"，其中有关知识分子的绝大多数"已经是工人阶级的一部分"的提法最为著名。不过，当时已经有人注意到，报告中的这部分知识分子指的是自然科学家，并非人文知识分子；它回避了文化艺术问题，所以有"向科学进军"的口号。

对于知识分子，毛泽东从来是强调思想改造的。知识分子由来被称作"资产阶级知识分子"或"小资产阶级知识分子"，世界观是属于资产阶级的。事实上，大会结束以后，由中共中央政治局讨论定稿的《中共中央关于知识分子问题的指示》（简称《指示》）就改变了周恩来在报告中的提法，代之以"知识分子的基本队伍已经成为劳动人民的一部分"；此外，《指示》仍旧沿用"继续改造""纯洁知识分子"
一类字眼。

即便如此，大会的召开依然让知识分子群情振奋。社会学家费孝
通把周恩来的报告称为"第二次解放"，他据此写下《知识分子的早春
天气》一文，虽然文中不无困惑，但毕竟洋溢着"春到人间"的喜悦
心情。

2 月间，国际共产主义运动出了一件大事，就是苏共二十大的
召开。

大会在一系列重大问题上，做出新的决议，制定了后斯大林时代
新的路线和方针政策。苏共总书记赫鲁晓夫[1]在会上做了题为《关于
个人崇拜及其后果》的秘密报告。报告批判了苏共已故领袖斯大林，
初步清算了斯大林在肃反及其他运动和事件中给党和国家造成的严重
损失。报告暴露了许多骇人听闻的内幕、案例、事实和数字，实际上
并无"秘密"可言，消息不胫而走，在周边社会主义国家以至西方世
界引起轩然大波。

在中国，赫鲁晓夫的报告只传达到十三级以上党员干部，普通民众
毫不知情。反右前夕，大学生曾借由大字报的形式将报告短暂公开过。

中国共产党高层对报告十分重视，特别是斯大林问题。作为回
应，4 月 5 日《人民日报》发表题为《关于无产阶级专政的历史经验》
的社论。

苏共二十大对中国未曾直接构成重大的冲击，但是影响是深远
的。我们看到，1956 年以后，中国的政治生活已经离不开苏共二十
大的元素，直到 90 年代为苏联东欧演变的另一种事实所代替为止。

1957 年开始时，毛泽东就把 1956 年称为"多事之秋"，而且补
充说，新的年头也还是"多事之秋"。所谓"多事"，他概括为两大方
面：国际上是"赫鲁晓夫、哥穆尔卡[2]闹风潮"；国内是"社会主义

改造很激烈"，暴露了"各种思想"³。在新的一年里，他预料，这些思想还将继续暴露出来。他警告说，斗争的动向值得注意。

毛泽东说的赫鲁晓夫闹风潮，当然是指苏共二十大所引起的震荡。哥穆尔卡闹风潮，指的是波兰的"十月革命"。6月底，波兰爆发波兹南工人罢工事件，五万工人上街游行，要求"面包和自由"，并要求苏联军队撤出波兰，遭到政府镇压。其后，苏共及波兰政府做出让步，因反对斯大林一度入狱的哥穆尔卡在改革的呼声中重返政坛。在哥穆尔卡的名字之后，毛泽东省略了纳吉⁴，其实以纳吉为旗帜的匈牙利事件闹得更凶。在波兰事件发生三天之后，匈牙利首都布达佩斯的数千名大学生走上街头，要求撤出苏联军队，审判前总书记拉科西⁵，由曾经被开除党籍的纳吉重组政府。后来，抗议行动发展为骚乱，苏联出动二十万军队，迅速占领布达佩斯及匈牙利其他城市，将纳吉处以绞刑。当时发生在两个国家的事件并称为"波匈事件"，明显是国际政治的一种共振现象。毛泽东和中共中央把"波匈事件"定性为"反革命事件"，对于苏联出兵匈牙利，从一开始便表示赞同。⁶

至于把"社会主义改造"说成"多事"，首先是因为，改造本身作为一场政治运动，自始至终贯穿着激烈的阶级斗争。在这里，毛泽东特别重视党内斗争、路线斗争，是党内具有"右倾保守"倾向的人物，即他后来说的"党内资产阶级"对他的挑战。

就说农业合作化。毛泽东预期合作化需要五年时间，但是，在他看到农民的积极性调动起来之后，便觉得有必要加以保护和鼓励，从而加快速度，制定更为激进的计划。中央委员会农村工作部部长邓子恢坚持"停止、收缩、发展"的口号，"砍掉"了2万个合作社，被戴上"右倾分子"的帽子。1955年7月31日，毛泽东在省市、自治区党委会上发表著名的《关于农业合作化问题》的讲话，直接向全党发出号召，批评在合作化道路上"东摇西摆地在那里走路"的"小脚女人"；此外，还适时地建立信用社制度，实行粮食统购统销政策，与合作社的发展相配套。广大农村基层干部在毛泽东讲话的鼓动下，积极推进合作化。结果到了 1956 年，各省大大提前完成了毛泽东原定的计划。

给毛泽东制造障碍的不只是一个邓子恢。在合作化问题上，刘少奇、周恩来、陈云等都是坚持"反冒进"路线的。6 月 20 日《人民日报》社论题为《要反对保守主义，也要反对急躁情绪》，经由刘少奇修改，再交由胡乔木给毛泽东审阅。毛泽东收到此稿，只批三个字："不看了。"直到 1958 年 1 月南宁会议，毛泽东还把这篇社论当成反面材料，做了许多批语，其中写道："尖锐地针对我"。会上，他拿着这篇社论，边念边批，说："这篇社论针对谁？是针对我的《高潮》序言提出批评。社论提出的方针对社会主义建设不利，没有想到造成这样反冒进的空气，挫伤了积极性。"[7]1957 年 7 月 5 日，他在杭州对周恩来等人说：我过去一年心情受到压抑，就是由于反冒进[8]。这时，轮到他反攻了。

新中国的政制脱胎于苏联。在中国共产党高层，毛泽东带头号召学习苏联。工业化、集体化、五年计划等，都来自斯大林苏联的武库。现代化的实践必然导致科层化、官僚化，从另外的角度看，党的机构官僚主义化正是移植苏联管理体制的逻辑结果。这个悖论，是毛泽东所不愿意看到，并且急于打破的。对毛泽东来说，既要统一意志，又要反对计划经济，反对党和干部的官僚化；他要动员全社会，以政治运动、群众运动促进经济的发展。苏共二十大的召开是一个机遇，毛泽东正好借此抛弃苏联模式，代之以他创制的红色乌托邦蓝图。

毛泽东称 1956 年为"多事之秋"，是把国际问题同国内问题一并考虑在内的。关于苏共二十大，中国共产党的回应不过是"阳面文章"，照顾到中苏关系、"老大哥"的面子。至于毛泽东的个人看法，并没有完全表现出来。波匈事件发生之后，他在八届二中全会上公开讲苏共二十大丢掉阶级斗争，是"一种右倾机会主义路线"，这样就与他多次提到的党内"反冒进"的"右倾"搭上了。他形容说："苏共二十大的台风一刮，中国也有那么一些蚂蚁出洞。这是党内的动摇分子，一有机会他们就要动摇。"[9]又说："党内党外那些捧波匈事件的人捧得好呀！开口波兹南，闭口匈牙利。这一下就露出头来了，蚂蚁出洞了，乌龟王八都出来了。"[10]党内党外他都注意到了，但是明显地，他关注的重点仍然放在党内。

党内"反冒进"的小风潮使毛泽东耿耿于怀，他意识到党的机构已经出现蜕化，因此有必要从外部发起冲击，而这个工作是只能由党外人士和知识分子进行的。1956年4月28日，毛泽东在政治局扩大会议上做总结时，第一次明确提出"百花齐放，百家争鸣"的方针；5月20日在最高国务会议上重申了这个方针。稍后，中宣部部长陆定一向北京科学界和文艺界的代表人物作了《百花齐放，百家争鸣》的报告，详细阐述了毛泽东的口号。

"双百"方针由毛泽东个人提出并反复强调，就不仅仅是周恩来《关于知识分子问题的报告》精神的简单延续。除了对学术上和艺术上的独立思考和自由讨论做出保证之外，最重要的是，它鼓励知识分子对党内官僚主义进行批评。显然，这是纳入知识分子问题中的一项新内容，是对于知识分子超出专业范围之外的另一种利用。

毛泽东身为主席，掌握着党和国家的最高权力。他声明，不怕"大民主"，就因为拥有强大的随时可以动用的体制内的资源。但是，他又能超越体制本身的局限，动员社会力量，包括知识分子"造反"，制衡党内的反对势力。虽然中共八大宣告大规模的阶级斗争已经结束，他本人也讲过类似的话，事实上，他一直强调"阶级斗争"，从来不曾放弃过。这时，他把"阶级斗争"同"意识形态"问题结合起来，党内的思想冲突和政策分歧可以解释为阶级斗争，党外的思想异端和过激言论同样也可以解释为阶级斗争，这样，他便获得了更多一种制敌制胜的武器。

1956年11月15日，毛泽东公开打招呼，说是"我们准备在明年开展整风运动。整顿三风：一整主观主义，二整宗派主义，三整官僚主义"[11]。至于方法，他说"我们主张和风细雨"。三个月后，毛泽东再次把整风问题提了出来，全党跟着他走。

谁也不知道"整风"如何整法。开始时，毛泽东说是帮助党整风，结果是大批党外人士和知识分子被整；他说是"和风细雨"，结果是暴风急雨，落红无数。凡这些，毛泽东说是"阳谋"，其实是没有错的。如果仔细查阅毛泽东在此期间的文章和讲话，可以看到，他是一个心思很细密的人，为了日后的斗争，早已埋下许多伏笔。

毛泽东意识到，这次整风是一场大战，战场从党内延及党外，为此，他做了先在思想战线上的部署。1957年春天，他做了三次重要的讲话，三次讲话都同整风有关。

1月，毛泽东在省市自治区党委书记会议上讲话，讲到民主党派，讲到"闹事"，讲到"双百"方针。他说"对民主人士，我们要让他们唱对台戏，放手让他们批评"，还用粗俗的比喻说："他们有屁就让他们放，放出来有利，让大家闻一闻，是香的还是臭的，经过讨论，争取多数，使他们孤立起来。他们要闹，就让他们闹够。"又说："要让他暴露，后发制人，不要先发制人。"整风还没有开始，他已经把过程和结果都想好了。[12]

毛泽东要统一党内思想，可是，他提出的"双百"方针在高级干部中赞成的是少数。对此，他是不满意的，于是临时把《人民日报》发表的陈其通等四人的文章《我们对目前文艺工作的几点意见》拉过来当靶子，批评说"只能放香花，不能放毒草"[13]，犯了策略性错误。为了顾全大局而牺牲个人，这是常有的事，其用意一来警告党内放手，二来鼓励党外鸣放，正所谓"一石二鸟"。于是，因为领袖的批评，几位坚定的左派一下子成了"右派"。

2月，在最高国务会议第十一次会议上，毛泽东讲了《关于正确处理人民内部矛盾的问题》。他讲两类不同性质的矛盾，讲对立统一，讲矛盾转化，人民内部矛盾可以转化为敌我矛盾。据他本人说，这个讲话所涉的问题在"心里积累了许久"，讲时只有一份提纲，不备讲稿，后经陈伯达整理成文，他又亲自做了修改，六十天内十五次易稿，才在 6 月 19 日《人民日报》发表。

讲话修改后，删去了批评斯大林的部分，增加了批判修正主义的内容；删去了对不赞成"双百"的人的批评，包括重提陈其通等人的文章，肯定王蒙的小说，等等。讲话原意是阶级消灭了，阶级对抗不存在，剩下的是人民内部矛盾，只需正确处理就可以了；又说党内命令主义、官僚主义、关门主义严重，希望党外朋友帮助整风；又说这不再是狂风大雨，也不是中雨，是小雨，是"毛毛雨，下个不停"。这些在定稿时都没有了，加写了辨别香花毒草的六条标准，特别强调其中的社会主义道路和党的领导两条。

毛泽东的这个讲话，可以看作是他给党内整风下达的动员令，有意思的是，他不是在党的会议而直接在人民政府机构的"非常讲坛"上宣讲的。四天后，中宣部部长陆定一在《人民日报》公开宣布，要"安排一次全党范围的新的整风运动"。

1957 年 3 月，毛泽东接着在中国共产党全国宣传工作会议上做

| 1957 年 7 月 25 日《人民日报》

了讲话。比较突出的是，会议邀请了知识界的160多位党外人士参加。讲话同样由陈伯达整理发表，毛泽东也做过多次删改，增加了阶级斗争的内容，只是发表时已是1965年4月，距离"文化大革命"不远了。讲话的基调是鼓励"鸣放"，帮助中国共产党整风，说是"我们主张放的方针，现在还是放得不够，不是放得过多"[14]。又说："党中央的意见就是不能收，只能放。"[15]

毛泽东的讲话极具诱惑力。民主人士和知识分子无论听了录音或口头传达，都兴奋不已，深受鼓舞。翻译家傅雷听了讲话，对毛泽东佩服得五体投地，写信告诉家人说："他的胸襟宽大，思想自由，和我们旧知识分子没有分别，加上极灵活地运用辩证法，当然国家大事掌握得好了。毛主席是真正把古今中外的哲理融会贯通了的人。"[16]不久，他被打成"右派"。

整风开始时没有引起党内的重视，甚至有一种消极情绪，这同党外的反应反差太大。为了推动整风，毛泽东接连召集高层开会，亲自起草中央文件，整顿《人民日报》，布置民主人士和知识分子座谈，以及相应的宣传和引导工作，以期迅速打开局面。

中共中央于1957年4月27日发出《关于整风运动的指示》，5月4日发出毛泽东起草的《关于请党外人士帮助整风的指示》。至此，整风运动的大幕正式拉开。

鸣放的言论范围十分广泛，重要的涉及共产党长期执政的合法性问题、干部特权和公民权利问题、关于自由问题、社会主义民主与法制问题、知识分子"自治"问题、执政党与知识分子的关系问题、历次运动的评价问题、学马列和学苏联的问题，等等。《人民日报》刊出许多民主人士和知识分子在座谈会上的发言，《文汇报》《光明日报》及不少地方报纸都有鸣放的报道和言论摘编。

张奚若和陈铭枢的意见，恐怕最使毛泽东反感。张奚若讲的是"四种偏差"[17]：好大喜功，急功近利，鄙视既往，迷信将来。陈铭枢则说"好大喜功，喜怒无常，偏听偏信，鄙视旧的"[18]。意思相近，但都说到"好大喜功"，而陈铭枢的话是直接批评毛泽东的。毛泽东在1958年1月召开的最高国务会议上拿出来逐条反驳，到了1959年庐山会议期间，还重提了这几句话，可见印象之深。还有罗隆基说的"马列主义的小知识分子领导小资产阶级的大知识分子"[19]，也是不乐闻见的。

整风开始后，北京大学民主广场出现了"民主墙"和"大字报战役"，据说赫鲁晓夫批判斯大林的报告第一份汉译稿就张贴在这里。这是一个麻烦的地方，五四运动的产床就在这里安设。自由不可控，尤其是同学生运动结合起来，势必要出乱子。这时，学生已经开始组织集会，出版油印小报，甚至占领大学办公机构，扣留学校干部和党的干部做人质，有的学生甚至打算组织工人农民上街。事实上，随着社会矛盾的加深、鸣放的持续、信息的公开，群体性事件已经从校园迅速蔓延到社会，而且有越演越烈的趋势。据1957年3月官方文件指出："在最近半年内，工人罢工、学生罢课、群众性的游行请愿和其他类似事件，比以前有了显著的增加。全国各地，大大小小，大约共有一万多工人罢工，一万多学生罢课。"[20] 国际上，波匈事件刚刚发生，党内的政治压力陡然增大，即便"鸣放"的局面正在打开，毛泽东也不能不考虑提前鸣金收兵了。

1957年5月15日，毛泽东写下《事情正在起变化》一文，原拟在《人民日报》发表，及后作为"内部文件"发给他指定的范围阅读。发出时，他在印发件的右上角加写一行字："不登报纸，不让新闻记者知道，不给党内不可靠的人。大概要待半年或一年之后，才考虑在中国报纸上发表。"[21] 这是一篇十分重要的文章，充分体现了毛泽东的战略思想。在文章里，毛泽东首次提到"共产党的右派——修正主义者"的概念，并且认为，"现在应当开始注意批判修正主义"。发动整风运动，也即"双百"运动，对毛泽东个人来说，主要目的之一，就在于给党内具有右倾机会主义或修正主义思想倾向的危险人物以必要的警示。在党外右派势力的进攻之下，这个目的在他看来已经初步达致，正好趁机消灭这股势力，用他的话说，把"毒草"锄掉，把"一小撮反共反人民的牛鬼蛇神"埋葬起来。

文章为"教条主义"做了辩护，对"左"比右好的观点表示认同。此外，毛泽东用了大量篇幅阐发反右斗争的辩证法。他说："物极必反。我们还要让他们猖狂一个时期，让他们走到顶点。他们越猖狂，对于我们越有益。人们说：怕钓鱼，或者说：诱敌深入，聚而歼之。"[22] 他制定了具体的策略，连右派人数所占的比例也都规划好了。

民主人士和知识分子慷慨陈词，争相"鸣放"。6月6日，章伯钧还在召集六教授开会，转眼之间，"反右运动"第一颗信号弹升了起来。这就是6月8日《人民日报》头版头条社论：《这是为什么？》。

6月6日起，毛泽东接连起草反击右派的指示。他一面布置反击，一面仍在促使右派"大吐毒素，畅所欲言"。6月10日，《人民日报》再发社论《工人说话了》；19日正式发表改定稿《关于正确处理人民内部矛盾的问题》，作为反击右派的重要武器。在国务院宣布国家机关工作人员参加反右斗争的决定之后，全国政治界、工商界、新闻

1957 年国庆节时，举着"把反右派斗争进行到底"巨幅标语的游行队伍

界、教育界、文艺界、学术界、科技界迅即行动起来。

比起延安时反王实味，两年前反胡风，如果说反右斗争有什么新意，就在于"引蛇出洞"；再有一个特点，就是毛泽东说的，将可能的匈牙利事件主动引出来之后，使之分割到各个单位自行处理，划分为许多小"匈牙利"。这样，打击面积更大，参与群众更多，斗争现场也更宏伟。据说广东省参事室副主任罗翼群说了农民"接近饿死的边缘"的话，被安排到农村"视察"，结果遭到沿途七个县组织起来的成千上万的群众的重重围攻，仅兴宁县就有五万人集会游行，罗翼群所乘专车贴满了标语，甚至连身子也得用麻袋遮裹，以防被群众认出，惶惶然恰如丧家之犬。除了群众的揭发批斗外，右派为了过关，也互相揭发，互相攻击，堪称反右斗争中的一大景观。斗争中尽可能利用亲属、情人、朋友的揭发材料，包括通信、私人谈话等，无限上纲，罗织罪名。全国最著名的"章罗同盟"，就是"莫须有"，然而没有人怀疑它的存在。成了"右派分子"之后，从赫赫有名的大"右派"到名不见经传的小"右派"，人人坦白检讨。章伯钧发表《向人民低头认罪》，费孝通发表《向人民伏罪》，储安平发表《向人民投降》……可谓一片哀鸣。

9月20日至10月9日，中共八届三中全会召开。邓小平在会上做了《关于整风运动的报告》，宣告反右斗争的胜利。会议通过《划分右派分子的标准》，根据这个标准，全国共划出右派分子55万余人。《炎黄春秋》杂志载：根据2005年解密档案，含1958年反右"补课"，被划为右派共3178470人 [23]。他们被分类为"极右分子""中右分子"，据此规定"戴帽"与否，劳改、劳教还是送归单位管制等各种惩罚措施。全国有许多"右派"劳教农场，北大荒农场、甘肃的夹边沟农场、河北的清河农场是其中著名的几个。

作为整风和反右运动的一部分，文艺界的反应同样激烈。但是，文艺家的鸣放并没有民主党派及高校教授那样的爆炸性言论，或许因

章伯钧在反右斗争大会上

为自 1949 年以后"洗澡"不断，胆子变小了。特别写作，都是分散的个人作业，平时不太扎堆，加上艺术习惯用形象说话，因此对于政治现实相对疏离。当然，运动如何发展，这同文艺官员的个人意向也有很大的关系。

据周扬自己说，他和丁玲在延安时期分属"文协"和"文抗"对立的两派。人们盛传丁玲骄傲，看不起周扬，丁玲的《太阳照在桑干河上》在周扬手下通不过，后来反而得了斯大林文艺奖金，增加了丁玲的资本。1955 年，在批判"胡风反革命集团"后期，中国作协开始批判《文艺报》的负责人丁玲和陈企霞，把他们打成"丁陈反党集团"，并且将平时与丁玲接近的艾青、李又然、舒群、罗烽、白朗等一并罗织在内。1956 年夏，中宣部重启调查，结果大部分问题属子虚乌有。在丁玲等人的追问之下，周扬进退维谷。当此关键时刻，反右派斗争布置下来，以丁玲"向党进攻""反党小集团"要翻案为由，作协党组召开扩大会议，将丁玲和陈企霞等打成"右派分子"便变得顺理成章了。

当年中宣部秘书长兼机关党委书记李之琏等人因违背领导意旨调

查丁陈问题，连带定为"右派分子"和"反党分子"。李之琏回忆当年斗争丁玲的现场说：

> 先安排陈企霞做"坦白交代"并揭发丁玲。会议进行中有一些人愤怒指责，一些人高呼"打倒反党分子丁玲"的口号。气氛紧张，声势凶猛。在此情况下，把丁玲推到台前做交代。丁玲站在讲台前，面对人们的提问、追究、指责和口号，无以答对。她低着头，欲哭无泪，要讲难言，后来索性将头伏在讲桌上，呜咽起来……[24]

在宣布为右派时，丁玲举了手；在作协总支大会表决被开除党籍时，她同样举了手。在作协第二十四次批判会上，丁玲做了一个长达万言的检讨，对会上的所有关于叛党、反党的指控全部承认，最后总结道："几十年的道路，就是极端的个人主义，走向一条通向毁灭的道路"。[25] 又说："我是一个大罪人，我没有脸，也没有理由要求人民和党给我宽大，我只求党给我严格的处分，要求党继续拯救我，同志们继续帮助我，使我能用行动、用工作来赎回我的罪恶。"[26]

接着批判丁玲的作品。

1958 年第二期《文艺报》特辟了一个"再批判"专辑，刊发延安时期曾经批判过的一组文章：丁玲的《三八节有感》《在医院中》、王实味的《野百合花》、萧军的《论同志之"爱"与"耐"》、罗烽的《还是杂文时代》、艾青的《了解作家，尊重作家》，再配以特约的林默涵、张光年等人的批判文字。专辑加了按语，由毛泽东亲自做了修改。他写道，这是一批"奇文"，"奇就奇在以革命者的姿态写反革命的文章"，"谢谢丁玲、王实味等人的劳作，毒草成了肥料，他们成了我国广大人民的教员。他们确能教育人民懂得我们的敌人是如何工作的。"[27]

比起丁玲，冯雪峰同周扬的对立关系要追溯得更远。1935 年，时任中国共产党总书记的张闻天（洛甫）和周恩来派冯雪峰从瓦窑堡

周扬与陆定一

陈企霞、郑重夫妇

到上海，恢复上海党组织。冯雪峰到上海后，先找鲁迅，见了胡风，却并没有找周扬、夏衍等。在周扬提出"国防文学"的口号之后，他又同胡风共拟了另一个"民族革命战争的大众文学"的口号，形成"两个口号"的论争，致使鲁迅发表全面还击周扬等所谓"四条汉子"的著名的公开信。此事使周扬、夏衍等在文坛中的声誉大受影响，夏衍到了20世纪80年代还著文重提这段往事，题目就叫《应该忘却而未能忘却的往事》。胡乔木对冯雪峰也颇怀成见，本来他是由冯雪峰派人护送到延安的，但他说护送的人不相信他，一路监视他。聂绀弩告诉牛汉，胡乔木去延安时，曾向冯雪峰要了几本杂文集，从文集中选出几篇送给毛泽东看，认为是反党文章，毛泽东还让政治局成员传阅。可以推知，冯雪峰作为一个反动的"右派"，其实是早已被认定了的。

原任中宣部机关党委副书记的黎辛，因为同情丁玲而被打成"右派"。他有文章回忆批斗冯雪峰时的大会情形，说：

8月14日第十七次会议批判冯雪峰，这是最紧张的一次会议。会上，夏衍发言时，有人喊："冯雪峰站起来！"紧跟着有人喊："丁玲站起来！""站起来！""快站起来！"喊声震撼整个会场，冯雪峰低头站立，泣而无泪；丁玲屹立哽咽，泪如泉涌。夏衍说道："雪峰同志用鲁迅先生的名义，写下了这篇与事实不符的文章[28]，究竟是什么居心？"这时，许广平忽然站起来，指着冯雪峰，大声责斥："冯雪峰，看你把鲁迅搞成什么样子？！骗子！你是一个大骗子！"这一棍劈头盖脸地打过来，打得冯雪峰晕了，蒙了，呆然木立，不知所措。丁玲也不再咽泣，默默静听。会场的空气紧张而寂静，那极度的寂静连一根针掉地的微响也能听见。爆炸性的插言，如炮弹一发接一发，周扬也插言，他站起来质问冯雪峰，是对他们进行"政治陷害"。接着，许多位作家也站起来插言、提问，表示气愤。[29]

冯雪峰被打成"右派"时，曾经一度想要自杀。

1959年下半年，被拘禁后重回人民文学出版社工作的牛汉闻知此事，一次问起冯雪峰，冯雪峰回答说：反右后期，一天邵荃麟前来找他，说中央希望他跟中央保持一致，忠告他要想留在党内，必须有所表现，于是具体提出要他亲自出面澄清由鲁迅《答徐懋庸并关于抗日统一战线问题》引起的问题，主动承担个人责任，承认是自己当时有宗派情绪，在鲁迅重病和不了解情况之下为鲁迅起草答徐懋庸的信。为此，冯雪峰痛苦地思考了几天，为了保留党籍，终于忍受屈辱答应了。冯雪峰对牛汉说：

> 我对荃麟诚恳地谈了我内心的痛苦。荃麟说，先留在党内再慢慢地解决，被开除了就更难办。但我知道荃麟传达的是周扬等人的话，实际上是对我威胁。荃麟不过是个传话的人，他做不了主。我清楚，荃麟说的中央或上边，毫无疑问是周扬。在万般无奈之下，最后我同意照办。这是一件令人一生悔恨的违心的事。我有好几天整夜睡不着，胃痛得很厉害，我按他们的指点，起草了《答徐懋庸并关于抗日统一战线问题》的有关注释。我以为党籍可以保留了。但是，我上当了。我最终被活活地欺骗和愚弄了。为了自己的人格和尊严，最后只有一死，以证明自己的清白。我几次下决心到颐和园投水自杀。但我真的下不了这个狠

心。我的几个孩子还小，需要我照料。妻子没有独自为生的条件，再痛苦也得活下去……[30]

反右斗争开始后，周扬、林默涵、邵荃麟、刘白羽随时向中央反右领导小组汇报会议情况，并随时传达毛泽东和邓小平的指示。关于周扬，萧乾称他是"毛主席身边的文艺官僚"[31]，韦君宜指出"多少作家的一生成败都决定在他手里"[32]。丁玲和冯雪峰成为文艺界的头号"右派分子"，众所周知同周扬有着直接的关系。

有人对冯雪峰说，整他的是周扬、夏衍等人。冯雪峰说："他们起了一点作用，不能全怪他们。"[33] 显然，冯雪峰另有所指。

在1957年10月13日最高国务会议第十三次会议上，毛泽东并提了丁玲和冯雪峰的名字；此外，在党的多次会议上都提到丁玲。1962年9月，当国家机关党委确定以冯雪峰等人为"右派"甄别试点对象，进行甄别试点工作时，毛泽东就反映这一情况的中宣部《宣教动态》增刊上做了极严厉的批示，直告刘少奇、周恩来、邓小平，质问"此事是谁布置的"，并指出"其性质可谓猖狂之至"。大有兴师问罪之概，这样，对右派分子的甄别工作只能就此中止了。[34]

1931年4月21日冯雪峰全家（左）与鲁迅全家（右）在上海的合照

周扬把清算冯雪峰和丁玲当成反右斗争的重大战役，甚至是唯一的一场大战役来打，仅作协党组扩大会议就有27次，批斗人数从几十人扩至一千多人，发言的有140多人，时间延绵达四个多月。在左联时代，有资本同周扬抗衡的作家大约就只有胡风、冯雪峰和丁玲了，其余大抵是"周扬派"；至于大批青年作家成长的时代已然属于鲁艺时代或后鲁艺时代，这时已经奉周扬为文艺祖师爷了。所以，整风开展以后，周扬可以气定神闲，不但不怕挨整，而且还能够带头鸣放，发表一些他后来说的"修正主义"言论，弄得"右派分子"钟惦棐很不平，说：怎么他说了可以，我说了就不行。其实，在毛泽东的旗帜下，周扬不可能"右"。他说年轻时曾醉心于尼采，领导人的位置早已使他提前异化了，只能反尼采。愈是官僚化的人物，愈是处心积虑把自己塑造成为思想解放的形象。思想是个性化的产物，像周扬，永远照本宣科，根本不可能具有所谓的"思想"。

整个作协系统的"反右"斗争是激烈的，正如别的机关单位一样。不过，被打成"右派"的著名作家，不仅仅以言论治罪，而且是带同了"毒草"作品一同毁灭的。

苏共二十大以后，苏联文学界开始批判"个人迷信"带给文学理论和创作实践的灾难性后果，反对"无冲突论"，反对阿谀谄媚、粉饰太平的作品，进而反对党对文艺的管理，要求文艺"自治"。这时，有人公开质疑"社会主义现实主义"的创作公式，但是并没有形成主流的意见。以赫鲁晓夫为代表的苏联官方的态度，依然坚持文学艺术的党性原则，支持"描绘生活中正面事物的作家"，反对写"阴暗面"，继续要求为苏共及其领导下的"新成就"歌功颂德。有趣的是，在1957年5月苏联作协第三次理事会全会召开前后，赫鲁晓夫二次接见文艺界并发表讲话，宣称坚决反对"修正主义倾向"，反对企图利用"个人迷信"时期的缺点来"反对党和国家领导文学艺术"的人，重申了社会主义现实主义的文学原则。

可能接受了苏共二十大及苏联"解冻文学"的影响，中国作协机关刊物《人民文学》1956年9月号发表秦兆阳以"何直"笔名撰写的文章《现实主义——广阔的道路》，直接否定"社会主义现实主义"这个沿袭了二十余年的经典性口号。

秦兆阳认为，它之所以不合理，是因为它以"社会主义精神"这一抽象的观念外加到作品里去，不是在艺术的真实中保存生活的真实，而是"借口现实要从发展的趋向来表现，以图'改善'现实"。因此，他主张用"社会主义时代的现实主义"的新的提法代替"社会主义现实主义"。文章还论及"社会主义现实主义"在中国的教条主义的表现，并以对《在延安文艺座谈会上的讲话》的庸俗化解释为例，质疑"政治标准第一"，反对文艺为政治宣传服务，实际上也就否定了胡乔木、周扬等人"写政策""赶任务"的一贯立场。《长江文艺》12月号周勃的文章，响应了秦兆阳的观点。

在批评教条主义的时候，有不少作家都把根源归于对《讲话》的曲解，有的文章点名批评周扬。姚雪垠的观点很突出，不止于在个别领导人物那里寻找教条主义，他说教条主义就像是一种"时代空气"，散布在日常生活环境中，强调问题的严重性。他特别提到《讲话》，说它是一定历史条件下的产物，并非是"终极真理"。21岁的青年作家刘绍棠自称以"'初生之犊式'的勇气"，在《文艺学习》第五期发表文章，"胆大妄为"地直接挑战《讲话》。他把《讲话》分为所谓"策略性理论"和"纲领性理论"，指出"策略性"的部分已经过时，"要求文学艺术作品非常及时地为政策方针服务，其实是违反唯物论的基本原则的"，"不符合艺术创造的正常规律的"。对于《讲话》的"纲领性"部分，他同样质疑一系列具体的提法，比如文艺为工农兵服务问题、题材与主题的重大与否问题、政治标准与艺术标准问题，普及与提高的关系问题、改造思想与深入生活问题，等等。他认为，再不能沿用过去的理论思想和领导方式指导作家的创作，实质上否定《讲话》的核心价值和绝对地位。

郭沫若、茅盾、周扬等头面人物纷纷出面批判刘绍棠，斥责他公开反对毛泽东文艺思想，"不知天高地厚""无知得很""狂妄得很"。青年批评家姚文元在《人民文学》1957年9月号发表一篇纲领性的长文，声明"同何直、周勃辩论"，指出在文学理论中出现了一种

"修正主义思潮"。

20世纪50年代苏联出现一批反官僚主义的文学作品。尼古拉耶娃[35]的中篇小说《拖拉机站站长和总农艺师》及时翻译到中国来，在青年中产生广泛的影响，大学毕业生娜斯嘉与拖拉机站站长等领导进行斗争的故事激动人心。王蒙的小说《组织部新来的年轻人》、刘宾雁的报告文学《在桥梁工地上》《本报内部消息》，暴露官僚主义的痼疾，充满"干预生活"的热情，都会令人想起这部苏联小说。但是，它们很快招致批评界红人姚文元、李希凡等人的攻击，说："在刘宾雁的笔下，在阶级斗争十分尖锐的中国，黄佳英却不是娜斯嘉，而是反党的个人主义者。"[36]"《组织部新来的年轻人》里的林震，实际上是黄佳英的男性翻版。"[37]即使毛泽东在大会上说过王蒙小说的好话，但他同刘宾雁一样，到底被划为"右派"。反官僚主义的作品，在标榜反官僚主义的运动中遭到灭顶之灾，很有点反讽意味。

因写小说而成为"右派"的，还有李国文。他有一个短篇《改选》，写一位基层工会干部在"民主"与"集中"的巨大落差中死去的故事。姚文元说："像《改选》这样的作品，至少是代表了一种和社会主义现实主义完全不同的流派的创作倾向的。"[38]这样，作者成为"右派"是无可怀疑的了。

值得一提的是，沈从文对小说也持相同的看法。他在写给"小妈妈"张兆和的信中说："看了你说的《改选》，文字好，知道事多，恐怕表现上会有问题（按：原信有着重号）。一个厂子工会会到这种情形？后来写到死，也是做作的安排。似不能算对现实能起鼓舞的作品。如照我所理解社会问题而言，目下要的作品，应当是从正面写值得歌颂表扬的好人，一切从正面写。"[39]他认为，李国文这样的写作态度"不妥"，还打赌似的对"小妈妈"说："你不信，等等看批评罢。"果然，不幸而言中。

杂文在鸣放期间大出风头，但因此，作者普遍遭到重创。毛泽东早在延安时期就已经警告说：鲁迅的杂文时代已经过去了。可是，杂文家都是一群不安分的人，气候一来居然把最高权威的话给忘了，这也是没有办法的事。

1957 年初，费孝通在《人民日报》发表的《知识分子的早春天气》，是大家熟知的"右派"文章。钟惦棐写了《电影的锣鼓》，因为毛泽东发话说，文章说今不如昔，代表右的思潮，便一下子成了著名的"右派"。徐懋庸写得最多，据说不到一年，在全国发表了近一百篇文章。中国科学院哲学社会科学部联合了中国作家协会开会批斗他，这样的会议一连开了好几天。宋云彬也因为杂文而受到批判，加以是民盟的人，做"右派"是最合适的。舒芜也写了些杂文，有名的是《人民日报》登载的《说"难免"》。毛泽东说文章攻击"我们是用'难免'这句话来宽恕我们工作中的错误""是一种有害的言论"[40]。这样，"犹大"也得上十字架了。因杂文入罪的人很多，萧乾也卷了进去，不过他即便保持沉默也很难逃逸。他后来回忆说，就在他 1949 年 8 月从香港动身回到新中国的怀抱时，已经感觉"有一只无形的巨手在把知识分子往外推，尤其推那些吃过面包的"。他说："我终于被推出去了。"[41]

戏剧界的吴祖光、诗歌界的艾青……许多很有成就的作家艺术家都成了"右派"，而这时，他们都正当盛年。青年诗人流沙河，只因组诗《草木篇》，毛泽东说"有杀父之仇"，号召"向它开火"[42]。四川《星星》诗刊的三个年轻编辑都成了"右派"，可谓一网打尽。江苏几位青年发起组织《探求者》文学月刊社，结果被罗织成"集团"，其中多数为"右派"。少数"漏网之鱼"，也只能留在死水里，活着也如艾青歌唱的"鱼化石"，鳞鳍完整却不能动弹，"看不见天和水，听不见浪花的声音"[43]。

毛泽东预定整风运动要搞半年一年，实际上鸣放不足两个月就结束了，更长的时间只是用来整"右派"：1957 年划了一批，1958 年再补划一批。运动的打击密度大，知识分子的命运可以在顷刻间翻覆，置身于运动中间，不能不惊心动魄。

巴金身为作协领导，虽然主持和参加过不少批斗会，只要运动没有结束，仍然不敢确保自身是否绝对安全。昨日为友，今日为敌，非但不能互相照应、协助、援救，反之要伙同群众上前扔石块、吐唾沫、尽早划清界限，以便把自己从可能的危险中救赎出来。这种情形，在"反胡风"的时候已经尝试过了，而今火烧连营，范围更大，人数更多，随时可以引火上身，问题的严重性远非此前的运动可比。

萧乾这个自由派、中间派，青年时候还曾因加入共青团的地下组织而被捕过，这时成了"右派"。

他自述说，1949 年从国外回到北京，还是疑惧重重的。他知道前路坎坷不平，甚至带有风险，仅仅因为不愿做"白华"，才做了这样的决定。在北京住下以后他非常小心，发信给国外所有朋友，要求不再给他写信。1954 年迁入新单位文艺报的宿舍区，他发觉自己是周围唯一不交党费的，便已意识到了"鸿沟"的存在。他有文章记录说，因为害怕家养的一只心爱的狸花猫"不懂得门户界限"⁴⁴而得罪近邻，给自己带来麻烦，竟用厚布包起来，装进自行车的笼子里，骑到老远的东城根扔掉。他写道，他蹬车离开很远，还听到狸花猫的哀叫。这个情节与巴金后来写的《小狗包弟》极其相似，都是人在危境中出于自我保护的一种残虐行为。

萧乾曾经说过，一个纯粹政治的自由主义者，为了达到政治目的，也许受得住木棍的指挥，但是一个彻底的自由主义者，却不能接受严苛的纪律，这样就会站在政党之外，保持独立的立场，争取个人发言权。现在，这个怀有自由主义政治理想的人发现，事情完全不是他想象的那么回事，即使他试图放弃这一切而主动靠拢"集体"，他也将被视为异类而被拒之门外。

大约只有在 1956 年整风鸣放的短短几个月，他才觉得文坛有了一点"民主"，容许不同意见的存在。后来他回忆这时的心情是，感觉头上的天空总是晴朗的，腰板挺直了，生锈的脑子忽然像涂了一层润滑油似的。这时，身为《文艺报》副主编，他一连发表杂文《小品文哪里去了？》《"上"人回家》《礼赞短短篇》《"人民"的出版社为什么会成了衙门》等多篇，讽刺教条主义者、官僚主义者和假积极分子，批评制度的垄断性，甚至批评说："歌颂新社会，也不必满纸'万岁'。"[45] 特别出名的是《放心、容忍、人事工作》，鼓吹民主自由，反对"把马列主义神秘化、庸俗化，拿马列主义当棍子使用"[46]。他认为，社会已经形成一种"革命世故"，不痛不痒，人云亦云，没有独立思考。"百花齐放"之所以无法推行，主要的原因在于领导者对被领导者不放心、不宽容。他重申了伏尔泰曾经表述过的原则：我不同意你的看法，但是我宁愿牺牲性命，来维护你说出这个看法的权利。其中对"人事工作"的批评，实际上是对党组织和政府的批评，回到体制的结构性那里，而不限于工作作风。他根本想不到，文章会立刻成为毒草，被连根锄掉。

在文联大楼会议室里，萧乾接受众人的批判。友人曹禺的题目是《斥洋奴政客萧乾》，在揭露批判其"反共、反苏"之外，还揭发隐私，质问眼前"脚踏两条船的政客"："这只脚踩着共产党的船，你那只脚踩着谁的船？"亦师亦友的沈从文也站出来揭露，说他同美国人安澜合编《中国简报》，与美帝国主义早在 20 世纪 30 年代就有了勾结。没有正义，只有正确；没有理性，只有附从。批斗会开过之后，萧乾被当作"国民党四大家族的喉舌"，被送到北京文化界右派集中改造的唐山农场劳改。

萧乾后来自杀过，但是没有成功。妻子转告他，人们对他所写的遗书没有任何愤激之词很不解，他说："从我本心，当然是想把气出够了再死。可是，我不能图一时痛快，而害了你们啊。现在我才明白，30 年代苏联肃反扩大化时，那些含冤而死的老布尔什维克，为什么在被处极刑之前，还喊'斯大林万岁！'，因为他们得替撇下的老婆孩子着想呀。"[47]

从日本回国的冰心，到了反右的时候也大触霉头，一家出了三个

"右派"：丈夫吴文藻、儿子吴平、三弟谢为楫。据说冰心本人也差点被打成"右派"，材料已报到中央，由于周恩来出面干预，这才得以幸免。

1957年5月10日，《人民日报》记者林钢到冰心家里采访，访问记刊载在新华社的《内部参考》第2212期上。其中说，冰心对"肃反"有很大的意见，她的许多朋友、认识的老教授都在运动中受到整肃。她说："'士可杀，不可辱。'知识分子受了伤害，是终身不忘的。这个问题应当做个交代。"

采访中，记者几次请她对毛泽东《在延安文艺座谈会上的讲话》谈谈感受，她都拒不愿谈，回避了。

当反右斗争白热化的时候，冰心明显换了一副模样。在人大会议上，她要求发言，先后引用了毛泽东和周恩来关于改造知识分子的讲话，批判费孝通"反党反人民"的言论。她表态说："在这触目惊心的事实中，我们更痛切地感到了思想改造的必要性。从旧社会来的知识分子，一脑子的资产阶级思想没有挖尽、没有扫清，在乌云乱翻之中，就会迷失了方向，做了右派野心家向党向人民进攻的牺牲品。我们必须一面坚决地向右派分子做无情的斗争，一面深刻地在火热的斗争中锻炼自己、提高自己。我们必须抓紧这学习、改造的机会，在反右派的胜利歌声中，跟着党，跟着六亿劳动人民，一同走上社会主义的大道。"48

冰心最初被划为"右派"上报的依据之一，据说就因为费孝通的名文《知识分子的早春天气》，曾经让她做过修改。

沈从文自杀过后，一直努力往思想改造的路上走。他多次向家属、向组织、在私下和大会上表示自我改造的决心。1956年1月，他在全国政协会议发言说："我一定要好好地向优秀党员看齐，加强学习马克思列宁主义和毛主席著作，联系业务实践，并且用郭沫若院长报告中提起的三省吾身的方法，经常检查自己，努力做一个毛泽东时代的新知识分子。"49鸣放开始之后，他在家信里批评丁玲"不懂党的整体意义"，"不懂得如何领导，鼓励更多数熟人倾向党，更多数人拿起笔拥护党，反而在内部闹"[50]；又批评巴金、师陀等人鸣放是"一片埋怨声"，"好像凡是写不出、做不好都由于上头束缚限制得紧，不然会有许多好花开放"[51]！他觉得这些人的"提法不很公平"，"以为党帮忙不够，不大符合事实。"[52]显然，在他看来，没有成绩是作家个人的责任，而不是党领导的责任。因此，他在上海观察所得的关于运动的印象是："'鸣'总不免有些乱。"[53]

对于作家、教授们的鸣放，沈从文是不满意的。他认为要有整体观念，凡事要识大体。他在信中对张兆和说："说真话，作家教授争的都容易从个人出发，对国家全局关心不够。是资本主义中毒极深一个地区，同时也还是小资气息浓厚的一个温室。……或者说待教育、待好好教育，通过各种远一些的措施来改造，不然到一定时候，还会起不良作用，妨碍了国家向前。知识分子中个人主义浓厚，非知识分子得过且过毫无远大理想，这两者是主要病象。"[54]他此时越俎代庖，为"肉食者"设想了。

1957年3月，中国作协向会员征集创作计划，沈从文兴致勃勃地上交了一个计划，说他打算到农村采访老革命，要写出几个小册子云云。经研究，组织便安排他到青岛疗养，给他提供写作环境。他在这里写了一个反对玩扑克的小说，然而在张兆和那里就通不过，于是写作失去信心，但见到运动如火如荼，又不甘寂寞，索性提前回京，写信告诉张兆和说："早回好些，照你所说，多参加几次会。"[55]这时的会不是动员会，而是批判会。鸣放时他不发言，同事史树青说他向党交心，说他最怕被划成右派，什么也不敢说，到了批判右派时，却要争取到会发言了。

"肃反"之后，沈从文在大人物的眼中，已经变成一件非常好用的宣传工具。1956年上半年，《人民日报》酝酿改版，中共中央副秘书长胡乔木亲拟了一批作者名单，其中就有沈从文，并特意叮嘱说"一定要请沈从文为副刊写一篇散文"[56]。出于调整文艺政策的需要，周扬指示文联所属各协会主办刊物的主编动员老作家写稿，他对《人民文学》主编严文井说："你们要去看看沈从文，沈从文如出来，会惊动海内外。这是你们组稿的一个胜利！"[57]沈从文不负所望，认真写了几篇散文，分别在多家报刊亮相。

在整风后期，仍在校读书的身为党员干部的沈从文的大儿子沈龙朱，还有他最得意的学生汪曾祺成了"右派"。沈从文的真实感受如何呢？他在《"反右运动"后的思想检查》里说"心中十分难过"，但是，在《一点回忆，一点感想》一文中，又这样表示他对反右斗争的态度："我拥护人民的反右派，因为六亿人民都在辛辛苦苦地努力进行社会主义建设的工作，绝不容许说空话的随意破坏。如有人问我是什么派时，倒乐意当个新的'歌德派'，好赞美共产党领导下社会主义祖国的伟大成就。"[58]鉴于沈从文的表现，人民文学出版社出版了《沈从文小说选集》，这是他在1949年后首次获许出版作品。1958年，周扬在反右斗争的庆功宴上公开宣布，拟请他担任北京市文联主席，虽然他当即辞谢，由此可见官方重视的程度。

沈从文是文人出身，在博物馆不受重用，曾经做"归队"的打算。可是，由于小说创作失败，他已失去信心。在给沈云麓的信中，他坦承道："写文物史之类不至于出毛病，而小说可并不怎么好写，批评一来，受不了。"[59]当他在文物与文学之间摇摆了好一阵之后，终于死心塌地地走进文物堆里去了。

反右运动一来，巴金的朋友便有了大的分化，左、中、"右"都有。曹禺、章靳以可以说是左的代表，巴金同他们的关系最接近。曹禺1956年入党，一直做领导工作，开会多、活动多，一个星期只有四个半天，仍然不忘创作颂歌式作品。在每次政治运动中，他都是带头批判的。"反胡风"时，他一连发表三篇文章，把胡风斥为魔鬼、禽兽、卑鄙的个人主义野心家、反革命分子、败类，"反右"时也写过多篇同类文章。批判老朋友吴祖光的文章叫《吴祖光向我们摸出刀来了》，他写道："今天人民已经看透了有些高级知识分子的真面目了，他们既无知，又龌龊，真是臭得不可向迩。这里人们若不彻底改造自己，早晚就会在自己捡的臭气冲天的粪坑里腐烂掉。"[60]1958 年，曹禺出版《迎春集》，收入三十八篇文章，其中有三分之一没有收入《曹禺全集》。

在编辑方面，章靳以是巴金的老拍档；在反右中，两人也多次联合发言，在加入党组织方面，表现得特别积极。经多年申请，他终于在 1959 年 5 月被批准为中共预备党员。他兴奋至极，立刻给多位朋友写信通报消息，表示说，从此"我要丢开生活过的五十岁，从一岁开始"。天不假年，刚刚度过五十岁，他就去世了。

比起延安整风运动，1957 年的运动是一个很大的发展。无论人员的投入、战线的广泛、规模的盛大，这些都不是延安时期可以比拟的；特别在斗争策略的运用方面，此时更臻成熟。从整风到反右，明显带有政治设计性质。面对波谲云诡的斗争形势，没有延安经验的巴金是否有足够的精神准备？在知识界无人可以置身局外的情况下，他将如何介入这场运动？从毛泽东到柯庆施，从《人民日报》到上海的《解放日报》和《文汇报》，不断地鼓励鸣放，鸣还是不鸣？

中共中央于 1957 年 4 月 27 日正式发出开展整风运动的通知，而整个 4 月，已经为鸣放带来的一种燥热的气氛所充填。4 月 22 日《人民日报》发表了两篇关于文艺界的报道，其中报道茅盾针对一些单位对于鸣放是"待月西厢下，迎风户半开"[61]，于是说："我看还是大开了再说。"周扬也鼓动说："现在不是要小放，要大放！"[62]在上海，柯庆施大力宣传毛泽东在最高国务会议上的报告和在全国宣传工作会议上的讲话，并随即展开关于正确处理人民内部矛盾问题的讨论。讨论进行了两个月，《人民日报》发表长篇报道，说是"在民主的气氛中展开激烈争论"，是上海知识界"思想生活中的一件大事"，过去稀见的"新气象"[63]。巴金的朋友，后来成为"右派"的《文汇报》记者黄裳发表文章《解冻》，形容当时的形势说："春天的太阳发

1957 年 8 月 17 日的《文汇报》

出的温热，使停滞的冰河解了冻，知识分子们的爱国激情冲开了那些大大小小的冰块、冰碴，沛然莫之能御地冲击下来变成一股浩荡的激流。已经没有什么东西可以阻碍这道激流的通行了，这是不可能的事，大大小小的冰块冰碴是早晚必然融解、化为激流的一部分。"[64]

上海周围整个知识界被激起的活跃的氛围，不可能不影响到巴金的选择。他首先是一个作家、一个敏感的知识分子，凭着他过去对政治问题的关切，可以知道对于中国的政治现实，不可能没有自己的声音。可是，这个声音被关闭已久，直到"双百"出台才有了言说的可能性。此外，作为文坛的领头羊，角色规定了他不但要鸣，而且要带头鸣。陈其通他们不就是自己不鸣，也反对别人鸣，才陷于被动地位的吗？

眼前的形势令人困惑。从万马齐暗到万箭齐发，谨慎的巴金不能不在其中寻找一个属于自己的话说方式。年龄、历史、身份，都不容许他轻率从事。他是一刻也不会忘记头顶的斯摩克利斯之剑的。因此，他的鸣放是理性的、自觉温和的、克制的、有限度的批评，不是否定现行体制，而是促使体制的完善，总之是一种建设性意见。[65]

在 3 月的全国宣传工作会议上，巴金和近千名与会者听了毛泽东在十一次最高国务会议上的报告录音。《关于正确处理人民内部矛盾的问题》未经删改的原初版本，以及毛泽东在会议期间进行文艺座谈时的即兴讲话，都是极富于鼓动性的，巴金言说的欲望，终于被诱导出来了。

在会上，巴金有过多次发言，还不时插话。他表示拥护"双百"

方针，不同意毛泽东所反对的陈其通等人的看法，强调要"鸣"，要讲自己的话。在强调鸣放的必要性时，他说不通过鸣放，好的东西出不了，而不好的东西也暴露不出来。接着，点名批评陈登科的一篇小说，作为不好的作品的例子。会上大家一致肯定社会主义现实主义的创作方法，巴金附和了这个意见。倒是毛泽东比这些文艺家高明，说是我们可以提倡，但不能强迫别人都用社会主义现实主义创作。

4月27日，正是中共中央发出《关于整风运动的指示》的同一天，巴金应邀出席上海市委召集的关于"双百"方针的座谈会。受邀的还有章靳以、傅雷、罗稷南、许杰等二十多人。巴金发言说"我觉得领导上对于文艺界的一些问题，是不重视、不研究"；又说自己写了《论"有啥吃啥"》等几篇杂文，有人就批评说"杂文要写主流"，于是质问道："难道批评官僚主义就不是主流？"他还对出版、电影、稿费等问题提了意见。

28日，巴金会见《文汇报》记者，批评上海有关部门不重视话剧。

5月1日，《人民日报》摘要发表了巴金对文艺工作的批评意见。其中说到《家》被改成电影，领导不大同作家研究，他是不满意的。说到出版工作，他说许多章程制度太死板，不符合实际情况。

7日，巴金第二次出席上海市委召开的座谈会。他发言特别提到，上次会上谈到一些尖锐问题被记者"磨平了"。他认为，政治标准和艺术标准是不能分开看的，作品没有艺术性就不能起政治作用。本来，这是艺术实践中的常识，但是与毛泽东《在延安文艺座谈会上的讲话》的提法正相反对。此外，巴金又谈到作协及对其"领导"的问题。他说："我们常常谈领导，可是我作为作协分会主席，就感觉到作协的工作好像没有人在领导。就是在作协里面也没有人专门研究创作上的问题；对怎样发展创作、组织创作等问题也没有人认真考虑。究竟谁在领导作协，我也始终搞不清楚；只有在党支部通知我写某人某人的材料的时候，我才感觉到我在被领导，因为什么时候要，我就得在什么时候写。"[66] 他说："我是专业作家，也只能做个挂名主席，有些问题我和作协的看法也不相同，有时我代表作协在会上讲话，也不是讲自己的意见。"[67]

现行的文艺体制，由中宣部具体负责领导文艺工作，文联和作协都设有党组，地位一般在文联、作协主席之上。茅盾提到他担任作协主席时，邵荃麟任党组书记，他批判胡风的文章还得由邵荃麟最后把关才送出去发表。整风期间，茅盾颇发过一通牢骚，后来大约害怕被揪住"尾巴"，在《文艺报》上发表一篇冠冕堂皇的文章：《必须加强文艺工作中的共产党的领导！》。文章指出，"必须有党组织来具体实现党的领导。没有党这个领导，就不能保证贯彻社会主义文化的方向。"[68]

11 日至 20 日，巴金又出席了中共上海市委宣传工作会议。他在会上做了发言，报纸报道的标题是《巴金说文艺应该交给人民》。报道说：巴金认为应该把文艺交给人民，送到群众中去受考验，不能由少数领导根据自己的好恶干涉上映或出版。他认为，思想领导是必需的，这要由党负责，由市委来抓。但所谓艺术领导，他认为还可研究。他认为在艺术方面，作协最好让作家们发挥各人的创造性，少领导，多帮忙。他说："要是上海作协甚至全国作协的全部力量能够培养出几个或一个托尔斯泰来，那对我们国家多好，但可惜这是办不到的。文艺创作主要依靠作家自己的艰苦的劳动。固然在作品写成发表以后，也就成了社会的财产，但是我们不能依靠领导的指示来写任何作品。"[69]

巴金说是把文艺交给"人民"，那么原来掌握在谁的手上呢？他说得很策略，把党的领导分为"思想领导"和"艺术领导"，意思是保留总体的、抽象的领导，却批评或否定了具体的领导。对于作协本身的存在，巴金似乎是没有意见的，他从中争取的唯是作家个体的独立性和创造性。但是，党的领导和艺术自由如何才能统一到一起呢？他没有说。就说的这些，在大话谎话成风的时候，巴金也算得大胆了。

事实上，巴金并没有殉道者那种宣扬真理的胆量。经过二十多年，他还常常回想起这次讲话，坦白道："在一次座谈会上，我发言不赞成领导同志随意批评一部作品，主张听取多数读者的意见，我最后说：'应当把文艺交给人民。'讲完坐下了，不放心，我又站起来说，我的原意是'应当把文艺交还给人民'。即使这样，我仍然感到紧张。报纸发表了我的讲话摘要，我从此背上一个包袱。运动一来，我就要自我检讨这个'反党'言论。可以看出，我的精神状态很不正常。"[70]

巴金的鸣放有两个渠道，其一是在会议上直接发言，其二就是发表杂文。在宣传工作会议上，毛泽东提倡杂文，鼓励说：站稳立场，不要怕，要敢于斗争。这时他又把鲁迅请了出来，说鲁迅就是一个人斗争，还说鲁迅活着恐怕也只能写写杂文之类的话。其实，在毛泽东提出"双百"方针之后不久，巴金就开始写杂文了，他在北京开会时碰到胡乔木，这位意识形态的掌门人除了面上劝导巴金写杂文之外，还通过《人民日报》编辑袁鹰专门写信"致意"并约稿。于是，他一气写了多篇，颇有点一发不可收的样子。

头一篇在《人民日报》发表，题目就叫《"鸣"起来吧！》，鼓动别人，也鼓动自己。接着发表《"独立思考"》，批评说："有些人自己不习惯'独立思考'，也不习惯别人'独立思考'。他们把自己装在套子里面，也喜欢把别人装在套子里面。他们拿起教条的棍子到处巡逻，要是看见有人从套子里钻出来，他们就给他一闷棍，他们听见到处都在唱他们习惯了的那种没有感情的单调的调子，他们就满意地在套子里睡着了。"[71] 随后，他写了《说"忙"》《重视全国人民的精神食粮》《观众的声音》《秋夜杂感》《笔下留情》《"恰得好处"》《辞"帽子"》等系列文字。从中可以见到，巴金连续提到人民的需要，连续呼吁"独立思考"，对那些伺机打棍子，"连脸部表情都是'正确'的人"表示特别的反感。后来，他还写了一组关于社会问题的杂文，如《论"有啥吃啥"》《"艰苦"和"浪费"》《"救救孩子"》等。

巴金无论在杂文或发言中，都没有向现行的制度发起挑战，没有就中苏关系等重大国策方面表示异议；他的鸣放，大多是针对具体的现象而发的，如果套用一个常用的比喻来说，那是属于"树木"的，而非"森林"的。但是，树木多了，就会形成小树林。好在巴金把笔从文艺伸向社会不久，就因为返回成都老家和参加新德里的亚洲作家会议而搁下了。他交际太多、太忙，不然，将为自己在"反右"斗争中留下更多的可疑的证据。

6月，形势急转直下。这是巴金，也是许多知识分子，包括民主党派的职业政治家都预想不到的。

《人民日报》从发表社论《这是为什么？》开始，一连发表文章，其中提到一个"右派"的概念，而且特别提到一个共产党的领导权问题。月晕而风，础润而雨，敏感而怯懦的巴金不会看不出来。虽然早年热衷于无政府主义，关注国际国内的政治情势，而所有这些，大抵是纸面上的政治，事实上他是缺乏实际的政治斗争经验的。他发现，他过于轻信，他的鸣放过头了。这时，内心的紧张可想而知。

就在这个月的中旬，江苏的《探求者》文学社有两位青年到寓所拜访巴金，一位是陆文夫，一位是方之。他们向巴金介绍《探求者》，希望得到巴金的指导。巴金觉得他们有理想、有追求，也有抱负，他同情他们。但是，他非常清楚，"同人杂志"是行不通的。他替他们担心，觉得他们太单纯，容易出事，只好劝他们不要搞《探求者》，放弃"探求"的打算。他们是否听懂巴金的话、照巴金的意思做不知道，不过，他们很快被迫停止了所有工作，结局是大家都知道的。三十年过后，陆文夫和一批中青年作家应《上海文学》之邀来沪，曾一起到武康路看望巴金。重提《探求者》的事，巴金承认说，那时"自己也不行，提心吊胆。我不能说，只能暗示"。

6月26日，第一届全国人民代表大会第四次会议在北京正式开幕。据报道，预备会议期间，代表将分组讨论刚刚发表的毛泽东的报告《关于正确处理人民内部矛盾的问题》，重点是新增的六条政治标准，据此发起对右派分子的批判。17 日，巴金提前抵达北京，住进前门饭店，同室是四川代表沙汀。他形容当时的心情说："我到了北京，就感觉到风向改变，严冬逼近，坐卧不安，不知怎样才好。"[72]

巴金刚刚住下，《文汇报》驻京办事处的女记者浦熙修便来采访，约他写一篇反击右派的短文。他一口答应，这时正好需要有一篇表态文章来保护自己。其实，《文汇报》也非常被动，需要立刻转向，所以记者催得紧，得尽快将文章用电报传到上海去。巴金当天就把稿子写好了，次日见报，题目是《一切为了社会主义》。文章全在于歌颂毛泽东和《关于正确处理人民内部矛盾的问题》，说报告"讲得明白""讲得深""讲得全面"，如此云云。据巴金说，见报之后，内心安定了许多。也巧，《人民日报》跟着前来约他写稿。不用说，他也很快完成了，文章题目差不多，叫《中国人民一定要走社会主义的路》。他第一次使用了"右派"一词，文中强调说："反右派斗争，正是为了建设社会主义。"[73]

巴金后来回忆说，当时他还不知道"反右"究竟是怎么回事，但是强烈地感受到来势汹汹，熟人一个个落网，一个个被点名示众；最让他吃惊的是，浦熙修十天前还来约他的稿，7 月 1 日《人民日报》社论已点名称她为"右派""两帅之间"的又"一帅"，是"一位能干的女将"[74]，给公开揪出来了。特别令他不安的是，左、右的界限并不分明。他看到几个平日往来的朋友成为"反右"对象，可以肯定是冤枉的事，因为他们的思想不见得比自己更"右"，但是他并没有勇气站出来替他们说一句公道话，而且时时担心让人当场揪出来。

会议在讨论和斗争中延续了一个多月，在此期间，上海市委书记柯庆施召见巴金和章靳以。据说他骂了一通知识分子，然后提醒他们说，本来作协机关已经把巴金内定为"中右"了。可以设想，听到这里，巴金一定惊出一身冷汗。在鸣放中，他的意见其实不算太激进，可是还是被人窥伺上了。好在柯庆施让他过了关。总之是不但没有把他列为"右派"，还让他参加各种"反右"活动。按古老的说法，这叫"恩威并施"。巴金说，会议期间，他的心情很复杂，除了困惑和惶恐，却也不讳言对"领导"的"感谢"之情。

多年以后，在谈到"讲真话"的时候，巴金再度想起1957年狼狈的情状。他自嘲说，曾几何时鼓励别人"独立思考"，结果"弃甲丢盔自己缴了械"[75]。在一面大旗之下，他成了"降将"。这不免使人联想起他在中华人民共和国成立时自承的"受惠者"的说法。现今，他已不复如青年时的一意孤往，他忘记了反抗，只懂得驯服、更驯服。我们知道，知恩图报是中国人的一桩美德。

巴金一转身，就换了另一个人。他一样热烈发言，一样写杂文，但是已经不再是"鸣放"，而是批判；不再面对"领导"，而是面对在运动中突然冒出来的敌人——右派分子。他努力扮演反右派战士，一边批判，一边说着自渎的话，其实是用一种隐蔽的方式表达忠诚。他从北京回到上海，立刻发表文章，指出右派分子是"书生妄想造反""与右派分子的斗争是政治斗争，也是思想斗争"[76]。他强调说："我们跟右派斗争，同时也在扫除自己身上的资产阶级思想，在斗争中锻炼自己、改造自己。这种改造是长期的、艰苦的，但这是必要的。"[77]

在北京的"马拉松会议"结束之后，巴金访问了冯雪峰。以数十年的党内斗争经验，冯雪峰不可能不知道反右运动同自己的关系，但是很笃定，巴金一点也看不出异样来。交谈时，巴金对运动提出一些疑问，冯雪峰也温和地做了解释。完后，冯雪峰殷勤地请巴金到大同酒家吃饭，饭后夫妇俩还陪着巴金在附近闲走了一回。

巴金想不到，才过了一个月，他面对的是又一个冯雪峰。在中国作协党组扩大会议上，冯雪峰和丁玲、艾青等人一起，被正式戴上"右派分子"的帽子。巴金走进首都剧场的会场，里面坐了不少人，冯雪峰埋下头就坐在前排的边上。在这位平日敬重的老朋友跟前，你有勇气面对面指斥他吗？你可以跟在别人后面扔石块吗？要想保全自己，就必须争取主动，不能落在别人后面。他和章靳以做个联合发言，题为《永远跟着党和人民在社会主义——共产主义的道路上前进》，一气批判丁玲的"一本书主义"、冯雪峰的"凌驾在党之上"、艾青的"上下串联"，等等；最后是喊口号一般，说是一刻也不能离开党，离开了党就割断了同人民的联系，云云。"反右"前，巴金自己说过："今天谁被揭露，谁受到批判，就没有人敢站出来，仗义执言，替他辩护。"[78] 义正词严，煞有介事，你今天站出来替他们辩护了吗？

在上海，他连续参加了市委宣传部、人大和作协的各种会议，亲自主持过和右派说理辩论会，批斗孙大雨等"右派"，同章靳以及文学界其他人士做过多次联合发言。

此外，巴金还写了一组反右文章，所谓"过关谈"就写了三篇：或曰《惨痛的教训》[79]，说右派"这一小撮人的确是我们的反面的教师"；或曰《国士论》[80]，说右派只有一种本领，就是"骗术"，"虽然他们披着教授、学者、作家、代表、高级知识分子的外衣，干的都是赌鬼、骗子的事情"；"他们大概因为没有受到国士的待遇，就索性撕掉脸面，露出流氓面目来了"；又或曰《戴帽子》[81]，再三强调说"任何时候知识分子都不能放松改造"。

巴金后来回忆说："1957年我不曾给戴上'右派'帽子，却写了一些自己感到脸红的反'右'文章，并没有人强迫我写，但是阵线分明，有人一再约稿，怎么可以拒绝！"[82] 这些文章确实并非出于强迫，但也非出于约稿，而是出于一种主动的迎合。到了这时候，大局已定，巴金即使不写这样一些文章，也不至于伤及他。

6月在北京开会期间，巴金还颇为毛泽东在关于人民内部矛盾的讲话中加入"六大标准"而感到紧张，说是"似乎看到了一顶悬在空中的'反党反社会主义'的帽子"[83]。等到会议后期，他已经能够成为紫光阁座谈会的上宾，被周恩来请到会场的前排，能够在场公开做"右派"萧乾的"思想工作"。同为"右派"的白桦曾经听到巴金对一位"右派"作家说：你受党的教育这么多年，怎么能对党这样子呢？要认真检讨，要吸取教训，要洗心革面，等等。不知白桦说的作家是否就是萧乾，但萧乾个人对巴金是感激的，因为在当时没有人可以安慰他和鼓舞他。萧乾说："我感到他虽不是党员，却能用行动体现党的精神和政策。"[84] 巴金自己也说了："我们文学工作者更应该用自己的笔来展开这种批评和自我批评，协助政府克服各种落后的现象。"[85] 他要当好党和国家的助手，在作家中做一个辅导员或保育员的角色。

对文艺界领导来说，巴金是值得信任的。刘白羽就说他"听话，好合作"。中国作协把全国唯一的一份大型文学期刊，交由他和章靳以在上海主编，不是没有因由的。与此同时，继郭沫若、茅盾之后，人民文学出版社也约请他编辑《巴金文集》，而这时，正是进入整风的关键时刻。

在编《巴金文集》时，巴金删去旧作里的两行字：

> 但我仍然要向摩西那样地宣言道：
> "我要举手向天，我说：我的思想是永生的。"[86]

现在，没有"摩西"，也没有"我"。思想是属于党的，思想是毛泽东思想。

9月16日到17日，在首都剧场举行的作协党组扩大会议最后一次大会，实际上也是文艺界反右斗争的总结大会。就在巴金参加的大会上，陆定一、周扬、郭沫若等人都讲了话。韦君宜讲周扬的讲话"杀气腾腾，蛮不讲理，可谓登峰造极"[87]，但也有平实、轻松的地方，比如说对文艺界的错误不仅要敢于斗争，还要善于斗争，敢斗、善斗才能取得胜利；又说，我们笑，要像外国谚语说的那样，不要笑得太早，要笑到最后！

　　周扬把讲稿整理后送毛泽东审阅，根据毛泽东的意见做了修改，又反复征求了同僚和部属的意见，找林默涵、张光年等人帮他进行彻底修改，由他最后定稿，再送毛泽东审阅并做修改。讲话经过整理，"笑到最后"之类的话被删掉了。

　　中国作协收集这次大会的发言编辑成书，名为《对丁陈反党集团的批判》。丁玲指出："这只是一部分发言，其中的一些人，不止一次发言。这些刊载在书中的发言，都是经过修改了的，一些辱骂、讽刺、挖苦的话，都删除了。"政治运动中多少生动的情节和细节被湮灭了，所谓历史文献，只余一堆干瘪的文字和一串枯燥的数字。

　　周扬的讲话最后定名为《文艺战线上的一场大辩论》，是一篇大文章。毛泽东在给林默涵的信中说文章"写得很好"，指示在《文艺报》和《人民日报》同时发表。不过，多年以后，在编辑《周扬文集》时，这篇红极一时的战斗檄文竟然成了鸡肋，用与不用，使周扬和他的"门徒们"颇为犯难。最后，出于集体的智慧，还是决定丢弃了。

　　从1934年至1953年斯大林去世，据统计，苏联共有2000名作家遭到关押、流放和处决。肖洛霍夫[88]在作协大会中发言指出，苏联有3773人参加作协，但大都是"死魂灵"。被镇压的诗人曼德施塔姆夫人娜杰日达在回忆录中谈到苏联作家的整体状况时说："我可以作证说，我的熟人中没有一个人进行过斗争，人们只不过是在竭力躲藏起来。那些没有失去良心的人正是这么做的。要想这么做，也需要真正的勇气。"[89]又说："知识分子阶层的任何一个特征都并非他们所独有，它同时也属于其他社会阶层，比如特定的受教育程度、批评思维，以及随之而来的忧患意识、自由思想、良心、人道主义……这些特征如今显得尤为重要，因为我们已经目睹，随着这些特征的消失，知识分子阶层自身也将不复存在。"[90]俄裔英国思想家伯林在一篇讲述斯大林时代的俄罗斯艺术的文章中描述说："1937年和1938

年的大清洗和大审判对苏联文学界和艺术界的改变超乎所有人的想象。……以至于 1939 年呈现在世人面前的俄国文学和思想界就像一个被战争摧毁的地区，只有一些宏伟的建筑仍然相对完好，孤独地矗立在一片片废墟和荒野之上。"[91]

比较苏联，中国作家毕竟幸运许多。在"反胡风"和反右这样两场接连在一起的运动过后，一些人被消灭了，一些人被囚禁了，一些人被流放了。一夜之间，他们的著作在所有的书店、图书馆和大学讲堂中消失。精神创造的正常状态是自由的状态，只要失去自由，就不可能产生任何优秀的作品。问题还不限于在案的戴罪之人，也不在乎日后是否准予"摘帽"，政治运动的影响是深远的，至少要付出牺牲几代人的代价。对于精神创造来说，生命只是一个躯壳，一种物质依据，核心是人格、道德和心灵。而所有这些，在政治运动的毁灭性的打击下，都已残缺不全、狼藉不堪。失去独立的个人，失去忠诚、友爱和纯洁；而人性的"恶之花"，如仇恨、暴戾、阴毒、恐惧、虚伪、嫉妒、势利、攀附、侥幸、驯顺、隔阂、冷酷、麻木，等等，简直无视岁月的更替而一个劲地疯长……

说不清有多少家庭在反右运动中碎裂，而巴金，凭着他的人际关系、特殊身份，自然还有运气，最终使一个"家"保存完好。家的存在，对巴金来说是比生命还要重要的。后来回顾时，他庆幸地说："虽然一直胆战心惊，我总算平稳地度过了 1957 年。私下同萧珊谈起，我还带苦笑地说自己是一个'福将'。"[92]

他承认，自 1957 年下半年起，他就如戴上了孙猴子那样的"金箍儿"，而且在他看来，他所认识的知识分子都是这样，从此一直战战兢兢地过日子。他不知道什么时候会有人念起紧箍咒，但是确信念咒语的人不会放过他们，于是就有了一种恐惧。人变得越来越小心、越来越内向，尽量地装扮自己、掩藏自己，不让世人看到他的真心。

注 解：

1. 尼基塔·赫鲁晓夫（Nikita Khrushchev，1894–1971），苏联领导人，曾担任苏共中央委员会第一书记、苏联部长会议主席等重要职务。

2. 瓦迪斯瓦夫·哥穆尔卡（Wladyslaw Gomulka，1905–1982），波兰共产主义政治家，曾任波兰共产主义工人党总书记，波兹南事件后任波兰统一工人党第一书记。

3. 毛泽东：《毛泽东选集》第 5 卷，人民出版社，1991 年，339 页。

4. 纳吉·伊姆雷（Nagy Imre，1896–1958），匈牙利共产主义政治家，曾两度出任政府总理。

5. 拉科西·马加什（Rákosi Mátyás，1892–1971），匈牙利共产主义政治家、斯大林主义者，西班牙共产党领袖人。

6. 沈志华：《处在十字路口的选择》，广东人民出版社，2013 年 12 月第 1 版。

7.《中国现代史》第 7–12 期，中国人民大学书报资料社，2009 年，130 页。

8. 沈志华：《处在十字路口的选择》，广东人民出版社，2013 年 12 月第 1 版。

9. 毛泽东：《毛泽东选集》第 5 卷，人民出版社，1991 年，334 页。

10. 同上。

11. 同上，327 页。

12. 本段的引用，均见《毛泽东选集》第 5 卷，人民出版社，1991 年，355 页。

13. 同上，338 页。

14. 全文见《毛泽东选集》第 5 卷，人民出版社，1991 年，403–418 页。

15. 同上。

16. 傅敏编：《傅雷家书》增补版，香港三联书店，1989 年，158 页。

17. 朱正：《两家争鸣：反右派斗争》，台湾允晨文化，2001 年，98 页。

18. 同上，100 页。

19. 同上，110 页。

20. 中共中央文献研究室编：《建国以来重要文献选编》第 10 册，中央文献出版社，1994 年第 1 版。

21. 毛泽东：《建国以来毛泽东文稿》第 6 卷，中央文献出版社，1987 年，476 页。

22. 毛泽东：《毛泽东选集》第 5 卷，人民出版社，1991 年，425 页。

23. 郭道晖：《毛泽东发动整风的初衷》，《炎黄春秋》第 2 期（2009 年）。

24. 李之琏：《不该发生的故事》，《新文学史料》第 3 期，1989 年，135 页。

25. 徐庆全：《革命吞噬它的儿女：丁玲陈企霞"反党集团"案纪实》，香港中文大学，2008 年，345 页。

26. 同上，346 页。

27. 朱正：《反右派斗争全史》，台湾秀威资讯科技股份有限公司，2013 年，69 页。

28. 这篇文章，指由冯雪峰写出初稿，再由鲁迅修改补充定稿的《答徐懋庸并关于抗日统一战线问题》一文。

29. 黎辛：《我也说说"不应该发生的故事"》，《新文学史料》第 1 期（1995 年），78 页。

30. 牛汉：《为冯雪峰辩诬》，转引自邓九平编：《谈友谊》第 1 期，大众文艺出版社，2006 年，743–744 页。

31. 李辉：《和老人聊天》，大象出版社，2003 年，73 页。

32. 韦君宜：《记周扬》《回忆韦君宜》，大众文艺出版社，2001 年，487 页。

33. 黎之：《回忆与思考：整风·鸣放·反右》，收录于《新文学史料》第 1 期（1995 年），92–107 页。

34. 薄一波：《若干重大决策与事件的回顾》下卷，中共中央党校出版社，1991 年第 1 版，1007–1008 页。

35. 尼古拉耶娃（Galina Nikolayeva，1911–1963），俄国作家，曾于 1951 年获斯大林奖，代表作《收获》。

36. 朱正：《反右派斗争全史》，台湾秀威资讯科技股份有限公司，2013 年，96 页。

37. 同上。

38. 同上，95 页。

39. 沈从文：《沈从文全集》第 20 卷，北岳文艺出版社，2002 年，200 页。

40. 毛泽东：《毛泽东选集》第 5 卷，人民出版社，1991 年，349 页。

41. 萧乾：《萧乾回忆录》，中国工人出版社，2005 年，278 页。

42. 舒芜、许福芦：《舒芜口述自传》，中国社会科学出版社，2002 年，264 页。

43. 艾青：《鱼化石》，收录于《艾青全集》，花山文艺出版社，1991 年，396 页。

44. 萧乾：《萧乾回忆录》，中国工人出版社，2005 年，215 页。

45. 萧乾：《萧乾选集》第 4 卷，台湾商务印书馆，1992 年，139 页。

46. 萧乾著，傅光明编：《萧乾文集》第 3 卷，浙江文艺出版社，1998 年，434 页。

47. 文洁若：《我与萧乾》，广西教育出版社，1992 年，123 页。

48. 冰心：《我自己走过的路》，人民文学出版社，2007 年，110 页。

49. 李扬：《沈从文的后半生：沈从文的最后四十年》，中国文史出版社，2005 年，120 页。

50. 沈从文、张兆和：《从文家书：从文兆和书信选》，上海远东出版社，1996 年，293 页。

51. 沈从文：《沈从文全集》第 20 卷，北岳文艺出版社，2002 年，168 页。

52. 同上。

53. 同上。

54. 沈从文、张兆和：《从文家书：从文兆和书信选》，上海远东出版社，1996 年，

274 页。

55. 沈从文：《沈从文全集》第 20 卷，北岳文艺出版社，2002 年，203 页。

56. 袁鹰：《胡乔木同志和副刊》，收录于《我所知道的胡乔木》，当代中国出版社，1997 年，194–197 页。

57. 李扬：《沈从文的后半生：沈从文的最后四十年》，中国文史出版社，2005 年，145 页。

58. 沈从文：《沈从文全集》第 17 卷，北岳文艺出版社，2002 年，427 页。

59. 沈从文：《沈从文全集》第 20 卷，北岳文艺出版社，2002 年，220 页。

60.《戏剧报》第 15 期（1957 年）。

61.《文艺刊物如何贯彻"放"的方针》，《人民日报》（1957 年 4 月 22 日，第 2 版）。

62. 同上。

63.《不要怕民主》，《人民日报》（1957 年 4 月 20 日，第 8 版）。

64. 黄裳：《来燕榭集外文钞》，作家出版社，2006 年，468 页。

65. 唐金海、张晓云：《巴金的一个世纪》，四川文艺出版社，2004 年，312 页。

66. 陈丹晨：《巴金全传》，中国青年出版社，2003 年，280 页。

67. 同上。

68. 茅盾：《茅盾全集》第 25 卷，人民文学出版社，2006 年，100 页。

69. 陈丹晨：《巴金全传》，中国青年出版社，2003 年，281 页。

70. 巴金：《随想录》第 2 卷，香港三联书店，1979 年，122 页。

71.《人民日报》（1956 年 7 月 28 日，第 8 版）。

72. 巴金：《巴金全集》第 16 卷，人民文学出版社，1993 年，595 页。

73. 唐金海、张晓云：《巴金的一个世纪》，四川文艺出版社，2004 年，313 页。

74.《〈文汇报〉的资产阶级方向应当批判》，发表于《人民日报》（1957 年 7 月 1 日，第 1 版）。

75. 见《巴金全集》第 16 卷，人民文学出版社，1986 年，237 页。

76. 巴金：《是政治斗争，也是思想斗争》，发表于《文汇报》（1957 年 7 月 24 日）。

77. 同上。

78. 巴金：《巴金全集》第 16 卷，人民文学出版社，1986 年，134 页。

79.《解放日报》（1957 年 8 月 27 日）。

80.《解放日报》（1957 年 9 月 2 日）。

81.《解放日报》（1957 年 9 月 27 日）。

82. 巴金：《随想录：采索集》，人民文学出版社，1985 年，62 页。

83. 巴金：《巴金全集》第 19 卷，人民文学出版社，1986 年，402 页。

84. 萧乾：《萧乾忆旧》，湖北人民出版社，2005，73 页。

85. 巴金：《巴金全集》第 18 卷，人民文学出版社，1986 年，587 页。

86. 巴金：《巴金全集》第 16 卷，人民文学出版社，1986 年，320 页。

87. 韦君宜：《思痛录》，北京十月文艺出版社，1998 年，530 页。

88. 米哈伊尔 · 肖洛霍夫（Mikhail Sholokhov，1905–1984），苏联作家，著有《静静的顿河》，曾获诺贝尔文学奖。曾任苏联作家协会书记、多届苏共中央委员。

89. 娜杰日达 · 曼德施塔姆著，刘文飞译：《曼德施塔姆夫人回忆录》，广西师范大学出版社，2013 年。

90. 同上。

91. 赛亚 · 伯林著，潘永强、刘北成译：《苏联的心灵》，译林出版社，2010 年。

92. 巴金：《随想录：无题集》，香港三联书店，1986 年，28 页。

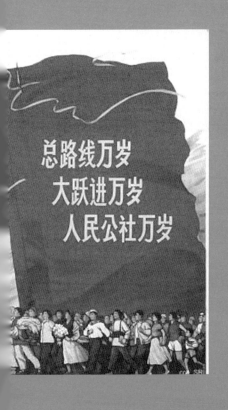

总路线万岁
大跃进万岁
人民公社万岁

第十一章

走近深渊

　　1957 年底，反右斗争基本结束。因为领导的保护而免于罹难，巴金自然心情大好，就像 1955 年 "反胡风运动" 胜利之后，搬入新居时一样。那时写下 "新年祝词"，说要 "一心一意地" 保护得来不易的变化；这时又写了 "新年试笔"，说是 "满怀信心地大步向前，迎接 1958 年的灿烂的朝阳"[1]。

　　1958 年春天，巴金踊跃参加各种会议和活动。在全国人大会议上，他做了作家深入群众、进行思想改造的发言；作为大会主席团的成员之一，加入上海知识界万人集会大游行，向上海市委献 "决心书"，誓言永远跟共产党走；又同文艺家一众与造船厂工人大联欢，和工人一起齐声合唱。他积极响应上级号召，制订出个人创作的 "跃进" 计划，准备在两年内，完成中短篇小说和散文特写集多少、创作谈多少、翻译多少、编辑文集多少，等等。他在《人民日报》发文，赞颂这个 "空前的春天" "带来了温和的风，明媚的阳光同一片欣欣向荣的美丽景象"，"把无穷无尽的生命力灌注在我们身上"[2]。

　　就在巴金春风得意的日子里，发生了《法斯特的悲剧》的悲剧，或者也可称为悲喜剧，是他根本意想不到的。

　　2 月底，《文艺报》主编张光年写信向巴金约稿。美国共产党作家霍华特·法斯特本月 1 日在《纽约时报》登载退党声明，继后又在美国《主流》杂志发表《我的决定》。为了消除法斯特事件的恶劣影响，张光年约请巴金，还有萧三和曹禺各写一篇文章，表明中国作家对于事件的严正态度。

| 1958 年，巴金在上海向民众散发宣传材料

| 1958 年，巴金在上海市作家协会大厅为一个宣言签名

法斯特是巴金所熟悉的。他读过法斯特的《公民潘恩》《斯巴达克思》，特别是《萨珂与凡宰特的受难》，让他印象深刻。现在，既然《文艺报》约稿，就得非批判不可。在查阅了一通材料之后，他总算找到知识分子改造的切入口，不到半个月就把文章写好了。对于法斯特，文章称其是一个"诚实的作家"，说他"过去为他的思想和言行吃过苦、受过迫害、坐过牢、受过抑制，后来在国外得到很高的荣誉和全世界千万读者的敬爱"，只是现在"掉转身去拥抱他自己曾经憎恨过、反对过的东西"[3]。至于原因呢？巴金认为，"他始终没有能够把自己的感情完全融化在群众的感情里面，在集体的解放中去追求个人的自由"；"他想依靠他的才能和声望，脱离人民单独去寻找'真理'，为自己开辟一条'新路'"[4]，结果"他却找到了'灭亡'，他完全毁掉了自己"[5]。巴金把法斯特裁成前后两截，认为前半截是好的，甚至流露出了一种欣赏的意味，因此对他的转向会感到惋惜。在众人看来，叛徒是万恶不赦的，巴金却没有抓住问题的要害，就是说，没有揭露其反动的"阶级本质"。文章末尾，竟然像是看待好人犯错误似的，期待法斯特"回头是岸"。

《文艺报》第八期特设了一个专辑，标题很醒目：《呸！叛徒法斯特！》，开头是巴金的文章《法斯特的悲剧》，一同刊出的还有曹禺、袁水拍，以及苏联、美国作家的文章。挟反右斗争的余威，批判一位异国作家，也一样搞得有声有色。

但很快，《文艺报》就收到了一批读者来信。这些来信指摘巴金的文章不够火力，甚至说"敌我矛盾、大是大非都还弄不清楚"[6]。《文艺报》选了其中七封转寄巴金，说要公开发表，希望巴金对读者的意见有个交代，实际上是要他做检讨。

巴金没有法，挖空心思给《文艺报》编辑部写了一封复信，表示说："读者们的意见使我受到了一次教育，我写那篇文章时，翻了一下材料，多少受了点阿普卡塞的文章和波列伏依给法斯特的信的影响。但是他们的东西是在去年上半年写成的。时间差了那么久。而且我希望法斯特'回头'，劝他不要继续走更反动的路，要他改过自新。我只着眼于一个作家的堕落，却忽略了这是一个共产党员叛变的重大事件。所以读者们的批评是有理由的。"[7]《文艺报》把他的信和三封读者来信编到一起，放在"读者讨论会"的栏目下发表。

复信之后，他赶紧写了一篇《旧知识分子必须改造》的文章，正面立论，背后是自我辩护、乞求理解。文章说："其实像我们这些在旧社会中生活过几十年的人，怎么能够一下子在短短的几年中间完全脱胎换骨成为新人？怎么能够一下子就把旧社会熏臭了的脑筋洗得干干净净，不留一点气味？最近在批判资产阶级个人主义的时候，我们中间哪一个人不曾暴露出肮脏的个人主义的东西，有些自命为清高的大知识分子甚至隐蔽着一个市侩的灵魂。"[8]

可是，批判家们并不理会这些。在上海，随后发表的徐景贤的《法斯特是万人唾弃的叛徒——和巴金同志商榷》，还有黄吟曙的《批评巴金对法斯特的错误认识》，都是大文章。

本来是遵命写作，结果引来围攻，正所谓"忠而获咎"，巴金不能不感到环境的险恶。20 世纪 80 年代，他在一部文选的跋语中回顾

"法斯特事件"时，这样描述他的心境："我对法斯特的事情本来一无所知，我只读过他的几部小说，而且颇为喜欢。刊物编辑来组稿，要我写批判法斯特的文章，说是某某人都写了，我也得写。我推不掉，而且反右斗争刚刚结束，我也不敢拒绝接受任务。"[9]写过以后，"编辑部就转来几篇读者来信，都是对我的严厉批判。我有点毛骨悚然，仿佛犯了大错。""我不甘心认错，但不表态又不行，害怕事情闹大了下不了台，弄得身败名裂，甚至家破人亡。所以连忙'下跪求饶'，只求平安无事。检讨信发了，我胆战心惊地等待事态发展，外表上却做出相当安静的样子。""我并不承认'回头是岸'的说法有什么不对，但是为了保全自己，我只好不说真话，我只好多说假话。昧着良心说谎，对我来说，已经不是可悲、可耻的事了。"[10]他十分感慨，总结说："今天看来，我写法斯特的悲剧，其实是在批判我自己。我的'悲剧'是别人把我当作工具，我也甘心做工具，而法斯特呢？他是作家，如此而已。"[11]

接着，又有人拿1957年"鸣放"说事。《文汇报》转给巴金一篇署名余定的文章《巴金同志提出了一个错误的口号》，指他当时喊出"把文艺还给人民"的口号是"错误的"。

文章设定巴金"认为现在的文艺是不为人民所有的"，于是责问道："难道党领导的文艺不是人民的文艺吗？"[12]逻辑十分简明："把文艺还给人民，实际上就是要求把文艺的领导权从党的手里拿过来，拿到资产阶级知识分子手里，实际上也就是拿到资产阶级手里。"[13]在座谈会上，其实巴金开始说的是"把文艺交给文艺工作者"，这真的可以算得上不折不扣的"右派言论"的。巴金记得话刚讲完，就觉得不对，改为"交还给人民"，后来还是觉得不对，要求《解放日报》记者要发表谈话时把"还"字删掉。而今旧事重提，他只好赶紧复信给《文汇报》，承认犯了"无组织、无原则的个人主义的错误"[14]。

巴金检讨自己"在解放后才开始学习马列主义，而且懂得很少"[15]，很明显，他极力隐瞒青年时期阅读《资本论》《共产党宣言》、批判列宁、与郭沫若就"国家"等有关马克思主义问题展开论辩的事实，尽量把自己装扮成幼稚、无知的样子。他又说自己"常常不能从政治上看问题"[16]，也都是同样有意隐瞒作为无政府主义者从一开始就是注重政治问题的事实。他检讨说"现在才认清这还是资产阶级的个人主义在作怪"，"早已脱离了政治，丧失了立场"[17]。接着，他使出历次运动的法宝，深挖"阶级根源"，说是"在旧社会中生活了几十年"，接受"家庭的影响""始终钻不出小资产阶级的圈子"[18]。把界限划清楚之后，文末表示说，"形势迫人"，"我决心改造自己"，云云。[19]

《文汇报》把巴金的答复和余定的原文编到一起，在6月14日同时刊出。两个月内，风平浪静，似乎一切已成过去。巴金依样想不到，竟然有更大的风浪排空而来。

反右之后，教育界知识界掀起又一个所谓"插红旗拔白旗"的批判运动。许多青年学生被动员起来，在校内校外，冲击著名的专家和老知识分子。巴金过去那些无政府主义思想及作品，这时正好拿来当"白旗"来"拔"。

10月1日，《中国青年》第十九期发表编者按，说巴金的小说在青年中流行很广，"为了把共产主义的红旗插遍一切思想领域"[20]，杂志将分期陆续对巴金的主要作品"进行分析批判"。打头的是姚文元论《灭亡》的文章，指责巴金美化了无政府主义，对于阴暗的虚无主义、极端的个人主义采取了辩护的态度。稍后，他又撰文评论《家》和觉慧，说《灭亡》中的各种"主义"，仍然是《家》中人物的行动口号，影响青年的人生观，因此害处特别大。文章说巴金宣扬的思想，"对于社会主义事业，它起着思想上的腐蚀、破坏作用"[21]；批判肃清这些思想，是"青年们共产主义思想解放的一个重要方面"[22]。后来，姚文元还写了一篇带总结性的文章，揭示所谓"分歧的实质"，发表在另一个杂志上。

除了《中国青年》《文学知识》等几家杂志开辟专栏，集中刊发有关的文章外，像《文汇报》《光明日报》等一些有名的报纸，还有不少地方报纸，也都加入了对巴金的批判。调子跟姚文元差不多，看题目可以知道，诸如《对青年只有害处没有好处》《清除巴金作品中的有害毒素》《巴金作品的消极因素》《宣扬无政府主义思想，已成了革命的障碍物》《巴金在〈灭亡〉里鼓吹了什么东西》，等等，千篇一律，无非是谩骂加恐吓。但是，由于文章的量太大，散布范围广，连海外也有了"中共批判巴金"的报道和评论。"白旗"一"拔"就"拔"了大半年，这种马拉松式的运动对于巴金来说，心力的消耗一定很大。

统计起来，据说"讨论"中对于巴金作品的肯定仍然多于否定，但是，巴金一样无法获得灵魂的慰安。他不知道，下一步的打击什么时候到来，只好取绝对驯服的姿态等待来日。

关于这段日子，巴金后来有回忆说：反右"第二年下半年就开始了以姚文元为主力的'拔白旗'的'巴金作品讨论'。虽然没有把我打翻在地，但是我那一点点'独立思考'却给磨得干干净净"[23]。

巴金的朋友都非常关心这场没来由的批判，至于背后是否有人阴谋策划，自然不得而知。10月下旬，巴金从苏联参加亚非作家会议后返回北京，像曹葆华、曹禺等，几次到旅馆看望他，曹禺还将好些批判文章收集起来带给他看。对巴金来说，这时重要的，得看有没有失去组织的信任。时任作协书记的曹禺将巴金的思想活动向周扬和邵荃麟做了汇报。据说，周扬传话说，对巴金的批判是群众中来的讨论，不是党示意布置的，不必多虑。

邵荃麟根据周扬的指示，约巴金到家里面谈。话间，邵荃麟肯定《激流三部曲》的进步性，同时指出在青年中存在消极的影响，认为这是可理解的。这位党组书记还替巴金出主意，说最好找人写一篇有说服力的评论文章，对作品有个科学的评价，这样将比作者自己做检讨会更好一些。至于人选，邵荃麟提议，由张天翼来完成这个任务。

巴金还想不到周扬也会亲自到住处看他。周扬对他说这是一次考验，经受得住就好；又说，希望他不要消极对待改造，应当争取做一个共产主义战士。对于巴金的问题，陆定一也发了话，说批判"不要集中搞"，要"采用学术讨论方式，不要搞围剿"，"下点毛毛雨"就行了。[24] 据说经他指示，《人民日报》才没有发表批判文章。

恐怕连巴金自己，也很难相信竟然获得如此多领导的恩宠。在1960 年秋召开的第三次文代会上，他被分别选为文联和作协的副主席，排名仅在周扬之后；在同年召开的全国人大会议上，还进入了主席团，更不用说在上海的多个重要的头衔。显然，经受了一场批判，他的地位不但不受影响，反而比从前更巩固了。

在一个建基于阶级斗争和政治运动的体制下生活，一个旧知识分子，是不可能从根本上免除恐惧的，所谓"关山难越"，只能一道关一道关地过。过"政治关"容易产生侥幸心理，人从极度紧张的状态中突然松弛下来，快感随即代替了痛感和耻感。这也是一种"小确幸"，把人按定在眼前"凯旋"的瞬刻，而不再深究其余的时间，无论是艰难的过往，还是并不明朗的未来。

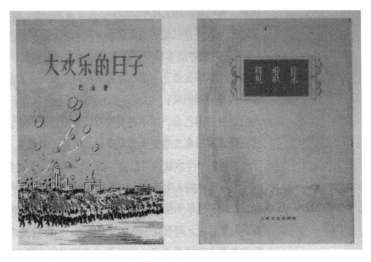

巴金在 20 世纪五六十年代的作品

1949 年以后，巴金一直写作颂歌式作品。1958 年整整一年，他从来未经受过如此猛烈而漫长的批判，让人感到意外的是，他不但没有中辍他的颂歌，反而唱得愈加响亮。他后来回顾起来，也说"感到惊奇"，"我也写了那么多的豪言壮语，我也绘了那么多的美丽图画"，形容说是"面目全非"[25]。

在农业合作化问题上，毛泽东自称是"反'反冒进'"的，结果农业合作化取得胜利，迎来"中国农村的社会主义高潮"。在城市，除了工商业改造之外，经过整风反右等运动，他决定抛弃第一个五年计划施行的优先发展重工业的苏联模式，用延安传统的发动群众、组织群众的方式，促使工农业同时高速度发展。

在 1958 年 5 月召开的中共八届二次会议上，根据毛泽东的提议，制定了"鼓足干劲，力争上游，多快好省地建设社会主义"的社会主义建设总路线。其中，"多快"统摄了"好省"，速度成了总路线的灵魂。毛泽东批示说"十年可以赶上英国，再有十年可以赶上美国"，于是有了"超英赶美"的口号。从这时候开始，"大跃进"的战略正式实施。紧接着，8 月的北戴河会议通过农业的公社化政策，"人民公社"在全国遍地开花。

这是奇葩，是东方小农经济与西方空想共产主义的混合的产物。毛泽东原先预期需要五年或更长时间巩固农村集体合作社，不满一年，便把人民公社确定为中国从社会主义向共产主义过渡的理想形式。"共产主义是天堂，人民公社是天梯。"在人民公社化运动中，农村干部自下而上的自发行动和中央机关自上而下的任意指挥互相促进，使得运动的发展达于狂热的程度。

国家通过人民公社，寻找一种既能实现社会革命，又能实现经济革命的全新的组织形式。人民公社不但是一个生产组织，而且是行政机构，政治、经济、文化和军事结合在一起，工农商学兵融为一体。开始时，许多公社受到鼓励，消灭私有制，取消自留地，家庭财产充公，家具和粮食充公，兴建公共食堂、幼儿园和托儿所，实行供给制，鼓吹"吃饭不要钱"，在社会生活、劳动组织和分配制度方面采取"共产主义"形式。公社下分生产大队和生产队，严格控制和调配劳动力，实行统一的军事化管理。这时，农村办工厂，"土法"上马，包括兴建小高炉，全民大炼钢铁。其间，造成人力、财力的大量浪费，简直到了荒诞的程度。浮夸风、共产风随处刮起。"亩产万斤""粮食放卫星"，不但公社大队大肆吹嘘，连科学巨擘也为之鼓吹，天文数字充斥全国各大媒体。开展爱国卫生运动，"除四害"名列其中，家家布防，如临大敌，是"大跃进"中的著名景观之一。这时，正规的教育制度受到冲击，各种半工半读的业余大学纷纷涌现，口号是"政治挂帅""又红又专""教育与生产劳动相结合"，目的在于培养"共产主义新人"。

党内没有人反对这次大规模的共产主义实验，先前的反冒进主义者保持沉默，大家都被卷入了建设"理想国"的热潮之中。

1957年年底，《人民日报》号召作家下放，强调一般作家到工厂、农村和其他基层单位，参加实际工作和劳动锻炼，通过下放劳动改造成为工农阶级的一部分。所谓"大整大改"，中国作协下放劳动的人员约占总数的一半。"大跃进"时期，全国文联及所属各协会讨论"大跃进草案"，中国作协书记处制订《文学工作"大跃进"三十二条》，要求作家紧跟形势，制订大胆的创作计划。《人民日报》报道时，题为《中国作家协会发出响亮号召，作家们！"跃进"，"大跃进"》。毛泽东在党的会议上反复号召大规模搜集民歌，提出一个关于革命现实主义与革命浪漫主义相结合的问题。这时，又有"全党办文艺""全民办文艺"的提法，指示各省省委抓文化、文艺工作。"郁郁乎文哉"，在这里，"文"实际上是文饰，举国上下，歌颂太平。"人人会写诗，人人会画画，人人会唱歌""写中心，画中心，唱中心""中心要啥，文化工作搞啥"。

郭沫若、周扬应时编著《红旗歌谣》。周扬肯定文艺方面的"新事物"，提倡写作新民歌、工厂史、公社史、革命回忆录等，在作协的创作会议上大讲所谓"东方文艺复兴"。从1958年开始，在中共中央书记处的督导下，作协和出版社组织作家向中华人民共和国成立十周年献礼。这时，文艺界出现了一个争相入党的热潮。

韦君宜后来在《思痛录》中写道："那时反右派刚完，我们这些漏网之鱼，对文艺界已

"大跃进"时期创造的粮食"高产"神话

经心惊胆战，对一切文艺工作都已心惊胆战，恨不得找个与文化文艺一概无关的地方去逃避。"[26] 她描述说"心惊胆战"，确实代表了相当一批作家艺术家的心理。据巴金回忆，他在内心里就有着这样一种恐惧感。但是，即便如此，这些人仍然得跟随运动的领军人物和积极分子摇旗呐喊，高唱颂歌。

在历次运动中，郭沫若都是带头做表率的。歌颂毛泽东不用说，他是不讳言对毛泽东的个人崇拜的，所谓"五体投地"云云。他总是紧跟形势，信口开河，如歌颂"大跃进"的《春暖花开》："在社会主义的东风中，又看到春暖花开，/敌人一天天地在烂下去，我们在好起来。/1959年一定要胜过1958年呵，/胜利的东风一定要逐步地吹遍全世界！/1959年的春天应该是十倍的春天，/今年我们要迎接到祖国建设的十周年……"[27] 完全的标语口号化。1958年的诗集《百花齐放》，用十天写的一百零一首诗，可谓粗制滥造。1959年作为国庆献礼的诗选集《骆驼集》，可读的大约只有《骆驼》一首。郭沫若

有诗道"老郭不算老，诗多好的少"[28]，算有自知之明。

许多作家都响应号召，制作"新民歌""新时文"，努力歌颂总路线、"大跃进"、人民公社"三面红旗"。像冰心这样，在一家产生三个"右派"的绝境中刚刚走出来，也写了大量歌功颂德的文章，如《十三陵工地上的小五虎》《我们把春天吵醒了》《记幸福沟》《奇迹的三门峡市》《走进人民大会堂》等，后来结集到《拾穗小札》中。

对于新体制的反应，沈从文身上有许多矛盾的地方，但是总的来说，他是不甘寂寞的，不仅仅为了谋取一个安稳的生存机会而已。反右以前，他便打定主意做大机器中的一个齿轮，并且早已加油转动起来了。

1956年，沈从文作为政协委员返回老家湘西，写了《新湘行记》，颂扬新中国的建设成就。1958年以后，他写得不多，但是心态很可注意。1959年，当他看到《人民日报》发布苏联卫星上天的新闻时，为之激动不已，写信给他大哥说："我觉得真的只有请求入党，来纪念这件大事，才足以表示对社会主义阵营理想全面的拥护和成功的深深信心！"[29]据说，当他的朋友丁西林和张奚若动员他申请加入共产党时，他又说"没兴趣"了。不过，关于入党问题，沈从文似乎并非只是偶然谈到，而是以不同的方式反复提及。对此，或许可以用弗洛伊德的精神分析方法来加以理解，其中涉及个人与体制的方方面面，应当是很有意味的事。

1958年9月，沈从文有一封家信，谈到他在苏州的见闻："那地方正值学生运砖，三四只船上全是中学生叫叫闹闹地传递砖石，延长将一里路。问问才知是十三中学女孩子。全市学生都为这事件忙着，已不上课，大家正在拆城墙，日夜劳作。伟大之至。如会画，必可画成极感人景象。……"[30]信中还说到干部下放、教育革命、大炼钢铁诸事："见报上有'干部劳动决议'，我们将来一定也要参加生产，但不知到哪部门去。北京这些日子学校都也一定搞得热火朝天，孩子们大致是更忙，学的事物完全对了。……画家一部分已参加扇子丝绣生产设计，却不如单独作画有名声，习惯所成，不改不能适合新社会，事实上美联都应当以参加实用艺术生产的艺人作中心，才合新社会要求的。……机关干部，学校师生都在搞炉子出铁。商店干部下田或转工作后，就用家庭妇女学管生意，也做得挺好。"[31] 这时，沈从文虽然写得不多，但他已然树立了一个新的文学观念，就是"适时即伟大"。

对于国内形势的重大转变，巴金不曾有过任何质疑的表示，他已经习惯跟着走，完全适应眼前的变化。他心中的那个年青的信仰者逐渐老去，知识分子的风骨消磨殆尽，唯是一个颠来颠去的平庸的文艺官员和满纸谀辞的文人。

在"大跃进"的年头，巴金本人和他的家庭，同别的人家没有两样，过的是忙乱的、迷幻的、荒诞的生活。他的女儿小林在学校住宿，过集体生活，经常劳动、开会学习。在家里抚养过的马宗融的一对儿女马小弥和马绍弥在大学里也已分别下乡下厂了。这时萧珊自不满于在家的单独安闲的生活，她去找上海作协党组的领导人吴强，提出希望下厂锻炼，后来被安排到《上海文学》杂志做编辑，不拿报酬，每天上半天班。

▍20 世纪 60 年代初巴金摄于家中书房

▍1961 年，在上海寓所的巴金与萧珊

除了开会、出访，巴金还得下乡下厂视察、体验生活。他到过浙江新安江水电站工地，到过杭州西湖公社，到过仪器厂，到过医院，到过市郊宝山，还曾远赴昆明、个旧，一个任务接着一个任务。家居的生活也很有"大跃进"时期的气氛，譬如让小妹编歌，拆掉家里的大铁门拿去"炼铁"。"除四害"时，萧珊一早起来追打蚊子，巴金则整整一个下午敲着铜盆在院内驱逐麻雀。邻人自然一样在奔逐呼叫，为了惊吓麻雀，甚至爬到屋顶上去。

在1958、1959两年里，巴金写了大批歌颂"三面红旗"的文章，歌颂党的正确领导，歌颂新时代的英雄事迹，歌颂集体生活，歌颂新中国的伟大繁荣。此外，他还继续写下不少歌颂中苏友谊、支持亚非拉反帝斗争和争取世界和平的文章。有人统计，巴金1958年共写了三十七篇文章，其中二十五篇是配合政治任务而写的表态文字，即所谓"应制"之作。

《宣传总路线》说："每张嘴都在为总路线动，每颗心都在为总路线跳。"[32]《新年试笔》说"大跃进""震惊了全世界"，其中描述说：

┃ 1962年，巴金全家在上海寓所

"人们踊跃地参加义务劳动，好像去吃喜酒一样；公社里吃饭不要钱；在很短的时间里，基本上扫除了全国的文盲；千百万首诗，几千万幅画在各地方出现；技术革新的花在每个角落都开得鲜艳异常。"[33] 他说他"好像活在童话的世界里一样，好像在做梦一样"。他也在国外的报纸热情宣传"大跃进"，在《一个作家的无限的快乐》中，如此写道："我看见长得可爱的庄稼，我看见一片欢笑声的托儿所和幼儿园。我见到的尽是些欢乐的景象。……玩具多，保姆多，衣服用具干干净净，孩子们脸上毫无呆板的表情。看见这么多天真可爱的孩子，我想到新中国农村的未来。"[34] 他说翻遍古今中外的历史，也找不出这么光明、这么使人欢乐兴奋的景象，于是拼命罗列报上宣传的画面，重复使用流行的诸如"超英赶美""一天等于二十年"之类的"伟大的空话"。

巴金一直表白说"把心交给读者"，到了这时，其实心里非常清楚，重要的是"向党交心"。在报上直接发表文章表态不用说，当编辑《巴金文集》、总结旧作、写创作谈的时候，仍时时有意突出思想改造的话题。比如，他向彼得罗夫谈《家》，说："我的作品常常写个人奋斗。在旧社会这是有积极意义的。那些主人翁如果活到今天也会服从集体的利益了。倘使在今天还要写当时人物的个人奋斗的精神，那就会产生很大的消极作用。所以那些批判的文章对年轻读者来说还是有好处的。"[35] 又如谈《新生》："我向往革命，而不能抛弃个人主义；我盼望变革早日到来，而自己又不去参加变革；我追求光明，却又常常沉溺在因怀念黑暗里冤死的熟人而感到的痛苦中；我大声嚷着要前进，过去的阴影却死死地把我拖住……"[36] 如此等等，唠叨如故。1958年，在他面临批判时赶写的题为《旧知识分子必须改造》的文章中，他不惜使用夸张的、肉麻的语句，说："我读了刘少奇同志的报告，兴奋得、激动得一晚上睡不好觉。我想起许多事情。这大半年来每天都有多少惊人的奇迹出现。国家在向前飞奔，人民在向前飞奔，不但一天换一个面目，甚至一小时换一个面目……"[37]

接着便现身说法，大谈知识分子改造的必要性和长期性。1959 年，他出版了《新声集》，序言中特别表达了对作家的职责的看法："作为作家，我实在辜负了这个光辉灿烂、气象万千的时代。……我过去的调子，不说今天的读者不会喜欢，连我自己也受不了。十年前我重新拿起笔写作，对我来说，是一个新的开始。虽然成绩不佳、作为不多，但是既然走上了新的道路，参加了新的队伍，就必须拿出全力，跟着大队前进。"[38]

在庆祝中华人民共和国成立十周年献礼活动中，人民文学出版社有一个关于现代作家选集的出版计划。其中的《巴金选集》，巴金已经编完交稿，因为当时正值"拔白旗"批判他的时候，责任编辑为稳妥起见，来信要求他写一篇"表态的前言或后记"。巴金没有法，只好根据要求又做了一番检讨，将《后记》寄给出版社。他后来回忆说："我不想写，却又不能不写。在《文艺报》上发表的《法斯特的悲剧》记忆犹新。我战战兢兢，仿佛大祸就要临头，一方面挖空心思用自责的文字保护自己，另一方面又小心翼翼不让自己的怨气在字里行间流露。"[39]曹禺到巴金家里探访时，看过这篇《后记》，不大以为然，以为自责过甚，回京后向邵荃麟做了汇报。邵荃麟和周扬得知情况，都觉得这样的检查暂时可以不写。不久后，趁巴金参加全国人大会议，邵荃麟当面说服了他，主动通知出版社方面把《后记》抽掉，加了一篇简单的《出版说明》。

在斗争环境里，像这样的检讨文章是不会过时的。巴金虽然没有在《巴金文集》正文中使用，却摘要作为《我的幼年》一文的注解放进去了。在他看来，检讨是获得安全的一个前提，能检讨总是好的。

歌功颂德和自我检查是两种不同的文字，放在一起，本来是很难协调的。但是，在巴金这里，却并行不悖，运用起来纯熟自如。在中国作家中，恐怕没有第二个作家像巴金这样，长期同时写作两类不同风格、不同性质的文字：一类对"大我"，一类对"小我"。看来从1949 年写作《我是来学习的》起，巴金就已经为自己制定了一个写作策略，这也算得是"两条腿走路"吧。

"大跃进"上马之后，进展非常顺利。有诗为证："红雨随心翻作浪，青山着意化为桥。"[40]

但不久，毛泽东从纷纷上呈的报告中发现，"乱子出了不少"。1958年11月初开始，他连续主持召开了几次重要会议，着手纠正他意识到的"左"倾错误。戏剧性的是，庐山会议冒出个彭德怀。1959年8月2日，中共八届八中全会正式召开，反左变成了反右。

八届八中全会后，全党、全军、全民开展了历时半年左右的"反右倾"运动。中央机关把224人定为"右倾机会主义分子"。全国各地也如此，高等院校批判"党员专家"，文艺界也被波及。从1959年到1961年，全国作为重点批判对象或划为右倾机会主义分子的党员干部就有365万人之多。[41]

在1959年"大跃进"的浮夸的基础上，制定了更加脱离实际的"跃进"计划。实际上，从1960年第一季度起，国民经济迅速滑坡。连续两年的自然灾害、农业歉收，苏联突然撤走专家，中止技术援助，这些确实加重了国家的负担。工业指标下跌，粮食形势严峻，许多地方包括城市在内出现浮肿病和非正常死亡。大饥荒发生了。

从1959年到1961年，正史称为"三年经济困难时期"。由于国家负担巨大的经济压力，政治运动相对减少，其间发生的"反右倾"也草草收场了。文艺界除了对巴人的"人性论"的批判，以及因人事因素影响而发生的对郭小川的批判等零星的几次"放火"事件，并没有更大面积地殃及"池鱼"。巴金自从受到"拔白旗"的惊扰之后，总算平安无事。对他来说，这是很可庆幸的。

大饥荒从天而降，遍及全国。困难和饥饿是全民性的，但特殊政策可以使一小部分人免受影响。1960年11月9日，中共中央转发国务院《关于对在京高级干部和高级知识分子在副食品供应方面给予

1964 年 8 月，巴金一家在太原

照顾问题的报告》，认为报告中提出的照顾办法也适用于全国各地区。"照顾"按级别分为几类，规定每人每月在肉、白糖、甲级烟、鸡蛋、大豆等的份额，数量和质量有所区别。

以巴金的身份，当然在享受"照顾"的圈子之内。虽然，他的家庭也像城市中的许多家庭一样，食品和日常用品相对短缺，但毕竟可以免除饥饿之苦。"照顾"的份额，无论如何可以给巴金个人乃至家庭以相当的补益。而且，除了外出开会、参观访问之外，巴金难得有一段相当完整的时间，在地方政府官员的特殊照顾之下，从事一直念兹在兹的写作。更难得的是，也是在这几年里，他能够同萧珊和孩子几次到广州、杭州、太原等其他城市，以及北戴河、黄山等风景区休憩和游览。这年头，全民饥馑，举国维艰，而从发表的文章，以及当时的书简、日记来看，巴金始终感觉到"新鲜""愉快""兴奋""幸福"，是一副难以掩饰的好心情。

开完第三次文代会，同家人在北戴河度完假，巴金就打算回成都老家写作一段时间。1960 年 10 月初，他离开上海，经过西安，受到文学界的盛情接待。在众人的陪同下，他游览了华清池、大雁塔、碑林等当地名胜，听了秦腔戏，然后坐火车到达成都。

市长李宗林为巴金的还乡之旅安排了一切。在这里，巴金住的招待所就换了三个，住的地方除了卧室、会客厅、卫生间，还有书房，设施是最好的；还专门给配备了一个炊事员，食品是特供的，副食品

可以从商业局里调配，因此饮食特别丰足，甚至有多余的留赠给家人
和朋友；出入都有专车接送，往来最多的，除了官场中的李宗林、张
秀熟，还有文人沙汀、李劼人，老朋友卢剑波、吴先忧等；此外，还
有一群川剧团的演员。成都本来是一个悠闲的城市，这时不免萧条，
巴金在勾留的几个月里，所到之处却弄得非常热闹。他晚上大抵是在
戏园里度过的，有时连场看戏，白天也看。他去过多个剧场，有时
是演员或朋友送戏票来，有时他买了一堆戏票请大家看。戏园都有茶
座，距公园也很近，他便时常约了朋友来，看戏之余，到附近散步饮
茶、聊天儿，或者就赏菊、听琴去。

　　1956 年年底，他曾经以人大代表视察的名义回来过一次，行色
匆匆，这次总算有了充裕的时间去看正通顺街，同老家的人一起，细
说世事沧桑。亲属不断来住所看望他，侄女们简直天天来，他被包围
在亲情的气氛里，对于已经失去而又依然存留的家，一种伦理上的私
隐的情感，一定紧紧地缠绕着他。就在这一次，他把父母和大哥的坟
墓迁葬停当，象征性地完成了他长期背负着老家前行的一段里程。

　　在成都期间，巴金极尽欢娱，但是仍然不忘努力写作。他修改完
《寒夜》等小说，写了关于朝鲜战争的多个短篇《回家》《军长的心》
《李大海》《再见》和一个中篇《三同志》。回到上海后他又写了《团
圆》，还被拍成电影。这些小说跟原先写的《英雄的故事》一样，都
是对笔记本中的战地采访材料的简单加工，没有任何新的创造。如果
说还有一点新意，无非为了适应形势发展的需要。《再见》写一位失
明战士随残废军人演出队到上海演出，构思上把"抗美援朝"同"三
面红旗"两个时期联系起来；写青年人在剧场看完演出时说："我们
这个时代真伟大！"[42] 小说写得枯燥乏味，《三同志》简直写不下去，
连修改的勇气也没有。

　　在领导的关怀下写作，萧珊对巴金充满期待，说："党和人民对
你的期望很高，希望你通过这次能写出长篇来……"[43] 巴金的感受是：
"我常常觉到党和社会、朋友和读者都对我太好，我有一种欠债过多的

歉意和一种责任感。""政府对我的照顾太多，我真是受之有愧。"[44] 但是，他有心无力，根本写不出来，可悲的是写不出来也要硬写。

晚年巴金有一次谈话说："十七年里，一直想写作，写自己熟悉的知识分子，写自己在思考的，也有所冲动的作品。但是，无法写，不知如何写，总想避开批判的网。不写吧，心里又不平。老处在彷徨、痛苦中。""我有矛盾，痛苦。不然，我不会写那么多东西。没法子，死心塌地写。"[45] 的确，他写得太多，除了小说，几年间就出版散文集《新声集》《赞歌集》《友谊集》。

《赞歌集》收入三年内 22 篇文章。同《新声集》一样，这些文章都写得非常夸张，像宣传品一样。他写道："觉得自己这颗心暖和得好像要溶化了一样，好像要溶化在六亿五千万人的伟大集体中间一样。"[46] 他不断地抒写他的幸福感："我在旧社会里生活过四十多年，所以，在幸福的生活中我常常想起过去痛苦的日子，就是在万分高兴的时候，我也会流眼泪。并不是我在普天同庆的大节日里感到悲伤，这只是因为有一种强烈的感激之情搅动我的心，使我落下喜悦的泪。我越是细心地体会今天的幸福，我越是觉得这种幸福来得不易。"[47] "我无缘无故地笑起来。我觉得满身轻快、心情舒畅。……这时候我更了解个人的心溶化在集体的心中间那种最大的幸福。"[48] 又写一种普遍的光荣感："在这个普天同庆、举国欢腾的伟大节日里，谁又能有一种特殊的个人的感情？"[49] 在《赞歌集》的后记里，他不惮重复，这样写道："时代在向前飞奔，中国人民继续在全面"大跃进"。我也得奋勇向前，哪怕是跑得气咻咻的，也要鼓足干劲赶上去。"[50]

巴金谈话中说他写不出而又写了"那么多东西"时，接着说："我不管挨多少骂，我还是在文坛站住脚，不可思议。"[51] 不知道这是自嘲，还是自慰？所谓"站住脚"，只因为他说的文坛是官方的文坛，一个远离了人民和现实的文坛。平心而论，他这十七年中的"那么多东西"，大约除了《从镰仓带回的照片》等有数的几篇国际题材的散文以外，几乎全部站不住脚。

在总结自己的创作时，巴金不止一次把写不好归咎于对生活不熟悉，实际上，首先是因为缺乏自由的心态和独立的思想。他有意回避真实的生活，回避社会生活的本质；非但回避，而且加以粉饰和歪曲。他说他像"一个旧社会里的吹鼓手"，有什么红白喜事，都要拿他去吹吹打打。问题是，吹鼓手的角色并非全是官方派定的，也有他乐于充当的。"穷年忧黎元。"杜甫，一个一千多年前的封建时代的诗人，面对战乱和饥馑，有诗道："请为父老歌，艰难愧深情。"巴金在大饥荒年头，举目"艰难"而毫无愧意，为了维护既得利益，包括个人声名、收入，以及家族的安全、稳定和发展，乃不惜为文造情，歪曲现实，如何对得起乡亲"父老"？

巴金在 1934 年写作的《马拉的死》中，写到马拉身患重病，但不肯吃晚饭，他对西孟娜说："我不饿，饥饿的是人民，还有那些小孩……巴黎这样饥饿，我也不要吃晚饭……我只愿我这个身体为了人民的缘故马上化为灰烬。"[52] 马拉认为，"人民的粮食比法令更重要"[53]，还给国民大会写信，要他们迅速将粮食发给人民。巴金，这个一贯崇仰马拉的人，却不曾想到粮食跟"人民"的关系。在成都优越的环境里，他写下那么多颂歌；离开成都前，坐车到内江自贡一带跑了一趟，写信告诉萧珊说："看得越多，跑得越远，越觉得我们国家了不起，越觉得总路线、'大跃进'了不起。"[54]

形势跌落谷底。是危机，也是转机。

"大跃进"之后，"鞍钢宪法"颁布，提出十二年农业发展纲要，将人民公社这一"新生事物"从农村扩大到城市，结果大大加重了国家的经济困难。这时，刘少奇、邓小平、陈云等人从旁采取适度退却的政策，以物质刺激而非政治动员的办法扭转局面。当全国经济开始恢复生机的时候，毛泽东因势利导，化被动为主动，把中国社会发展的方向盘牢牢掌握在自己手中。

1962 年 1 月 11 日至 2 月 7 日，中央工作会议在北京召开。参加会议的从中央到地方，从部队到厂矿的负责干部共七千余人，故又称"七千人大会"。

会议是一个转折点。刘少奇在会上代表中央做"书面报告"，肯定"三面红旗"，但在会议期间做过多次讲话，说了一些未见列于报告的内容，包括质疑"三面红旗"、批评"左"比右好的观点。这些观点和毛泽东对形势的看法是有歧义的。当时，毛泽东引而不发，会议将要结束时，突然提出会议延长时间，要开"出气会"，这样一下子就把所有干部的注意力集中到他这里来了。毛泽东驾驭了整个局面。讲话中，旁及几个问题，实际上都不是实质性的问题，中心是"民主集中制"。他在会上大显民主风度，甚至提出"不怕公开的反对派"，大谈几千年前的刘邦皇帝如何"豁达大度，从谏如流"。他做了自我批评，也让省委负责人做了检讨，总之是尽量满足代表的"出气"欲望，结果皆大欢喜，雾散云开，阳光普照。

毛泽东在"七千人大会"上转移话题，其实是适时的。人们在"统一"的令人窒闷的空气中生活已久，因此容易忽略"集中"而只关注"民主"，尤其是敏感的文艺界。连周恩来和陈毅也从"七千人大会"中受到鼓舞，向知识分子和文艺界说了一通过去很少甚至不曾说过的话。陈毅很坦率，直陈"我参加了中央七千人的扩大会议，我才敢讲"[55]。

1962 年 3 月，广州同时召开了两个关于调整知识分子政策的会议，一个是由国家科委主办的全国科学工作者会议，另一个是由文化部和中国剧协召开的全国话剧、歌剧、儿童剧创作座谈会，统称"广州会议"。这两个会议都是在周恩来的支持和主导下召开的。

开会前夕，周恩来在羊城宾馆向两会的部分人员做了一次后来题作《论知识分子的讲话》的讲话。这次讲话重复了 1956 年报告的内容，再次确定知识分子的定义和地位，宣布知识分子已经是劳动人民的知识分子，总体上不再是资产阶级的知识分子。讲话内容不算新鲜，但是，在反右，反右倾和"插红旗拔白旗"等运动之后的时空背景中重现，便具有了新的意涵。因此，在提早一天约见科技界和文艺界领导，谈及知识分子这个问题时，周恩来要与会者轮流表态，然后郑重说道："大家都赞成，我们就决定了。我们大家一起负责啊！"[56]可见，他深知这个话题所包含的风险性。

做完报告后，周恩来因事离穗返京。有关知识分子问题，由主管文教工作的副总理陈毅在会上重申，可谓"三致意焉"。他在引述周恩来走前对他所做的相关的指示之后，说：应该脱资产阶级知识分子之帽，加劳动人民知识分子之冕。说时，还从头上摘下帽来，幽了一默，说："今天我给你们行'脱帽礼'。"[57]这就是知识界至今仍然津津乐道的"脱帽加冕"的新典的由来。陈毅的讲话中有"垂涕而道"的说法，表明问题的严重性，又说"我是心所谓危，不敢不言"[58]。同周恩来一样，他知道这是犯讳的。

周恩来未及在全国话剧、歌剧、儿童剧创作座谈会上发表讲话，但是有关文艺问题的意见，他在1959年之后，曾经几次公开谈论过。他谈文化艺术工作的"两条腿走路"的问题，不要"一条腿"，只强调政治，忽视艺术。由于全国各地都在"政治挂帅"，结果讲话在地方上包括文艺主管部门受到抵制。用周恩来自己的话说是"得不到反应，打入'冷宫'"。[59]1961年，"新侨会议"批评"只许一人言，不许众人言"，说"要造成一种民主风气"。当举国上下都贱视民主的时候，难道就可以独独存在"文艺民主"吗？现状是"好多人不敢想、不敢说、不敢做"，他说得明白，"其实人家也还在想，只是不敢说不敢做。人又不是石头，哪有不思想的道理。现在我们要使人把所想的都说出来做出来。"最有名的说法是"五子登科"，说是"几年来有一种做法：别人的话说出来，就给套框子、抓辫子、拉根子、戴帽子、打棍子"。他强调指出，艺术上的好坏，由"人民"说了算，不是哪个权力大的人所能决定。"七千人大会"之后，周恩来自觉"情况有好转"，来广州之前，在北京对话剧、歌剧、儿童剧作家讲话时就变得更开放一些了。比如说，文艺要反映"时代精神"，而时代精神并不能完全解释为党的政策或决议；又说"不一定每个戏都搞英雄人物"，没有那么多英雄人物；又说"日常生活"中更多的是人民内部矛盾，这不在阶级斗争的范围之内；又说"可以写一点讽刺剧、喜剧、悲剧"。当然是只能限于"一点"，就是这么"一点"，作家也不敢问津。此前，茅盾、老舍等人还在私下里讨论可不可以写悲剧。周恩来说，"这几年树立了许多偶像、新的迷信，框框很多"，甚至"回到义和团时代"。他引证说，"后之视今，亦犹今之视昔"，意思是，历史是发展的，时代是有局限的，要忠实于时代，不要超时代。

在一个狂热的时代里，周恩来的几次讲话，从观念到政策，可以说都是一服清凉剂。他是懂得艺术，懂得艺术与政治的关系的；作为领导者，能够尊重作家个人的创造性劳动，尤其难得。对于文艺，在周恩来这里，似乎有另一条思维线索，但是显得若断若续，晦暗不彰。1949 年以前，他在党的立场上领导国统区的左翼文艺，有着与延安不同的战果。但是，从全国第一次文代会上可以看出，与延安文学比较起来，这些战果明显是遭到贬损的。从这时候开始，对于整个国家的文艺事业，他显得相当低调。

同时，应当看到，周恩来的文艺思想，毕竟是为意识形态本身所决定的。20 世纪 50 年代初，是他授意、指导老舍写作关于"三反""五反"运动的剧本《两面虎》(后改名《春华秋实》)，曹禺关于知识分子改造的话剧《明朗的天》也是在他的督促和鼓励下完成的。对于是否违背毛泽东文艺思想，他一开始就非常警惕。茅盾初任文化部部长，组织专家确定一份翻译西方文学名著的书目，审批时即遭到周恩来的严厉批评，说目录只是照搬欧洲资产阶级学者的"名著"标准，"并没有严格按照毛主席的文艺思想办，甚至有些部分是违反毛主席的介绍外国文艺的方针的"，使茅盾顿时"毛骨悚然"。[60]

就有关知识分子和文艺问题，广州会议的讲话，已经成为周恩来的"天鹅绝唱"。1964 年，他公开声明放弃此前关于知识分子问题的结论，而以毛泽东的提法为准。[61] 此时，他亲任大型音乐舞蹈剧《东方红》的"总导演"，为突出毛泽东在中国现代革命史上的个人地位大唱颂歌。紧接着，他为革命样板戏发出赞誉之辞。

在广州会议期间，陈毅发表讲话，基调同周恩来差不多，言辞则更加激切。1961 年，他就文艺问题有过一次讲话，列举一些现象，尖锐地批评像《光明日报》"文学遗产"等栏目的文化虚无主义，"把古人骂得一塌糊涂"；有的作品搞"笔下超生""把曹操武则天写成十全十美的人物"。显然，他不满意郭沫若出于颂圣需要而作的历史剧《蔡文姬》《武则天》。他还批评"现在有些人不仅在旧戏里找马克思主义，而且要在里面找毛泽东思想"；批评基于现实政治的目的而苛求古人，改造旧剧；批评"团圆主义"，说"实际生活中也不都是圆满的结局"，等等。他表示说，"悲剧还是要提倡，悲剧对我们青年人很有教育意义"[62]。广州会议的话题更广泛，像思想改造，许多话都超出了文艺的范围。比如批评说，有些党的领导机关用搞运动的方式搞思想改造，用强迫的方法叫人家读《毛泽东选集》；批评说"十年八年还不能考验一个人，十年八年十二年还不能鉴别一个人，共产党也太没有眼光了"；批评说"一个作家带那么一点旧东西，就要整得一塌糊涂，我看这不是党的政策"[63]，等等。他指出：

> 在有些人的思想里有这样一种观念："领导领导，领而导之。领就是领袖，我就是领袖，要来教导你。我是青红帮老头子，收你为徒弟。"甚至于我就是改造者，你就是被改造者；我是胜利者，你是我的俘虏兵。你这样搞，知识分子就不理你这一套。我就是知识分子，我就最不理这一套。[64]

关于文艺的具体问题，他是反对只讲歌颂不让暴露的。他说："形势很严重，也许这是我过分估计，严重到大家不写文章，严重到大家不讲话，严重到大家只能讲好话，这不是好的兆头。将来只能养成一片颂扬之声，这对我们有什么好处？"[65]他反对不让文艺批评现实，"一批评就是反党，一批评就是反社会主义"[66]；反对不能写英雄人物的缺点；反对不能够写悲剧。此外，他公开反对当时流行的集体创作，"领导出思想，群众出生活，作家出技巧"[67]；反对行政官员对作家创作的干涉。他还谈到文艺作品的审查制度问题：

> 可以把人家的作品五年不理？动员人家写了半年、一年，结果一分钟工夫，就否定完了？对人家的劳动为什么这么不重视？一定要人家改，非改不可？！又是哪个给你的权？中央给你的？中央宣传部给你的？宪法上载有这些吗？都没有。……作者有他的民主权利嘛！怎么能随便糟蹋呢？作者不是你的马弁，你又已不是军阀，可以对人唤之即来，挥之便去，因此有同志跟我们最好是不要搞什么审查。今天我们有几个人一起谈，有同志说到还是有个审查尺度还好办，没有尺度的审查是"无期徒刑"，更难受。[68]

陈毅在会上讲得痛快，但是，毛泽东是另有看法的。他提醒陈毅说：我对总司令讲过，你到处讲话要注意。[69]事情很清楚，毛泽东在敲警钟了。

毛泽东的警告没有多少人知道，而且，整个上半年，他都在散布民主空气。在这样的气候里，产生了《文艺八条》，试图为文艺民主立法；产生了《人民日报》为纪念毛泽东《在延安文艺座谈会上的讲话》发表二十周年的社论《为最广大的人民群众服务》，试图扩大长期以来"为工农兵服务"的围栅；直至8月，产生了著名的"大连会议"。

大连会议实名为"农村题材短篇小说座谈会"，由中国作协正式报经中宣部批准举行。会议之所以著名，一是茅盾、周扬等部长级官员亲自与会，并由党组书记邵荃麟主持；二是汇集了全国农村题材小说最有成就的代表性作家，如赵树理、周立波、李准、西戎、马加、胡采、李满天等；三是创造了一个名叫"中间人物"的概念；四是也但因此，会议随即遭到批判，据说，与会者没有一个"漏网分子"。

会议面临的问题是：1958年以后生产大幅度下降，农村矛盾突出了，邵荃麟提出："作家怎样来服务这个政治"？讨论的结果是：（一）"革命现实主义"不能不接触现实中的矛盾，不能粉饰和回避；（二）一个阶级只有一个典型的看法是错误的，人物要多样化。茅盾提出"两头小，中间大"，英雄人物与落后人物是两头，中间状态的人物是大多数，应当注意写"中间人物"。所谓中间人物，其实就是普通人；认为"矛盾点往往集中在这些人身上"，就是强调人物描写的日常性、平凡性。这里触及"歌颂与暴露"的经典话题，而且，人物的非英雄化对"革命文学"传统也多少带有颠覆的性质。

20世纪60年代以后被讥为"落后""落伍"，乃至一度成为"反右倾"的重点对象的赵树理，在会上受到众人包括周扬和邵荃麟的重新肯定。邵荃麟说，前几年对赵树理的创作估计不足，这次要给翻案。他认为，赵树理写出了革命的长期性、艰苦性，也比别人更深刻，"这是现实主义的胜利"。鉴于形势的变化，周扬对这面由他树立起来的旗帜，这时也称赞说，能够坚持写自己在生活中所看见的、所感受的、所相信的，这种精神值得学习。

"七千人大会"之后的大半年时间，恐怕是批胡风、反右运动之后最宽松的时期，就算在50年代初期，知识分子也不曾呼吸到如此清爽的空气。政治气候的这种变化，巴金不会感受不到，所以，在5月召开的上海市第二次文代会时，做了一个颇为出格的发言。

这个发言之所以引起广泛的注意，唯因其中有部分内容抨击当时在文坛肆行无忌的极"左"分子，话说得集中、尖锐了一点，而且这些话，竟出自一位有名望的老作家，一向顺从低调的巴金之口：

我有点害怕那些一手拿框框，一手捏棍子到处找毛病的人，固然我不会看见棍子就缩回头，但是棍子挨多了，脑筋会给震坏的。碰上了他们，麻烦就多了。我不是在开玩笑。在我们新社会里也有这样的一种人……你一开口，一拿笔，他们就出现了。[70]

他这样为这群人造像：他们"总是居高临下"，"不用道理说服人，单凭一时'行情'或者个人好恶来论断，捧起来可以说得天上有地下无，骂起来什么帽子都给人戴上"[71]。又说，"他们喜欢制造简单的框框"，"更容易把人们都套在他们的框框里头。倘使有人不肯钻进他们的框框里去，倘使别人的花园里多开了几种花，窗前树上多有几种不同的鸟叫，倘使他们听见新鲜的歌声，看到没有见惯的文章，他们会怒火上升，高举棍棒，来一个迎头痛击。他们今天说这篇文章歪曲了某一种人的形象，明天又说那一位作者诬蔑了我们新社会的生活，好像我们伟大的祖国只属于他们极少数的人，没有他们的点头，谁也不能为社会主义建设事业服务……"[72]他特别指出："他们人数虽少，可是他们声势很大，寄稿制造舆论，他们会到处发表意见，到处寄信，到处找别人的辫子，给别人戴帽子，然后到处乱打棍子，把有些作者整得提心吊胆，失掉了雄心壮志。"[73]

这群人的存在，给文坛带来什么结果呢？他描述说："许多人（我也在内）只好小心翼翼，不论说话作文，都不敢稍露锋芒，宁愿多说别人说过若干遍的话，而且尽可能说得全面，即使谈一个小问题，也要加上大段的头尾，要面面俱到，叫人抓不到辫子，不管文章有没有作用，只求平平安安地过关。"[74]

巴金本来是一个十分小心谨慎的人，这次是经市委书记石西民、宣传部副部长陈其五、上海作协秘书长孔罗荪的动员之后才上台发言的。他写了发言稿请孔罗荪看，孔罗荪认为没有问题；请示石西民，也说没有问题，可以一字不改。发言完后，陈其五决定将巴金的发言稿在《上海文学》第5期发表。当时，王辛笛倒是劝巴金不要拿出去，大概他觉得无伤大雅，又删去多处，结果还是拿出去了。

这样的文章于大局有什么妨碍呢？正如它的题目所标志的，所谈无非是"作家的勇气和责任心"，勇气也无非指争取"文艺民主"的勇气，反"左"的勇气。从"七千人大会"到广州会议，中心议题不就是解放思想、发扬"民主"吗？何况，文章歌颂了"伟大祖国的面貌和当前的国内形势"，歌颂了毛泽东《在延安文艺座谈会上的讲话》，并以此作为批评的前提；何况，批评的对象已限定为"少数"，摆明是"九个指头和一个指头"，总不至于给文坛"抹黑"；更何况，文章反复多次自审不算，还经过多位领导"把关"，难道还会出纰漏吗？

问题来自墙外的声音。7月25日，美联社从香港报道了上海文代会上巴金的发言，新华社将这则报道登上了"内参"，毛泽东看到了。报道说巴金在会上提出"缺乏言论自由正在扼杀中国文学的发展"，这还了得？毛泽东立即做了批示，责问巴金要什么样的自由？是要资产阶级自由！上海市委不敢怠慢，当时正好召开人大会议，在京开会的柯庆施要找巴金，陈其五主动承担了责任，陈丕显为了保护巴金，撤了陈其五宣传部部长的职务了事。

巴金真的敢于向党要"自由"吗？他不敢，对他来说，实际上也没有这种需要。两年前，他在中国作协第三次理事（扩大）会议上发言，就明确地批驳过"没有创作自由"一类言论，说："在新中国和苏联以及其他兄弟国家一样，作家们享有最大的创作自由。我们可以自由选择题材、自由采取表现的形式，我们可以到任何地方去深入生活，参加各种火热的斗争。我们就缺少一种'自由'，那就是造谣说谎的'自由'。"[75]那时，他还言之凿凿地说，"我们作家"的创作"不曾受到任何干涉"，那么，现在这些"一手拿框框、一手捏棍子到处找毛病的人"从哪里冒出来的呢？前后看起来，巴金所要的自由唯是唱颂歌的自由，当然跟当年"右派分子"所要的"资产阶级自由"不一样。

鲁迅有文章曾经论及"言论自由的界限"，巴金对于这界限是非常清楚的，唯其清楚，所以才会在大庭广众中公开出面保卫这种歌颂的自由，义正词严地质问说：难道"我们伟大的祖国只属于他们极少数的人的"吗？鲁迅行文中用了《红楼梦》的典故，说忠诚的焦大骂骂咧咧，最后被塞了一通马粪。而今，在巴金这里，多少也闻到一点马粪的味道了。

形势的变化之快，巴金根本估计不到，茅盾、周扬、邵荃麟们也估计不到。风暴突然而至。"大连会议"开过之后，随即遭到点名批判，周扬控制的《文艺报》也不得不以编辑部名义刊出《关于"写中间人物"的材料》和张光年的批判文章。供批判的材料没有周扬的名字，据说作协保存的记录中也没有他的讲话，很可能是因为他得风气之先，妥自隐去行迹。可是，在被接连追杀的情况下，主持会议的邵荃麟到底被抛出去了。他被撤销党内外一切职务，调到外国文学研究所去当一名研究员；再后来，罪行升级至"文革"中被捕，1971 年在狱中病死。

巴金后来回忆说："1962 年上半年，我四周一片阳光，到处听见'发扬民主，加强团结'的歌声，我心情舒畅地在上海二次文代会上做了《作家的勇气和责任心》的发言。当时我洋洋得意，以为自己讲出了心里话，没有想到过了不久上面又大抓阶级斗争，从此我背上一个沉重的精神包袱一直到'文革'。"[76]

他说"心情舒畅""洋洋得意"，或许到了 1962 年，旧的精神包袱在他那里已经放下，只是没想到，不期然又增加了新的包袱。

60 年代初，随着向后退却的政策的实行和"大跃进"的创伤日渐平复，党和国家的管治机构重新恢复强有力的运转，以确保经济效率、政治秩序和社会稳定。

中共八届十中全会于 9 月 24 日在中南海怀仁堂举行。

大会闭幕后，全国立即全面推动反对和防止"修正主义"的工作。

1963 年，中苏两党公开决裂，双方进行了一场关于国际共运问题的大论战。在国内，开展农村"四清"、城市"五反"的社会主义教育运动。是年 5 月，《中共中央关于目前农村工作的若干问题的决定》，作为"四清"工作的纲领性文件。后来，邓小平起草了一个"后十条"，由刘少奇在 1964 年 9 月发布。"前十条"突出贫下中农组织，强调发动群众；"后十条"规定向农村派工作组，旨在将运动置于党中央的控制之下。

60 年代初期，毛泽东已经牢牢地掌握了文武两支部队。可以说，社会主义教育运动是他最后一次试图通过现存的党和国家机构，按照自己的政治意图进行改造，清除党内的"资本主义派"，或曰"官僚主义者阶级"。从 1963 年到 1965 年，中国实际上已经在进行着一场相对温和的、渐进的"文化大革命"了。

1963 年 12 月 12 日，毛泽东做了两个针对文艺界的批示，两个批示不啻在文化界引发一场地震。中宣部立即召开了文联各协会和文化部负责人会议，接连进行了两次整风，时间持续到 1965 年 4 月，整了一大批人，批判了大批文艺作品。

最早公开批判《北国江南》《早春二月》两部影片，后来扩大到《舞台姐妹》《红日》《兵临城下》《革命家庭》《林家铺子》《聂耳》《怒潮》《不夜城》《逆风千里》等。孟超的昆剧《李慧娘》、田汉的京剧《谢瑶环》、欧阳山的小说《三家巷》《苦斗》等，也遭到了批判。受批判的还有一些文艺理论方面的文章，如瞿白音的《关于电影创新问题的独白》，以及一些具有探索性的观点，如周谷城的"时代精神汇合论"等。像"中间人物论"和"现实主义深化论"，更是在劫难逃了。

整风中，免去了齐燕铭、夏衍等文化部副部长职务，邵荃麟、阳翰笙、陈荒煤等与周扬关系密切的人都受到了严重的批判。这时，周恩来也出面批评文化部的部长们，涉及音乐的革命化、民族化、群众化，说："这个问题我同你们斗争十三年了。"文化部改组了领导层，成立了新党组。

"两个批示"出来后，弄得郭沫若也非常紧张，"党喇叭"一下子哑了。有人回忆说，他在北京人民大会堂开会见到赵丹、白杨时表情冷淡，不如往常友好。在《谢瑶环》《北国江南》受到批判之后，他与田汉、阳翰笙也中断了联系。显然，这是在突变的形势面前，作为领导者表现出来的一种警惕性。

茅盾称他做文化部部长只是"挂个名""有职无权"，1957年鸣放期间曾经发泄过不满，为此差点无法过关。1964年8月28日，中国作协党组整理了一份《关于茅盾的材料》，完全否定了他多年从事文学评论的工作，认为他写的大量文章"一直在顽强系统地宣扬资产阶级文艺思想"，"特别是近几年来，更露骨地暴露出他反动的资产阶级世界观。在文艺的许多根本问题上，与党的路线、方针、政策针锋相对"。1965年初，他的文化部部长一职也就随着文化部被点名批评而被免去了。

赵树理作为创造"中间人物"的代表作家，自"大连会议"之后，一直受到批判，到"文化大革命"被批斗至死为止。从1964年开始，赵树理用两年写了一个戏《十里店》，领导不断审查，前后写了五稿，一边演出，一边叫停。据说他用一句话总结一生，叫"生于《万象楼》，死于《十里店》"。

老舍在中华人民共和国成立后可谓风光无限，但1964年以后，"人艺"不再找他写戏；文联组织活动有时也不发放通知给他；甚至他生病入院，也没有一个朋友前去探望。

再说沈从文。大饥荒年头随众到各地游览了一通，旧瓶装新酒，写了好些颂诗之后，在博物馆里埋首写他的中国古代服饰史。当他得知文化部换了新部长，馆里要设政治部时，大脑又不禁旋转沉重起来。他在信中表示说"只怕遇到批评家"，"不求有功，但愿无过"[77]；

又说"我已早把出版理想放弃，只老担心将来出乱子"[78]。他有信给程应镠，这样写道："照理到了这个年纪，应活得稍稍从容点，却经常在'斗争'呼声来复中如临深履薄，深怀忧惧，不知如何是好。"[79]

从 1963 年到 1965 年，整个知识界为大批判的气氛所笼罩，沈从文的直觉就是回到了反右时期。其实，敏感的文人仍然估计不到，接踵而至的"文化大革命"，其阴毒残暴的程度，根本不是区区的反右一役所可比拟。

在上海第二次文代会上的发言差点惹祸，这件事对巴金的教训可谓刻骨铭心。其实，巴金自己回想起来，那次发言也无非是"一些寻常的话"，为什么会引起外媒的注意呢？为什么最高权威会发话问罪，而所有的棍子都可以应声挥舞起来呢？因为在同样的体制之下，形势起变化了。这里有一个"阈值机制"问题。"七千人大会"和广州会议是一个"阈值点"。就像 1957 年"大鸣大放"一样，只要有一定数值的人不满发声，像巴金这样顺从的人也会表示异议。巴金的发言是一种谨慎的大胆行为，是一种"阈值行为"。现在，连这种有限的宽松形势也没有了。

思想批判的节奏越来越快，被卷入的人越来越多，巴金只能是越来越紧张，行动也随之越来越顺从，顺从而主动。对于一个唯在寻求安全的人来说，他只能"混日子"：不断地出访，不断地开会，不断地记笔记，不断地把

1963 年 11 月，巴金、冰心随中国作家代表团访问日本

"废话"写下去。

从 1963 年到 1965 年，巴金照样从事外事活动，除了出访日本，还曾先后同作家李束为、魏巍等一起，两次访问越南。其时，美国为援助南越政府，卷入了越南战争。巴金的外访同过去不同的是，不复限于维护世界和平的单一主题，而是带有 60 年代的鲜明的"反帝反修"色彩。在同越南作家谈话时，他介绍中国经验，大谈政治挂帅、思想改造，反对"现代修正主义"。从 1949 年以来，他的外访都是在党组织的领导下进行的，负有官方的使命，只是不同时期有不同的使命而已。

除了开会、接待、送往迎来，国内的许多政治活动和社会活动，他都不能不参加，比如声援古巴、巴拿马的反美斗争，农村社会主义教育运动等。他下乡访贫问苦，旁听贫下中农代表会、斗争会、学习会等各种各样的会议、参观大寨、参观新安江水电站和其他工厂、矿山。总之，这几年，无论主动或被动，他都比前期更多接触基层社会和实际斗争。

巴金不断地变换着他的社会角色，却始终没有忘记他是一个作家，所以一直坚持写作。他在十几年中所写的都属"应制"文字，如果说早期尚有一点文采，那么到了后来，则是十分的粗糙、说教、口号化，已经毫不足观了。《新中国人》《大寨行》之类不说，可以比较这个时期写作的国际题材的散文，从《倾吐不尽的感情》到《贤良江畔》，到收集而未及出版的《炸不断的桥》，明显的每下愈况。最可笑的是不断挣扎着修改中篇《三同志》，真可谓心劳日拙。他不是不知道这是一篇极为拙劣的东西，那么，为什么仍然不死心，总是希望能够发表出来呢？在作为无政府主义者的时候，他看重革命而轻视写作，如今退而为纯粹的作家，最看重的反倒是写作了。至少他要拿足够量的文字安慰自己，在内心里，他不愿意承认写作的失败，因为这是他得以存在的唯一的资本。

1962 年 11 月起，巴金突然记起了日记。论时间，是在他因上海第二次文代会上的发言被问罪未久；论内容，全在唱政治高调。这时，很可能有一种恐惧心理在抓攫他，令他在行动上做出新的调整，以适应新的形势。记日记仅是系列行动之一，有胡风及其后不少"右派"的信件和日记被抄的前车之鉴，他希望给自己保留一张红色的底牌。

巴金日记中有大量篇幅记录他学习中央文件，仅《二十三条》便多日反复研读；学习《人民日报》《红旗》杂志社论；学习毛泽东的著作、声明、最新指示。他不断赞美这些文章，不惮重复使用"兴奋""激动"之类的词语表达他的感受。他在 1963 年 9 月 1 日记道："早晨在床上收听广播，听到我国政府发言人的声明，这是一篇极有分量的文章，它真像一面照妖镜，照出了赫鲁晓夫的原形：看你往哪里逃？"[80] 在反帝反修斗争中，仿佛非常投入，很有点现场感。日记中几次提到"毛主席的好学生"、"大写十三年"的倡导者、上海市委书记柯庆施，1964 年 2 月 13 日记道："柯老对大家讲了两个钟头的话，亲切而热情地鼓励大家高举红旗继续前进。"毛主席的最新声明

▌1959 年，巴金与萧珊在新安江建设工地

让他欣喜若狂，忘乎所以，1964 年 11 月 29 日记道："听到毛主席支持刚果人民正义斗争的声明，非常兴奋。为了听这个声明的全文，我拿着饭盒跑到食堂，被门槛绊了一下，终于跌倒在地上。一定现出一种很可笑的样子。"[81]

在三年日记中，巴金都记有深入农村、厂矿、街区、医院参加社会主义教育运动的所见所闻，包括心得和体会，可以见出他在此期间对阶级斗争和政治运动所持的态度。他目睹公社社员斗争"四不清"干部，喝令他们及其家属下跪，目睹斗争漏划地主、富农，旁听"四类分子评审会"。1964 年 12 月 12 日，他记录听某区委工作人员介绍"五反"情况，称为"这是活生生的阶级斗争"。日记云："两个钟头的介绍使我学到很多知识，可以说是令人不能忘记的一课：现在想到《千万不要忘记》，觉得剧本里的阶级斗争太简单了。"[82]12 月 14 日日记："旁听斗争不法资本家朱某弟兄和康、吴的职工大会，旁听几次斗争资本家的大会，得一结论：资本家的本质是不会改变的。"[83] 他听劳动模范王进喜（王铁人）、陈永贵"讲得很好"的报告，读北京淘粪工人时传祥的"好文章"，向这些时代英雄学习。1964 年 8 月 14 日记他读"大寨英雄"的材料，称"大寨人的共产主义风格和革命精神"使他"深受感动"。次日参观，见不到陈永贵，日记记云："真是失之交臂。我们这次去大寨，见不到这个重要人物，很觉歉然。"[84]

"文革"过后，巴金听到播放"革命样板戏"便噩梦连连。这时候，他却是不止一次观看《红灯记》《沙家浜》、芭蕾舞剧《红色娘子军》等，可

▎1964 年，巴金在大寨的田间地头参观

是并无反感，且相当满意。他有信致老乡沙汀，说"希望有一个川剧的《红灯记》"。在他看来，"好些戏都可以看，不过还没有像《红灯记》那样激动人心的好戏。"[85]他看大型音乐舞蹈剧《东方红》，评其"非常精彩动人"；看了内蒙古乌兰牧骑代表队的汇报演出，也说"节目相当精彩"，还称赞说："真是'传播社会主义文化的轻骑队'，他们的方向是对的。"[86]

还有，像中国原子弹爆炸、选举新一届国家领导人、美国大使馆被炸等，巴金都写进他的日记里。

八年来，巴金与上层的关系比50年代更为密切。无论是上海市委或是中国作协，他与领导人的联系明显多了起来。会议和社会活动也似乎有所增加，过去对于这类事务影响写作，暗地里啧有烦言，而现在已不做此想，相反认为是一种必要的丧失。当沙汀来信诉说行政工作累及写作时，巴金复信说的是："……宣传部既要你参加文联领导工作，你也只好认真地、安心地搞一个时期再说。工作也很重要，过分强调自己的写作，那又是将个人的得失放在第一位了，也不好。"[87]他把思想改造放在首位加以考虑，把知识分子当成国家公务员看待，不但严格要求自己，也这样要求别人，包括家人和朋友。他对萧珊和女儿下乡参加"四清"非常支持。他送小林去学校集合，在日记里写道："希望她在这次活动中有好的表现。"在致沙汀信中这样说道萧珊："我看这次下去是很好的机会，她需要锻炼，她搞完这一期'四清'，一定会有很大的进步。"[88]他叮嘱女儿："现在送你两句话吧：多想到大家，少想到自己；多想到集体，少想到个人；多想到'公'，少想到'私'。要不断地朝前跑，一点也不要向后转。要做一个什么都好的学生，也要争取做一个共青团员。"[89]他也以同样的口气告诫摘帽"右派"萧乾："今后认真改造自己，更要注意：（一）多想集体，少想自己；（二）做到三个老实。"[90]1964年5月13日，巴金有信致师陀，支持师陀检举亲戚，说："你要检举你过去的亲戚，这是很好的事情。据我看，你可以把你所收集的材料写出来，直接寄给河南省委再转有关部门。……你说坚决做彻底的革命派，很好，应当向你祝贺。"检举、告密，都是政治运动中所惯见的，大约这就是他说的"向党交心"。

无论是党员作家或是非党员作家，确实很难找到第二个人像巴金这样把"思想改造"这一"登山宝训"如此自觉地贯彻了十七年，甚至更久。一个无政府主义者怎么可能变化到如此地步呢？所有这一切，对巴金来说，到底是真情还是假意？

看巴金 1965 年 6 月的日记，可以发现有一个明显的漏洞。

一天，上海作协党组负责人叶以群和孔罗荪一起给巴金送来影片《不夜城》的导演剧本，要巴金写批判文章。这是政治任务，他当然不能违抗。一周后，市政协为学习小组放映《不夜城》和《林家铺子》，他特地看了，还翻看了有关两部影片的资料。两天后，他写了短文《谎话一定要给戳穿》，说《不夜城》是一部美化剥削阶级、歌颂资本家的影片，是"无穷无尽、无边无底的大谎话"，其中写道："不少工人观众对这部电影发出了愤怒的声音，他们有这样的权利。为什么要拍摄这样一部电影呢？有什么理由把剥削阶级当作英雄人物'请'上社会主义的银幕呢？有什么理由用我们的文艺武器宣传资产阶级的生活方式呢？……不管是有意或无意，你会变成资产阶级的代言人，替剥削者讲话。《不夜城》是这样，《林家铺子》也是这样。"[91]其实，这种口气，同他当众说令他"害怕"的那些"一手拿框框、一手捏棍子"的批评家没有两样，何况挨打的是他的朋友？大概出于不安的心理，接受任务后两天，他便同萧珊一道到柯灵处做了说明。开始写稿时，萧珊还单独找过柯灵，估计转述批判的基本思路，交稿后两人一起再到柯灵处，表示歉疚之意。

日记中写到这段"革命两面派"式的表演，先后到柯灵处确有三次，但是有趣的是，上面写明是"到柯灵家探病"，至于作文批判事，则付之阙如。显然，巴金早就做好了日记被抄的准备。

如果志在彻底进行思想改造的话，就应当不折不扣地执行党组织的指示；可是，在批判的背后却寻求被批判者的理解，这不是明显的背弃，与思想改造相反对的吗？问题是，对于这种矛盾的行为，巴金不是在无意识的状态下进行的，而是再三思虑的结果，这就证实了他的言行，有的是真实的、出于他的本意的，而有的则是不真实的、虚伪的、违背本意的。当然，在某种意义上，也可以说其中不真实的部分、扭曲的部分、虚假的部分同样是真实的，这就叫人格分裂。这时候的巴金是"双面人"，他必须做"双面人"。

晚年的巴金如此描述反右以后的精神状态：

> 这以后我就有了一种恐惧，总疑心知识是罪恶，因为"知识分子"已经成为不光彩的名称了。我的思想感情越来越复杂，有时候我甚至无法了解自己。我越来越小心谨慎，人变得更加内向，不愿意让别人看到真心。我下定决心用个人崇拜来消除一切的杂念，这样的一座塔就是建筑在恐惧、疑惑与自我保护上面，我有时清夜自思，会轻视自己的愚蠢无知，不能用自己的脑子思考，哪里有什么"知识"？有时受到批判，遇到挫折，又埋怨自我改造成绩不大。总之，我给压在个人崇拜的宝塔底下，一直喘不过气来。
>
> "文革"前的十年我就是这样度过的。一个愿意改造自己的"知识分子"整天提心吊胆，没有主见，听从别人指点，一步一步穿过泥泞的道路，走向一盏远方红灯，走一步，摔一步，滚了一身泥，好不容易爬起来，精疲力竭，继续向前，又觉得自己还是在原地起步。不管我如何虔诚地修行，始终摆脱不了头上的"金箍儿"。十年中我就这样地走着、爬着、走着、爬着……一直到"文化大革命"……[92]

巴金所述的恐惧心理是真实的，个人不愿意暴露"真心"是真实的。但是，说自己"愚蠢无知""无法了解自己"则是不真实的。

他不可能只知道怀疑自己、轻视自己，而从来不曾怀疑过现存的体制、路线、政策，不曾怀疑过"个人崇拜"本身，显然，在这里，他是有所回避和有所保留的。

其中，巴金说到"自我保护"，这才是问题的症结所在。他在另一处忆及 1962 年编选文集的旧事时说，因为那时已经感觉到悬垂在头上的达摩克利斯宝剑，于是经常做怪梦，梦中也在"保护自己"。这里有一段"真话"："一个运动接一个运动，人人自危，何况我们又有'明哲保身'的古训，何况每个人都有'妻室儿女'、朋友亲戚，得时时提醒自己：不能把别人牵连进去。"[93] 其实，即使时间来到了 80 年代，他仍然不放心，仍然没有安全感，仍然得"时时提醒自己"，因为他不能担保从此便没有运动，或不叫"运动"的运动发生。

巴金是木制的陀螺，不是顽铁。只要有鞭子抽打他，他便向同一方面旋转，抽打越厉害，旋转越快，直到不由自主地倒下为止。

注 解：

1. 巴金：《巴金全集》第 15 卷，人民文学出版社，1986 年，209 页。

2. 巴金：《空前的春天》，发表于《人民日报》（1958 年 2 月 4 日，第 8 版）。

3. 陈丹晨：《巴金全传》，中国青年出版社，2003 年，312 页。

4. 同上。

5. 同上。

6. 商昌宝：《"检讨"与文学转型——巴金 1950 年代的另类文学》，发表于《粤海风》（2009 年第 6 期）。

7. 巴金：《巴金全集》第 19 卷，人民文学出版社，1986 年，16 页。

8. 同上，18 页。

9. 巴金：《巴金全集》第 17 卷，人民文学出版社，1986 年，56 页。

10. 同上。

11. 同上，57 页。

12. 陈丹晨：《巴金全传》，中国青年出版社，2003 年，313 页。

13. 同上。

14. 陈思和、周立民选编：《解读巴金》，春风文艺出版社，2002 年，438 页。

15. 巴金：《巴金全集》第 19 卷，人民文学出版社，1986 年，24 页。

16. 同上。

17. 同上，27 页。

18. 唐金海、张晓云选编：《巴金年谱》第 2 卷，四川文艺出版社，1989 年，863 页。

19. 巴金：《巴金全集》第 19 卷，人民文学出版社，1986 年，28 页。

20. 唐金海、张晓云选编：《巴金年谱》第 2 卷，四川文艺出版社，1989 年，870 页。

21. 姚文元：《论巴金小说〈灭亡〉中的无政府主义思想》，参见《中共重要历史文献资料汇编》第 22–25 卷。

22. 同上。

23. 巴金：《巴金全集》第 6 卷，人民文学出版社，1986 年，255 页。

24. 相关资料可参见《中共重要历史文献资料汇编》第 349–352 卷。

25. 巴金：《巴金全集》第 16 卷，人民文学出版社，1986 年，393 页。

26. 韦君宜：《思痛录》，北京十月文艺出版社，1998 年，621 页。

27. 郭沫若：《郭沫若全集·长春集》，人民文学出版社，1992，417 页。

28. 王继权、童炜钢编：《郭沫若年谱》第 2 卷，江苏人民出版社，1983 年，207 页。

29. 李扬：《沈从文的后半生：沈从文的最后四十年》，中国文史出版社，2005 年，167 页。

30. 沈从文：《沈从文全集》第 20 卷，北岳文艺出版社，2002 年，256 页。

31. 同上，257 页。

32. 巴金：《巴金全集》第 19 卷，人民文学出版社，1986 年，29 页。

33. 巴金：《巴金全集》第 15 卷，人民文学出版社，1986 年，104 页。

34. 巴金：《巴金全集》第 19 卷，人民文学出版社，1986 年，82 页。

35. 巴金：《巴金书信集》，人民文学出版社，1991 年，10 页。

36. 巴金：《巴金选集》第 10 卷，四川人民出版社，1982 年，137 页。

37. 巴金：《巴金全集》第 19 卷，人民文学出版社，1986 年，17 页。

38. 巴金：《巴金全集》第 15 卷，人民文学出版社，1986 年，85 页。

39. 巴金：《巴金全集》第 16 卷，人民文学出版社，1986 年，710 页。

40. 李捷、陈晋：《毛泽东诗词全编鉴赏》，中央文献出版社，2003 年，266 页。

41. 丛进：《曲折发展的岁月》，河南人民出版社，1988 年 12 月第 1 版。

42. 巴金：《英雄的故事》，四川人民出版社，1979 年，391 页。

43. 李小林编：《家书：巴金萧珊书信集》，浙江文艺出版社，1994 年，373 页。

44. 同上，364 页。

45. 丹晨编：《巴金评说七十年》，中国华侨出版社，2006 年，164 页。

46. 巴金：《巴金全集》第 15 卷，人民文学出版社，1986 年，181 页。

47. 同上，182 页。

48. 同上，186 页。

49. 同上，188 页。

50. 同上，222 页。

51. 丹晨编：《巴金评说七十年》，中国华侨出版社，2006 年，164 页。

52. 巴金：《巴金全集》第 10 卷，人民文学出版社，1986 年，183 页。

53. 同上，184 页。

54. 李小林编：《家书：巴金萧珊书信集》，浙江文艺出版社，1994 年，462 页。

55. 郭德宏、孙启泰：《党和国家重大决策的历程》第 4 卷，红旗出版社，1997 年，38 页。

56. 龚育之：《党史札记末编》，中共党史出版社，2008 年，234 页。

57. 查俊峰、苏敏、何应龙：《晚年陈毅》，安徽人民出版社，2000 年，110 页。

58. 出自陈毅 1962 年在广州会议上的讲话，内容由《文艺报》整理发表。

59. 金冲及：《周恩来传》第 3 卷，中央文献出版社，1998 年，1623 页。

60. 茅盾：《敬爱的周总理给予我的教诲的片段回忆》，《茅盾全集》第 27 卷，人民文学出版社，1996 年，203 页。

61. 黎之：《文坛风云录》，河南人民出版社，1998 年 12 月第 1 版。

62. 陈毅：《在戏剧编导工作座谈会上讲话》，刊载于《文艺研究》第 2 期（1982 年）。

63.《新华日报：文献版》第 7–12 期，人民出版社，1979 年，117 页。

64. 中共中央书记处研究室文化组编：《党和国家领导人论文艺》，文化艺术出版社，1982 年，146 页。

65. 同上，128 页。

66. 同上，174 页。

67. 同上，141 页。

68. 同上，130 页。

69. 薄一波：《若干重大决策与事件的回顾》，中共中央党校出版社，1991 年第 1 版。

70. 巴金：《巴金全集》第 19 卷，人民文学出版社，1986 年，187 页。

71. 同上，191 页。

72. 同上，187 页。

73. 同上，188 页。

74. 同上。

75. 同上，150 页。

76. 巴金：《随想录》第 5 卷，香港三联书店，1986 年，164 页。

77. 沈从文、张兆和：《沈从文家书：1930–1966 从文、兆和书信选》，台湾商务印书馆，1998 年，346–347 页。

78. 同上，359 页。

79. 沈从文：《沈从文全集》第 23 卷，北岳文艺出版社，2002 年，490 页。

80. 巴金：《巴金日记》，大象出版社，2004 年，98 页。

81. 巴金：《巴金全集》第 25 卷，人民文学出版社，1986 年，449 页。

82. 同上，454 页。

83. 同上，455 页。

84. 同上，412 页。

85. 巴金：《巴金全集》第 24 卷，人民文学出版社，1986 年，85 页。

86. 巴金：《巴金全集》第 25 卷，人民文学出版社，1986 年，467 页。

87. 巴金：《巴金全集》第 24 卷，人民文学出版社，1986 年，81 页。

88. 同上，89 页。

89. 巴金：《巴金全集》第 23 卷，人民文学出版社，1986 年，164 页。

90. 巴金：《巴金全集》第 25 卷，人民文学出版社，1986 年，397 页。

91. 巴金：《巴金全集》第 19 卷，人民文学出版社，1986 年，279 页。

92. 巴金：《巴金全集》第 16 卷，人民文学出版社，1986 年，597–598 页。

93. 巴金：《巴金全集》第 20 卷，人民文学出版社，1986 年，657 页。

编历史剧《海瑞罢官》

吴晗

1965 年 10 月，从越南回到上海以后，巴金接连应付各种会议。

其中，每个星期六下午去文艺会堂参加《评新编历史剧〈海瑞罢官〉》的学习会，却是不好应付的。这种会议，开始是作协开，后来政协也开，巴金得两边跑，而且会期太长，延到次年 1 月也没有断过。姚文元的一篇文章值得像中央文件一样对待吗？巴金觉得纳闷。有一次，他看到姚文元在学习会上鼓励大家"畅所欲言"、眉飞色舞、口沫四溅，一副有所恃的样子，却不觉头顶乌云翻滚，天空阴沉，似乎一阵暴雨顷刻间就要倾泻下来似的。

4 月 14 日，郭沫若在全国人大常委会扩大会上做了一个检讨。

"文革"中的上海

他说："几十年来，一直拿着笔杆子在写东西，也翻译了一些东西，按字数来讲，恐怕有几百万字了。但是，拿今天的标准来讲，我以前所写的东西，严格地说，应该全部把它烧掉，没有一点价值。主要原因是什么呢？就是没有学好毛主席思想，没有毛主席思想来武装自己，所以阶级观念有的时候很模糊。"[1] 还说，自己作为全国文联主席，"对文艺界的一些歪风邪气，我不能说没有责任"[2]。郭沫若的检讨

批判"三家村"

经由毛泽东亲笔批示，在《人民日报》发表出来，这是从来不曾有过的。

"文化班头"做了检讨，身为上海作协主席的巴金，要不要效法呢？1949年之后，自己的作品也不断修改过，而且是经受过公开的批判和讨论的，现在要不要全盘否定呢？在没有做出这个决定之前，巴金赶紧做了一件事，就是将访越的散文结集，交李济生送上海文艺出版社，希望尽早出版，至少借此增加一个"革命化"的见证。但是，稿子送出之后，偏偏音讯全无。正当巴金惶惑不安之际，老朋友王辛笛力劝他主动检讨，争取提前过关。

在学习会上，巴金终于做了一个发言。他回顾1962年在文代会上的言论错误，郑重表态说，自己过去所写的"全是毒草"，"我愿意烧掉我的全部作品"。[3]

6月初，巴金作为中国作家代表团副团长，到北京参加亚非作家紧急会议。这时，姚文元又发表了一篇评"三家村"的大文。"三家村"由《海瑞罢官》作者、历史学家、北京市副市长吴晗和另外两位主管北京市宣传工作的领导干部邓拓、廖沫沙组成，他们联手写作杂

▍1961 年的邓拓（中）与廖沫沙（右二）

文，姚文元竟然可以直指为"反动"。不可思议的是，对于这样打棍子的文章，上海的《解放日报》和《文汇报》又竟然会同时发表。巴金到了北京才知道，首都的气氛很异样。来京前，《人民日报》发表社论《横扫一切牛鬼蛇神》，中央人民广播电台广播北京大学聂元梓等人的大字报；到来后，马上听到北京市委改组的消息，此后在京还不断听到各种各样混乱不堪的消息。巴金写信给萧珊，说是"北京市'文化大革命'进入高潮，真是热火朝天"[4]云云，可见对运动的关注。

会议的主题无非是反对"帝修反"，没有太多新意。可是，巴金这次参加会议，却没有了以往的心情。形势明显变得复杂起来，出现了不少不正常的现象。

经常出访的冰心，在家门口开会却未能与会，据说上面要避嫌。严文井开始时便提醒说，不要随便出去找朋友，哪些人有问题还弄不清楚。后来代表到了武汉、杭州，不见当地作家接待，连浙江省文联主席方令孺也不让出面，据说已经"靠边"。上海一样不平静，离京一周，市委召开"文化大革命"的动员大会，会上便宣布了八个"反党反社会主义分子"，作协王西彦即在其中。会议中途，巴金曾在上海做过短暂逗留，参加了作协批判叶以群和孔罗荪的大会。而这时，批判自己的大字报也赫然在目了。

在杭州，巴金留下月夜独步的记录。[5]"月光如水照缁衣"，他心事重，根本无法安睡，并不是在寻什么诗。后来，他对"文革"初期的状况，做过这样一段关于鱼和网的譬喻：

> 我们都在网里，不过网相当大，我们网中还有活动余地，是不是要一网打尽，当时还不能肯定。自己有时也在打主意，从网里逃出去，便更多的时间里我都这样地安慰自己：听天安命吧……
>
> 我觉得罩在我四周的网越来越小、越紧，一个星期比一个星期厉害。
>
> 谁知这次真是一网打尽，在劫难逃。[6]

可以想象，苏堤上的巴金，已是彷徨无地。

1966 年 8 月 1 日，中央召开八届十一中全会。这次会议成了整个中国政治形势的转折点，"文化大革命"的大幕从此正式拉开。

8 月 6 日，巴金送走了亚非作家会议的最后一批代表，次日马上回到上海作协参加运动。在机场，他看见曹禺等人上了飞机之后，忽然有孤独感来袭，来到作协之后，便完全为恐怖所抓攫了。

开会大厅挂满了大字报，绝大多数是针对叶以群、孔罗荪两人的。王西彦也有，巴金也有，凡点名的，都在名字上打上红叉，像判决书一样。有一张点名巴金为"黑老 K"的大字报，是市委写作班子送来的，又大又长，历数各种罪状，从 20 世纪 20 年代反对列宁一直到上海第二次文代会的发言，措辞严厉，使巴金没有勇气看下去。他后来回忆说："我走进大厅，就仿佛进了阎王殿一样。"[7]他惶恐、茫然，说是"前有大海，后有追兵，头上还有一把摇摇欲坠的利剑，我只想活命，又不知出路在哪里"[8]。

学习被编在创作组里。创作组组长是工人作家唐克新，以前见到巴金时会客客气气打招呼，现在见面很冷淡，巴金感到人家要同自己"划清界限"了，心里更加害怕。过了几天，在讨论结束之后，他主动找小组长孙峻青谈话，说明自己对大字报的态度，表示愿意听党的话，在"文化大革命"中改造自己。

一天下午，作协召开批判叶以群的大会，巴金同萧珊前往参加。他坐到后排，看见批判他的那张特大的大字报仍然挂在那里。主持人说叶以群"自绝于人民"，那口气好像叶以群已经不在人世似的，而发言批判的人也跟着大骂一通。整个会场群情激愤，不时响起"打倒"的口号声。巴金说他坐在大厅里什么也不敢想，只是跟着人们举手高呼，注意不要让人们看出他的紧张。小组会议结束时，茹志鹃小

批斗巴金大会现场

声地告诉他说，叶以群在家里跳楼自杀了。

这时，巴金预感到大祸临头。回忆说："我还装作若无其事的样子，其实心里很害怕，我盼望着出现一个奇迹：我得到拯救，我一家子都得到拯救。"[9]然而，奇迹并没有出现，大约过了十天，他便被打成"牛鬼蛇神"，进了作协的"牛棚"。随后，在《上海文学》做义务编辑的萧珊，竟也成了"牛鬼蛇神"，先后两次被揪到作协批斗。

运动一开始就很凶猛，全国抄家成风。巴金为防不测，烧毁古典小说《金瓶梅》等一些犯忌的书籍，还有大哥的一百多封信，包括自杀前写的绝命书的抄本，放到一起烧掉。这时，他已经陷于"什么也顾不得"的境地了。隔壁资本家一家被抄使他更加恐慌，深夜同萧珊商量，决定把养了多年的一条十分可爱的小狗包弟，送给医院做"实验动物"，供解剖使用。他为此一直感到耻辱，因为无力保护一条小狗。

▌"文革"期间，批斗上海市委领导的现场，巴金陪斗

| 萧珊与小狗包弟

巴金进"牛棚"不久，有一位"革命派"作家通知他说，因为他态度不老实，革命群众要对他采取行动。果然，一群人把他押回家里，楼上楼下翻搜了一遍，从上午到下午，一共闹腾了六七个小时。中午，这些"革命群众"在巴金家里吃饭，饭菜由街道食堂送来。最后，他们将巴金的一些手稿、信件、日记和被认为重要的东西，装了几大麻袋带走，将所有的书橱贴上封条。临走时，"革命派"还贴了一张大字报在门廊入口处。

这是第一次抄家，叫"保护性"抄家，后来大大小小还抄过多次。总之，巴金的家可以随时进出，甚至在夜里也会翻墙进来。一天深夜，来了一批红卫兵，巴金说是"北京来的干部子弟"，在家里胡乱翻抄，还砸东西。萧珊跑到派出所报警，被红卫兵追踪发现。当着民警的面，红卫兵用铜头皮带狠狠抽打萧珊，然后将其押了回来，连同巴金和巴金的妹妹、女儿一起塞进卫生间里。

抄家留给巴金的创痛太深。他在《十年一梦》的文中回忆道："我是1966年8月进'牛棚'，9月10日被抄家的，在那些夜晚我都是服了眠尔通（即甲丙氨酯）才能睡几小时，那几个月里我受了多大的折磨，听见捶门声就浑身发抖。但是我一直抱着希望：不会这样对待我吧。这样对我威胁只是一种形式吧。我常常暗暗地问自己：'这是真的吗？'我拼命拖住快要完全失去的希望，我不能不这样想：虽然我'有罪'，但几十年的工作中多少总有一点成绩吧。接着来的是十二月。这可怕的十二月！它对于我是沉重的当头一击，它对于萧珊的病和死亡也起了促进的作用。红卫兵一批一批接连跑到我家里，起初翻墙入内，后来是大摇大摆地敲门进来，凡是不曾贴上封条的东西，他们随意取用。晚上来，白天也来。夜深了，我疲劳不堪，还得低声下气，哀求他们早些离开。不说萧珊挨过他们的铜头皮带！这种时候，这种情况，我还能有什么希望呢？从此我断了念，来一个急转弯，死心塌地做起'奴隶'来。"[10]

"牛棚"最早设在作协大楼西厅北面的煤气间里，进来的除了巴金，还有孔罗荪、王西彦、吴强、师陀、魏金枝等少数几个人。后来"牛鬼蛇神"多了，只好把大楼西边小楼二楼的资料室改作"牛棚"。再后来，作协从巨鹿路迁至石门路以后，便又有了"大牛棚"。大小"牛棚"变来变去，而"牛鬼蛇神"的日常作业如"站队"、"念语录"、"早请示晚汇报"、"学习"、劳动、写检查、写思想汇报、接受批斗和体罚，却是不曾改变的。

劳动活不算太重，或者在厨房里择菜、洗碗、揩饭桌、打扫大厅，或者擦门窗、倒痰盂、洗烟灰缸，或者到厕所打扫，或者到花园里拔野草、掏阴沟。巴金年轻时信服托尔斯泰的苦行主义，如今有实践的机会了，所以做起来负担不大，像魏金枝、王西彦这些身上患有这样那样疾病的人过于劳累，往往难以支持。一天劳动学习的时间太长，要十五六个小时，而且不许迟到早退，直到夜晚十一点才能回家，临走时还要交一份"思想汇报"，是很折磨人的。后来，集体被拉到郊区松江县（现松江区）辰山公社参加"三秋""三夏"劳动，活就更重了。

所谓"学习"，主要学"四个伟大"的著作，诵读符合"牛鬼蛇神"身份的部分，比如"在拿枪的敌人被消灭以后，不拿枪的敌人依然存在"之类的语录，还有《敦促杜聿明投降书》等。纪念《讲话》发表二十五周年时，又要组织起来学习"样板戏"。

罚站、罚跪，这是常有的事，在华东师大批斗时跪了长达两个小时。为了使外来的人走进作协能分清敌我，每个人的胸前都得挂一个纸牌，上写"牛鬼蛇神某某某"。有一段时间，几乎每天都有外地的红卫兵前来串联，他们就会被点名拉出去示众，自报身份和罪行。巴金说"任何人都可以责骂我、教训我、指挥我"[11]，他完全是一个罪人，没有一点个人的尊严可言。复旦大学的红卫兵来，用墨汁把他们的脸涂黑，以示"黑帮"。还有一次，巴金在厨房劳动，一个初中学生闯了进来，手里拿着一根鞭子向着他便打，他只得一边躲闪一边奔逃，弄得非常狼狈。这时，正好作协造反派前来提审，才免了一顿毒打。

批斗在关进"牛棚"之后不久便开始了。先是内部批斗，后来被揪出去"游斗"，只要得到作协同意，任何单位都可以把巴金带出去批斗。在作协，巴金每次被押到小楼前面的花园里，大家围着喊口号："打倒巴金！""巴金不投降，就叫他灭亡！"这时，巴金也跟着举手呼喊。萧珊在街道一样挂着"牛鬼"的牌子站队请罪，接受批判，罚扫马路，有时还被押到作协给巴金陪斗。批斗结束回到家里，巴金和萧珊会互相说些安慰的话，可是，后来被复旦大学学生扣在作协，持续两个星期在走廊里过夜，连家也回不去了。

1967年4月底，上海市革命委员会认为作协批文艺黑线不力，决定将巴金和吴强分别交由复旦大学和华东师范大学批斗。8月，复旦"革命小将"三四十人奉命进入作协，成立了"打巴组"。核心组研究决定再成立死材料组和活材料组，分头搜集材料。活材料组负责外调，死材料组负责作品发掘工作。他们安排原作协人马到徐家汇藏书楼查抄巴金20世纪二三十年代化名写的宣传无政府主义的文章，编了几本《反动"权威"巴金资料汇编》；后来又结合了工人力量，编出《巴金年表》《巴金的黑关系》《巴金反动黑文选编》，"黑文"共编印了九集。在此期间，复旦的小将把巴金抓到学校里批判。于是，巴金又得像要猴一样被拉走，关进学生宿舍六号楼。

在复旦校园里，巴金成了一只关在笼子里供人观赏的动物。有目击者描述说：但见他一日三餐去食堂吃饭时，手中捧本小红书，拿副碗筷，从学生宿舍慢慢走向食堂，踽踽独行。"走进食堂，他第一件该做的事便是双膝跪下，朝毛主席的画像叩头、请罪，然后背一段毛主席语录，才能排队去买饭菜。"[12] 又有目击者说，巴金每天三次，手持一把长长的竹帚清扫六号楼的洗手间。他第一次见巴金扫地，认不出来，便问："你是？"巴金回答道："清洁工。"

巴金有两场全市性的大型批斗会。一场是 10 月 10 日召开的"高举毛泽东思想伟大红旗斗争反动学术权威巴金大会"；另一场在次年 6 月 20 日召开，名曰"彻底斗倒批臭无产阶级专政的死敌——巴金电视斗争大会"。两场大会，都是由上海市革委会直接操控，在一个新建的杂技场里进行。

巴金说，他不会轻易忘记这两场大会，因为这样的大会对他来说是平生仅有。他回忆说：

> 杂技场的舞台是圆形的，人站在那里挨斗，好像四面八方高举的拳头都向着你，你找不到一个藏身的地方，相当可怕。每次我给揪出场之前，主持人宣布大会开始，场内奏起了《东方红》乐曲，这乐曲是我听惯了的，而且是我喜欢的。可是在那些时候我听见它就浑身战栗，乐曲奏完，我总是让几名大汉拖进会场，一连几年都是如此。初次挨斗，我既紧张又很小心，带着圆珠笔和笔记本上台，虽然低头弯腰，但是不曾忘记记下每人发言的要点，准备"接受批判改正错误"。那次大会的一位主持人看见我有时停笔不写，他就训话："你为什么不记下去？！"于是我又拿笔续记。我这样摘录批判发言不止一次，可是不到一年，造反派搜查牛棚，没收了这些笔记本，还根据它们在某一次会上批斗我准备"反攻倒算"，那时我已经被提升为"无产阶级专政的死敌"了。
>
> 我第一次接受全市"革命群众"批斗的时候，两个参加我的专案组的复旦大学学生把我从江湾（当时我给揪到复旦大学去了）押赴斗场，进场前其中一个再三警告我：不准在台上替自

己辩护，而且对强加给我的任何罪名都必须承认。我本来就很紧张，现在又背上这样一个包袱，只想做出好的表现，又怕承认了罪名将来洗刷不清。埋着头给拖进斗场，我头昏眼花，思想混乱，一片"打倒巴金"的喊声叫人胆战心惊。我站在那里，心想这两三个小时的确很难过去，但我下定决心要重新做人，按照批判我的论点改造自己。

两次杂技场的大会在我的心上打下了深的烙印。电视大会召开时，为了造舆论、造声势，从作家协会上海分会到杂技场，沿途贴了不少很大的大字标语，我看见那么多的"打倒"字样，我的心凉了。要不是为了萧珊，为了孩子们，这一次我恐怕不容易支持下去。在那两次会上我都是一直站着受批，我还记得电视大会上批判结束，主持人命令把我押下去时，我一下子提不起脚来，造反派却骂我"装假"。[13]

巴金被复旦小将放回家以后，楼上的房间全部贴上封条，全家人只能集中住在楼下一层。批斗仍在进行，除了单人批斗，还有集体批斗、游街示众、陪斗等。阶级斗争把人们分成三六九等，只有在批斗会上，才有了人人平等的权利。

被押往文化广场，参加对"现行反革命"罪犯的公审大会的那一次，肯定给巴金很大的震动。在公审的罪犯中，有一位被陈毅任命为上海交响乐团指挥的陆洪恩，是"反革命"顽固分子，当然不能为当局所容。经上海革命委员会批准，当场判处死刑，立即执行。

"士可杀而不可辱"，巴金是可辱而不可杀，因为还有一个"家"需要他保护。在接受批斗的间隙，他会时常回想起青春时期，想起在美妙的玛伦河边漫步，想起沙多—吉里小城安静的墓园，想起学校看门人古然夫人的微笑……他承认，在精神折磨最厉害的时候，他有过悲观绝望的时刻。他渴求宁静，甚至死亡。他前后知道关于朋友和熟人的大量的死讯：叶以群、老舍、傅雷夫妇，还有陈同生都是死于自杀的。赴死是需要勇气的，包羞忍耻地活着同样需要勇气。生还是死？面对哈姆雷特式的问题，巴金的考虑是："虽然中间有过很短时期我曾想到自杀，以为眼睛一闭就毫无知觉，进入安静的永眠的境界，人世的毁誉无损于我。但是想到今后家里人的遭遇，我又不能无动于衷。想了几次我终于认识到自杀是胆小的行为，自己忍受不了就让给亲人忍受，自

老舍

己种的苦果却叫妻儿吃下，未免太不公道。"[14] 还说过："这个时期我本来可以走上自杀的道路，但是我的爱人萧珊在我的身边，她的深厚的感情牵系着我的心。而且我还有各种要活下去的理由。"[15] 至于其他理由，他不曾透露过，但是无论如何，"家"是妨碍他走上绝路的最大的"绊脚石"。对于他，什么都可以放弃，唯有"家"不能。

1970 年元旦过后，巴金被勒令到奉贤县（现奉贤区）的塘外"五七干校"参加劳动。干校军事化管理，部队编制，上海文艺界共有上千人集中在这里，作协被编为文化系统直属四连，由工宣队担任连长和指导员。

在这个队伍中，除了"革命群众"，还有一二百个"牛鬼蛇神"。他们在政治上受歧视，生活上被虐待，劳动时重活脏活都分派给了他们。巴金在上海文化界中是"黑老 K"，名声最大，所以吃的苦头也最多，除了劳动，还要像在辰山时一样不断地被揪斗。

干校选址在一片盐碱地上，遍布芦苇丛，人们住的也是用芦苇搭成的棚屋。"学员"住双层铺，由工宣队、军代表和头头指派床位。六十六岁的巴金被安排睡上铺，每天爬上爬下，显然是故意折磨他。他常常做噩梦。一个夜晚，巴金因为睡梦，从床上摔到地上，头在板凳上撞破了。一位老师傅怕他再跌下来，让他跟"革命群众"交换了床位。他常常做噩梦的事被宣传队知道了，认为他心中有鬼，曾经逼他交代。一旦作为专政对象，真是连做梦的自由都没有的。

在干校，巴金干过许多活，搬运稻草、抬粪水、种菜、喂猪、下水田、搓草绳，有时也被派到食堂打杂。盐碱地路滑，阴雨天泥泞难走，他常常摔跤，衣裤上老是留着左一块右一块的泥印，有一次连眼镜也摔到水沟里，他赤脚下去摸索了老半天才摸上来。

演员黄宗英是管巴金种菜的负责人，她记叙说：

"五七干校"

干校宿舍是一排又一排，我们排男女宿舍隔着薄薄的芦席墙，当然不隔音。我在上铺，从屋檐下围墙遮不到的空白处看过去，见巴金睡在下铺，闻捷上铺。巴金的枕头边有西班牙文的小红书，是工宣队突击搜查他的床铺搜出来的。有人揭发他半夜用手电灯看黑书，这才真相毕露。……

……精神创伤是难以痊愈的，夜间，偶尔可以听到巴金睡梦中的惊叫呻吟，仿佛1950年10月，我们同去波兰，在参观奥斯威辛集中营后，巴金也曾夜间惊叫呻吟。可白天，巴金戴着旧遮阳帽，赤脚穿着洗得泛白的鞋，彳行在塘外田野，使我想起北欧小说钢笔画插图里的叔伯爷舅，他若能扬帆打鱼去，小舟从此逝多好……[16]

巴金劳动时极其认真，若能让他专做体力活倒也罢了，最苦是常常被莫名其妙地批斗。王西彦在回忆录中写道：

巴金是"牛鬼蛇神"受批判的重点。到了奉贤干校，仍然被经常押回上海，在各学校、工厂游斗。有时，巴金正在田里干活，或是蹲在食堂角落里吃饭，只要工宣队和造反派头头一声令下，他就得丢下饭碗，或丢下锄头，被人押走，一去就是几天。[17]

好在几年来，巴金已经习惯了批斗的一套。在干校的人对巴金都有一个印象，就是沉静、笃定，遇事不再惊慌，也没有激愤的神色。导演黄佐临说批斗他的时候，巴金陪斗，完全是一种"以不变应万变"的态度，无论责问什么，都是用一句公式化的话回答。斗批之后，主持人宣布"押下去"，巴金便抢先第一个站在排队买饭的窗口，手里抱着一瓶辣椒酱，松弛地操着四川口音说："二两馒头！"

在去干校劳动的前夕，巴金在家里走廊的旧书堆中找到一本居·堪皮的意大利文版汇注本《神曲》的《地狱篇》，像发现了一件

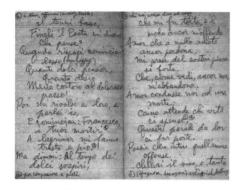

在干校的日子里，巴金手抄并开始背诵《神曲》

宝贝。他用一个薄薄的小练习本抄下第一曲带走，后来每次休假回家，都会抄录一些，一本一本地抄，直到离开干校为止。在地里劳动或是遭受批斗的时候，他便默诵但丁的诗句，有时还念念有词地背出声来。据说，但丁的诗给了他很大的勇气，让他觉得日子好过多了。

巴金自述说，他一边背诵但丁的诗篇，一边想象自己就站在阿凯隆特河岸上，等着白头发的卡隆把他当作"邪恶的鬼魂"渡过去。阿凯隆特是地狱四条河中的第一条，卡隆驾船过来时会大声叫喊道："我来引你们到彼岸，到永恒的黑暗……"[18] 对岸就是地狱，地狱之门写着："你们走进来的，把一切希望抛在后面吧！"[19] 据说巴金常常背诵这样一句。进入地狱之所以能够给他勇气，是因为但丁地狱里的众多的罪人都是无罪的，这些无罪的人聚在一起接受黑暗、恐怖和苦痛的考验，就会战胜无援的孤独。把自己留在地狱里并非期待升往炼狱和天堂，而是借此摒绝一切希望。这时，他已经确信，他所期待的"改造"其实并不存在，所有希望都是虚妄，唯有绝望给他以斗争的勇气和坚定的决心。

以黑暗反抗黑暗，对巴金来说，这是从来没有过的。所以，他会把抄录和背诵但丁的《神曲》看作是摆脱"奴隶哲学"的开端。

关于巴金在 1949 年之后的心路历程，他在《随想录》中有过一段概括性的表述："起初为了改造自己，后来为了保全自己；起初假话当真话说，后来假话当假话说。十年中间我逐渐看清楚十座阎王殿的图像，一切都是虚假！"[20] 在这里，"起初"和"后来"的期限如何设定？"起初"就没有"保全自己"的意图吗？如果说"改造自己"

就是否定自己，听从神谕，那么无政府主义这个多年的信仰是否起初就已经决心抛弃？"改造"对巴金个人来说意味着什么？巴金说："过去我否定过自己，有一个时期我的否定是真诚的，有一个时期是半真半假的。"我们应当如何判断他的"真诚"与"虚假"，以及"半真半假"？如果说巴金在这里"讲真话"，显然是与事实不符的，也不符合巴金的自我剖析。即使我们相信巴金是一个完全诚实的人，在证明他"讲真话"之前，也必须证明他的生存环境是否已经允许他讲真话。

早在 20 世纪 30 年代，巴金就大声宣告："我是神的敌人。"[21]《神·鬼·人》的结尾就是："我是一个人！"[22] 到了 60 年代，据说他就彻底"迷信神"了。他说他"丧失了是非观念"[23]"唯唯诺诺，不动脑筋"[24]，对他们的批判"口服心服"[25]，"中了催眠术"[26]，"喝了迷魂汤"[27]，"真心实意地相信这一切"[28]，相信自己有罪，因此要"通过苦行赎罪"等。其实，连所有这些自我解释都可能是虚假的。他分明说："我虔诚地膜拜神明的时候，我的耳边时时都有一个仁慈的声音：你信神你一家人就有救了。原来我脑子里始终保留着活命的哲学。"[29] 他多次说到"活命哲学"。既然为了生存，为了保存，他就不可能是一位虔诚的信徒；在他那里，就不可能出现事实上的所谓"迷信"。

王西彦的说法跟巴金的自供颇出入。王西彦说，他和巴金"在'文化大革命'中，我们都相信神，又都'并不那么相信'，因此彼此都不忘记但丁的诗篇"[30]。王西彦还回忆说，他在"小牛棚"里悄声问巴金："他们几乎把你所有的作品都看成反党反社会主义的毒草，好像你是一个天生的反革命分子，你读了有什么感想？"巴金的回答是："我相信历史！"[31]

到底是相信历史还是相信神呢？要知道，这是完全相反的两极。

巴金在《随想录》中回溯说，"文革"开始时他是相信神的，一直到 1969 年才"觉悟"了。这种"三年迷误，一朝觉醒"的说法是不可靠的。关于迷误的原因，巴金认为一个来源于神，所谓"个人迷信"；另一个来源于人，所谓"革命群众"，他说起初相信批斗是为了挽救自己，经受了长期的批斗之后，才明白那些"以批斗别人为乐的人是踏着别人的尸首青云直上的"[32]。回过头看，原来"改造"是一个"大骗局"。

至于自己，巴金说："经过那十年的磨炼，我才懂得'奴隶'这个字眼的意义。"[33]鲁迅一直使用"奴隶"这个词，在左联内部也使用这个词。而巴金现在才开始使用，并且把它和"人"对立起来，于是，在他那里，便有了"神"与"人"、"人"与"奴隶"两个不同的社会层次。他引用林琴南翻译的英国小说《十字军英雄记》中一位公主向武士说的话："奴在身者，其人可怜；奴在心者，其人可鄙。"[34]说是只有到了1969年之后，他自己才不再是"奴在心者"的奴隶。

其实，从20世纪50年代初开始，特别到60年代初，他便有所觉悟，甚至是很高的觉悟了。这种觉悟，就巴金个人来说，是以一种变态的——表面的顺从——的形式来表现的。"迷药"的效力非但不曾使他迷误到"敌友不分"，相反是严格的亲疏有别。对于朋友，他原来写过不少忏悔文章，事实上印证了当初的立场态度，并非出于一味的"愚忠"，而是怀有一种唯知识分子才有的敏感性、警惕性。仅就人事关系的处理上，便不难看出，巴金一直活得小心翼翼，每走一步，都包含着精细的政治考量。

既要"活命"，保全自己和家庭，就必然避害趋利。在一个互相监督、互相提防、互相揭发的严酷的阶级斗争的环境里，一切作伪都是可以理解的。于是，他学习"演戏"，偷偷练习低头弯腰、接受批斗的姿势，以便在台上表现良好，争取早日过关。他在"文革"发生后继续用流行的革命语言记日记，强调"思想改造""学习主席著作"等。当日记被抄走之后，仍然记《劳动日记》，主动地写些认罪的话进去，以便讨好"革命派"人物。后来还向萧珊要了一本"学习手册"来记日记，虽然他说这时已经"看透造反派的心"，但还是"为了保护自己"继续'歌功颂德'"。一个"迷误"的巴金，分明是一个清醒者、作伪者。"觉悟"以后，巴金仍然作伪，不但欺骗造反派，而且欺骗同行和朋友。直到1976年初，他已从干校回到上海，致信翻译家徐成时，还这样写道："知道你去干校锻炼，很替你高兴。这的确是个好机会。我曾在干校待了两年半，半天劳动半天学习，身体很好，心情也舒畅，这一段时期的生活是值得回忆的。"这就不是"真话"。在人与人之间，已经没有"真话"可言，对此，唯一可解释的是，巴金对当时的社会已经失去了信任。

这就是中国一个敏感而懦弱的知识分子的全部真实。

在关于个人被"改造"的历史回顾中，巴金极力渲染其作为奴隶"奴在心者"的奉命唯谨的方面，将自我塑造成一个毫无保留地服从组织，没有信仰，没有思想，在政治上十分轻信的形象，以取信于组织，进一步获取和维持一种安全感。而"奴在身者"的另一面，也即弄虚作假，意在蒙蔽组织和群众的方面，所谓"觉悟"的方面，巴金则极小心地把它镶嵌、限定在"十年"的范围之内。他的"觉悟"不能太早，更不能从一开始就了解历史、相信历史，他必须把自己说成为一个迷误的人。这是一种话语策略，本质上是一种生存策略。就在他自觉有权利讲说自己从前所遭遇的现实情形，以及个人的心路历程时，仍然要保留一些"真话"，继续说一些假话。

一个提倡"讲真话"的人，为什么自己不能彻底地讲真话呢？（一）他仍然要保存自己和自己的家庭，保存绝不是一件容易的事；（二）既得利益需要维护；（三）语境不曾发生根本性的改变，政治禁忌还在，棍棒还在，而且"听惯棍棒的人很难说自己毫无余悸"。在《随想录》写作的过程中，巴金只能根据公共语境的变化，不断地调节他的观点和话语形式，这也就是《随想录》内容为何出现前后不一致、矛盾，甚至混乱的原因。

在《随想录》中，巴金清醒地说过这样一段话：

在那个时期我不曾登台批判别人，只是因为我没有得到机会，倘使我能够上台亮相，我会看作莫大的幸运。我常常这样想，也常常这样说，万一在"早请示，晚汇报"搞得最起劲的时期，我得到了解放和重用，那么我也会做出不少的坏事。当时大家都以"紧跟"为荣，我因为没有"效忠"的资格，参加运动不久就被勒令靠边站，才容易保持了个人的清白。使我感到可怕的是那个时候自己的精神状态和思想情况，没有掉进深渊，确实是万幸，清夜扪心自问，还有点毛骨悚然。[35]

这是真话，世人叫"良心话"。这里涉及一个中心和边缘的问题。巴金说的是，进入权力中心容易在政治上堕落，只有身在边缘才可以得救。在"文革"中，巴金确实因"靠边"而得到了拯救，但他此后仍然有机会进入中心。

巴金把"五七干校"看作但丁笔下的地狱，在当时，他确实已经绝望于自己的处境，但是，进入干校的其他知识分子并不完全像他这样，而是在通往炼狱和天堂的道路面前，表现出竞进的姿态。

郭小川以一贯铿锵的革命诗句写下《长江边上"五七"路》："金色阳光，/照亮了/向阳湖畔的山丘；/火红大旗，/飘展在/方圆百里的湖心绿洲；/一派清风，/吹动了/稻穗荷花织成的锦绣；/满腔热血，/鼓荡着/我们革命情怀的飞舟……/非凡的幸福，/无时不在温暖着/我们的心头……走在'五七'路上，/就像在/长江的大风大浪中畅游……"[36]臧克家同郭小川一样进的是湖北著名的咸宁干校，在干校里较早获得解放。在宣布"解放"的大会上，他即兴朗诵了《我站在革命的行列》："……一声解放，/像春雷从头顶滚过，/震得我心花怒放，/震得我泪珠双落……/在'五七'道路上，/我们把秧苗插满了阳春三月。/我们也像一株株秧苗，/在毛泽东思想的阳光雨露里生气勃勃……"[37]他写了不少诗美化干校的劳动岁月，后来把这些"田园短诗"结集为《忆向阳》，以寄怀恋之情。"右派"作家姚雪垠曾著文批评，臧克家随即反批评，自然也有不少人支持他，为他辩护。

到了干校，巴金的态度是甘受惩罚，自知反抗固然不能，而像以往一样积极表现也不起作用。巴金的朋友们却并非如此。曹禺的怯懦服从有点相像，可是缺乏思考力，没有巴金年轻时政治思想的底色。他自称逼供之下，也相信自己是个"大坏蛋"，自暴自弃，情愿去扫街，还曾几次想到自杀。他对传记作者田本相说，他的房间挂着毛泽东头像，贴着流行的毛泽东语录："革命不是请客吃饭……"他跪在地上，央求妻子方瑞说："你帮助我死了吧，用电电死我吧！"[38]这种自杀的方式颇为滑稽，几近演戏。据说他去过干校，看守过传达室，做过收发信件、传呼电话的角色，还干过挑大粪等重活脏活。只是时间不长，因为有外国记者给报道了出去，怕国际影响不好，北京市便将他送到外省疗养给保护起来了。

其他人却很少有曹禺这种幸运。

冰心被揪斗、被抄家、进"牛棚"，所有倒霉的知识分子在"文革"中遭遇到的事她都遭遇过，后来去咸宁干校，再转到沙洋。在干校，她干过各种各样的活：拾粪、看菜园、种棉花、锄草、修公路、搓麻绳、打砖坯、挖水渠，等等。她写了不少歌功颂德的诗文，在毛泽东《讲话》发表三十周年时，作诗《因为我们还年轻》，说是"写了我一生的思想过程"[39]。后来作为人大代表参观韶山，在日记中说，这是她"一生中最激动最幸福的时刻"[40]。她描写道："我独自站在荷花池畔，毛主席旧居的大门还没有开启……我忽然觉得这一朵朵亭亭出水的光艳的荷花，在晨风中一齐仰首，就像一张张肤色不同、年龄不同的革命人民的容光焕发的脸，在万静之中，呼唤出心中的'毛主席万岁！'——而那圆圆的绿绒般的荷叶上流转着的露珠，就像是我那时脸上流着感激欢喜的热泪……"[41]1973年5月，她在日本大阪出席日本新剧人恳谈会，并做了发言，发表时题为《我在

"五七干校"的生活与感想》，介绍说："'文化大革命'以后给了我们一个机会，因为有一个'五七干校'，所有一切能够下去的机关干部，不管是什么人，作家、新闻记者，都要下去和工农兵一起生活，向工农兵学习，是这么一种学校。……下去以后，就和年轻人一起劳动……下去以后因为我们旁边有工人农民，我们和他们生活那么久，我们思想感情在起变化，就是我们心里头所想的慢慢地和工人接近起来。"[42] 她在干校写的家书，也同日记一样，以在干校劳动为荣，非常革命化。

到了"文革"，沈从文注定是一个麻烦不断的人。1966 年 5 月他写信给朋友邵洵美，说："半年来日读报刊，新事新闻日多，更不免惊心动魄，并时怀如履薄冰惶恐感。在此'文化大革命'动荡中，成浮沫沉滓，意中事也。"[43]7 月，他写信给大哥也有同样的预感，谓是"小不谨慎，都成碎粉"[44]。这时，大字报铺天盖地，由他推荐到博物馆的范曾即写了十二大张纸，列举了二百几十条罪状，使他深受伤害。面对满墙的大字报，他对老同事史树青说："台湾骂我是反动文人，共产党说我是反共老手，我是有家难归，我往哪里去呢？"[45]

从 1966 年到 1968 年，沈从文两年间共抄家八次，做过六十多次检查。他很早被扭送进"牛棚"，先是审查批斗，或是陪斗；没有批斗会时便学习、参加劳动、拔草、擦玻璃、打扫厕所等。那时他身体很差，随身带了个小卡片，上面写明姓名、单位地址，以防不测的事情发生。他想参加游行，头头说他无权加入，他情绪不好，还哭鼻子。1968 年抄家后，沈从文又发生精神失常的现象：失眠、出现幻觉、遇见陌生人心生恐惧、听到小孩子叫嚷也感到害怕，甚至连张兆和说话也害怕。抄家时，情形也同巴金一样，住房被压缩为一间。巴金的藏书被封，沈从文多年购置的图书资料因无处存放，只好以每公斤七分半的价钱卖给废品收购站。进"牛棚"之后，儿女被疏散；再后来，继张兆和之后，自己也被赶到了咸宁文化部"五七干校"。

1970 年元旦前后，沈从文被安排看守菜园，次年转至双溪。他在干校共待了两年多时间，劳动不算辛苦，但内心常怀恐惧和警惕，像他诗里说的："时怀履冰戒，还惧猛将冲。夜眠易警觉，惊弓类孤鸿。"[46] 因慑于"亚细亚式"迫害狂传统模式的重演，他采取的是"浑浑噩噩、随遇而安"的生存策略。后来好像变得轻松了一点，写了不少古体诗，在自称处在"一种离奇不可设想的狼狈情况下"[47]，赞美"五七"种种，颂诗中有"五七指示尽英明""五七干校气象新，'三同''四好'意义深"等句子。他把写作旧诗当作一种"简化头脑"的训练，同写考古文字一样，相当于他在杂记《从针刺麻醉中得到一点启发》中说的针刺麻醉那样，借以分散脑力，力求忘我，减少病痛和各种压力。但是，张兆和、沈龙朱及其亲友是反对他写诗的。

1968 年以后，一概被打倒的人文知识分子群体出现分化，有一小部分进"写作组"、巡回演讲等，也有因此而变得大红大紫的。

在 1973 年"批林批孔"时候，北大教授冯友兰发表有关文章，顿时成为风云人物。沈从文 1974 年 5 月 1 日致信张兆和说："有不少知分在'独出心裁'地写批孔文章，都近于采用新的儒术作为基本功，巧佞取悦于上。文章受赞许，反映的便是旧儒术在新社会中还大有市场。"[48]8 月 3 日致信李宗津也说："一些深明儒术、善于阿谀，用说谎话作为进取的高级知分，都在学习运用新的儒术以自保，或已精通新的儒术，用作向上爬个人发展的主要方法。"[49] 到 1977 年 5 月 12 日，在给张兆和的信中，他还说及冯友兰："新式大儒巧佞到把北大师生劝说成百鸟朝凤，作诗有'自从高祖……后，始知吕后真英雄'，甚至把妖婆的像在客厅里也挂得高高的。北来后听到这类新天方夜谭倒不少，但是杞忧也不免随日加深。代表最高学府的第一流高知的自尊自重下降堕落到这种情形，我们哪能要求其他年轻人这样那样？"[50]"向上爬"是可耻的，"自保"是可悯的。至于在当时对冯友兰能被重用一层是否存有一点醋意，像他在 20 世纪 50 年代初说及巴金、郑振铎等人得以享受"国宾"级待遇，常常飞来飞去时那样不好妄测，但他实在做不成巧佞之人，始终不忘"自保"也是的确的。

咸宁干校是文化部系统的干校，可谓聚集了当代一流的文化精英。萧乾也随众到了这里，他是把干校看作是"避难所"的。

在萧乾看来，批斗最可怕，如果能用体罚般的重劳动代替批斗，他是乐意的。一次"双抢"，他便连续劳动达五十多个小时，以致患上冠心病。在干校的日子里，据说他经常向工宣队和军宣队"写纸条"，即所谓"打小报告"，民间称为"告密"。为此，牛汉把他称作"坏人"，在他去世时拒绝参加追悼会。有人据此写文章，称他告密乃为"自保"，避免批斗，意思是主动的。但是，此举出于组织交给他的"任务"，要他将功赎罪，也不是没有可能。据《南方周末》披露，反右运动过后，黄苗子、冯亦代等人都曾担任过这种监视同类、负责告密的角色。只要是组织的命令，那是不可以违抗的。

不知是因为萧乾在反右时揭发批判过的"右派"身份，还是在干校时的"密探"身份，总之沈从文后来和萧乾断交了。1972年，萧乾从干校回京治病，在为自己的住房问题奔走之余，也想请托北京市革委会的朋友找沈从文的单位领导，设法改善一下沈从文的住房条件。沈从文得知此事，给萧乾写信，指责萧乾多管闲事。一日，两人在路上偶遇，沈从文痛骂萧乾，说萧乾此举影响他的政治前途，还反问道：你知道不知道，我正在申请入党呢！说罢掉头而去。后来，萧乾还收到沈从文让张兆和转来的亲笔信，说他一旦去世，不许萧乾参加追悼会，亦不许他写悼念文章，不然将诉诸法律，云云。

"五七干校"是知识分子集中改造的地方。改造是一个"非我"的过程，恐惧自然会成为一种普遍的心态，巴金视"牛棚"干校为地狱，也是出于其锻炼人罪的缘故。知识分子的各种弱点，包括人性自身的弱点，都因为恐惧而表现无遗。在一个极端环境里，容易受惊是最正常不过的事，相反缺乏恐惧却是一种病态现象。苏联被镇压的诗人曼德施塔姆夫人娜杰日达·雅科夫列夫娜称那些不知恐惧为何物并以此自豪的人为"不受惊吓的白痴"。

鲁迅有一篇短文，叫《失掉的好地狱》，说的也是地狱，但那已经是另外的意思了。

巴金的厄运还没有到头。

1972年，萧珊病倒了。在"文革"中，巴金接受种种屈辱，而终于没有走上自杀的道路，其中一个重要的原因，就是不愿意离开萧珊。他留恋萧珊和他一同缔造的小家庭。萧珊的健康状况，对身在干校的巴金来说，比起日常劳动和批斗，无疑是更严重的折磨。

萧珊从中学生时代起开始追随巴金，一起生活近三十年，伴随左右，除了料理家务，还学习俄文、写作和翻译，帮助巴金校对译稿，处理读者来信以及其他琐碎事务。毕竟是从西南联大出来的人，她不安于为安逸的家庭生活所羁系，愿意走出社会做事。从20世纪50年代起，萧珊对巴金的自我改造是支持的，但不像张兆和，一定要做男人的"火车头"。从家书看，她与巴金在政治表现上相当契合。所以，到了60年代，她会主动要求搞"四清运动"，"锻炼"自己。这是颇符合当时体制内对于国家工作人员的"革命化"的要求的。

"文革"发生后，萧珊一面同巴金一样被批斗、被恐吓、被伤害，一面还在艰难中保护巴金。

对于"文革"，她和巴金的立场是一致的。倘使巴金一个人去作协"学习"或接受批斗，萧珊总是把他送到电车站，不要让他有被孤立的感觉。遇上上班时间，公交车特别拥挤，巴金挤不进去时，她就站在车下用劲帮忙把他往里塞，免得被挤下来。那时，儿女年少，像所有的"小将"一样，受了"革命"的蛊惑，认为巴金做了"坏事"连累大家，于是向巴金提出"站稳立场"的警告。萧珊把孩子的意思告诉巴金，惊诧之余，不忘及时向巴金表达深挚的慰藉之情。

萧珊是一个要强、干练的女性，身处乱世，她还要极力争取做人的权利。可是，个人的意志无论如何强硬，都比不过"无产阶级专政的铁拳头"，个人越是强硬，所受到的伤害将越加惨重。作为女性，萧珊虽然刚强，内心毕竟脆弱。"文革"初期，她除了自身受的种种创痛，还得为巴金担惊受怕，常常一个人暗地里叹息、哭泣，要服眠尔通才能入睡。运动高潮过后，她平日更多是待在家里，独自承受被社会隔离的苦痛。过去高朋满座，而今门可罗雀，对于素来爱热闹的萧珊来说，真可谓冰火两重天。难怪接到沈从文来信，她会翻来覆去地看，含泪自语道："还有人记得我们啊！"[51]

　　史无前例的"大革命"压垮了萧珊。她得了绝症，可是在混乱而艰难的日子里，她最初的病情却被巴金和她本人忽略了。巴金休假返回上海的时间很少，有一次轮休，工宣队的头头突然对他说："根据你的罪行，判你十个死刑也不多。"[52]后来他才听说那时候张春桥有过指示说，对于巴金，不枪毙就是落实政策。返家时，见到萧珊日渐憔悴，他也只是宽慰她，却不敢请假，陪她到医院里检查一下。

　　病情一天天加重，萧珊惦记着的，仍然是巴金和儿女的出路。见到巴金，她便问："你的问题什么时候才解决呢？"巴金应付说："总有一天会解决的。"她听了，叹口气说："我恐怕等不到那个时候了。"[53]女儿小林大学毕业，已经结婚，正在等候分配，能不能留在

"文革"中的萧珊

巴金签名赠给萧珊的书

上海工作是一个问题。儿子小棠到安徽农村插队多年，生活上不能养活自己，不知有没有可能被推荐上大学，做一个"工农兵学员"。如果不能，回城团聚的希望就变得很渺茫了。

萧珊病势凶猛，终于使全家人连同亲戚朋友都动了起来。他们几次送她到医院去，都因为没有"后门"，做不成检查，连拍一次Ｘ光片也未能如愿。等到巴金最后一次轮休回家，萧珊已经不能起床了。这时假期已满，巴金要求续假，被工宣队头头严词拒绝，逼他第二天准时回干校去。女儿和女婿跑到作协机关说情，希望让巴金在家里多留几天照料病人，头头说：他不是医生，留在家里有什么用？留在家里对他改造不利！

没有法子，巴金只好重返干校。这时，恰好小棠得到家信从农村回来，巴金只好把萧珊交付给小棠，却不知道这时小棠已经得了严重的肝病了。

是1949年以来最后一次运动——"文革"把巴金从一位社会名流一下子降为政治贱民，他自称是"奴隶"，同此前的"黑五类"——地主、富农、反革命、右派、坏分子一样，受尽社会的欺凌。这时，连他在银行里的存款也不能由自己支配，强行全部冻结，只准许每月从作协工宣队那里领取一张批条，然后到银行取用限定的三百元。除了房租及日常生活费用，所余根本不够支付萧珊的医药费，为此，他还得给干校连部打报告，申请批准另发一百元。

在巴金返回干校之后，有一位亲戚帮忙走"后门"，让萧珊拍片检查，结果诊断为肠癌；又因为有朋友设法，这才

萧珊病重，巴金要求干校领导允准他多取自己存款做医药费用。这是他当时写的请示报告

得以进入中山医院住院。家里没有把真实情况告诉萧珊，也没有告诉巴金，但向单位做了报告。

后来干校全体人员回上海市区参加批斗大会。工宣队头头通知巴金，说以后可以不用来干校了。突然而来的恩宠使巴金明白，萧珊要出大事了。他回到家里，正是萧珊入院的前一天。萧珊对自己的病情已有不祥的预感，见到巴金也不想讲话，偶尔才开口。巴金听到她说了两次："我看不到了。"巴金连声问她看不到什么？她迟迟才说："看不到你解放了。"[54]

萧珊入院后，巴金每天到医院里陪她大半天。太晚了。所有的针药，包括手术，都无济于事。巴金离开干校不过二十天，萧珊便遽尔辞世。

在生命的最后时日里，萧珊是痛苦的、孤独的、悲惨的。巴金和他的孩子回忆起来，对于萧珊，个个有着难言的痛疚。

小林在题为《一份迟到的礼物——献给母亲的在天之灵》的文章中写道：

> "文革"期间，父亲被打倒，母亲成了"臭婆娘"，人们避而远之，几乎再无人登门。随着父亲"罪名"的加重，家中的气氛压抑得令人难以忍受。母亲常常瞪着失神的眼睛，望着天花板，一待就是好几个小时。而我除了机械地对母亲重复"相信群众，相信党"，再无更多的安慰话。我那时十分惶惑，内心深处不相信父亲会"有罪"，但面对铺天盖地的大批判，我觉得茫然。我只想逃避。我越来越少待在家里，甚至害怕和父母说话。那年月，往往一张普通的笑脸、一封短简、一句简单的问候，都会使母亲激动不已、热泪盈眶。而我却在母亲最需要关爱的时候，疏远了她，让她独自面对满屋子冰冷的封条，咀嚼难咽的痛苦。母亲身心交瘁，结郁成疾。……当我为自己的自私而愧疚悔恨时，一切已无法挽回。如今我还时常想起1972年6月底的那个晚

上。靠亲友的帮助，母亲终于做了一些检查，那晚舅妈请来了她熟悉的一位外科医生。医生看了 X 光片和同位素扫描报告，说出了我们心中一直不愿相信的结论……尽管是夏夜，我却觉得浑身冰凉。我不敢走进母亲躺着的屋子，我知道她正怀着急切不安的心情等待着诊断结果，我无法面对她。我回到我的房间，躺倒在床上，眼泪哗哗地掉下来……房间是一片黑暗，我心里也一片黑暗。一阵轻微的啜泣声从墙角传来，借着窗外街灯昏黄的光亮，我看见弟弟缩在沙发椅上双手捂着脸哭泣。我又怎能安慰他？眼睁睁看着死神一步步逼近，终将从我们身边把母亲带走，我们却无能为力，那一晚，两个被悲伤压倒的无助的人，只能躲在暗夜里低声哀哭。为母亲，也为我们自己。多少年过去了，回想起那个夏夜，我仍然会泪流满面。[55]

萧珊去世后六年，巴金写下《怀念萧珊》，六年后又写下《再忆萧珊》。他很自责，说："一句话，是我连累了她，是我害了她。"[56]对于萧珊，他自觉是一个有罪的人、无能无用的人。他回忆起决定给萧珊动手术之后的情形说：

> 我做了决定，就去病房对她解释。我讲完话，她只说了一句："看来，我们要分别了。"她望着我，眼睛里全是泪水。我说："不会的……"我的声音哑了。……时间很紧迫，医生、护士们很快做好了准备，她给送进手术室去了，是她的表侄把她推到手术室门口的。我们就在外面廊上等了好几个小时，等到她平安地给送出来，由儿子把她推回到病房里去。儿子还在她的身边守过一个夜晚。过两天他也病倒了，查出来他患肝炎，是从安徽农村带回来的。本来我们想瞒住他的母亲，可是无意间让他母亲知道了。她不断地问："儿子怎么样？"我自己也不知道儿子怎么样，我怎么能使她放心呢？晚上回到家，走进空空的、静静的

房间，我几乎要叫出声来："一切都朝我的头打下来吧，让所有的灾祸都来吧。我受得住！"[57]

萧珊去世对于巴金是一个毁灭性的打击。一个六十多岁的人，头发完全白了，人也变沉默了。王西彦形容他已经成了一个"稻草人"，至少老了十岁。在很长一段时间里，家里人都不敢在他的面前提到萧珊的名字，连好友杨苡来访也不提萧珊。

在巴金那里，"文化大革命"永远同萧珊之死连在一起。家破人亡，创巨痛深，非亲历者不可能感知。因此，对于"文化大革命"，我们不可能要求巴金像历史学者那样做学理的辨析；当然也不可能要求他像"异议者"那样持体制外的立场，承认其中天然合理的成分。在巴金看来，"文化大革命"是"历史上少有的黑暗年代"，这个年代，是只配十重的诅咒的。

萧珊去世后，巴金从干校返回巨鹿路作协机关上班：劳动，学习，写检查。"九·一三"事件过后，对知识分子的控制较为松弛；加上巴金已经成了"死老虎"，批判也就日渐减少了。

起先，巴金要照顾患肝病的儿子小棠。小林毕业后，滞留在校，迟迟未能分配工作。困居在家，忧患，孤独。有一位过去的老熟人来巴金家里，看见他独坐楼下吸烟，这是过去从来未曾见过的。还有一位小亲戚在这时看望过他，在厅堂里，看见唯一的一本刊物《学习与实践》。他陪小亲戚在院子里慢慢地踱了几圈，然后慢慢地坐到桌子前边，戴起袖套，从抽屉里摸出一本修理指导书，开始修理打火机。桌面上堆放着拆开的打火机零件，各种牌子的都有。小亲戚见他虽然动作迟缓，却早已精于此道。他好不容易组装好一只打火机，揿动磨轮，火花四溅，接着又慢慢拆开，重新开始组装。他叹口气，对小亲戚说："唉，无事可干，学门手艺也好哇！"[58]

书橱的封条还贴在原处，不能阅读，也不能写作，实际上连劳动的权利都被剥夺了。一个靠写作为生的人学习修理打火机，完全的消磨时间，消磨生命。巴金大约也在以此麻痹自己，正如鲁迅当年在袁世凯治下抄古碑、弄拓片一样。

1973 年 7 月，上海作协通知巴金"接旨"，听党支部书记口头宣布上海市委王洪文、马天水、徐景贤等六人做出的决定：巴金问题"作人民内部矛盾处理，不戴帽子，发生活费"[59]。所谓"发生活费"，是准许巴金不用批条，按每月三百元定额，到银行自行提取被冻结的个人存款。此外，还准许巴金"做点翻译工作"，两年后，正式调至上海人民出版社编译室。

开始时，"上班"半天，后来改为每周三个半天，到了出版社以后，干脆称病不能工作，只参加"学习"，其余的时间都留在家里。以家庭为主，相对游离于社会，这种情形同 40 年代最后几年颇相类似。然而，人事变迁太大，从家境到心境前后已经完全不同了。

那时，萧珊是家庭的主角，现在换成了他自己。"没有我，谁来照顾你啊？！"[60]萧珊在病房里的说话，今天犹在耳边。处理日常事务，实在不如萧珊的利索，然而许多不得不由自己亲自去做。虽然孩子已经长大，懂得分担，但是各奔东西，原来的"家"已经容不下他们两个了。他曾经向工宣队提出要求，让小林毕业后留在上海照顾自己，结果 1973 年年底分配到了杭州。他还提出，小棠要报考大学，希望按政策给予支持，然而病后还是回到安徽的老地方去。

那时，他自己正当盛年，而今已进入老境。在提笔著译，特别在给朋友写信的时候，不时地冒出"时日不多"一类话语。这是一种不健康的心态。虽然他能够以不间断的工作充填时间，内心里的空落却再也无法填补。

那时，客厅是上海文人的一个聚集地，经常听到朋友们高声谈笑。现在少了女主人的热情张罗不说，气氛也很异样。经过数年的沉寂之后，朋友陆续前来，可是一些人不见了，而剩下的人也像战场归来的伤员一样，不再有从前的勃勃生气。他怀念两位保护过自己的官场朋友金仲华和陈同生，而不免责备自己的懦怯。一个晚上，金仲华打电话给他，他怕连累，说自己马上要"靠边"了，要金仲华不要再来电话。陈同生带病亲自给他家里送来两个陶瓷人形灯座，过了几天，在马路上遇见，他感到四处都有耳朵，四面都是眼睛，竟也不敢并排走在一起，不敢说一句话。可憾恨的是，这两位朋友很快就自杀了。

这时，也陆续地和朋友们恢复了通信。最早是萧珊的联大同学查良铮、杜运燮，再就是黄源、茅盾、叶圣陶、李健吾和汝龙，当然还有上海的王辛笛、黄佐临等，《巴金文集》的编辑王仰晨、大哥的儿子李致都联系上了。这时，相违已久的吴朗西柳静夫妇也曾几次上门探访。沈从文到他萧索的家里看望他，使他特别感动。萧珊尚在人世时，他遇见沈从文家一位在音乐学院附中念书的亲戚，说沈从文把他家的地址弄丢了，要他写一个交她转去。他后来说他不敢背着工宣队"串联"，考虑了好几天才写了地址转交，他说他"并不希望从文来信"。收到沈从文的来信，他也不敢答复。而那信件，却曾使得陷于冬寒里的萧珊感受到炭火般的温暖。

巴金在 20 世纪 40 年代末的混乱、困顿的时局中，小心呵护着他的小家庭，现今仍然这样希望，只是家庭已经残缺不全。大约唯其如此，他心里的负担将更为沉重。他写信给朋友，在谈到萧珊永别之后，立即说到孩子，说："我有责任帮助两个孩子好好工作，努力向上"。虽然信中仍然要说"应当认真改造自己"，但是因为他早已意识到"改造"的无效性，所以再说"改造"也无非是一句套话、空话。[61]他多次说到孩子，说到孩子的孩子，写外孙女端端的文章就有三篇。是萧珊的遗爱，家里的空缺，让他"必须振作起来"[62]。

一个成熟的知识分子，是不会放弃工作的。

巴金在有条件重新开始工作的时候，有他自己的考虑。他选择了翻译。首先，因为翻译安全，而且为组织所准许。至于创作，二十年来有什么成绩呢？他应当很清楚，无非是跟着上头唱颂歌，说谎话而已。那些廉价的颂词，他已经写得足够多的了。不能说巴金没有审察自己的能力，其实从这时候开始，他就已经从内心里摒弃了"歌颂"的模式，而致力于暴露和批判。

但是，他毕竟胆怯，根本不敢挑战现实中的黑暗。他慢慢摸索，慢慢地做。1973 年夏天，他捡起三十多年前从英文本翻译过的屠格涅夫的《处女地》，用俄文原著重译。把全书译完，他只用了四个月时间，说明他一颗苦闷彷徨的心已经有所安顿了。

1974 年 8 月，他写了《译后记》。不长的文章中无端地插入屠氏的一篇散文诗《俄罗斯语言》：

> 在疑惑不安的日子里，在痛苦地担心着祖国命运的日子里，只有你是我唯一的依靠和支持！啊，伟大的、有力的、真实的、自由的俄罗斯语言啊！要是没有你，那么谁能看见我们故乡目前的情形，而不悲痛绝望呢？然而这样的语言不是产生在一个伟大的民族中间，这绝不能叫人相信。[63]

这是巴金十分喜爱的一篇散文诗。关于《处女地》，他是完全不必引用的。他移用过来，实在是借他人的酒杯罢了。接着，他提及小说结尾所谓的"匿名的人"和"匿名的俄罗斯"，说到作者："他不赞成革命，但是他知道革命必然要来；他虽然害怕革命，但是根据他对祖国的热爱，他理解到革命必然要来，而且要改变他当时的存在的一切。"《译后记》就这样结束。可以想见，巴金在读它、翻译它、使用它的时候，是何等的血脉偾张。除了语言，对于巴金来说，还能剩下什么呢？

巴金选择俄罗斯文学是有道理的。沙俄的专制和黑暗跟中国当下的情形太相像了，但是，俄罗斯式的知识分子在中国却是这般匮乏。他们对祖国和人民的热爱，对自由的渴望，理想、斗志和牺牲的热情，曾经极大地教育和鼓舞着年轻的巴金。可是，长期以来，他背向了他们，而且走得那么远！而今从精神的流放地归来，重逢了久违的他们，当是何等的激动和愧疚！

译完《处女地》之后，巴金接着翻译赫尔岑的回忆录《往事与随想》。他是把移译这部史诗般的巨著当成一生中最后的一件工作的。

赫尔岑同屠格涅夫一样，都是俄罗斯的"贵族知识分子"，但是在言论和行动方面都更加激进。他是沙皇专制制度的死敌，一生鼓动革命，呼唤自由的俄罗斯，直到后来流亡西欧，创办《北极星》《钟声》等报刊，在国内产生很大的影响。《往事与随想》由众多片段回忆组成，包含了日记、书信、散文、随笔、政论和杂感等不同的部分。赫尔岑前后用了十五年时光，外屋、顶楼、厢房，一部分一部分地建构，最后把它们统一成一座宏伟的大厦。他通过一个人的生活道路，见证了从 19 世纪 20 年代一直到巴黎公社前夕俄罗斯和西欧社会生活和革命斗争的历史。

巴金最早是在他常常怀想的沙多—吉里的葱茏的校园里阅读赫尔岑这部大书的。这部用血和泪写成的书，完全把他的自由不羁的心点燃了。当时他写《灭亡》，以至以后写《随想录》，无论思想和文字，

赫尔岑画像

屠格涅夫

都接受了这部书的影响。

他翻译过《往事与随想》第五部的一部分，名《家庭的戏剧》，四五十年代出版过。他一直想译出全书，但都未能如愿，想不到在一场大劫之后会重拾起来，可惜劫余的时间太少了。他居然下决心在太少的时间内完成如此繁重的，简直不可能完成而事实上也没有完成的工作，就因为做这个工作，完全出于他的内在需求，赫尔岑说出了他想说而说不出来的话。

"文革"结束后，巴金在《一封信》中回顾了这次翻译。他说：

> 我每天翻译几百字，我仿佛同赫尔岑一起在十九世纪俄罗斯的暗夜里行路，我像赫尔岑诅咒尼古拉一世的统治那样咒骂"四人帮"的法西斯专政，我相信他们横行霸道的日子不会太久……[64]

这里说得很明白，在巴金自己，《往事与随想》的译文，其实就是他写给时代的咒语。

此外，赫尔岑的书是一篇告别的文字，这对于巴金当时的情怀来说，也是非常契合的。赫尔岑在序文中说：

> 凡是属于个人的东西都会很快地消失，对于这种消逝只好顺从。这不是绝望，不是衰老，不是凄凉，也不是淡漠；这是白发的青春，恢复健康的一种形态，或者更恰当地说，就是恢复健康的过程。人只能用这个方法忍受某些创伤。

《往事与随想》激发了巴金对于青年时期的梦想与狂热的追怀。那时充满"早晨的亮光"，而现在做的却是"黄昏的工作"，他希望在夕照中找到晨光，"老年和青年合在一起"。"人们想保存一切：要蔷薇，也要雪；他们希望在一串串熟了的葡萄旁边开放着五月的鲜花！修道士在苦闷的时刻靠着祈祷得到解脱。我们并不祈祷，我们从事写作，写作就是我们的祷告。"[65] 这是赫尔岑的话，也是巴金的话。

赫尔岑说："让《往事与随想》算清个人生活的账，而且作为个人生活的总目吧，剩下来的思想就用到事业上去；余下来的力量就投到斗争中去。"[66] 清算是为了把多余的部分投入斗争。对巴金来说，现在也到了清算的时候了，然而，他有可能反抗时代，恢复他那勇敢无畏的青春吗？

注 解：

1.《向工农群众学习，为工农群众服务》，发表于《人民日报》(1966 年 5 月 5 日第 2 版)。

2. 同上。

3. 陈丹晨：《巴金全传》，中国青年出版社，2003 年，394 页。

4. 巴金：《巴金全集》第 23 卷，人民文学出版社，1986 年，537 页。

5. 巴金：《创作回忆录》，汉湘大化，2003 年，173 页。

6. 巴金：《巴金全集》第 16 卷，人民文学出版社，1986 年，374 页。

7. 巴金：《巴金全集》第 16 卷，人民文学出版社，1986 年，695 页。

8. 同上，526 页。

9. 同上，316 页。

10. 同上，325–326 页。

11. 巴金：《巴金全集》第 16 卷，人民文学出版社，1986 年，16 页。

12. 姜云生：《我心目中的三位士》，收录于《细读自己》，山东友谊出版社，1998 年；又见陈思和、周立民选编：《解读巴金》，春风文艺出版社，2002 年，522 页。

13. 巴金：《巴金全集》第 16 卷，人民文学出版社，1986 年，396 页。

14. 巴金：《巴金全集》第 16 卷，人民文学出版社，1986 年，238 页。

15. 同上，67 页。

16. 黄宗英：《黄宗英自述》，大象出版社，2004 年，94 页。

17. 王西彦：《焚心煮骨的日子："文革"回忆录》，香港昆仑制作公司，1991 年，212–213 页。

18. 巴金：《随想录》，香港三联书店，1980 年，49 页。

19. 但丁：《神曲》地狱篇，第三章。

20. 巴金：《巴金全集》第 16 卷，人民文学出版社，1986 年，238 页。

21. 巴金：《巴金选集》，四川人民出版社，1982 年，73 页。

22. 巴金：《巴金全集》第 10 卷，人民文学出版社，1986 年，345 页。

23. 巴金：《巴金全集》第 16 卷，人民文学出版社，1986 年，293 页。

24. 同上，172 页。

25. 同上，316 页。

26. 巴金：《巴金全集》第 17 卷，人民文学出版社，1986 年，40 页。

27. 巴金：《巴金全集》第 20 卷，人民文学出版社，1986 年，674 页。

28. 巴金：《巴金全集》第 19 卷，人民文学出版社，1986 年，556 页。

29. 巴金：《巴金全集》第 16 卷，人民文学出版社，1986 年，325 页。

30. 王西彦：《焚心煮骨的日子》，香港昆仑制作公司，1991 年，237 页。

31. 同上，137 页。

32. 巴金：《巴金全集》第 16 卷，人民文学出版社，1986 年，318 页。

33. 同上，322 页。

34. 周立民：《"五四"之子的世纪之旅：巴金评传》，台湾秀威资讯科技股份有限公司，2011 年，245 页。

35. 巴金著，李济生、李小林编：《巴金六十年文选》，上海文艺出版社，1986 年，224 页。

36. 郭小川：《郭小川诗选》第 1 卷，人民文学出版社，1977 年，348 页。

37. 臧克家：《臧克家全集》第 3 卷，时代文艺出版社，2002 年，3 页。

38. 田本相：《曹禺传》，北京十月文艺出版社，1988 年，421 页。

39. 卓如：《冰心全传》第 2 卷，河北教育出版社，2002 年，222 页。

40. 冰心：《冰心文集》第 4 卷，上海文艺出版社，1998 年，626 页。

41. 同上，627 页。

42. 冰心：《我自己走过的路》，人民文学出版社，2007 年，213 页。

43. 沈从文、张兆和：《沈从文全集》第 25 卷，北岳文艺出版社，2002 年，16 页。

44. 同上，20 页。

45. 陈徒手：《人有病，天知否：1949 年后中国文坛纪实》，人民文学出版社，2000 年，34 页。

46. 沈从文：《沈从文全集》第 10 卷，香港三联书店，2007 年，366 页。

47. 沈从文、张兆和：《沈从文全集》第 25 卷，北岳文艺出版社，2002 年，382 页。

48. 沈从文、张兆和：《沈从文全集》第 4 卷，北岳文艺出版社，2002 年，72 页。

49. 游宇明：《不为繁华易素心：民国文人风骨》，浙江大学出版社，2012 年。

50. 沈从文、张兆和：《沈从文全集》第 25 卷，北岳文艺出版社，2002 年，55 页。

51. 同上，147 页。

52. 巴金：《随想录》第 1 卷，人民文学出版社，1980 年，97 页。

53. 巴金：《巴金全集》第 16 卷，人民文学出版社，1986 年，18 页。

54. 巴金：《巴金自述》，大象出版社，2002 年，183 页。

55. 巴金：《巴金家书》，浙江文艺出版社，2003 年，389–390 页。

56. 巴金：《巴金全集》第 16 卷，人民文学出版社，1986 年，15 页。

57. 同上，22 页。

58. 蒋蓝：《巴金不为人知的一面》，发表于《成都日报》（2011 年 5 月 5 日）。

59. 巴金：《巴金全集》第 16 卷，人民文学出版社，1986 年，134 页。

60. 陈思和、周立民选编：《解读巴金》，春风文艺出版社，2002 年，257 页。

61. 巴金：《巴金书简：致王仰晨》，文汇出版社，1997 年，5 页。

62. 同上。

63. 巴金：《巴金选集》第 10 卷，四川人民出版社，1982 年，356 页。

64. 巴金：《巴金选集》第 9 卷，四川人民出版社，1982 年，334 页。

65. 巴金：《巴金译文全集》第 4 卷，人民文学出版社，1997 年，9 页。

66. 赫尔岑著，巴金译：《往事与随想》，上海译文出版社，1979 年，序，5 页。

第十三章 回归之路

1976 年 10 月 5 日，中共中央政治局会议一致通过逮捕"四人帮"的计划。10 月 6 日抓捕"四人帮"的消息，迟至 14 日晚间才传到上海，入夜，上海交通大学学生率先上街游行，高呼口号。次日，街上已有大标语，游行的人很不少。当晚，巴金到出版社编译室听有关逮捕"四人帮"的正式传达。16 日下午，他参加社里召开的庆祝大会；会后，跟人们一起游行。

被压抑了十年的巴金，此时确实有一种解放的感觉。他上街看大字报，给家人和多位友人发信，报道上海的形势，以及个人的生活、写作和有关"落实政策"的情形。"四人帮"在上海经营多年，运动开展并不快，而他和其他一些受害者的问题也迟迟没有人过问。但是，他并不着急，致信汝龙说："希望有了。国家和人民的前途十分光明，个人的问题也容易解决。"[1] 他认为"形势大好"，谈及自己的问题，对友人说："倘使大家都不讲，也没有人来过问，那么就让历史来裁判吧。这一点我倒有充分的自信。"[2]

直到 1977 年 4 月下旬，单位新领导上门看望巴金，说是代表党前来的。他们宣布说 1973 年的政治"结论"取消，被封的房间及书房可以开启，生活费也可以多提取一些。几天过后，作协把抄家时拿走的东西，包括手稿、书刊等物陆续退还。又过了将近一年，银行的存款全部解冻，"算是政策完全落实了"。

当巴金的"结论"被撤销的消息传开之后，冷落的门庭重又变得热闹起来。最敏感的是媒体人了，他们纷纷前来采访或约稿，《文汇报》副刊主编徐开垒就是其中之一。他回忆说，巴金起初不大愿意写稿，一时也想不出用什么方式来写。他便向巴金提示说：读者渴望获得你的讯息，就用写信的形式写一篇吧。这就是5月25日发表的《一封信》。巴金根本想不到，文章引起极大的反响，他收到成批的读者来信，包括老朋友的勉励和祝贺。

《一封信》其实也是表态文章，只不过形势不同罢了。文章忆及开国大典时在观礼台上听到高呼"毛主席万岁"时的欢乐情景，热烈赞颂毛泽东的《讲话》，他照例自毁了一通之后，说是《讲话》震撼了他的灵魂，给他指明了"金光大道"。这些都是文件和报刊所惯见的套话，包括当时对"文化大革命"的肯定。但是，不同于以往的是，《一封信》不是指挥刀下的遵命文学，而是巴金的自由表达。他要控诉，这时对象已经不再是胡风、"右派"之类的倒霉蛋了，而是权倾一时的"党政人物"。虽然他也使用了大量官话，而倾吐的毕竟是真实的感情，那里有他的个人话语。

一周后，巴金又写了一篇《第二次的解放》，内容和前篇差不多。他说了两次解放的经历：第一次是"光辉的《讲话》"把他从"旧思想的泥淖中"解放出来，第二次就是"打倒'四人帮'"。他肯定"文化大革命"，肯定"改造"的合理性，说："在无产阶级'文化大革命'中接受审查，我认为冲击和批斗都是对我的教育，良药苦心，都能治病。我身上从旧社会带来的垃圾不扫除干净，就会发臭。我只有在受到多次的批判之后，才感觉到头脑清醒……"[3]他再三表示说，要"拿起笔"，"为这个伟大的时代和英雄的人民献出自己的全部力量"[4]。

《上海文艺》复刊，要巴金供稿，他是不能不答应的。他原意从《三同志》中抽取一节，独立成篇，重读之下实在觉得不满意，只好作罢，便写了《杨林同志》，一直弄到深夜一点半才睡。其实这个短篇，还是《三同志》那样的故事，改头换面而已，还装了一条歌颂"红太阳"的尾巴。此间，巴金又编成《爝火集》，交由人民文学出版社出版。集子中收入《我们会见了彭德怀司令员》，并放在篇首，但保留了1959年出版的《新声集》的大部分内容，包括"学大寨"的长文。至于目的，他在序文中说是，让"文革"后的读者看看他在"文革"前的文章"究竟是歪曲，是攻击，是抹黑，还是热情的歌颂"！他亮相表忠，通过为自己辩诬的方式批判"四人帮"，很有时代特色。文中虽然也提到"到处都有高老太爷的鬼魂出现"，由于强调重视"文化大革命""伟大的成果"，却是无异于给"鬼魂"找到了庇护所。1982 年 8 月，巴金同意大利留学生谈到自己的创作时，说他自 1949 年以后，一直考虑在"新的社会"里"写什么"的问题。他坦言，直到"文革"中接受批判的时候，"我还没有找到新的创作道路"5。事实上，"文革"过后许久，巴金对于道路的选择仍然是不够明确的。

从 1977 年 5 月 23 日起，巴金开始恢复社会活动。随着"结论"的取消、职务的恢复，各种会议又多了起来。5 月 23 日是毛泽东《讲话》发表三十五周年纪念日，上海市委举办全市文艺界的座谈会。自亚非作家会议之后，巴金除了批斗会，已经有十一年未曾参加正式的会议了，因此一旦获邀，免不了激动。这一天，他六时一刻起床，七时一刻离家，到了出版社党委办公室，才知道上午的会在十时举行，于是返家休息，到了九时半再去社里听党委关于会议的安排。

巴金随上海代表团前往北京，专程瞻仰毛泽东遗容。他有信向多个朋友告知此事。因参加全国人大、政协，以及文联和作协会议，巴金还曾多次赴京，见到茅盾、周扬、刘白羽，以及叶圣陶、冰心、沈从文、李健吾等朋友。在上海，大大小小的会议更多，包括担任《毛泽东选集》学习委员会委员，到学习会上做报告，给电台录音讲学习中央文件的体会，等等。他几乎每天都要会见一批朋友或陌生人，许多是海外的访客、媒体记者、各种团体和个人。

外事活动明显增加。巴金几次率领官方代表团到访法国、瑞典和日本。再访巴黎让他重温了青年的旧梦，他重新找到了五十年前写作《灭亡》时的小旅馆，还特地返回沙多—吉里小城的中学校园，感慨良多。在巴黎，他到过先贤祠，看了伏尔泰和卢梭的雕像，或

▍1978 年初，上海文学界朋友重聚在巴金家中。左起：师陀、巴金、孔罗荪、张乐平、王西彦、柯灵

▍1978 年 4 月，巴金（左）在北京看望茅盾（右）

许此行是他的启蒙之旅，与即将开始的《随想录》写作有一种隐秘的关联。由于随团出访，巴金参加国际笔会年会的讲稿是由别人代他起草的，里面不时称引国内惯用的官方话语，据说为此曾经一度引起欧洲知识界的误解。中国与西方是两个不同的价值系统和话语系统，巴金与法国朋友谈自由、民主、人权，那时中国还不曾把

"人权"写进宪法。行前他在寓所里同巴黎第二电视台记者克莱芒等进行电视对话，说他在国内享受"充分的自由"，问及"李一哲案件"，因为问题敏感，只好答说"不知道"。同外国朋友谈话，巴金分外小心。他是有经验的。

在胡风和"右派分子"群体到处奔走，寻找一个颠覆性结论的时候，巴金已经恢复了"文革"前所拥有的一切。从1976年到1979年，《家》一再重印，译作屠格涅夫的《处女地》、赫尔岑的《往事与随想》第一、二卷，还有散文集《爝火集》、短篇小说集《英雄的故事》，以及新著《随想录》第一集陆续出版。20世纪80年代以后，巴金还获得多国授予的勋章、荣誉称号和奖赏。80年代初，有所谓"回到十七年"的论调，而此时，巴金在国内外的影响力，已经大大超过了"十七年"。

当巴金作为一名社会名流再度现身的时候，如他信中所说："来信多，来找的人多，社会活动多，要做的事多，可以说是恢复了十一

1979年春，巴金重访法国，与孔罗荪来到卢梭像前

巴金在赫尔岑墓前

▎1982 年，意大利驻华大使塔玛尼尼（右一）和但丁学会费尔南多（左二）在上海向巴金（右二）祝贺他荣获意大利"但丁国际奖"

▎在巴黎公社墙前。左起：巴金、李小林、徐迟、孔罗荪、高行健

年前的忙乱生活。"⁶过去，他常常抱怨开会占据了创作时间，而今在收复失地中感到亢奋，一时竟然不觉得有什么干扰。他自白说："不过我心情舒畅，放得开，再忙，对身体影响不大。"⁷过了一段时间，李小林夫妇从杭州调回了上海，李小棠入读大学中文系，家庭稳定下来，人也稳定下来。这时，他开始为写作感到焦虑了。他告诉朋友说：一定要改变现在的生活方式和工作方法，这样下去是不行的。

1978 年 12 月 18 日至 22 日，中共十一届三中全会在北京召开。在中华人民共和国历史上，这是一次非常重要的会议，它在很大程度上扭转了长期以来推行的路线政策，对于促进社会的现代化转型，带有开启的意义。

三中全会在人事安排方面做出了变动。

在三中全会之前，"拨乱反正"的工作已经开始，平反了一些冤假错案，改正错划"右派"54 万多人。三中全会顺应时代潮流，提倡"思想解放运动"，同时加快了清理冤假错案的步伐。继大会为邓小平、彭德怀等人平反之后，随后又为刘少奇等党和国家领导人，以及一批党外人士平反。此外，还给 440 多万地主富农分子摘帽，使 2000 万地主富农子女等人结束因家庭出身而倍受歧视的生活。据统计，公检法部门从 1978 年到 1984 年 3 月期间共平反案件为 109 万多件，其中大部分为"文革"发生的案件。叶剑英在三中全会前召开的中央工作会议闭幕时讲话称，"文革"中包括受牵连在内的受害者达一亿人，占全国人口九分之一。关于"文革"中的死亡人数，不同文本有不同的统计数字。邓小平对意大利女记者法拉奇则说是"永远也统计不了"。

民主思潮暗流涌动，数百万知识青年从农村返回城市，作为一种政治力量，发出关于改革的激烈的声音。北京西单一带，在 1978 年初出现了许多大字报，青年人活跃其间，集会、结社、演讲、散发传单和民刊。他们的集会和言论越来越大胆，不但对"文化大革命"进行严厉的批判，还批判现行体制。他们要求人权、自由、民主与法治，要求西方式的政制，明目张胆地干预政事。其他城市也出现类似的大字报、大标语，上海有一个"民主讨论会"，居然鼓吹"万恶之源是无产阶级专政"，等等。

这些声音当然超出了"言论自由"的界限。邓小平强烈谴责他们。他进而提出"四项基本原则"，特别强调坚持共产党的领导，要求以此为武器，克服思想理论界、文艺界的"资产阶级自由化"倾向。[8]

还有关于毛泽东的个人评价问题。十一届三中全会否定"文化大革命"，批判两个"凡是"，停止使用"以阶级斗争为纲"的口号。邓小平举重若轻，把坚持马列主义、毛泽东思想纳入四项基本原则之中。他坚持把毛泽东一生对中国革命的贡献同晚年的错误分开，明确指出功大于过，并将毛泽东思想看作党的集体智慧而非个人的创造物。1981 年 6 月，对毛泽东及毛泽东思想的这一结论，被正式写入十一届三中全会通过的《关于建国以来党的若干历史问题的决议》。

十一届三中全会宣告，从 1979 年起，把全党的工作重点转移到社会主义现代化建设上来，也即后来说的改革开放。

"文化大革命"是一个受难的时代。知识分子、作家、艺术家，则是其中受害最惨重的部分。所以，当"四人帮"被捕，运动宣告结束的时候，这群被称为"臭老九"的卑贱的人立刻有了自由解放的感觉。"第二次解放"，成了他们中间的流行语，表达了一种普遍的感恩心情。各人的情况和经验或有不同：有人在疯癫中只看到痛苦的解放，有人自觉只获得一定程度的解放，而更多的人则是带着欢乐的心情迎接彻底的、完满的解放。

苏共二十大之后，知识分子中越来越多的人为去斯大林化的形势感到鼓舞。当时，诗人曼德尔施塔姆夫人娜杰日达·雅科夫列夫娜的《回忆录》问世，打破了整个快乐的氛围。在书中，她不合时宜地向"获胜的知识分子们"提起了他们在不久前的斯大林时代犯下的"罪孽"，认为"知识分子放弃道德的绝对标准，用阶级价值偷换全人类价值，从实质上说不再是知识分子了"[9]。她说："我们大家"全都有罪，全都在"胜利者的统一意识形态"前缴械投降，全都曾经为统一思想而斗争，全都出现了心理变态，表现出未成年人的那种可疑的乐观态度。

援引娜杰日达·曼德施塔姆对苏联知识分子的责难，来描述"文革"和后"文革"时期中国知识分子的状况未必完全准确，但是，过分的轻信和乐观，对于自我审视和批判确实是有妨害的。

在"文革"和"文革"前的政治运动中，一个很戏剧性的现象是：受批判的人物大抵都曾批判过别人，而且一样严厉。巴金曾经感叹说："古今中外的作家，谁有过这种可怕而又可笑、古怪而又惨痛的经历呢？当时中国的作家却很少有一个逃掉，每一个人都做了表演，出了丑，受了伤，甚至献出了生命，但也经受了考验。今天我回头看自己在十年中间所作所为和别人的所作所为，实在不能理解。"[10]萧乾说比起工农来，知识分子"整"知识分子特别"手毒心狠"。挨整的体会使他常常想起易卜生的戏剧《培尔·金特》，"文革"过后他立即着手翻译。他说译到"当狼群在外边狂嗥时，最保险是跟着它们一道嗥"处，眼前顿时出现一墙墙、一道道的"大批判栏"，于是觉得，易卜生这出戏就是针对 20 世纪 60 年代的中国而写的。

捷克作家克里玛[11]在回忆录中写到集中营的经历，以及被苏联红军解放的体验时说："用多年的苦难换来的极乐时刻常常不仅决定个人的生活，而且决定整个民族的生活。这并不一定是积极的事。相反，极乐之感是最短暂的感觉，可它却能长久地影响我们的判断力，尽管随后会不可避免地清醒过来，产生深深的失望。"[12]自觉获得"第二次解放"而沉浸在欢乐和幸福之中的知识分子，他们对于"文革"中所承受的苦难，以及所由产生的体制性根源是缺乏追问的责任的。他们丧失了判断力，甚至记忆力也受到损害，在历史面前，他们没有任何积极的要求。

"文革"中，意识形态专家和文艺官员较之一般的作家艺术家，所受到的惩罚更为严厉，"文革"明言是整"走资派"的，还有所谓"文艺黑线"之类的纠缠，所以反而迟迟得不到"解放"。郭沫若作为科学院院长是受到保护的，但也主动和被动地做过多次检讨。他的两个儿子死得很惨：哥哥郭世英遭"造反派"绑架，从三层楼坠下至脑浆迸裂；弟弟郭民英只是把录音机带到学校，被同学目为"贵族精神"写信告发，因而自杀。陆定一、周扬和夏衍有了牢狱之灾：陆定一被关了十三年；周扬被关了九年，一只耳朵被打聋了；夏衍被踢断了腿。林默涵是长期被监护的，后来还被发配到江西监督劳动。周扬最亲近的僚属张光年、陈荒煤、冯牧等人，都在运动中受到很大的冲击。1978年以后，他们很快便官复原职了。由于"文革"与此前的政治运动具有某种一致性，以他们的地位和身份，对于废墟中的中国文学不可能做出全面的省思。

"文革"前后，在青年人中开始出现"地下文学"。郭世英、张鹤慈、张郎郎等"贵族子弟"组织"X诗社""太阳纵队"，扬言"这个时代根本没有值得称道的文学作品，我们要给文坛注入新的生气"。他们把写作称为"我们自己的游戏"，在"革命"的年代写作"不革命"的作品。众所周知，这群青年开拓者很快销声匿迹。此后，在知青中间出现"白洋淀诗群"，出现以北岛、芒克、多多为代表，以《今天》为标志的现代诗。在过去，悲哀、愤怒和纪念是被禁止的；现在，以现代诗为先锋，打开这片禁区，带动了一批以小说《伤痕》题目命名的带暴露性质的文学作品。少数青年诗人和作家被拒于体制之外，保存了他们的"江湖"性格，多数则为官方作协所收编。在文学的历史及发展问题上，领导集团中出现了一些分歧。胡乔木、林默涵、刘白羽等人态度明显偏左，而当时知识界文学界的风气恰恰是反左的。1978年至1979年间，发生过三场不大不小的文艺论争："伤痕文学"的论争，"向前看"与"向后看"的论争，"歌德"与"缺德"的论争。周扬、张光年等人看准风向，顺势而上，大力鼓吹"思想解放"和"艺术民主"，支持了一批被批评的中青年作家的作品。这种姿态与"十七年"时期迥乎有别，于是，他们理所当然地赢得了众多作家，尤其是中青年作家的拥戴。

作协本来是作家的一个自治性质的行会，耦合的社会团体。重建作协，意味着恢复其本来的功能，从过去对作家的全面管治转变到为作家的创作提供服务上来。

80 年代初，发生过两次思想批判事件：一件是 1981 年批判白桦的电影文学剧本《苦恋》，另一件直接与周扬有关，即 1983 年对他就"人道主义和异化问题"所做报告的批判。1983 年是马克思逝世一百周年，中共中央决定召开一个纪念大会，再召开一个学术报告会。中宣部提名由周扬做后一个会议的主要报告人。周扬找来王元化、王若水、顾骧三人，拼凑了一篇长文，题为《关于马克思主义的几个理论问题的探讨》，大会上念过以后交由《人民日报》发表。周扬的报告发表后，受到中央的批评。邓小平在中共十二届二次会议上讲话提到周扬的文章，指出"思想战线不能搞精神污染"。主管意识形态工作的胡乔木发表《关于人道主义和异化问题》，公开批评周扬，邓小平看了，评价说是一篇好文章，可作为教材，在学校里讲授。[13] 周扬被迫做了检讨，从此一病不起。"东风不与周郎便"，这实在是没有办法的事。

那时，波兰瓦文萨团结工会事件对中国的政治形势有一定的影响，胡乔木曾经就此特别提醒中央注意，从客观形势来说似乎不利于周扬。其实大局并不重要，从胡乔木几次找周扬商量修改等事可以知道。就文章本身，用王若水的话说，周扬和胡乔木不见得有"实质性分歧"，只是五十步和一百步的区别而已。30 年代，在上海做左翼文化工作时，周扬领导胡乔木；延安以后，胡乔木领导周扬。50 年代初，胡乔木一度兼管文艺，因为文联设置一事惹怒了毛泽东，从此改由周扬主管。而今，胡乔木在中央任思想领导小组组长。

周扬等人除了恢复旧体制，巩固和扩大个人的实际权力之外，还有一个很重要的工作，是在"拨乱反正"中极力维持某些由他们制造或参与的重大案件和事件的原有结论，以维护他们身为领导者的历史形象。这些案件，有"胡风反革命集团"案、"丁陈反党集团"案等，事件如30年代的"两个口号"论争。就拿陆定一这个"阎王"来说，复出之后头脑比较清楚，在1985年胡耀邦召集有关精神文明决议的起草组开会期间，发言不赞成讲"社会主义人道主义"，认为民主、自由、人道主义不要分社会性质，甚至主张不提"反对资产阶级自由化"的口号。像这样在观念上、理论上有反省能力的人，也会被既定的事实所囿，在处理丁玲的问题上，他就没有放弃成见的勇气。

　　"文革"结束后不久，周扬率先发表文章，把胡风和"四人帮"联系起来，荒唐到将30年代支持他倡导的"国防文学"的张春桥和胡风捆绑到一起，称为"一丘之貉"。在丁玲政治上平反之后，他仍一直咬定1955年所做的"历史结论"不放。看望垂危的冯雪峰时，他也没有坦言当年诱使冯雪峰写鲁迅《答徐懋庸》长信的注释而最后

▍1979年11月，胡耀邦（左一）会见巴金，中为张光年

仍被开除出党这一严重损害冯雪峰的事情的真相。两年后，北京鲁迅研究室人员向周扬问及有关这条注释的问题时，他仍然回答说："写这条注释我事前并不知道，……这个注释虽是雪峰检讨自己，实际上却是批评鲁迅。"[14] 一石三鸟，机关算尽。又过了两年，1979 年 4 月 18 日，楼适夷写信告诉周扬有关冯雪峰迟到的平反及举行追悼会事宜，获周扬复信后，立即回信就周扬信中说冯雪峰有 "一些传闻不实之词"，以及 "两个口号" 问题加以批驳。[15] 夏衍在 1957 年反右时，已就 30 年代问题向冯雪峰发出猛烈攻击，时至 1980 年，仍不放过他的手下败将，且已冤死多年的冯雪峰，写了《一些早该忘却而未能忘却的往事》。在《文学评论》发表后，编辑部随即收到大量反驳的文章，致使杂志不得不选出李何林等人的几篇发表。夏衍心有不甘，又将同样的观点，写入随后出版的回忆录《懒寻旧梦录》中。

周扬在大会小会上，或者于一些不是他直接加害的受害人的接触上面，都会做一番检讨。1985 年初，第四次作家代表大会开幕。这时，周扬已经住院。他在医院中给大会发出祝贺，当大会宣布周扬只有简短的一句话的贺词时，赢得全场长时间热烈的掌声。其间，有两封致周扬的慰问信。一封由上海、湖南、江苏、安徽等十一个省市的代表团联名发出；另外一封落款为 "中国作家协会第四次会员代表大会老中青作家代表"，有 356 人签名。信中说："参加这次会议的全体中青年作家都热切地想念你！""多年来渴望的艺术民主与创作自由的黄金时代，终于来到。自信和勇气在我们心中百倍地增长起来。请你相信，我们一定尽力写出无愧于这个伟大时代的作品，使我们的文学自豪地走在世界文学的前列。"[16]

只有直接受到周扬的毁灭性打击的人，才会对他有清楚的认识。这叫事实的教训。1979 年 10 月 30 日，第四次文代会在北京召开，周扬主持开幕式。次日下午，他在台上志得意满地做了一个主题报告《继往开来，繁荣社会主义新时期的文艺》。像 "形势大好""文艺繁

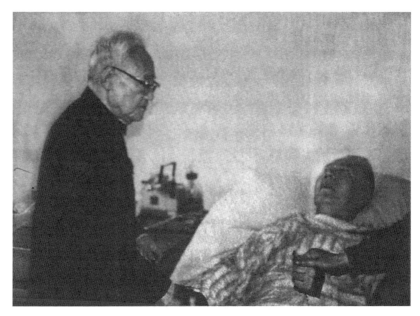

1985 年，巴金到医院探望周扬

荣"之类的高调，周扬以往不知在多少个报告和讲话中重复过，而今改头换面，无非对"十七年"再肯定一次而已。作为官样文章，除了不提"文艺为政治服务"，其实并无新意。当周扬讲到被打散的队伍重聚，"文艺的春天来临"时，殊不知，萧军在台下冲着周扬大声吼道："周扬同志的春天，就是我的冬天！"[17] 一时语惊四座。

就在这次文代会的小组会上，萧军又做了一个《春天里的冬天》的补充发言：

> 我认为，三十年来的账，有政治上的，也有文艺上的。三十年里，在文艺界，有春天，也有冬天。在周扬同志等人来说，是春天，在我来说，就是冬天，因为我们的处境不同，我整整冬眠了三十年！
>
> 从周扬同志的报告里可以看到，三十年来，除了"四人帮"

1979 年在第四次文代会上，邓小平与周扬（左）

1979 年茅盾（左）与周扬在文代会主席台上

▌1979 年第四次文代会上，周扬被簇拥在文艺家中间

▌1979 年 11 月，巴金摄于第四次文代会会场

横行的十年算冬天，其余都是春天。可是我则不然。1958 年"四人帮"还未出来以前，就对我进行"再批判"，就因为我在延安时期写了篇《论同志之"爱"与"耐"》的小文章……

……周扬同志这个报告篇幅虽长，但是并没有把问题说清楚，使人抓不着他的中心思想。特别是讲到"四人帮"以外的教训时，是羞羞答答、忸忸怩怩、遮遮掩掩、水过地皮湿、重点不突出、问题不肯定……正如有句对联说的："似乎大概也许是，不过而今不能说。"这是形容说话不着实际的意思。这个报告如果是周扬同志个人的，我可能会提一大堆意见，他今天既是代表组织作的，我就无话可说了……[18]

以萧军的性情和际遇，这样的批评已经是非常克制的了。

第四次文代会提议为在"文革"中被迫害致死的作家、艺术家致哀，念了一份逝者的名单。其实十七年间，被政治运动所摧残的人数何尝又少，然而并没有人提及，没有人将它同后续的十年联系起来。这些作家、艺术家前后的命运有何二致？他们为何会遭受如此的不公？像周扬这些当事人尚在其位，而且手擎"思想解放"的大旗，怎么对此竟也讳莫如深呢？实质上，这一大群受迫害的作家艺术家的不幸，正是同加害者——鲁迅当年写作"横暴者"——的地位和业绩连在一起的。或者也可以说，他们的地位和业绩就建立在这上面。如果他们不重新争夺"正统权"，如果他们不是对由他们制造的灾难加以规限、掩饰或遗忘，如果他们也把加害说成是加害，那么他们的所有的荣耀都将化为乌有！

用"左"和"右"一类字眼不可能解释许多问题。譬如作协，首先它是一个结构，分上层与下层。结构中的每个分子不可能是独立的，而是被管辖、被制约的。同过去的所谓"行会"不同，它不限于事务性管理，包括思想管理在内，是一种全面的管理。

1949 年以后，作协中的领导与被领导的关系很容易借由政治运动而衍变成为加害人与被害人的关系。由于地位和身份的不同，文化心理也很两样，像"文革"后有一个词叫"心有余悸"，在"右派"或老知识分子那里非常流行，但是在文艺领导人那里是从来不见使用的。大家都一样经过十年浩劫，为什么多数人感到可怕，而少数人却并不觉得其威胁呢？

在受害人中间，丁玲是一个很典型的案例。

丁玲是在胡也频去世之后，于 1932 年白色恐怖时期加入共产党的，作为一名老党员，视党组织为生命。1949 年，丁玲明确表示："我愿在党的指引下，继续做好一名小号兵。"[19] 她想不到 1955 年会成为"反党集团"的要角，更想不到 1957 年成为"右派"，而且在大会表决开除她的党籍时竟也得举手同意。1960 年第三次文代会召开前，毛泽东点名她作为"右派代表人物"参加，她很激动，对周扬派去的"特使"张僖说："党还没有忘掉我！"她和丈夫陈明于 1958 年被遣送到北大荒农场，"文革"时进秦城监狱，1975 年释放后到山西劳动改造。在北大荒期间，丁玲多次向中国作协写"思想汇报"，表示希望"摘帽"，准许她"回到革命的队伍里来"。她还不惜低声下气给周扬写信，说："我要回到你那里来，我觉得我同你很接近。我老早就有这种感觉了，只是常常怕说出来。"[20] 然而，希望石沉大海。到太原以后，丁玲给中央组织部写信，也得不到任何消息。她消沉之极，在 1978 年 9 月 16 日的日记中写道："忆几十年大好年华，悄然消失，前途茫茫，而又白发苍苍，心高命薄，不觉怆然。唯有鼓起余勇，竭力挣扎。难图伸腰昂首于生前，望得清白于死后，庶几使后辈儿孙少受折磨……"[21]

1979 年 5 月，中国作协复查办公室发出《复查结论》，"右派"已获改正，但"历史问题"仍然维持 1956 年 10 月的结论，即指丁玲在 1933 年至 1936 年被国民党政府拘禁南京期间存在"变节性行为"。其实，这个问题，早在 1940 年 10 月已由陈云负责的中央组织部做了否定的结论。当时，毛泽东审批时还曾加上如下的话："应该认为丁玲同志仍然是一个对党对革命忠实的共产党员。"可是，到了 1958 年，毛泽东又亲自将上述结论推翻，在给《文艺报》"再批判"特辑撰写《编者按语》时说："丁玲在南京写过自首书，向蒋介石出卖了无产阶级和共产党。"[22] 作协复查办公室是周扬领导的，这个致命的结论难以推翻。

而丁玲为了推翻它，彻底为自己平反，几乎耗尽了一生中最后的时光。白桦说到丁玲时说："对于她，委屈比苦难对她的伤害要大得多。"[23] 所谓"委屈"，就是组织的误会。

远在 1942 年，丁玲写《风雨中忆萧红》的短文，提到党内斗争对瞿秋白的伤害，说："昨天我又苦苦地想起秋白，在政治生活中过了那么久，却还不能彻底地变更自己，他那种二重的生活使他在临死时还不能免于有所申诉。我常常责怪他申诉的'多余'，然而当我去体味他内心的战斗历史时，却也不能不感动，哪怕那在整体中，是很渺小的。"[24]1940 年做结论时也是经过一番波折的，在这里，丁玲对友人表达了一种同情的理解。想不到风雨几十年，错案"改正"之后，自己还得再申诉。这时，她又写下一篇忆述瞿秋白的长文，重提《多余的话》。

因为留了这样一条"结论"的尾巴，丁玲必须步步紧跟，随处表现出对党的忠诚。复出时，她就再次表示说："首先是党员，然后才是作家。"[25] 这时，她的处境仍然是艰难的。1981 年 6 月，她有信给山西一位教师朋友说："文坛事实与我无缘。……我大半很谨慎，怕授人、授自己以柄，为再来挨一顿棍棒做口实。但愿这只是我的'余悸'。"[26] 她其实是清醒的，并不想卷入当时的批判斗争和作协内部的派系纠纷。她在信中写道："人家打人家的仗，我写我自己的文章。我对于内战是不想参加的。你不要看旗帜，所谓解放，实际在某些问题上、对某些人上，实在一丝一毫也不愿、不肯解放的。'左'的'左'得可爱，'右'的'右'得美丽。"[27] 由于她的"宿敌"周扬重掌了话语权，她只能自明身份，以正确的政治立场示人。虽然官方宣布说从此不搞政治运动，其实 1981 年"反资产阶级自由化"及 1983 年"清除精神污染"都可以说是不叫运动的运动。丁玲置身其中，是不能不表态的，而表态大抵也是主流话语的调子。牛汉记录说："1983 年冬有所谓在思想战线上'反对和清除精神污染'的问题。在中宣部主持的一个会上，张光年、刘白羽他们发言，丁玲在后面就他们的发言说几句表态性的话。结果发表时丁玲成了打头的，他们缩在后面，要她承担'左'的责任，很可怕。"[28]

在文坛上，一直有着关于丁玲如何"左"的传言。其实，许多都是体制内的重要人物制造和散播的。丁玲心里清楚，但是她无力抵制。她说："1957 年打我'右派'，还知道是谁的；现在封我为'左派'，我连封我的人都找不到！"又说："我不管它'左'还是右，我也不晓得什么叫'左'和右，我只知道现在骂我'左'的人，都是当年打我右的人！"[29]

1984 年 8 月 1 日，中共中央正式为丁玲平反。7 月 25 日晚，中组部副部长李锐在电话中将消息通知陈明。丁玲听说以后非常激动，说："四十年沉冤终于大白了，这下我可以死了！……"[30] 这是丁玲的人生戏剧接近落幕时的高潮环节，压抑既久的一次爆发式言说。

丁玲自觉没有负担以后，开始创办《中国》。对于写作和出版，丁玲体会深刻，复出后还说："文章要写得深刻点、生活化些，就将得罪一批人。中国实在还未能有此自由。"[31] 为什么丁玲明知不可为而为之呢？牛汉说她"晚年是不顾一切了，回到年轻时的心态"[32]，这就是"五四"精神在一位当年"新女性"身上的回归。

作为一份文学刊物，《中国》的创办，对于 1949 年以后的文艺体制而言，可以说是一个革命性行动。《中国》不同于《收获》，也不同于别的大型刊物，包括作协的机关刊物《中国作家》，不是由单位配给，从而依附于单位的。刊物的刊号、经费、编制，完全是丁玲个人凭她的资格和关系出面争取得来。可以说，《中国》完全是由个人挂帅、策划和组织的彻头彻尾的"同人刊物"。正因为它是刊物中的异类，所以从创刊之日起，受到孤立和打压是必然的。

牛汉回忆说："《中国》筹备在《中国作家》之前，即 1984 年年底。丁玲提出'民办公助'，由作家自己主持编，作协只可协助，不能操纵。张光年、刘白羽不批。最后一定要挂靠在作协。但《中国》

1984 年，曹禺（左）与萧乾（右）、吴祖光（中）在《中国》创刊招待会上

这个刊物，作协不给办公地点。《中国》编辑部从创刊到被扼杀，搬了三次家，也不宣传。不让你诞生，你一定要，就非让你拼命不可，最后壮烈牺牲。"[33]

体制的力量之强大，可谓深入人心。由于丁玲主动远离张光年、刘白羽、唐达成等人，而采取孤立主义的立场，因此，机会主义者不说，连一些较为正派的人，甚至她的朋友都不能不加以回避。艾青从延安到1957年，都同丁玲一起经受打击，可谓"难友"。丁玲为了让艾青出任编委，同陈明一起连续两天去艾青家，还让牛汉做工作。艾青原先答应，后来拒绝，结果在《中国》创刊新闻发布会当天，印好的编委名单把艾青的名字用墨笔涂掉了。后来还有编委陆续退出，直到宣布停刊前的一次最重要的会议，牛汉让冯雪峰的儿子、评论家冯夏熊参加，他也回避了。

《中国》创刊招待会结束后第三天，丁玲便给巴金去信，争取巴金的支持。巴金礼貌地复了信，做了肯定，没有稿件支持，后来《中国》发表了这封信。丁玲还向白桦约了稿。总之，这样的刊物要在体制的夹缝中生存简直是不可能的。1985年9月6日，丁玲对秘书王增如说："你感觉到没有，这两年我们越来越孤立，许多原来常来的朋友也不来了，他们害怕。"[34]

丁玲把《中国》放手交给牛汉编辑是有眼力的。编辑部都是年轻人，方针也是发掘新人，鼓励探索。刊物办得很先锋，很有锐气，后来改双月刊为月刊，可以看到它的成长的活力。刊物的面貌，同主编丁玲对文学的理解有关，同她植根于"五四"的价值观念有关，同她个人的襟怀和阅历有关。牛汉特意指出："王蒙写过丁玲，片面，他不完全了解丁玲。丁玲'左'的话，为什么同意让一帮年轻人负责编《中国》？"[35]

丁玲是一个有政治经验的人。1985年冬天，她已经意识到，她去世后，《中国》肯定要被停刊，或者改变领导。预见果然应验。1986年10月10日，《中国》出版了终刊号。牛汉与编辑部同仁共同撰写了一篇悲壮的"停刊词"：

> 还要我们说什么！我们还能说什么！
>
> 我们感谢两年来所有和我们一起，为繁荣中国文学共同努力的朋友们！……我们要说，一切都不会过去！
>
> 为我国文学事业的改革努力进行探索的《中国》，得到今天这样的结局，我们感到十分痛心，但我们问心无愧！
>
> 在这里，我们借用一位被冤屈而死的诗人的诗句说：
>
> 我要这样宣告，我们无罪，然后我们凋谢。[36]

再说艾青。1981年春，在《苦恋》遭到点名批判后，白桦奉命到京修改剧本。艾青见到他，邀他回到旅馆，把海外作家支持他的文章剪报交给他。艾青问及有关情况时，白桦说了一个故事：有一个华中理工大学的学生要求与他见面，送了一块用红绸包裹的白色石头，上面写着："愿你像岩石一样坚强。"艾青听完，激动得泪流满面，紧握白桦的手，竟说不出话来。到了8月17日，在一个有高层领导人参加的作协书记处联席会议上，艾青却发言直斥白桦是"持不同政见者"，是"骗子"。过了不久，同一个艾青，见到白桦时，又用了一个小学生对小学生的语气小声说："我骂了你，在大会……"完全像表演一般。[37]

政治运动把人的灵魂压干了，扭曲了，变成了一团脏抹布。很少有人的灵魂是高洁的、干净的、完好无损的。

再说巴金的朋友。比较说来，曹禺显得复杂一些。他把自己关起来，不让别人看见他的痛苦；他的女儿万方说他经常使自己处在入戏的状态，但是确实痛苦。他晚年写过一首小诗，开头是："如果大家戴着盔甲说话／我怎能亮出我的心"[38]。他的笔记本上还有一首诗，反复诉说道：

孤单，寂寞，像一个罐头抽尽空气，

我在压缩的黑暗中大喊，没有声息。

孤单，寂寞，在五千丈深的海底，

我浑身阴冷，有许多怪鱼在身边滑去。

孤单，寂寞，在干枯无边的沙地，

罩在白热的天空下，我张嘴望着太阳喘气。

孤单，寂寞，跌落在鲜血弥漫的地狱，

我沉浸在冤魂的嘶喊中，恐惧。[39]

曹禺对研究者田本相说，运动没有中断过，虽然他没有当右派，同样把心弄得不敢跳动了。在日记里，他提到巴金的"讲真话"，说自己怕说了很偏激的话，那些"狼一般'正义者'"[40]，会夺去他的安静与时间。他说他不肯独立思考，"有'官'气，仿佛随时都在'做官'"[41]。事实上，唯有做官方可保持尊贵而平稳的生活。1981 年，他曾对记者说不想参加"学习邓小平、胡耀邦关于思想战线重要指示座谈会"，还说"再也不会为这样那样的事表态了"[42]。然而他做不到，他自己也知道做不到，结果不但参加，在批判白桦的《苦恋》时，发言还特别踊跃，义愤填膺地说："我从没见过这样攻击祖国的影片，我恨不得一头撞在银幕上！"[43]但是，背后他写信给巴金时又说："该剧全国评论也不公，我妄去评论，系旧日恶习！"他在日记中也一再痛骂自己，表示忏悔之意，都只是说说而已。

《苦恋》据说是以画家黄永玉为原型编写的。黄永玉曾经致信曹禺，坦率地说不喜欢他在 1949 年以后的戏，说："你心不在戏里，你失去了伟大的通灵宝玉，你为势位所误。"[44]后来吴祖光到医院里看望他，当他说到创作的失落时，同样真诚而严肃地批评他说："你太听话了！"[45]他承认朋友打中了他的要害，但是即使明白也没有用，锦绣年华已经过去。

据说周恩来生前说过他"最大的弱点就是太会做人"，他自己也

｜曹禺（左一）看望巴金

说整天瞎敷衍，用社会活动麻醉自己，对创作有所期待而终于无法写出。1985 年初写给巴金的信甚至说："我仍在北京'混'，以你的说法，'热闹'着，……我颇不乐。一切事都想不开。希望大解脱早些到来。人生旅途走到极限，一切也只好罢了。"[46] 他晚年想写一部名叫《孙悟空》的剧本，写孙悟空左冲右突，始终跳不出如来佛的手心。或许剧本有点自况的意味，不过最终没有写成。

萧乾自称是"胆小的人"。他在晚年的一封信里，有这样一段自述：

> 回忆起 50 年代，我也不是没有忏悔的。我认为有的是我个人的过错，例如在"三反"运动末期的自我检查，我就给自己也给旁人乱扣过帽子。我写过文章忏悔那时错打的'老虎'。也有时是奉命。我在搞英文《人民中国》时，由于是对外宣传，上边抓得紧，所有文章都得先送审，所以没出过差池。可是，1956

巴金与萧乾

年调到冯雪峰、丁玲和陈企霞刚刚在那里栽了跟头的《文艺报》，我可紧张死了。1958年"整风"，《人民日报》记者接连访问了我六次，要我发言或写文，我都坚决摇头。可最后，……我克制不住了。在那篇毒草里，我用八成篇幅咒骂西方的假民主，只在尾巴上呼吁一下咱们拿出点社会主义真民主。殊不知"民主"在那时本身就是万恶的。当我在农场见到一个只写了个发言提纲放在抽屉里就被划成右派的小青年，我才认识到对我的惩罚算是轻而又轻了……[47]

惩罚是有效的。惩罚或者犹如压弯一根嫩树枝，稍为松动便激烈反弹；但是更多的时候，树枝无法复原，就像曾卓有名的诗里写的"悬崖边的树"，永远"留下风的形状"。在萧乾身上，反右斗争的印记是明显的，即使复出，再也寻不到从前的锐气了。

　　1985 年，萧乾发表《改正之后》的长文，纽约的《北美日报》连载数天，还发了社论，指中国作家写作时"自我审查"，比政府的审查更严，证实中国知识分子常说的"心有余悸"。萧乾本想去信否认"自我审查"的说法，公开声明他没有"余悸"，结果还是没有写。他自白说："这个余悸，确实还有主观方面的因素，就是心理上的惯性。客观上，'梁效'先生也并未绝迹，他只是不再姓梁了而已。我好像是个三十年来走惯了夜路的人，老提防着会遇上什么。"[48]1987年 11 月，他为巴金创作生涯六十年展览而作的《要说真话》的短文，承认过去发表的文章，"只敢在勉强允许的范围内，尽量说真话"[49]。到了 1994 年 3 月，他作文说，是胡风事件以及"文革"中"活生生的事件"，使他对从前"说真话"一说做了修正，就是在前面加上"尽量"二字，题目便成了《要尽量说真话，坚决不说任何假话》。萧乾的说法，是较为切合当时中国的语境和作为知识分子言说的限度的。

　　在巴金认为最有才华的三位朋友中，曹禺是官员，萧乾是"右派"，沈从文介于二者之间，既无大喜，也无大悲。但是，对于如此庸常、安妥的日子，沈从文是满足的。他写过好些旧体诗，1980 年初，在《花城》杂志发表的两首《拟咏怀诗》，写晋人阮籍的以诗寄慨。他稍后在一封信里很自得地说，诗中"每一句话都有所指"[50]。信中写道："记得阮的传中提及'有忧生之嗟'，译成白话即'担心活不过去'意思。这种提法过去不易懂，经过近三十年人事风风雨雨的教育，似乎才较多明白一些。在极端专制猜忌司马氏新政权下，诗人朝不保夕忧惧处

沈从文

境情形，万千人就都因之死亡了。我总算活过来了……"[51]他年底访问美国，驳斥了说他备受虐待，不能自由写作的传言，又说了同样意思的话："在中国近三十年的剧烈变动情况中，我许多很好很有成就的旧同行、老同事，都因为来不及适应这个环境中的新变化成了古人。我现在居然能在这里很快乐地和各位谈谈这些事情，证明我在适应环境上至少做了一个健康的选择，并不是消极的退隐。特别是国家变动大，社会变程太激烈了，许多人在运动中都牺牲后，就更需要有人顽强坚持工作，才能留下一些东西。"[52]沈从文把放弃小说创作，改而从事文物研究，称为"健康的选择"。

他之所以做出这种选择，一是因为环境"变化无常"，他自觉无法适应，所以退下来，找一个远离意识形态的同古人打交道的地方。再就是，创作是一种独立的工作，而这种独立性，在他看来已经不容许存在，是个"过时"的工作了。他既然把保全自己看作人生最大的目标，就不会以世俗的得失为意，故而说："完全放弃了'空头作家'名分，倒近于'塞翁失马'。"[53]还侥幸地说："1958年我受中宣部、文化部某长的鼓励，当成百作家的会上，要我做北京市作协主席，如一时头脑发热，冒冒失失答应下来，结果恐不比老舍倒得更早。"[54]

沈从文对于中国的社会环境的看法，骨子里是灰暗的、悲观的、虚无的。"文革"过后，作家们包括巴金在内都在庆贺"第二次解放"，沈从文不同，他给亲戚写信时说："特别是更不宜妄想，认为'四人帮'一打倒，凡事好办。"[55]他看到，"只把社会混乱、生产破坏，领导老的消沉、中的无能、少壮的向上爬进取方式，多从便辟巧佞逢君之恶下手，大的'四人帮'完事了，后遗症还是普遍存在，对社会好转形成极大阻力，任何好的理想，都不可能成为现实的。"[56]他以同样的观点看文坛，说："这里也还有熟人对百花齐放抱有些新的幼稚幻想，我却绝不存丝毫不切实际的幻想，因为时间已过，即以曹禺而言，也磨到放不出什么情绪状态下了。""我不能不考虑到应当想个办法稳住自己，免得发疯。"[57]

1979 年以后，对沈从文的宣传多起来了，而他对此似乎也无太多兴奋的表现。他信中说："古人有'破甑不补'的名言，我可算得是个身心早已被摔破的瓦罐，破的业已破了，即或能加以修补，也算不得什么了。"[58]他始终坚持"稳住自己"，办法就是退守，不争不言。他写信告诉他的孩子："无论今后万一出现什么，你们务必记住一点，即缄默……"[59]同年写信给荒芜，也是这种态度，说是"世事倏忽多变，持静守常，在人事风风雨雨中，或可少些麻烦。"[60]

1949 年以前，沈从文议论时政，臧否人物，很有点湘西人的蛮勇。时至今日，他已经变得非常怕事，连社会上的赞许也成了他的"不祥的负担"。1978 年，朋友荒芜有诗赠他，他以懔于孔子所谓"戒之在得"的名训为由加以婉拒，不知有没有别的原因。到 1988年，他获悉曾经为他作传的作者参与筹备一个国际性的沈从文学术研讨会，便写信加以阻止。其中说："社会既不让我露面，是应当的，总有道理的。不然我哪能活到如今？你万不要以为我受委屈。其实所得已多。"[61]

表面上是"谦卑"，实际上是顾忌。对沈从文来说，恐惧已深入骨髓。可以说，这是 1949 年疯狂自毁的后遗症，历数十年而未愈。他所做的"健康的选择"，确实使他得以继续做事，无论他说是"为党""为国家"，还是"为人民"。然而，无论他在文物整理研究工作方面做出何等骄人的成就，都无法否认一个知识分子的健全人格遭到严重损害这个千真万确的事实。

20 世纪 80 年代，中国开始进入一个新的时代。水流涌动，坚冰百尺。在这个时代里，知识分子的动态特别值得注意。现时代不同于以往的时代的是，它越来越少地依赖传统，依赖人口、土地、体力和物质武器，却越来越多地依赖知识、信息、智力，依赖道德和精神。

中外都有把知识分子当作社会脊梁的比喻。有一本关于东德知识分子的书，名目就叫《弯曲的脊梁》。鲁迅在文章中提到"中国的脊梁"，这位以批判知识分子著称的作家，所列举的脊梁式人物，确实包括了知识分子，却是并不限于知识分子的。

经历过第三帝国的一位牧师描绘过一位见过面的官员说："一个人将会一步步地被推得越来越远，直到他跨过某一界限，然而却没有注意到脊梁正在以几乎无法察觉的速度弯曲了。"[62] 政治压力和习惯可以改变一个人、一个集团和一个阶级。东德文化部部长贝希尔[63] 在赫鲁晓夫在苏共二十大做秘密报告之后写过一首名为《烧伤的孩子》的诗，直至 2000 年正式发表：

> 那个脊椎已经受伤的他
> 别人很难让他相信
> 它还能笔直地站立
>
> 受伤脊椎的记忆
> 让他恐惧……
> 纵然治愈后
> 休息已足够长
> 并且不再有任何危险
> 会再次折断其脊椎[64]

时至"文革"，中国知识分子的脊梁已经严重受伤。这里的一个问题是，能否相信他们从此以后还能笔直地站立？

巴金自从获得"解放"之后，开会、活动、迎来送往，一直忙了两年，也一直兴奋了两年。这时，他开始感到"名人之累"了。1982年，他有文章《干扰》说："可以说'干扰'来自四面八方。这些年我常有这样的一种感觉：我像是一个旧社会里的吹鼓手，有什么红白喜事，都要拉我去吹吹打打，我不能按照自己的计划写作，我不能安安静静地看书，我得为各种人的各种计划服务，我得会见各种人，回答各种问题。我不能做我自己想做的事，却不得不做自己不愿意做的事。"[65] 特别是，觉悟到"人老了，来日无多，时间可贵"[66]，这是让人焦虑的。

从 1978 年开始，他决心闭门谢绝应酬，隐姓埋名，专注于写作。他只想做一个作家，而作家是不可以脱离作品而单独存在的。然而，他做不到。他为人过于随和、懦弱，虽然这时家庭的负担已经不大，无奈陷于体制之内而不能自拔。

巴金制订了一个五年计划，预备八十岁以前完成八本书，其中包括两部长篇小说，再就是翻译五卷赫尔岑回忆录。小说是关于知识分子的，名目也有了，叫《一双美丽的眼睛》和《扑不灭的火焰》。结果，八年写了五本《随想录》，一本《创作回忆录》，本来还想写《再思录》《三思录》，却已无力进行。赫尔岑回忆录没有能够译完；小说开了个头，上帝再也不给他时间了。

《随想录》封面

《再思录》封面

　　幸好留下了《随想录》。真正的写作是点燃心灵，燃烧生命，像写作《灭亡》时一样。几十年的压抑太久，巴金迫切需要说话，他把这些话都写进《随想录》里了。就像他说的，计划中没有写出的小说，其实也已经被他写进《随想录》里了。

　　1978年年底，巴金的一位朋友潘际炯调到香港《大公报》编辑副刊《大公园》，约他写稿。他觉得在这里发表会自由一点，便答应了，并且主动要求开设专栏，定名《随想录》。他把"大路货"都给了《人民日报》和《文艺报》，稍为有点个人想法的都放到这个专栏里来。正文还没开始，他就写了《总序》，说是即使是"无力的叫喊"，也要给被剥夺的十年时光"留点痕迹"。

　　《随想录》是从写"表态"文章开始的，谈的是日本影片《望乡》。这种表态不同于"十七年"的是，并非为形势所迫，也非遵领导之命，而是有感而发。《望乡》在中国上映后，居然又成了"有争议"影片，有人甚至说是"黄色电影"，非禁不可。这种腔调是巴金所熟悉的。他是一个挨过棍子的人，这时候禁不住主动站了出来，反对禁止放映。《河北文艺》发表一篇李剑的文章，名曰《"歌德"与"缺德"》，可谓躁动一时。巴金一针见血，直斥为"用意无非是拿棍子打人"[67]，态度是激烈的。这时期，文坛集中出现了一批近于"伤痕文学"的作品，普遍受到正统人物的非议和攻击。巴金虽然说他不喜欢"伤痕文学"的说法，但是对于暴露社会的"伤痕"，他是赞成的。谌容的《人到中年》是其中较温和的一篇，巴金特别用小说的名目为题，著文为它辩护；文中还提出"我们的生活里究竟有没有阴影"[68]，文学是否可以表现"阴影"，以及作品最好的裁判是读者还是"长官"这样的问题。沙叶新的话剧《假如我是真的》遭到禁演，巴金表示反对，先后写了三篇文章谈及"骗子"问题，指出："封建特权是丑恶的东西，是应当彻底消除的东西。"[69]在第四次文代会闭幕后，他还趁国家领导人接见文联领导人的机会，直率地提出："让这个戏演下去吧！"[70]

《随想录》表达了巴金的一种道义感。但是，他毕竟不是那类疾呼猛进的斗士，当压力太大的时候，他就表现得比较含蓄，以至于回避了。

1981 年 9 月，巴金将率团到巴黎参加第 45 届国际笔会大会。在北京北纬旅馆，他对陈丹晨说："他们倒没有叫你写批《苦恋》的文章。现在这种做法太恶劣，比过去还要恶劣！"[71] 又说，"过去，我们从政治上相信上面，叫做什么就做什么。说胡风是反革命，我们也跟着说。"[72]

陈丹晨问：这次到了国外，外国人要是问你对批《苦恋》的看法，你如何回应？巴金说："不要紧，如果问我，我就说，我没有看过，我不知道，我身体不好，我不说总可以吧！"[73]

后来，在巴黎接受《世界报》记者阿兰·佩罗贝的访问时，果然被问到这个问题，而巴金果然也应答说："我还没有看过这部电影剧本，但是我认为一部文学作品引起不同的评论还是正常的……"[74]

批判《苦恋》的势头很猛，几个大报刊都发了文章，指影片《太阳和人》的原剧本《苦恋》违反"四项基本原则""反对毛主席""否定爱国主义"，等等。其中最有名的台词是主人公凌晨光的女儿反问父亲的话："你爱这个国家，苦苦地恋着这个国家……可这个国家爱您吗？"[75] 此前，巴金在一篇纪念老舍的短文中，四次重复使用了《茶馆》中常四爷的一句话："我爱咱们的国呀，可是谁爱我呢？"[76] 可以看出，巴金如何强调这句话的寓意。他把它看作是老舍的"遗言"，老舍正因为爱国，才从世界的另一端——美国跑了回来。他说自己完全没有想到，自从看了演出之后，这句话一直在追逐着他。其实，这句有关"爱国"的台词，《茶馆》同《苦恋》不但意思一样，连文字也几乎相同。

关于对毛泽东的评价，巴金的态度就更慎重了。《随想录》开始时沿用"十七年"的颂扬的说法，到了后来，却不复出现。关于毛泽东在"文革"中的责任问题，自然也不会直接见之于《随想录》，但是从《思路》一文可以看出，褒贬已尽在其中。

巴金回忆说，"文革"结束后，他同一位外宾谈话时，被问到为什么"四人帮"四个人会有那么大的能量时，他吞吞吐吐始终讲不清楚。1982年9月13日，美国《新闻周刊》刊登了记者伊恩·芬德利采写的巴金访问记，其中问："毛泽东去世已有六年，现在你是怎样看待他的？"巴金回答说："这是个很难回答的问题。我确实还没有想过这个问题。"其时，中共十一届六中全会已经通过《关于建国以来党的若干历史问题的决议》，对"文化大革命"及毛泽东功过都做了结论。显然，巴金不想照搬官方的结论，但也不敢坦言自己的结论。只要事关大局，应当回避的，巴金都回避了。

1983年下半年的"清除精神污染"运动，虽然短暂，却也迅猛。西方的、非传统的思想观念、文化艺术、生活方式，都算是"精神污染"，应在"清除"之列。这种义和团式的运动，在中国有很深广的根基，不容易绝迹，往往每隔一段时间变换了头面又重新出现。

在"清除精神污染"中，文学界反"现代派"颇为激烈。巴金本来对西方现代派小说，像卡夫卡的作品、《麦田守望者》等都没有什么好评，但是他反对禁止。他认为，作家探索使用新形式、新方法，是他们的权利。瑞士女作家马德兰·桑契在信中向巴金提出一个问题："中国目前出现的西方化的倾向太显著，我们已经看到了它的一些苗头，你以为它是不是可以克服的呢？"[77] 刚好，这个问题与反现代派的倾向不谋而合。巴金借机回信指出：东西方文化交流日益频繁，总会有所改变。"即使来一个文化大竞赛，也不必害怕'你化我、我化你'的危险，因此我不在信里谈克服所谓'西方化倾向'的问题了。"[78] 巴金不曾直接指名抵制"清污"，在这里仿佛自说自话，实际上"西方化"的态度是明确的。

巴金1982年有信给萧珊生前的朋友柴梅尘，说道："我们的问题不在个人身上，悲剧在于大家带着封建流毒闹革命，给落后的东西披上先进的外衣，用封反资⋯⋯"[79] 在《随想录》里，巴金多次呼吁

"大反封建"。实际上，"封建"只是"专制"的换一种说法。"用封反资"，言简意赅，眼光颇为独到。

《随想录》陆续发表，它的影响也逐渐扩大。由于气候乍暖还寒，巴金的一些朋友很为他担心，更多的朋友，主要是知识分子，不断地给他支持和激励。最后，连《人民日报》也发文推荐，《文艺报》组织座谈，文艺界官员如张光年、冯牧、王蒙等也纷纷著文，称巴金为"当代文化巨人"，"我们党的最亲密的战友，不可多得的畏友和诤友"，称《随想录》为"文坛上的高峰"。

《随想录》在《大公报》发表经年，一批香港大学生从文学的角度发表批评意见，说得较为严苛，如："如果想在《随想录》中看到激烈的批判或揭露文字的读者，一定感到失望。在三十篇文章里，并没有像陈若曦的小说或《天雠》中所揭发的惊人'真相'。他对'四人帮'的责难，常常流于公式化，对社会现象的批评又过分平淡含蓄，而且零零碎碎，没有一套严整的系统。"[80] 有的还指摘说："全书不过三十篇短文，但单是'四人帮'一词就出现了四十七次之多。这反映了这些所谓'暴露文学'，也是受指导的文学。现在作家之所以写，和以前他们的不能写，原因并不多。套用史家的术语，大陆文坛依然是'帮气未除'。"[81] 古语说的"夏虫不可语冰"，指的是两个不同的语境，彼此是很隔膜的。

巴金反应强烈，借《随想录》第二集《探索集》出版时，写后记声明他不是"文学家"，意思是无须拿"文学技巧"的一套做说辞，说："我从来不曾想过巧妙地打扮自己取悦于人，更不会想到用花言巧语编造故事供人消遣。我说过，是大多数人的痛苦和我自己的痛苦使我拿起笔不停地写下去。"[82]

还有更令人愤慨的事。为了纪念鲁迅100周年诞辰，巴金写了《怀念鲁迅先生》一文寄《大公报》。此前，香港几家报纸的总编辑应召到北京开会，外事部门负责人指示说，海外报纸发表关于"文革"

的文章太多了，有负面影响。总编辑怕挨打，便通知代替休假的潘际炯的一位编辑，将巴金文章中凡涉及"文革"的句子都给删除掉了，甚至引用鲁迅说的"我是一条牛，吃的是草，挤出来的是奶和血"的话也给勾去，因为"牛"和"牛棚"有关。[83]巴金给潘际炯写了一封信，说："贵同事删改我怀念鲁迅先生的文章，似乎太不'明智'，鲁迅先生要是'有知'，一定会写一篇杂感来'表扬'他。我的文章并非不可删改，但总得征求我的意见吧，如果一个人'说了算'，那我只好'不写'，请原谅，后代的人会弄清是非的。"[84]潘际炯只好找黄裳帮忙说情，要求巴金写下去。

巴金说：要写，有一个条件，是必须把《鹰的歌》登出来。显然，这是巴金的抗议，《大公报》接受了。结果，《鹰的歌》发表时有题无文，只有"鹰的歌　巴金"五个字，跟着是下一篇。港版《随想录》第三集《真话集》也与京版不同，一样的有目无文，直到出版合订本时征得巴金同意，才全文问世。

《随想录》在香港的遭遇，让巴金耿耿于怀。出版合订本时他写下新的前记，重提被香港大学生"围攻"和被《大公报》删稿的旧事，认为"原来都是为了'文革'"。而他的《随想录》，恰恰也是为了"文革"。他坦白说，他是被迫着"用老人无力的叫喊，用病人间断的叹息，然后用受难者的血泪"[85]来写这部书的，借由这部书，他将建立起他个人的"'文革'博物馆"。

沉重的压力来自领导层。胡乔木直接干预巴金对文艺问题的表态，包括《随想录》的写作。主要有两个方面：一是强调党对文艺工作的领导，希望巴金放弃"无为而治"的主张；二是"歌颂"和"暴露"的老问题。胡乔木是反对"向后看"，反对"伤痕文学"的，而巴金却是执着于对"文革"的创伤性记忆。黄裳 1982 年 12 月 26 日致杨苡信，谈及胡乔木亲往巴金病房探视的情况，后来又在《关于巴金的事情》一文中做出如下记述：

1983 年 10 月，在绍兴鲁迅故居百草园内。左起：黄源、巴金、黄裳

　　有一天正在他的病房里坐着时，有一位"大人物"推门而入了。他是来探病的，交换了几句普通的问答以后，大人物说："我看你还是好好地休息，以后不要再写了。"说完就告辞出去。仿佛特来看病，就是为了说出这两句"忠告"似的。这是我碰巧遇上的一次，他当然还受到过别的人的"忠告"，总之，不外是希望他"安度晚年"的意思。而这一点，他也早在"随想"中表示了明确的态度。[86]

　　被点名的消息很快流传开来，还有别的谣言，比如有人宣传他是"持不同政见者"，将要受到批判，等等。更甚者，有一位北京的大人物说："那个姓巴的最坏，应该枪毙！"[87]这种氛围，事实上给他带来颇不利的影响。《随想录》第二集《探索集》的简体字本在内地出版时，便被压了一年左右。1983 年 6 月，政协副主席茅盾去世，需要递补一名文艺界人士，据传巴金在提名过程中也因此受到诘难和反对，后经征求上海市委领导的意见才得以通过。

对于上面的态度，以及种种流言，巴金难免恼怒、郁闷、心气难平。后来他回忆起来，说是"大网迎头撒下""网越收越小"，逼得他"无路可走"。然而，此时的巴金毕竟不同于"文革"前的巴金，他终于可以冷静地、镇定地，甚至轻蔑地对待这迎面而来的浊浪和泡沫了。

他在《序跋集》的序文中说：

> ……人们说冷风又刮起来了。我起初不肯相信，可是渐渐地我发现有人在我面前显得坐立不安，讲话有些吞吞吐吐，或者缩着脖子，或者直打哆嗦，不久就有朋友写信来劝我注意身体，免受风寒。于是关于我的谣言就流传开来，有人为我担心，也有人暗中高兴，似乎大台风已经接近，一场灾祸就在眼前。
>
> 这个时候我非常冷静。有风，我却不感到冷。我一点也不害怕……[88]

他给王仰晨复信时也说：

> 长官点名，我不会害怕。倘使一经点名，我就垮掉，那算什么作家？点名之说早已传到我耳里，我无所谓，据说是在外事工作会上讲的。但后来他又派秘书来找小林谈话，劝我不要相信别人的挑拨。我仍然不在乎。……[89]

他写信告诉萧乾：

> 点名问题几个月前就传说过，说法不一，最近又流传起来。有人替我担心，其实我毫不在乎。这应当是最后一次的考验了。……[90]

巴金是经过大劫的人，自己受的凌辱不说，却长此失去了萧珊。因此，他不会放过"文革"，以及与"文革"有关的一切。他说，他要控诉，《随想录》就是长篇证词。这时，他的写作已经不限于偿还情感的债务，不限于倾诉的迫切性，"文革"会不会死灰复燃，在他看来，乃关乎一个国家和民族未来久远的命运。他不在乎威吓，当然还同"故家"不复存在有关。虽然他坦白说，现今还"无法挣断千丝万缕的家庭联系"[91]，而这时，孩子毕竟长大成人，各有家室，不再需要他像从前一样小心看护了。少了后顾之忧，这对于巴金取决绝的态度也是带决定意义的。

再就是，如他所说，"脑子十分清楚，对生死问题也看得明白，一切毁誉都不在心上"[92]。他反复说过类似的话："活着的日子已经不多了。"并且，他也曾多次声明，他是把《随想录》当成"遗嘱"来写的。特别是赵丹的死和在《人民日报》上发表的临终文章《管得太具体，文艺没希望》给了他很大的刺激。文章最后有这样一句话："对我，已经没什么可怕的了。"[93]巴金说赵丹说出了包括自己在内的一些人的心里话，想说而说不出来的话。他重复多次。并在纪念赵丹的文章中表示说："我也在走向死亡，所以在我眼前十年浩劫已经失去它一切残酷和恐怖的力量。"[94]结尾，他还好像示威似的重复了赵丹这句著名的遗言："管得太具体，文艺没希望。"[95]

《随想录》开始时只想替《望乡》说话，建立专栏之后，选择了各种题目，便围绕着"文革"认真地议论起来。从1978年到1986年，八年五本书，从无标题到有标题，从无计划到有计划，从顾忌重重到胆子越来越大，从轻松随意到心情沉重。整个写作的过程是一个不断解放自己的过程；一个不但跟衰老和疾病做斗争，而且不断反抗遗忘、懦怯和保守的过程；一个不断修正写作策略以实现自由最大化的过程。

从记忆中探索，在行进中回溯。巴金说"把从前的我找回来"，这是可能的吗？十七年间，在人与人、人与兽的斗争中，隔岸观火、投井下石、助纣为虐，如何可能成为社会的良心？"文革"十年匍匐在地，崇拜神明，自我作践，身心为奴，如何可能获得独立自尊的人格？前后三十年，大脑基本上陷于停滞状态，如何可能恢复青年时期的思考力和批判力？一个曾经慑于权力的人，长期忍耐的人，是否有勇气争取并保卫属于自己的权利？

如果仅仅是十年的惨痛经历，未必可以改变一个人，而且不可能确定朝怎样一个方向改变。看待晚年的巴金，不要忽略他曾经作为一个青年无政府主义者的思想底色。18世纪法国的启蒙运动、19世纪俄国的民主革命运动、20世纪中国的五四运动，以及三大运动的代表人物卢梭、巴枯宁、克鲁泡特金、赫尔岑、托尔斯泰、鲁迅等人的著作，构成为巴金思想和道德的主要来源。这是根基性的，不是后来的知识分子思想改造运动可以彻底摧毁的。但是，在巴金的身上，也不能小觑那些消极的、解构的、制约性的因素。毋庸讳言，他是一个体制内的"既得利益者"、文艺领导、国家官员，而不再像1949年以前那样只是一个单纯的知识分子、文化人、"普通作家"。他有他的重建的人际关系、习惯性思维、意识形态话语。此外，还有语境的制约力量，而这种力量是个人难以克服的。《随想录》的思想价值，取决于个人与体制、主观与客观、"从前"与现在之间相生相克的结果。

写作《随想录》的历程很长，在这期间，巴金把他的所见所闻、所忆、所思、所感全都放在这里面。可以说，这是一部内容宽广的书，反映了一个知识分子眼中可生可死、方死方生的大时代。在《随想录》出版之前，中国确实不曾有过一部这样的书，可见文学界的贫困。关于本书，巴金特意提示两点：（一）"文革"是全书的中心；（二）所含五部书（《随想录》《探索集》《真话集》《病中集》《无题集》）是一个整体。《随想录》受赫尔岑《往事与随想》的影响是明显的，巴金说过，他的写作是翻译的一个副产品。对于《往事与随想》，他有一个概括性的评价，说是"在本书中作者把他个人的生活事项和具有社会历史意义的一些现象有机地结合起来了"。在《随想录》里，巴金同样，试图把自己的命运、中国知识分子的命运同人类的命运联系起来。

巴金认为，"那十年浩劫在人类历史上是一件大事"[96]。称"文革"是"有中国特色的黑暗时代"，是"用中国人民的鲜血绘成的无比残酷的地狱"[97]。他又把"文革"称作"我们最大的敌人"，说是要"把最后一点精力用来揭露"[98]它。"文革"期间，他说自己的确被当作"贱民"，受过种种虐待。"贱民"一词，在阶级斗争的词典中是没有的。使用种姓制度的这个词来说明巴金当时的身份和处境是恰当的。"文革"夺走了他所爱的人，捣毁了他的家庭，留给他数不清的屈辱和伤害，包括做噩梦的后遗症、害怕黑夜、害怕睡眠。他说："我已经看够了那些血淋淋的、十分龌龊的、极其丑恶的东西，我称赞它是不得不称赞，是别人强加上去的称赞。"[99]他认为，他有责任给"十年浩劫"做一个总结，记下这些苦难的事实，向后代讲一点真实的感受。

20世纪50年代初，在波兰，巴金曾经参观过奥斯威辛集中营。那里保留了当年的许多东西：电网，安全栏，瞭望塔，博物馆，馆内的毒气室模型、焚尸炉照片，受难者成吨的头发，用头发织成的床毯，成堆的梳子、眼镜、皮鞋、手提箱，欧洲各国的纸币，等等。纪念碑的前面用犹太文写着："要牢牢记住。"

巴金对集中营的印象一定很深，尤其经历了"文革"，到了写《随想录》的时候，终于把在心里埋藏了十年的想法写了出来：建立一个"'文革'博物馆"！

至于博物馆如何建构，巴金没有具体的设想，但是确曾指出过保存实物的必要性，而不仅仅停留在观念和文字上面。他认为，"要产生第二次'文革'，并不是没有土壤、没有气候，正相反，仿佛一切都已准备妥善……因为靠'文革'获利的大有人在。"[100]建立"文革博物馆"，在他看来，目的是"不让历史重演"。正如他所说："唯有不忘'过去'，才能做未来的主人。"[101]

"文革"是否可能重演尚不可知，吊诡的是，巴金关于建立"'文革'博物馆"的呼吁如泥牛入海，后来连他本人大约也因为意识到无法实现而不复提起了。

至今，巴金说的那些"靠'文革'获利"的人是否已经绝迹；产生"文革"的土壤和气候是否依然存在；为什么不让建立"'文革'博物馆"，甚至不许谈论"文革"；"文革"实质上代表了什么；"文革"结束之后"谁之罪"……这些成了横亘在知识界面前无法回避的问题，为此"煎骨熬心"的巴金也必须回答这个问题。

有关"文化大革命"的历史及研究著作极少。以个人回忆录的形式出版过零星几种，如杨绛的《干校六记》、陈白尘的《牛棚日记》、季羡林的《牛棚杂忆》等，这些书大抵是日常生活方面的叙述，但都很少有评论的文字。季羡林在全书最后安排了特别的一章，叫"余思或反思"[102]。他把写作过程中对"文革"的思考集中为四个问题：

首先是："吸取了教训没有？"回答是："吸取了一点，但是还不够。"

其次是："'文化大革命'过去了没有？"回答是："似乎还没有完全过去。"其中引用了一个老干部的话说，"文革"证明"士可杀亦可辱"。他则自白说："我当时应该自杀；没有自杀，说明我的人格不过硬，我现在是忍辱负重，苟且偷生。"

第三个问题："受害者舒愤懑了没有？"回答只有两个字："没有！"

最后一个问题是："文革"为什么能发生？他说："兹事体大，我没有能力回答。有没有能回答的人呢？我认为，有的。可他们又偏偏不回答，好像也不喜欢别人回答。"又说，"何去何从？我认为是非常清楚的。"

季羡林的书写于1992年，比巴金的《随想录》成书时间晚了六年。他没有提到巴金的书，作为老知识分子，唯以舒愤懑的形式触及相关的问题，说到"文革"的成因，却是引而不答。其实，巴金一直在追索这个问题，从《随想录》看，是做过多个方面的探索的。

关于"文革"的教训，季羡林说"吸取了一点"，但是并没有明确指出吸取了什么。巴金认为，最重要的就是"大反封建"。

70 年代末，官方话语频频出现"封建思想残余"，"封建"所指很笼统，而且强调的是"残余"。在巴金这里，"封建"是专制主义的代名词。"学习秦始皇、学习希特勒"，"我们这个社会里还有非现代的东西，甚至还有果戈理在 1836 年谴责的东西"[103]。在说到翻译赫尔岑的著作时，也就生存环境连带说到沙俄时代。他承认，过去说小说《家》已经完成了"历史任务"的说法是错误的，因为"到处都有高老太爷的鬼魂出现"[104]。他多次提到"高老太爷"，还说，"几十年来我自吹自擂，说是反封建，事实上都是封建在反我，高老太爷的阴魂在改造我"[105]。"高老太爷"可以指一种主义，也可以指具体个人。

巴金的批判很少指向既存的体制，对于"文革"，谈论最多的是个人迷信。1993 年，巴金还写了一篇短文《没有神》。

现实是历史的延伸。"文革"的流毒深远，巴金在《随想录》中批判的许多社会现象，都在"封建"这一根系上，同"文革"中富有繁衍能力的丑恶的真实联系起来。其中，对思想文化的禁锢政策、决定一个作品生死的"长官意志"、书报审查制度、"衙内"现象、"开后门，仗权势"的风气、买卖婚姻、青少年的家长式教育，都为巴金所议论过、批判过。"特权"现象，尤为巴金所痛恨，多次给予抨击。

专制主义为何得以横行无忌？特权思想为何仍然大有市场？巴金把这些称作"旧中国封建主义的土特产"，他从几千年的传统文化、愚民政策中寻找遗传基因，看"旧的沉渣"怎样给染上"新的颜色"。中国人的奴隶根性，在《随想录》中有突出的批判，包括自我批判在内。他早已指出过："三百年的满清统治，已经把我们这个民族弄成了一个凉血的奴隶的集团。"[106]在《随想录》中，有多处使用"奴隶"一词。奴隶的存在，意味着失去自主权，意味着奴役和忍从，还有最常见的恩赐观点。书中写到少时看审案，被告挨了板子之后，还要被差役拖起来给"大老爷"叩头谢恩。巴金指出，差役一类角色的戏箱里，就只有封建社会的衣服和道具。在关于《激流》的说明中，巴金做了这样的引申，说："觉新那样的人太多了，高老太爷才能够横行无阻。"[107] 换成现代政治学的说法，就是：有什么样的人民，就有什么样的政府。对于"文化大革命"的生成，在巴金看来，每个中国人都应当负有责任，至少他是这样看待自己的。

在中国历史上，五四运动是一个转折，一次断裂。"五四"的一代人高举"民主"和"科学"的大旗，提倡个性解放，重估一切价值，对于传统的专制主义文化是一个空前未有的冲击。巴金高度评价"五四"，自认是"'五四'的儿子"，是"'五四'的年轻英雄们所唤醒、所教育的一代人"[108]。他自述说："'五四'使我睁开了眼睛，使我有条件接受新思想、新文化，使我有勇气一步一步离开我的老家，离开那个我称为'专制的黑暗王国'的大家庭。到今天我仍然相信要是不离开那个老家，我早已憔悴地死去。我能够活下去，能够走出一条路，正因为我'抛弃'了中国文化，'抛弃'了历史传统。"[109] 在这里，巴金恢复了一个青年安那其的状态。他承认，是"五四"的英雄们挽救了他，所以，提到"五四""总是充满感激之情"。

在论及"五四"时，巴金有两个很重要的观点，其中一个是我们的祖先没有留下什么"民主"的遗产。他说："我们找不到民主的传统，因为我们就不曾有过这个传统。'五四'的愿望到今天并不曾完全实现，'五四'的目标到今天也没有完全达到。但这绝不是'五四'的错。"[110] 从苏俄到中国，巴金看清楚了，没有民主的国家不可能有真正的社会主义。

巴金的另一个观点是："五四"反传统既不全面，也不彻底，致使封建专制主义贻害无穷。在《老化》一文中，巴金引用自己在一封信里的话说："谈到'五四'，有一位作者认为'五四'的'害处'是'全面打倒历史传统、彻底否定中国文化'。我的看法正相反，'五四'的缺点恰恰是既未'全面打倒'，又不'彻底否定'（我们行的是'中庸之道'，好些人后来做了官，忘了革命……），所以封建文化的残余现在到处皆是。这些残余正是今天阻碍我们前进的绊脚石。"[111] 所以，对于有人借口"五四"反传统致使整个民族文化受到破坏，从而给予否定的做法，巴金表示"不理解"，并严词加以驳斥。

巴金不忘中国，不忘"五四"。他说："我们有的是封建社会的破烂货，非常丰富！'五四'时期这个旧货店给冲了一下，可是不久就给保护起来了。"[112] 有趣的是，发起"新启蒙"的如王元化一类学者，到了 20 世纪 90 年代就纷纷批评起"五四"；再后来，国学家、尊孔家相率出现，"吵吵嚷嚷到处寻找失去的文化"[113]。可以看到，对于中国的思想文化的看法，巴金要清醒得多。

在"大反封建"的问题上，在巴金那里明显地存在着两个思路：一个是清算传统，一个是开放社会。1988 年 8 月，巴金在寓所会见为博士论文《巴金与法国》回国搜集资料的刘秉文，谈到中国的"改革开放"时指出："单纯的经济开放，而文化不开放不行。我们要大量吸收西方好的东西，坏的东西我们能抵得住！"后来，又对陈丹晨等人说起："经济发展当然至关重要。但是，没有文化，经济怎么发展？！"[114] 所谓文化，是指政治思想文化，是一种全面开放的观点，并不限于经济改革，这是非常有远见的。

当时，全国上下确实已经产生有关"政治体制改革"的一致的设想，但是一直不见实行。纯经济观点左右了整个社会，媒体大力鼓吹"先富起来"的企业家，全民经商，官员下海，地方建设唯经济生产总值是图，为发展而发展。社会上，贫富差距扩大，各地环境污染严重，出现了两种现象：在官场，政治寻租，官商勾结，贪污腐败；在青年和民众中间，拜金主义盛行，巴金称为"黄金瘟疫"。1993 年，巴金对朋友说：社会风气太坏。大家只想钱，对金钱的疯狂追逐几乎有点变态！有些人已经变得荒淫无耻，就像《白痴》里的烧钞票……他认为："现在中国的思想文化道德面貌，从某种意义上说，是退步了的。"[115] 对于重物质而轻精神，只搞"物质现代化"的合理性，巴金提出大胆的质疑，他认为，社会改革必须是全面的改革。

巴金由来关注理想、信仰和道德问题，因此，特别关注"单纯的经济开放"对社会文化心理的影响。在谈话中，巴金强调说："在这一场理想与金钱的斗争中我们绝不是旁观者，斗争的胜败关系到我们每个人的命运。"[116] 在最后的日子里，他谈到苏联解体时，说过这样一段话："我相信进步的社会理想总是要实现的。苏联解体给了我们很深刻的教训，值得深思。社会主义需要物质丰富，也还需要民主、自由和高度文明。苏联没有。所以苏联是不是真正的社会主义也很难说。"[117] 关于苏联解体，人们并不像巴金这样从价值观念、制度本质着眼，唯看重国家主权本身。

《随想录》中专谈知识分子的篇目不多，但是重心仍然是知识分子。在这里，知识分子问题包括权利和责任两大方面。有关的论述，常常同作者回忆遇难的朋友，以及个人际遇的叙事与省思结合起来。

直至"文革"，知识分子几乎完全失去其生存的基本权利。知识分子之所以为知识分子，就因为有知识、有头脑、有智慧，然而竟因为所有这些与生俱来的优长之处而遭到摧残。巴金在《再说知识分子》中描述说："不要知识，不要科学，大家只好在苦中作乐，以穷为光荣。自己不懂，也不让别人懂，指手画脚，乱发指示，坚持外行领导内行。威风凛凛，杀气腾腾，整了别人，也整到自己。这样一来，知识真的成了罪恶。运动一个接一个，矛头都是对准知识分子。"[118]

社会主义国家理应是一个法治的国家，巴金说："我们国家有一部 1954 年的宪法，我的公民的权利应当受到宪法的保障，这宪法是全体代表投票通过的，其中也有我的一票。投票通过宪法之前全国人民多次讨论它，多次修改它；宪法公布之后又普遍地宣传它。说是'根本大法'，可是到了它应当发生作用的时候，我们却又找不到它了，仿佛它根本就不存在，或者不中用，连几张大字报也比不上。二十年前我就是这样走进'牛棚'的，宪法已经失踪，人权早被践踏，我高举'红宝书'，朗诵'最高指示'，由人变兽，任人宰割。"[119] 面对外国人，巴金说过他在中国享有"充分的自由"；但是在他的文字里，仍旧在为人权与自由而抗争。

1962 年，周恩来和陈毅的"脱帽加冕"之说之所以使知识分子欢欣鼓舞了好一阵，就因为这意味着知识分子可以从此获得一般公民的权利。到了 80 年代，巴金谈及知识分子，也还是同样的权利要求，反对按知识划分公民等级，反对歧视知识分子，说："知识分子也是新中国的公民，把他们当作平等的公民看待，这才是公平合理。国家属于全体公民，有知识或者没有知识，同样有一份义务和一份权利，谁也不能把别人当作待价而沽的货物，谁也不是命运给捏在别人手里的奴隶。"[120] 这是起码的权利，基本的权利，为了知识分子能够获得它，巴金在《随想录》中大声呼吁。十年教训有着剜心之痛，他惊呼道："太可怕了！十年的折磨和屈辱之后，我还不能保卫自己叙说惨痛经历的权利。"[121] 他认为，"只有承认每个公民的权利，才能理直气壮地保卫自己。"[122] 以个人的经历，哪怕仅限于《随想录》的写作过程，已能使他痛切地感到："要维护自己的合法权利，也必须经过斗争。"[123]

对于第四次作家代表大会的观感，巴金说有两大"收获"，也是两大"突破"，即祝词和选举，其实也都与作家的权利有关。关于祝词，巴金说的是"党中央对'创作自由'的保证受到热烈的欢迎，这是对作家们很大的鼓舞"[124]；"说到选举，有人说，这次不是照别人的意思画圈圈，我们可以根据自己的想法挑选'领导人'"[125]。可以说明，巴金身在其位，不只"挂名"而已，对作协的事情毕竟有着一定深度的介入。

会后，巴金写了一篇《再说"创作自由"》，对于祝词有两个近于修正的提法，是可注意的。其一，把创作自由和出版自由联系起来。他说："自由也罢，责任感也罢，问题还得在创作实践中解决。"[126] 他以自己为例，说是一生不曾遇到"创作自由"的问题，除了"文革"十年，因为那时连做人的"自由"也被剥夺了。但在"旧社会"中因为没有"发表自由"和"出版自由"，吃了不少苦头。一个唯靠版税吃饭的作家，对于出版自由问题应当是十分敏感的。其二，他把祝词中说到的中国文学的"黄金时代"，"我们文学的春天"已经到来的说法称作"豪言壮语"，意思是并非已经成为现实，"不过是我个人长期的愿望"而已。

至于选举，也不可能完全根据"自己的想法"进行自由选择。事实上第四次作代会的选举办法往后也并没有复制过。推举代表、选举、报告、发言、简报诸项，都是组织上的事情。全国第五次文代会过后，巴金有信给杨苡说："文代会开完了，有人说并未开得一团和气，倒是一团冷气。开幕前郭玲春两次打电话要我发表意见，我讲了几句，都给删掉了。我讲的无非是几十年前开的'双百方针'的支票该兑现了。没有社会主义的民主，哪里来的'齐放'和'争鸣'之类。花了一百几十万，开了这样一个盛会，真是大浪费。我的确感到心痛。"[127] 其实，作代会也不过如此。

相对于生存权利，包括写作权利，《随想录》很少谈论知识分子在现实政治中的责任问题。巴金确实说过"作家是战士，是教员，是工程师，也是探路的人"[128]，说过"作家不是应声虫，不是传声筒，他应该干预生活"[129]，至于如何挑战权势，干预时事，基本上没有这方面的内容。也许，在巴金看来，责任与权利并存，权利是先于责任的，因此争取和保卫权利是第一位的，正如他所说："责任再重大，也得有个界限。坐在达摩克利斯的宝剑底下，或者看见有人在旁边高举小板子，胆战心惊地度日如年，这样是产生不了伟大的作品的。"[130]

巴金不像西方的自由知识分子，与年轻时候也很不相同，并不是以一个叛逆者、批判者的独立姿态出现，对抗主流社会。在这里，比较一下巴金和索尔仁尼琴两人对于党和政府的态度很有意思。索尔仁尼琴[131] 说："一个作家就是一个政府。"对于文艺管理者与作家的关系，巴金用"肝胆相照"来形容，说是"互相尊重，平等相待"。他进一步解释说："我为你创造并保证工作和生活的条件，你毫无保留地献出自己的聪明才智，都是为了我们的国家和人民。"[132] 大约这就是一个体制内"讲真话"的作家与一个"持不同政见者"的区别。

在"文革"结束后的二十年里，巴金写了许多悼文。开始时，悼文写得很拘谨，甚至近于表态性质，如悼念郭沫若的文章，其中说："我同郭老接触多年，印象最深的是他非常真诚，他谈话、写文章没有半点虚假。"[133] 这样的话未必符合事实。在郭沫若的诗文中，有不少机会主义的成分，像《李白与杜甫》，巴金在私信里便有所非议。后来，巴金的态度愈趋大胆开放。在结束《随想录》的时候，他写了《怀念非英兄》《怀念胡风》两篇长文，把许多积蓄已久的话说了出来，包括对无政府主义的态度。

文章把对死者的褒扬和对自己的贬抑结合起来，特别深刻感人。"反革命"胡风、满涛，"右派"冯雪峰、方之，"反动文人"黎烈文，"右派"外加"无政府主义反革命分子"叶非英，他们的名字很有代表性，连接到一起，就是1949年以后几十年的艰难的历程。对于这些罹难的朋友，巴金深感内疚："我走惯了'人云亦云'的路，忽然听见大喝一声，回头一看，那么多的冤魂在后面'徘徊'。我怎么向自己交代呢？"[134] 他自审在运动中，不但不曾维护他们，出来为他们说一句公道话，却是急于"划清界限"，落井下石。他说："50年代我常说做一个中国作家是我的骄傲。可是想到那些'斗争'，那些'运动'，我对自己的表演（即使是不得已而为之吧），也感到恶心，感到羞耻。今天翻看三十年前写的那些话，我还是不能原谅自己，也不想要求后人原谅我。"[135]

在纪念叶非英的文章末尾，巴金写道：

关于他的死我又能说什么呢？我翻读洪有的旧信，始终忘不了这样一句："在那时候，在那样的环境里死一个人不如一条畜生。"我想说："我比非英幸运，我进了牛棚，却不曾像畜生那样死去。"我还想说："一个中国人什么时候都要想到自己是一个人。"[136]

"文革"二十周年时，巴金撰文一再呼吁创办"'文革'博物馆"。他在文章里说："我们口口声声说是为'新社会'，可是这'新社会'越来越不被我们理解，越来越显得可怕，朋友们一个接一个比我先掉进黑暗的深渊。"[137] 在非人的时代里，"要想到自己是一个人"，像"人"一样有尊严地生活，这就是"文革"留给巴金的最重要的教训。

法国女思想家西蒙娜·薇依在《信仰与重负》书中有一段说："在这个世界上，只有沦落到受屈辱的最底层，比乞讨还要卑下，不仅毫无社会地位，并且被看作失去了人最起码的尊严——理智的人，只有这样的人，实际上才有可能说真话，其他的人都在说谎。"[138] 正因为有了"文革"中的"贱民"经历，巴金开始审视自己，解剖和批判自己，承认自己的责任。有一个叫藤井的日本人说："别的作家在经历了'文革'复出之后都说自己是被害者，而巴金却说自己也曾是害人者。这样的文学家非常少。"[139] 巴金的回应是：只有通过对包括自己罪恶在内的罪恶不断进行批判，才能从自己的罪恶中解脱出来。[140] 在《序跋集》的一篇序文中，巴金还这样说起过："遇见一位日本朋友，他对我说：'你批评了自己，我是头一次听见人这样讲，别人都把责任完全推给"四人帮"。'他的话是我没料到的，却使我头上冒汗。我彻夜深思，我只是轻轻地碰了一下自己的良心，马上又掉转身子，离解剖自己，还差得很远。"[141]

第二次世界大战以后，有观点认为，每个德国人都应当为纳粹的崛起担戴罪责。对于"文革"，巴金同样认为，承认"四人帮"的权威而甘受宰割，许多人都负有责任。但他并不因此而对自己有所宽宥，反而更为苛刻，认为自己在"文革"中着魔般的表现，并非完全是"四人帮"和"左派"所强加的，而是来自身上的毛病。

他承认，这是他的"活命哲学"，总想保全自己。他说："全国解放以后，一个接一个的运动，一次接一次的学习仿佛把我放进一个大炉子烘烤，一切胡思乱想都光了，只剩下一个皮包骨的自己。我紧张，我惶恐，我只有一个念头：要活下去。"[142] 思想活动一旦被控制在苟活的范围内，必将下降为动物性意识。他认同朋友对他的批评，"以忍受为药物，来纯净自己的灵魂"[143]，自称是"作揖哲学"和"无抵抗主义"的忠实信徒，放弃人的尊严和做人的权利。他说："我的悲剧是别人把我当工具，我也甘心做工具。"[144] 这就是官方长期宣传的"驯服工具"。过去他说"从未说过假话，后来在谎言中过日子，听假话，说假话"，还说"漂亮的空话"，乃至常常责备自己是"说空话的人"。由于胆小，在运动中害怕引火烧身，一个"人道主义者"失了同情心和正义感，因此他又总是事后拿悔恨折磨自己。

在《随想录》中，巴金成了一出道德剧的罪人。在自己的身上，他更多地展开道德思考，而在其他方面，缺乏更深入的发掘。他对"文革"的大叙事，大抵停留在官方的结论上面。

这里有认识上的局限，就是说，他的探索仍未到达应有的深度。还有一种情况是，许多事情，包括"文革"的成因，实际上他不是没有看明白，只是以他的身份，不能走得太远！他在《巴金全集》自序中说："我是一个充满矛盾的人……我写作一生，只想摒弃一切谎言，做到言行一致。可是一直到今天，我还不曾达到这个目标，我还不是一个言行一致的人。"[145] 追求真实，又回避真实；追求深度，又恐惧深度，这就是一个被置于半封闭半禁锢的社会语境中的知识分子的悲剧。

巴金一再强调"讲真话"，说："人只有讲真话，才能够认真地活下去。"[146] 在"讲真话"的问题上，《随想录》引用杂文家林放信中的话，表明另一种态度："对于自己过去信以为真的假话，我是不愿认账的，我劝你也不必为此折磨自己。至于有些违心之论，自己写时也很难过……我在回想，只怪我自己当时没有勇气，应当自勉。……今后谁能保证自己不再写这类文章呢？……我却不敢开支票。"[147] 倘使一个社会剥夺了公民的生存权，作为一个公民，却不能不说一些假话以换取起码的生存条件，难道这是可以指责的吗？在此基础上谈论"责任"问题是否公正？这是一个问题。杂文家向巴金提出质疑的是：这是制度与人的关系问题，而不仅仅是个人内部的道德问题。

对于面临的社会语境，不能说巴金没有深刻的了解。因此，他会根据不同的情况，采取不同的应对方式，就是说，"真话"在他这里有了不同的讲法。还有一些则被他"给咽在肚里"，作为油灯点着，自己照亮自己。他是懂得沉默的妙谛的。

夏衍在《懒寻旧梦录》说道："党的制度和社会风尚是难以违抗的。"[148]这种困难，让巴金在"讲真话"时不能不考虑到它的风险性和有效性。虽然家庭结构的变化使巴金减少了许多精神压力，但是，在一个注重"社会关系"的社会里，他仍然担心写真实会使家人"增加麻烦"，如他给端端题赠《巴金全集》所写的；也怕给《文艺报》等报刊的朋友"找麻烦"。

巴金告诉萧乾，"拿棍子的人还有"，要"小心地写"。遇到事关重大的问题，他会争取机会直接向最高领导人面陈；或者上书，如向胡乔木表示不赞成不写文章，甚至说了"我就是你这个讲话的受害者"之类的话，[149]就是不直接写文章，反对当下的运动和政策。如果需要写文章，又自觉敏感，巴金会借由官方肯定的人物或事物保护自己的观点。比如举邓朴方的话来肯定"人道主义"，从胡启立在大会上的祝词出发谈"创作自由"等。还有一种写作策略，是利用历史的传承性和文化的相关性所产生的互文效果，比如说宋高宗、说"衙内"等，都是借古代和外国的故事以舒愤懑，重复回到现今"大反封建"的主题。

巴金的反思是体制内的反思，至少在文本所表现出来的是这样，所以，会自觉或不自觉地使用意识形态的语言概念。他在批评"开后门，仗权势"[150]等现象时，便说："不但是给社会主义抹黑，而且是在挖社会主义的墙脚。"[151]似曾相识，这是典型的官方话语。他不可能把他的身份从体制中剥离出来，当身份与语境发生矛盾时，如何可能完整地说出自己的内心话语而又不至于带来麻烦？这里存在一个个人思想与意识形态之间的"理性合约"问题。协议的结果就是调和，而调和的结果，只好牺牲掉部分意识到的内容，削减批评性意见的尖锐程度，有时还插入一些廉价的乐观主义的东西。

比较《随想录》的手稿本和定稿本，可以看出巴金在写作过程中如何苦心孤诣。这里举几个例子。《二十年前》中原来的几句话如"我应当维护宪法，我也有根据宪法保卫自己应有的权利……平时大吹大擂，说是'根本大法'"[152]，发表时给删掉了。《长官意志》说30年代的上海出现了文学"相当繁荣"的局面，结果用"活跃"代替了。《四谈骗子》中把"带头致富的英雄"改为"暴发户"，把"发财"改为"致富"，把"企业家"改为"财神爷"，大约都因为在"让一部分人先富起来"的问题上，考虑到不能与官方倡导的方向相左。《怀念老舍同志》一篇删改最多，像"十几年来他呕心沥血百般歌颂我们的新社会，可是就是这个'如此美好'的新社会让他横遭凌辱、悲惨死亡"[153]，像"因此我们仍然回答不了这个问题：'可是谁爱我呢'？"[154]，像"这就是一位有才华、有良心、正直、善良的中国作家的结局"[155]，像"为着我们那些忠诚爱国的知识分子，我要反复地念那句台词，我要反复地念下去"[156]，统统给删掉了。为回应赵丹临终关于文艺管制的意见，巴金一共写了三篇文章，其中一篇是以遗言中已经"没有什么可怕的了"一句做题目，手稿是："有人说为什么要写上那么一句？又有人说为什么要挨到这个时候才感觉到'没什么可怕'？"[157]还有"他说自己不再害怕迫害，因为他正在走向死亡。在我的眼前十年浩劫已经失去了它那一切残酷和恐怖的力量，因为我也在走向死亡。不同的是，我的脚缓慢，而且我可以在中途徘徊"[158]也都统统给删掉了。

还有一些"真话"，从1949年以后，一直到《随想录》写作，巴金都不愿意说出来，最突出的就是关于他的信仰问题。"无政府主义"，对这时的他来说是讳莫如深的。重返法国时，他大谈卢梭，就是不说当年引起他狂热追随的萨珂和凡宰特。1982年，同为无政府主义者的老朋友卫惠林从台湾回到上海看望巴金。据巴金说，席间谈起一件小事，卫惠林忽然生气，批评他不敢讲真话。而巴金听后，不接受也不反驳。在这里，巴金不便写出，很可能是因为涉及无政府主义问题。陈思和说，接触过巴金的其他一些类似的朋友，其中比较激进的分子也都因此对巴金颇有微词。

巴金青年时信仰的无政府主义是"自由共产主义"，由于与现实政治相冲突，巴金1958年以后不断删改个人文集中关于无政府主义的内容，宣称在他那里只有"爱国主义"和"人道主义"，到最后才加上"无政府主义"。即便如此，他也得强调前期的"无政府主义"与今天的"无政府思潮"的不同，将无政府主义的实质进行转移、淡化，乃至取消。他说无政府主义对他的影响只在道德和组织观念方面，比如喜欢自由散漫之类，而讳言政治思想方面的影响。他批评无政府主义是"空"的，无法实现，无法解决问题。他一再说"我有我的'无政府主义'"[159]，说"我写作时常常违反这个'无政府主义'"[160]，又说"自始至终我是个爱国主义者，这又是和无政府主义相矛盾的"，等等。

对于《巴金全集》是否编入早期无政府主义著作《从资本主义到安那其主义》，前后反复，可以看出巴金在对待无政府主义问题上的纠结。1986年1月11日，他致信编者王仰晨，明确表示"这本书不应收入《巴金全集》"；1990年1月20日去信又表示愿意接受他人意见，同意"多收一些作品"，其中包括《从资本主义到安那其主义》；5月21日复信王仰晨，同意王的看法，决定不再编入，还补充说："我主张不收入这书，我还有一个理由，全书都是抄译柏克曼的文章，我自己的东西不多。……还有'佚文'卷中有些文章选入时也希望慎重些，不要让人以为这是我现在的思想和主张……"他新印了旧译克鲁泡特金的《我的自传》，陈丹晨向他索要时，他说："可以，不过我不签名了。不要让人家觉得我还在宣传无政府主义。"[161]

巴金有他的"秘穴"。连最亲近的研究者，竟也未能确知他晚年对无政府主义的真实态度，是否还存在属于自己的信仰。

历经八年漫长的时间，巴金真诚地、负责任地，而又不无顾忌地终于完成了他的《随想录》。这时，不少学者拿他和鲁迅一并论列，称其为伟大的"战士"。在中国现代史上，鲁迅和巴金分处于中华民国和中华人民共和国两个前后衔接的时段，有连续性、一致性，也有断裂性、相异性。比较中，有一个共同的缺失，就是忽略不同的政治文化结构带给两位作家的特点：（一）鲁迅是体制外的普通作家；巴金是体制内作家，进身于领导层。（二）鲁迅永远单兵鏖战；巴金依靠组织，至少不能脱离组织。（三）在鲁迅的社会批评中，主要对付的是现行制度及其核心——"权势者"集团；巴金基本上避开现实政治和体制问题。如果说鲁迅的杂感是匕首和投枪，巴金则是火力的远距离投射，相对缺少直接性、紧迫性和激烈性。（四）鲁迅使用的是"奴隶语言"，反国家话语；巴金使用的是"公民语言"，个人话语与国家话语多有重叠之处。《随想录》中的许多文字，大可看作政协大厅里的"建言"的某种延伸。（五）鲁迅的许多杂感是私人论战的产物，文章一经发表便不再修改，且编集时一并收入论敌的文字，以见公平公正；巴金在1949年以后停止了从前的私人论战，他的许多批判文字，都是挟政治运动之威，如鲁迅说的"从审判席上骂下去"的那种。这些文字，巴金在编印全集时，说是"今天仍为这些文章感到痛苦"[162]，故而"一律不收进去"[163]。鲁迅自认损别人的牙眼是最正常不过的事，谓是"我所憎恶的太多了，应该自己也得到憎恶，这才还有点像活在人间"[164]，但因此，至死仍然说"一个也不宽恕"[165]。由于巴金是"奉旨革命"，是"落井下石"，因此有忏悔之举。此外，巴金喜欢解释自己，坚持不断修改自己的作品，而且颇在乎在读者中的自我形象。他说："工作了几十年，在闭上眼睛之前，我念念不忘的是这样一件事：读者，后代，几十年、几百年后的年轻人将怎样诊断我呢？"[166] "我要让下一代知道我是一个什么样的人，我是不是想说真话的人？是不是说过真话的人？"[167]而这些想法，在鲁迅那里是没有过的。鲁迅自称身上有"毒气"和"鬼气"，这其中就有黑暗、虚无、绝望的东西。

为了宣传或辩护自己的"讲真话"，巴金有些说法近于滥情或矫情，比如，说到1949年以后选择了"新的路"时，他说："从此我转了一个一百八十度的大弯，发表了新的文章。这些文章被称为'歌德派'，回顾它们的产生，我并不后悔我写了它们，即使我写了自己不想说的话，即使我写了自己所不理解的事情，我也希望对我的国家和人民，我的文章会起一点好作用，我的感情是真诚的。"[168]巴金将《随想录》合订本送给重孙李潇时，写下如下一段话："书里有真话，也有假话，真真假假，你自己判断吧。"有意思的是，巴金是以偈语般的方式对他的孙辈讲说自己的"讲真话的书"。

但是，无论如何，《随想录》是1949年以后中国思想界文学界的一部重要著作。它是一个青年无政府主义者在几十年后重拾致力于社会改造旧梦的一次文字实践，是一个老知识分子对于近半个世纪来中国历次政治运动，尤其是"文化大革命"的忠实的记录和严肃的省思。内容涵盖了中国政治、文化、道德、社会的多个方面。从书中可以看到，巴金萦怀于知识分子的命运和中国的前途，对自由、民主、人权的现状，表达了一种忧思。在劫后的废墟面前，他没有逃避个人的责任；在许许多多的冤魂后面，他做出真诚的哀悼和忏悔。

然而，巴金说："'五卷书'挖得并不深。"影响全书的深度有多种原因，主要同语境有关。他在《随想录合订本新记》中说，他走的是一条"荆棘丛生的泥泞小路"，显然是指在特定语境中做出选择的艰难。"文革"结束后，他即有了"留遗产"的想法，说出书不出，无关系。[169]又说"我的小说写完了也不会有人出，出不了的"；"小说我还是要写的，不过写了不一定能发表"[170]。90年代初，王辛笛的女儿王圣珊看望巴金，表示期望巴金多写。巴金回答说："我老了，写不了了……我现在还是下笔如有'绳'。这个不是精神的'神'，是绳子的'绳'。"他还做了一个拉绳子的手势，说："你们在国外这方面要好得多，要多写些好文章。"[171]匈牙利政治学者毕波说："成为民主主义者，就是从恐惧中摆脱出来。"直到这时，巴金仍然心存恐惧。

当然，这同巴金的身份和地位不无关系。在七八十年代之交的"思想解放运动"中，为什么带头反思"文革"的是巴金？可以说，因为他是一个曾经的无政府主义者。可是，又为什么是不彻底的巴金？因为他已经不再是义无反顾的无政府主义者，而是一个需要恪守规范的人。

如果说中华人民共和国成立之初，巴金当文艺领导人有一种实际需要的话，那么，到了"文革"结束，家庭出现变故之后，他是可以解脱的了。这时，年届暮年，他确实需要时间完成他的写作计划。从1981年开始，他多次致信孔罗荪，提出不想出席文联的会议，不过问文联和作协的事情；又说，有些事情他"实在看不惯"，于是采取回避政策。"我的理想是关门写作"，他多次强调说。

巴金的请求得不到积极的回应。组织需要他。随着茅盾辞世，他填补了空缺的位置：1981年被选为中国作协主席，1983年被选为全国政协副主席。除了必要的程序之外，还有一批人拥戴他，一批人利用他，不需要他张罗各种事情。

1982年11月，巴金因骨折住院。次年春天，吴泰昌受中国作协党组委派，就接受法兰西共和国荣誉军团勋章等事宜，专程到上海听取巴金的意见。这时，巴金让李小林通过吴泰昌带话给张光年，提出年已八十，请考虑他是否再任作协主席。张光年向周扬和夏衍做了汇报之后，5月飞抵上海，在巴金寓所的书房里与其单独密谈了两个小时。谈话详情不得而知，但张光年劝说巴金放弃辞职的想法，肯定是其中的一项重要内容。结果，目的达到了。

▎巴金和儿子李小棠、女儿李小林　　▎巴金在孩子们中间

　　周扬等人肯定要阻止巴金辞职。其中可能有两方面原因，其一是周扬发表"人道主义和异化问题"的报告不久，感受到来自党内的重大压力。特别是胡乔木，虽然反驳的长文未及发表，但反对的态度是明确的。此前，就巴金发表《随想录》，胡乔木已经几次提出劝阻，甚至点名批评。作协是周扬主管的部门，如果在此关头巴金突然辞职，容易使人引起政治性联想，这样将大大不利于周扬。此外，还有一个很重要的原因是，巴金一旦去职，那么有足够资格可以替代他的，就是时任副主席的丁玲。巴金是一个奉命唯谨的人，支配起来不困难，而且为人随和，没有派性，能为各方所接受。所以，巴金的存在，能够稳定作协的局面。丁玲就大不同了。

　　巴金没有成为周扬手中的政治棋子。他的辞职，主要还是出于写作的考虑；从性情上说，他也不是那种喜爱门面和热闹的人。时间拖至 1996 年第五次作代会召开前，他正式提出辞职，但也没有成功。为了照顾他，保持他的位置，作协主席团会议专门安排到上海举行。其后，他到杭州养病，有关领导又几次赶赴那里，向他汇报作代会筹备情况，并一再劝说他担任主席。他最终还是接受了。

　　此后，据说巴金多次让女儿李小林和儿子李小棠向有关部门提出辞去政协和作协的职务，但是无人理会。就像巴金生前身后，有人觊觎他的主席职位，机关算尽也无济于事一样，巴金纵使极力推辞，自然也推不掉。这是组织的安排，个人无足轻重，当然巴金也不至于采取坚决放弃的态度。

巴金的健康状况日渐衰退，特别是出现帕金森症之后，不断住院，而且此病弄得双手不听使唤，很妨碍写作。但是，他毕竟完成了早先计划好的两件大事：一件是出版了他的心血之作《随想录》；一件是在他的倡议和努力下，建成了中国现代文学馆。

他曾经呼吁建立"'文革'博物馆"，1986 年还写成专文《"文革"博物馆》在香港发表。1987 年 6 月《随想录》合订本出版时，他不满地说："他们不让建立'"文革"博物馆'，有人甚至不许谈论'文革'，要大家都忘记在我们国土上发生过的那些事情。"至 1990 年出版《讲真话的书》，收入他全部的《随想录》，独有《"文革"博物馆》只有目录不见内文，开了"天窗"。

意想中的两个馆只能建一个。老实说，如果不是出于巴金的动议，连一个馆也建不成。到了文人下海的时候，世界上还有谁会眷顾所谓"文学"呢？何况死去已久的"现代文学"！然而，巴金仍汲汲于旧物的保存，希望建立一个"资料中心"，搜集、收藏和提供一切中国现代文学的资料，"五四"以来所有作家的作品，以及有关的书刊、图片、手稿、信函、报道等。为此，他向党和国家领导人多次请求解决馆舍问题。筹建期间，他将历年积存的十五万元稿费捐赠出来当作启动经费，并自立规定，将今后出书的所有稿费都送给文学馆。实际上，这就等于放弃了个人版权。他在《谈版权》一文中曾经表示："作品既然不属于作者个人，我也无权将'版权'视为私有财产给儿女亲属继承。"[172] 除了存款，他还给文学馆捐献了珍藏了几十年的近万册的中文书刊。

1985 年 3 月，中国现代文学馆在北京西三环万寿寺正式落成。巴金携李小林赴京参加全国政协会议，出席了文学馆的开馆典礼。这是他最后一次去北京。在此期间，他还不忘到医院看望了一生叱咤风云，而最后在思想交锋中折戟的周扬。

1985 年，在中国现代文学馆开馆典礼上

中国现代文学馆新馆，坐落于朝阳区芍药居文学馆路 45 号

　　巴金说建立文学馆是他一生"最后一个工作"。当他完成了几件大事之后，80 年代开始进入了后半段，他编了两卷《巴金全集》，写了些后来编入《再思录》里的短文，剩下的时光都在医院度过了。

　　巴金充分利用了 1949 年之后的一个短暂的黄金时段，意识形态相对宽松的时段，没有太大运动和风潮扰攘的平和的时段。至此，形势陡然发生了变化。

　　1987 年 1 月 28 日，中共中央正式下发文件，开展"反对资产阶级自由化"的斗争。

　　1987 年 4 月，巴金摔伤在家。1989 年他还摔伤过一次，得送院治疗。几年间，病痛纠缠着他，而他仍然关心着时局的变化，说："想到国家、民族的前途，总是放心不下。"[173] 最后一次摔得很严重，几个月后还自诉"疼痛不堪"，这时，他在信中倾谈道："对什么事都不感兴趣，只有我们这个多灾多难的国家，紧紧抓住我的心。"[174]

　　不知是不是衰老和疾病，或是其他方面的影响，此时，巴金已不复有 80 年代初的雄心，情绪转向低沉，增加了不少伤感。

　　80 年代的最后几年，他在信中这样向朋友展示自己的内心：

　　　　1987 年 4 月 17 日致冰心："我有时忽发奇想，以为从此自

晚年巴金与冰心、夏衍在一起

己可以摘掉知识分子的帽子，空欢喜一阵子。可是想来想去，还不是一场大梦？！……可悲的是一提到知识分子，我就仿佛看见我家里的小包弟。它不断地作揖摇尾，结果还是给送进了解剖室。"[175]

1987 年 7 月 3 日致沈毓刚："我还要挣扎。……我记得1954 年一届一次人大会上就发言反对官僚主义，当时只是轻描淡写，官僚主义也不像今天这样厉害。没有想到带有中国特色的官僚主义现在会成为可怕的大灾难。"

1988 年 8 月 21 日致魏帆："这一个多月我的心情不好，仿佛生活在几百年前，仿佛过着中外名著中所描写的瘟疫流行的日子。……只是一场梦，不写下去了……"[176]

1988 年 12 月 24 日致徐成时："我快要到油干灯尽的时候了。我已经到了用行为代替文章的时候了。……我整天在想，我们这个'伟大'民族的出路在哪里……对这个国家，对这土地，即使是现在，即使见到你提到的那些令人寒心的事，我还是有感情，

我还充满留恋。我是个中国人。……"¹⁷⁷

1989 年 7 月 27 日致冰心："……疼痛减轻，才常常想到您，当时还不能写字，只好口述几句，让小林记下来。以后怕给您添麻烦，连几句口述也不便寄出。我只是经常问小林：冰心怎样？小林说：她不会有麻烦吧。"¹⁷⁸

1989 年 12 月 20 日致冰心："……我忘不了我们这个多灾多难的国家，……怎么办呢？……我总是安静不下来。每天都受到这样的折磨，我多么盼望看见远方的亮光。而屋子里却是一片灰暗。我们的光明在什么地方？……"¹⁷⁹

注 解:

1. 巴金:《巴金全集》第 22 卷, 人民文学出版社, 1986 年, 358 页。

2. 巴金:《巴金全集》第 24 卷, 人民文学出版社, 1986 年, 308 页。

3. 巴金:《巴金全集》第 15 卷, 人民文学出版社, 1986 年, 523 页。

4. 同上, 526 页。

5. 巴金:《巴金全集》第 19 卷, 人民文学出版社, 1986 年, 540 页。

6. 巴金:《巴金全集》第 24 卷, 人民文学出版社, 1994 年, 430 页。

7. 巴金:《巴金书简: 致王仰晨》, 文汇出版社, 1997 年, 115 页。

8. 王洪模等:《1949—1989 年的中国: 改革开放的历程》, 河南人民出版社, 1989 年。

9. 娜杰日达·曼德施塔姆著, 刘文飞译:《曼德施塔姆夫人回忆录》, 广西师范大学出版社, 2013 年。

10. 巴金:《巴金全集》第 16 卷, 人民文学出版社, 1986 年, 365 页。

11. 伊凡·克里玛 (Ivan Klima, 1931–), 捷克小说家、剧作家, 其作品因以批判社会问题、提倡民主和反对强权为主题, 一度被禁出版。

12. 克里玛著, 崔卫平译:《布拉格精神》, 作家出版社, 1998 年, 26 页。

13. 薄一波:《若干重大决策与事件的回顾》, 中共中央党校出版社, 1991 年第 1 版。

14. 黎之:《文坛风云续录》, 人民文学出版社, 2010 年。

15. 楼适夷:《在一次作家座谈会上的发言》,《新文学史料》第 3 期 (2007 年)。

16. 顾骧:《晚年周扬》, 香港时代国际出版社有限公司, 2004 年, 105 页。

17. 王德芬:《我和萧军风雨五十年》, 中国工人出版社, 2004 年, 319 页。

18. 同上, 319–320 页。

19. 丁玲:《丁玲文集》第 4 卷, 湖南人民出版社, 1982 年, 259 页。

20.《"文革"初期有关中国文化艺术界问题专辑》, 资料出处参见《中共重要历史文献资料汇编》第 42–46 卷。

21. 丁玲:《丁玲全集》, 河北人民出版社, 2001 年, 440 页。

22. 李向东、王增如:《丁陈反党集团冤案始末》, 湖北人民出版社, 2006 年, 247 页。

23. 白桦:《如梦岁月》, 学林出版社, 2002 年, 156 页。

24. 丁玲:《丁玲文集》第 5 卷, 湖南人民出版社, 1982 年, 41 页。

25. 丁玲:《丁玲文集》第 4 卷, 湖南人民出版社, 1982 年, 461 页。

26. 丁玲:《丁玲文集》第 10 卷, 湖南人民出版社, 1982 年, 159 页。

27. 同上, 160 页。

28. 牛汉:《我仍在苦苦跋涉: 牛汉自述》, 生活·读书·新知三联书店, 2008 年, 222 页。

29. 王增如：《无奈的涅槃：丁玲最后的日子》，上海书店出版社，2003 年，55 页。

30. 同上，序。

31. 丁玲：《丁玲全集》第 11 卷，河北人民出版社，2001 年，447 页。

32. 牛汉：《我仍在苦苦跋涉：牛汉自述》，生活·读书·新知三联书店，2008 年，223 页。

33. 同上，220 页。

34. 李辉：《甲子年冬日（节选）》，发表于《收获》第 5 期（2011 年）。

35. 牛汉：《我仍在苦苦跋涉：牛汉自述》，生活·读书·新知三联书店，2008 年，222 页。

36. 牛汉：《命运的档案》，武汉出版社，2000 年，152 页。

37.《钟山》杂志第 13 期（2008 年），65 页；又见《南方人物周刊》1–6 期、14–19 期、21–23 期（2009 年），63 页。

38. 曹禺、田本相、刘一军：《曹禺全集》第 6 卷，花山文艺出版社，1996 年，76 页。

39. 刘勇、李春雨：《曹禺评说七十年》，文化艺术出版社，2007 年，103 页。

40. 陈思和、周立民选编：《解读巴金》，春风文艺出版社，2002 年，9 页。

41. 裴毅然：《中国知识分子的选择与探索》，河南人民出版社，2004 年，114 页。

42. 夏榆、白桦：《"没有思想就没有文学"专访作家白桦》，发表于《南方周末》（2008 年 12 月 11 日）。

43.《南方人物周刊》第 1–6 期，14–19 期，21–23 期（2009 年），65 页。

44. 谢勇：《非常识》，中国民主法制出版社，2011 年。

45. 李洪林：《中国思想运动史：1949–1989》，香港天地图书有限公司，1999 年，422 页。

46. 文章发表于互联网，见 www.cncaoyu.com/show-12-388-1.html 网页。

47. 李辉：《萧乾信中读巴金》，发表于《南方都市报》（2014 年 11 月 21 日）。

48. 萧乾：《这十年》，重庆出版社，1990 年，133 页。

49. 萧乾：《萧乾回忆录》，中国工人出版社，2005 年，286 页。

50. 沈从文、张兆和：《沈从文全集》第 27 卷，北岳文艺出版社，2002 年，100 页。

51. 同上。

52. 沈从文、张兆和：《沈从文全集》第 15 卷，北岳文艺出版社，2002 年，389 页。

53. 沈从文、张兆和：《沈从文全集》第 25 卷，北岳文艺出版社，2002 年，295 页。

54. 同上，120 页。

55. 同上，50 页。

56. 同上。

57. 同上，54 页。

58. 沈从文、张兆和：《沈从文全集》第 19 卷，北岳文艺出版社，2002 年，46 页。

59. 李扬：《沈从文的后半生：沈从文的最后四十年》，中国文史出版社，2005 年，253 页。

60. 同上，252 页。

61. 同上，286 页。

62. 兰德尔·彼特沃克著，张洪译：《弯曲的脊梁》，上海三联书店，2012 年。

63. 约翰内斯·贝歇尔（Johannes Becher, 1891–1958），德国政治家，共产党党员，成为东德文化部部长前曾是小说家。

64. 同注 62。

65. 巴金：《巴金全集》第 16 卷，人民文学出版社，1986 年，435 页。

66. 丹晨编：《巴金评说七十年》，中国华侨出版社，2006 年，18 页。

67. 巴金：《巴金全集》第 16 卷，人民文学出版社，1986 年，126 页。

68. 同上，233 页。

69. 同上，281 页。

70. 同上，24 页。

71. 陈丹晨：《走进巴金四十年》，江苏文艺出版社，2008 年，107 页。

72. 同上，108 页。

73. 同上，109 页。

74. 陈丹晨：《巴金全传》，中国青年出版社，2003 年，284 页。

75. 《南方人物周刊》第 1–6 期，14–19 期，21–23 期（2009 年），64 页。

76. 同上。

77. 巴金：《巴金全集》第 16 卷，人民文学出版社，1986 年，454 页。

78. 同上，455 页。

79. 巴金：《再思录》，广西师范大学出版社，2004 年，250 页。

80. 陈思和、周立民选编：《解读巴金》，春风文艺出版社，2002 年，310 页。

81. 同上，310–311 页。

82. 巴金：《巴金全集》第 16 卷，人民文学出版社，1986 年，273 页。

83. 巴金：《十年一梦》，人民日报出版社，1995 年，180 页。

84. 巴金：《巴金全集》第 24 卷，人民文学出版社，1986 年，496 页。

85. 巴金：《再思录》，广西师范大学出版社，2004 年，190 页。

86. 陈思和、周立民选编：《解读巴金》，春风文艺出版社，2002 年，293 页。

87. 严平：《潮起潮落：新中国文坛沉思录》，人民文学出版社，2015 年。

88. 巴金：《巴金全集》第 16 卷，人民文学出版社，1986 年，309 页。

89. 巴金：《巴金书简：致王仰晨》，文汇出版社，1997 年，152 页。

90. 巴金：《巴金书信集》，人民文学出版社，1991 年，445 页。

91. 巴金：《巴金全集》第 16 卷，人民文学出版社，1986 年，281 页。

92. 巴金：《巴金全集》第 22 卷，人民文学出版社，1986 年，538 页。

93. 巴金：《巴金书简：致王仰晨》，文汇出版社，1997 年，152 页。

94. 陈思和、周立民选编：《解读巴金》，春风文艺出版社，2002 年，299 页。

95. 本文发表于《人民日报》（1980 年 10 月 8 日）。

96. 巴金：《巴金全集》第 16 卷，人民文学出版社，1986 年，209 页。

97. 同上，716 页。

98. 周立民：《另一个巴金》，大象出版社，2002 年，161 页。

99. 巴金：《巴金全集》第 16 卷，人民文学出版社，1986 年，686 页。

100. 同上，691 页。

101. 巴金：《随想录选集》，香港三联书店，2003 年，105 页。

102.《季羡林文集》第 14 卷，江西教育出版社，1998 年，705–706 页。

103. 巴金：《巴金全集》第 16 卷，人民文学出版社，1986 年，148 页。

104. 巴金：《巴金全集》第 15 卷，人民文学出版社，1986 年，474 页。

105. 巴金：《巴金全集》第 24 卷，人民文学出版社，1986 年，156 页。

106. 巴金：《巴金全集》第 18 卷，人民文学出版社，1986 年，372 页。

107. 巴金：《巴金全集》第 10 卷，人民文学出版社，1986 年，172 页。

108. 陈丹晨：《巴金全传》，中国青年出版社，2003 年，23 页。

109. 同上。

110. 巴金：《巴金全集》第 16 卷，人民文学出版社，1986 年，730 页。

111. 同上，726 页。

112. 同上，52 页。

113. 同上，729 页。

114. 唐金海、张晓云：《巴金的一个世纪》，四川文艺出版社，2004 年，570 页。

115. 陈丹晨：《心血凝聚——记巴金》。

116. 同上。

117. 同上。

118. 巴金：《巴金全集》第 16 卷，人民文学出版社，1986 年，638 页。

119. 同上，701 页。

120. 同上，640 页。

121. 巴金：《再思录》，广西师范大学出版社，2004 年，191 页。

122. 巴金：《巴金全集》第 16 卷，人民文学出版社，1986 年，70 页。

123. 同上，127 页。

124. 同上，604 页。

125. 同上。

126. 同上，643 页。

127. 巴金、杨苡：《雪泥集：巴金致杨苡书简劫余全编》，上海远东出版社，2010 年，193 页。

128. 巴金：《巴金全集》第 16 卷，人民文学出版社，1986 年，259 页。

129. 杨苡：《坚强的人》，发表于《悦读》第 5 卷（2008 年），本文曾删节发表于《中国文学》《新文学史料》。

130. 巴金：《巴金全集》第 16 卷，人民文学出版社，1986 年，644 页。

131. 亚历山大·索尔仁尼琴（Aleksandr Solzhenitsyn，1918–2008），俄国作家，苏联时期著名异见人士，于 1970 年获诺贝尔文学奖。

132. 巴金：《巴金全集》第 16 卷，人民文学出版社，1986 年，640 页。

133. 巴金：《巴金全集》第 15 卷，人民文学出版社，1986 年，548 页。

134. 巴金：《巴金全集》第 16 卷，人民文学出版社，1986 年，134 页。

135. 同上，746 页。

136. 同上，719 页。

137. 同上，700 页。

138. 卡博著，顾嘉琛、杜小真译：《信仰与重负：西蒙娜·韦伊传》，北京大学出版社，1997 年。

139. 徐开垒：《巴金传（续卷）》，上海文艺出版社，1994 年，324 页。

140. 唐金海、张晓云主编：《巴金年谱》，四川文艺出版社，1989 年，1327 页。

141. 同上，1173 页。

142. 巴金：《随想录：无题集》，香港三联书店，1986 年，159 页。

143. 巴金：《巴金全集》第 16 卷，人民文学出版社，1986 年，266 页。

144. 巴金：《巴金全集》第 17 卷，人民文学出版社，1986 年，57 页。

145. 巴金：《巴金全集》第 1 卷，人民文学出版社，1986 年，序。

146. 徐开垒：《巴金传（续卷）》，上海文艺出版社，1994 年，317 页。

147. 巴金：《巴金全集》，人民文学出版社，1986 年，第 16 卷，376 页。

148. 夏衍：《懒寻旧梦录》，读书·生活·新知三联书店，1985 年，640 页。

149. 李致：《从"存目"谈起》，收录于《生命的开花：巴金研究集刊（卷一）》，文汇出版社，2005 年。

150. 巴金：《巴金全集》第 16 卷，人民文学出版社，1986 年，149 页。

151. 同上。

152. 陈思和、周立民选编：《解读巴金》，春风文艺出版社，2002 年，291 页；又见《病中集》手稿本，192 页。

153. 周立民：《另一个巴金》，大象出版社，2002 年，153 页。

154. 同上。

155. 同上。

156. 同上，154 页。

157. 同上，159 页。

158. 同上。

159. 周立民：《"五四"之子的世纪之旅：巴金评传》，台湾秀威资讯科技股份有限公司，
　　　2011 年，234 页。

160. 同上。

161. 本段摘录内容均出自《巴金书简：致王仰晨》，文汇出版社，1997 年。

162. 陈琼芝：《生命之华：百年巴金》，鹭江出版社，2003 年，216 页。

163. 同上。

164. 鲁迅：《我的"籍"和"系"》，收录于《鲁迅全集》第 3 卷，人民文学出版社，
　　　1981 年，65 页。

165.《鲁迅的七条遗嘱》，发表于《大公报》（1936 年 10 月 10 日，鲁迅逝世的第 2 天）。

166. 巴金：《没什么可怕了》，收录于《探索集》，香港三联书店，1981 年，126 页。

167. 巴金：《巴金选集》第 10 卷，四川人民出版社，2009 年。

168. 巴金：《巴金全集》，人民文学出版社，1994 年，649–650 页。

169. 巴金致萧乾信，1977 年 10 月 19 日。

170. 陈丹晨：《火焰与烟雾》，《上海文学》第 6 期（2012 年）。

171.《新民晚报》（2010 年 5 月 16 日）。

172. 巴金：《随想录：病中集》，香港三联书店，1984 年，94 页。

173. 巴金：《巴金书信集》，人民文学出版社，1991 年，28 页。

174. 同上，31 页。

175. 同上，27 页。

176. 巴金：《佚简新编》，大象出版社，2003 年，186 页。

177. 巴金：《巴金书信集》，人民文学出版社，1991 年，472 页。

178. 同上，33 页。

179. 同上，36 页。

尾声

鲁迅诗《无题》：

> 大野多钩棘，长天列战云。
> 几家春袅袅，万籁静愔愔。
> 下土惟秦醉，中流辍越吟。
> 风波一浩荡，花树已萧森。[1]

1989 年，冷战结束了。诗里说的是热战，其实无论热战或冷战，暴力或非暴力，破坏力同样巨大。

这时，东欧的大片土地由于莫斯科控制的松弛而出现崩裂：10月 23 日，匈牙利人民共和国宣布废除；11 月 9 日，横亘三十年的柏林墙被人们拆毁，东德边防军目睹拆墙的行为却无动于衷；11 月 17日，捷克斯洛伐克发生"天鹅绒革命"；圣诞节过后，罗马尼亚发生叛乱，齐奥塞斯库[2]暴死街头……

苏联共产党最后一位总书记戈尔巴乔夫无能为力，只能坐视东欧社会主义国家如多米诺骨牌般迅速坍塌。1991 年 8 月，他在莫斯科政变发生后走投无路，一个月后，连傀儡总统也当不下去了。最后，苏联通过人民代表大会将自身的主权移交给了俄罗斯。有一个戏剧性的情节是：苏联宇航员谢尔盖 1991 年 9 月 5 日升空，年底落地时等待返回的指令，发现航空中心划归哈萨克斯坦，苏联已经不复存在了。

历史的变动有时慢得叫人绝望，有时又快得使人称奇。眨眼之间，苏联解体便过去几十年了。在这期间，有关的历史纪实及研究著作源源不断问世，其中历史学家、牛津大学教授诺曼·戴维斯把一个庞然大物的解体描绘为一个"自然的过程"，就是说，苏联不得不覆灭。因为它不能忍受改革的氧气，"内部组织的古怪器官"已不能提供基本的能量，所以要停顿下来。这位英国人说："它是被政治的动脉疾病击倒的，其创伤面比历史所能够提供的任何东西都大。"³

在世界东方，红色中国是另一番风景。伟大的长城，作为地标式建筑，历经两千年风雨而巍然屹立。长城内外，大江南北，经济改革洪波涌起，有如钱塘江潮，压倒了一切喧声。邓小平驾驭整个局面，握紧舵轮，目光坚定，按照既定的海图，将一艘满载十三亿中国人的大船，带进一片铁板般平稳的水域。广大市场和开放政策，以不可阻挡的魅力，吸引了西方的政要、金融家、企业家、商人、探险家、旅行者、媒体人，纷纷踏足中国大陆；亚非拉一众国家，也都纷纷向中国招手。曾几何时，美欧扬言遏制和封锁中国，于今安在？几十年来，但见中国崛起，迅速成为世界第二大经济体；留学生、孔子学院、高铁，相随输送到世界各地。集中制、资本与市场的结合，富于效率，威力巨大。社会主义中国的影响力可谓无远弗届。

整个 20 世纪 90 年代，巴金几乎都是在上海华东医院与杭州风景区交替度过的。1991 年 7 月，他给国际学术研究会写信说："因为病，我的确服老了，现在我行动更不便，写字很吃力，精力、体力都在不断地衰退，以后我很难发表作品了。但是我不甘心沉默。"⁴1994 年 4月，他写信给外孙女端端，说："文字仍然是我使用的武器。说真话，我并未放弃过手里的武器。我始终在疲乏地奋斗。现在我是疲乏多于战斗。"⁵

巴金不论如何疲乏，都一直每天收听广播、看电视新闻、关心时事的变化。他写得确实少了，写的也短。但有一篇短文很可注意，他像是拼了全力，只为脱手掷出一颗炸弹似的。文章仅有三百字，题目叫作《没有神》：

　　我明明记得我曾经由人变兽，有人告诉我这不过是十年一梦。还会再做梦吗？为什么不会呢？我的心还在发痛，它还在出血。但是我不要再做梦了。我不会忘记自己是一个人，也下定决心不再变为兽，无论谁拿着鞭子在我背上鞭打，我也不再进入梦了。当然我也不再相信梦话！

　　没有神，也就没有兽。大家都是人。[6]

　　神、兽、人，三者并举。巴金把兽和神连到一起，而与人对置，显然，神具有兽性而非人性。要做人，要人道主义，只有非神化。在这里，巴金不寄希望于任何个人，尤其被神化的个人，个人崇拜在"文革"已使他吃尽苦头；也不寄希望于做梦、幻想，无论是谁施与"鞭子"——暴力，或告以好听的"梦话"——欺诳，他表示都不会接受，都要反抗。

　　在文字里，巴金再次指出，"十年一梦"的"梦"还会再做，"文革"还会再来。理由呢？巴金别的不说，题旨回到"神"上面，强调说"没有神"，相信神是没有根据的，相信神是危险的。最后说的

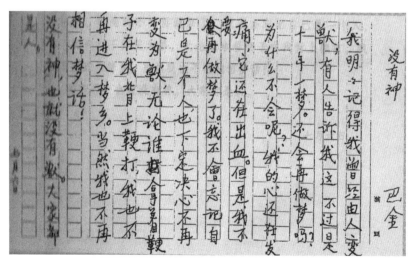

《没有神》手迹

"大家都是人",是他青年时经常接触到的工人运动中的一句口号,为旧金山编辑《平等》时就曾印出过这个口号。柏克曼给他寄信,信笺上就印了"没有神,没有主人"的话。这"神"代表强权、权威、主宰者。

"没有神。"巴金七十年后重复使用了这个口号,说明他依然活在青年无政府主义的旧梦里。当他一直为"文革"所困扰时,便用旧梦驱逐新梦,用好梦驱逐噩梦。他不满意人们至今仍然"满嘴豪言壮语",不满于人们"自己骗自己,反而十分得意",不满于"有人把落后、把愚昧都当作中国特色"[7]。他的思路是清晰的、现实主义的;它接连了《随想录》,而一再回到"大反封建"这里来。

巴金早在作为无政府主义者时,便极力反对资本主义。《从资本主义到安那其主义》,这中间就是两个主义的对立。从巴枯宁、克鲁泡特金到刘师复,都强烈地反对私有财产。青年时他反叛家庭、诅咒家庭,乃至抛弃家庭,除了大家族以封建专制礼教束缚青年的自由之外,一半也都为此。他的叙述老家的故事《憩园》,写的就是金钱、财富、遗产的罪恶。到了晚年,他不能认同一个"金钱重于一切,金钱万能的时代",仍然以当年一个无政府主义者的年轻无羁的心,表示说:"相信再高的黄金潮也冲不垮崇高的理想。"[8]

理想死去了吗?《乌托邦之死》的作者、著名的美国知识分子雅各比便持这种悲观的看法。对于苏联解体后国际学术界普遍认可激进主义的失败,出现了不存在其他选择这样一种新的一致性看法,雅各比讽刺性地称之为"我们这个时代——一个政治衰竭和退步的时代——的智慧"。他描述文化倒退的情形是:"激进派已经丧失了其刺激性,自由主义也丧失了其骨气。"他指出:"难题不在于传统的失败,而在于思想的疲倦与装聋作哑。"而他自称关心的,唯是"消沉的理智洞察力和雄心"。

90年代的中国知识界同样显得疲惫乏力,犬儒主义、文化保守主义盛行。这时,与病床为伴的巴金已无"雄心",但仍不失"理智的洞察力"，仍挣扎着发出一点微弱的声音，内心里的声音。

巴金留学法国时，最早接触到居友的伦理哲学，很受鼓舞。20世纪30年代，当他与一群同样年轻的无政府主义者在一起时，深为他们的无私奉献的精神所感染，写下《朋友》一文：

> 最近我在法国哲学家居友的书里读到了这样的话："生命的一个条件就是消费……世间有一种不能跟生存分开的慷慨，要是没有了它，我们就会死，就会从内部干枯。我们必须开花。道德，无私心就是人生的花。"
>
> ……我的生命到什么时候才会开花？ [9]

六十年后，当他为《巴金谈人生》一书写序时，又同样写道："我不断地自问：我的生命什么时候开花？"

居友把他的哲学概括为"生命的开花"，指出："个人的生命应该为他人放散，在必要的时候，还应该为着他人放弃。"所谓"开花"，就是"放散"，巴金年轻时就这样领悟说："我们每个人都有着更多的思想，更多的同情，更多的爱慕，更多的欢乐，更多的眼泪，比我们维持自己的生存所需要的多得多。所以我们必须把它们分散给别人，并不贪图一点报酬。否则，我们就会感到内部的干枯。"[10]到了晚年，他要"开花"了，他要比过去开得更灿烂。

开花就是发散自己，把生命中多出生存所需的部分发散出去。居友比喻说："就像植物不得不开花一样，即使开花以后接下去就是死亡，它仍然不得不开花。"[11]巴金一遍又一遍大量地捐款、捐书，连版权也表示放弃。他把自己称为"一个普通的文学工作者"，对"传记"不感兴趣。他不赞成以他的名字建立基金会、设立文学奖，更不要花国家的钱重建故居。为此，他写信给侄儿李致说"关于我本人，我的一切都不值得宣传、表扬"[12]，后来还重复说："我必须用最后的言行证明我不是盗名欺世的骗子。"[13]1988 年，他在给李致的信中写道：

> 我并不希望替自己树碑立传，空话我已经说得太多，剩下的最后两三年里我应当默默地用"行为"偿还过去的债。我要做一个普通的老实人。我没有才华、没有学问、没有本领，只有一颗火热的心、善良的心。我怎么会成为今天这样的人？我近来常常在想这个问题。[14]

"生命在开花。"巴金发散自己，发散，"只是为了'给'，不是为了取"。克鲁泡特金强调的"自我牺牲"，也就是这个意思。通过牺牲自我以保存自我、净化自我。在道德理念上和实践上，巴金实际上在暗暗地恢复当年无政府主义者的形象。他努力地在寻找自己。这时，在家庭无须个人负担的情况下，争取更多回馈社会、奉献社会。很可以把这看作是巴金对过去由于家庭的负累所做的自觉背离无政府主义行为的一种忏悔，对青年时自我期许与承诺的一种忏悔。

巴金一件一件地放弃属于私人的"财产"，然而，有一件是他无法放弃的，就是他的职位。由于他保留了已有的职位，即使他一再反对使用他的个人名义，也无法切断个人同官方建立起来的紧密的联系，从而发出一致的声音。

地位不同，待遇自然不一样。这种现象，大约带有无政府主义或自由主义观念的人不好接受。1949 年中国代表团在出席布拉格世界保卫和平大会后访问苏联，苏联方面按团内人员不同级别进行接待。剧作家洪深见安排郭沫若住一个大套间，极其反感，扬言跳楼抗议。1981 年 11 月，巴金赴京参加全国人民代表大会会议，萧乾原约巴金在大会堂大厅会面，但因巴金属主席团成员，要到台上入座，便特地写信告诉巴金，说这种见面方法"不现实"。萧乾可以理解并接受"现实"，却是不胜感叹："想起 30 年代，如今见一面真难呀！"[15]

这就是地位所带给人际关系及交往规则的变化。陈丹晨有文章记述巴金由杭州中国作协1990年重建的"创作之家"出行的场面：

> 按上面规定，巴老出行，事先要通知浙江省警卫处，届时院门外就已有该处的车子等候。出发时，警卫处的车子前导，巴老的车子居中，我们几个人尾随。我看见一路上交警让其他车子停驶靠边，给我们这个小小的车队让路。后来许多次，我看到都是这样。听说本来还要鸣笛开路的，巴老不让，才作罢。[16]

官场有官场的礼仪、规定和规格，由来如此。

1987年，巴金最后一次返回家乡成都。成行前，巴金咐嘱李致愿意食住简单，自己出钱，不要惊动任何人。因为巴金是全国政协副主席，时任省委宣传部部长的李致不能不按照制度规定，向省委报告。虽然李致已经说明巴金身体不佳，不打算参加社会活动，但是巴金到了成都之后，大批的地方官员和媒体记者还是把他包围了起来，每次外出，必定兴师动众。他简直没有了私人空间，老朋友形容说连摆龙门阵的时间也没有了。他应当想不到，自己剥夺了自己。

1995年夏天，章靳以的女儿章小东第一次从美国回上海省亲，她同母亲、姐姐、丈夫和儿子一起，先到武康路看巴金，得知巴金正在汪庄度夏，就转道来了杭州。那天大热，下了火车找不到出租车，只好每人乘坐一部三轮车，排成一长排，浩浩荡荡向西湖边上的南山路进发。

以下是章小东用写信给巴金的形式写就的一篇题名为《墙》的文章片段，记录这次探访巴金的情景：

> ……远远地看见了汪庄的院墙，我用一只手指过去说："到了！"
>
> "啊？是这里啊？"领头的车夫吓了一跳，嘎一声扳下刹车，差一点把我弹到车子外面。我发怒了："啥事体啦？侬想掼死

我啊？"

"不是，不是，是这里面，这里面是不能进去的呀，高墙里面是高级领导，门口还有拿枪的。因为不可以让小老百姓随便看到里面，后面的雷峰塔都不让游客攀登，关闭了呢。我们这些三轮车闯进去，弄不好要吃官司的。"车夫语无伦次地说。

我一听越加发起怒来："乱讲，今天我们非要进去不可！"

经过了来来回回几番交涉，又把残疾的姐姐推到前面，那些拿枪的终于退步了，手一挥——放行。

当我们这一队丁零哐啷的三轮车队穿过高墙，行驶到你的门前的时候，你坐在门厅里大笑起来，你说："门卫打电话进来，我一听就知道是你，只有你才做得出这种无法无天的事情。这个院墙里，大概还是第一次让这么多的三轮车进来！"

……

……罗伯特·弗罗斯特在他的《补墙》里，诠释了人类补墙的原始性，这是逃脱不了的本能。尽管你年轻的时候要摧毁高墙，后来却修补了更加高的墙。这高墙要比你老家的墙更加神秘，更加森严……[17]

接下来，是章小东记录告别巴金回到上海的片段：

那天离开了杭州豪华的游艇，我立即回到上海，直接去参观了已经变成故居的你的老家，门口的警卫比当年汪庄的警卫还威风。我小心翼翼跨进了铁门，进入了高墙，童年往事一下子撞入眼帘……

……

抬起头来让我更加吃惊，原本已经够高的大墙上面竟然多出一截高高的铁丝网！一个年长的参观者，牵着他的小孙女走进来说："这里住着一个大作家，进出小轿车，远行还有专列的车厢。小时候，路过这里的高墙，总是扬起头想象着里面的生活……"

……

……我知道，在你生命最后的很长一段时间里，根本没有住在这里，而是住在重要领导、知名人士等特殊人物才可以进得去的华东医院。

……

当时你住在华东医院的特殊病房里，宽敞的套间有着最现代化的设施，医院里的高墙不要装铁丝网就把外面隔绝开来。我想起你的小说《第四病室》，那里面描写的是一个离开家庭、冲出大墙的年轻人，一个人孤零零地躺在最简陋的第四病室里，眼睁睁地望着对面头等病房里的富家青年，你愤怒地发出呐喊，抱怨世界的不公。……

我最后来看你的时候，你已经不会说话了，看着你躺在华东医院的特殊病房里，我只想说："无论你怎样地走过了一条怎样的道路，你实在都是最成功的呢。"[18]

章小东的"墙"，令人想起鲁迅小说《故乡》里的同一个概念："厚障壁"。乔姆斯基[19]说："无政府主义并没有为知识分子提供特权或权力的地位。事实上，它还在暗中破坏了这种地位。"是一堵高墙，把巴金的晚年同青年隔离开来，把自己同大众社会隔离开来。

巴金一再说，要"把从前的我找回来"，还说在整个病中想得最

▍晚年巴金

多的就是这句话。这是怎样一个"我"呢？这是青年安那其，一个自由、热情、勇于批判而无所畏惧的战士。他确实在努力寻找，结果，却不得不说："从前的我是再也找不回来的了！"[20]

　　一个曾经激进而终于不改懦弱的诚实的人；一个主张"讲真话"，却不能不说假话和空话，而又不满于假话和空话的人；一个青年时便说自己的生活充满矛盾，不断挣扎也不能够突破"矛盾的网"，到了晚年依然挣扎，自称是一个言行不一致的矛盾的人；一个需要朋友而又自觉孤独的人。

　　作为一个无政府主义者，在巴金的词典里，最早出现的词就是"革命"和"人民"，抗战时才发现了"祖国"。他自称"爱国主义者"是后来的事情，1949年以后，"祖国"一词用得不少。前前后后，使用频率最多的词还是"人民"。其实"人民"是一个虚拟的词，是战士在镜子中被放大的形象。人民既存在又不存在。"文革"时，事实上周围只有陌生的、贫困的、驯顺的、杂乱的、疯狂的人群，当他陷入孤独的时候，"人民"，倒成了最好的安慰剂。

　　1995年年初，巴金躺在病床上，无法拿笔，讲话没有声音，说是"似乎前途渺茫"。他一遍又一遍听着柴可夫斯基[21]的第四交响乐，

托尔斯泰

想起俄国的知识分子，想起柴可夫斯基说的"人民"。在《再思录》出版前，他把柴可夫斯基的一段话送给了他的读者："如果你在自己身上找不到欢乐，你就到人民中去吧，你会相信在苦难的生活中仍然存在着欢乐。"[22] 人民呢？人民在哪里？

就在最后的日子里，巴金同时写下沮丧的话："50 年代到 80 年代的青年不再理会我了，我感到寂寞、孤独……不是他们离开了我，是我离开了他们，我们的时代可能已经过去。""我悲观，因为我有病不能工作，写字动不了笔，写字不像字。我悲观，因为我计划做的事大半成为空话，想写的文章写不出来……"[23] 这时，有一个偶像般的人出现在他面前，时时呼唤着他、鞭策着他，让他鼓舞，也让他痛苦。这个人就是无政府主义者、非暴力主义者、人道主义者老托尔斯泰。

医院的病床边，放着豪华版的《托尔斯泰选集》，巴金时时抚摸，默默翻动。此时，他不再说托尔斯泰写作《我不能沉默》之类的事，而是说他无人理解的痛苦；说他八十岁从家里出走，最后病死在小火车站，就是为了做一个言行一致的人。

巴金说："我要走老托尔斯泰的路。"[24] 到处都有火车站，问题是走与不走。巴金能够做到像托尔斯泰那样选择孤独、拒绝援助、彻底放弃吗？华东医院不是小火车站。

家，是托尔斯泰从生命中拔除的最后一枚钉子。伯爵之所以出走，就是为了离开家，抛弃全部财产，不留一点给家人。在他看来，爵位是财产，子女也是财产。而家，巴金确实从那里出走过，可是而今已是归宿地。他是一个温情的人，不是决绝的人，他切不断政治与伦理的现实关系。特别到了他对此强烈悔悟的时刻，他已经丧失了行动力、自主能力，甚至连自由意志也被剥夺了。只剩下一个"到火车站去"的想法，不平静的心的跳动跟随着他。

1994 年 11 月 21 日，巴金胸椎骨折，住进华东医院北楼 701 病室。这时，他第一次向家人表示希望"安乐死"。当他的请求得不到医生、家人和其他人的同意时，他无奈地说："我为你们而活。"

1999 年 2 月 8 日，巴金呼吸道感染引发高烧，至呼吸衰竭。院方会诊后成立抢救小组，在他的气管处插管排痰，转送重症监护室，靠医疗器械维持必要而痛苦的呼吸。在此期间，院方开始向中央保健办等有关单位陆续不断发出巴金的健康报告。至 3 月 1 日，巴金回到普通病室继续治疗。他一再向家人表示，一旦重病不起时让他安乐死。当他被抢救回来之后，能说的第一句话是："谢谢大家，我为大家活着。"[25]

就在气管插管术完成之后，巴金又可以艰难而断续地说话了。据记录，这时，在他与女儿李小林之间有过这样一次对话：

> 父亲：你不尊重我……
>
> 女儿：怎么不尊重你啊……
>
> 父亲：不把我当人。
>
> 女儿：是不是没有让你安乐死？
>
> 父亲：是。
>
> 女儿：我也做不了主……[26]

鲁迅在《死后》一文中写道："我先前以为人在地上虽没有任意生存的权利，却总有任意死掉的权利的。现在才知道并不然，也很难适合人们的公意。"[27]鲁迅写下这样的话，是多少带有一点谐谑的味道的，想不到用在巴金的身上还颇合适。"我为大家活着。"巴金说的"大家"，就是鲁迅说的"公意"了。

"我为大家活着。"在这里，"大家"首先是国家，然后才是家人、朋友和读者。既然活着为了"大家"，便没有了自己，这时巴金已不再属于自己。

国家通过组织，动员最优秀的医疗团队，守卫在悬崖上，保护巴金的生命；通过组织，授予巴金以"人民作家"等各种称号和荣誉；通过组织，举办关于巴金的讲座、会议，以及图片展览、影视演出等多种宣传活动。巴金百岁生日的场面特别盛大，四川成都矗立起二米高的巴金铜像，在上海国际艺术节有四个剧种同时上演根据《家》改编的戏剧。党政领导人一批批地亲自到病室看望、祝贺，献上鲜花和敬意。

2005 年 10 月 17 日，巴金终于停止了呼吸。

上海市领导人陆续前来吊唁，记者越来越多，医院加强了警卫力量。党和国家领导人献上花圈，巴金躺在鲜花和哀乐声中，在告别的时刻，是国家话语为巴金做出最辉煌的悼词。

巴金晚年对朋友说："但回顾过去，我战斗过，我也投降过，我应当承认。"[28] 在疾病、死亡、绝对权力面前，巴金最后举起了白旗。

红旗覆盖白旗……

巴金活了 101 岁。中国，就这样带着巨大的灾难、战争、革命，带着追求、欣忭、忧患、恐惧与希望，迅疾而又缓慢地从他的生命中穿过：一代人，又一代人；一个世纪，又一个世纪……

2017 年 10 月 4 日，时值中秋。

2021 年 7 月 26 日改定。

注 解:

1. 鲁迅:《鲁迅全集》第 7 卷,人民文学出版社,2005 年,148 页。

2. 尼古拉·齐奥塞斯库(Nicolae Ceausescu,1918–1989),罗马尼亚共产党政治家、独裁者,1974 年起担任第一届罗马尼亚总统。

3. 诺曼·戴维斯著,郭方、刘北成等译:《欧洲史》,世界知识出版社,2007 年。

4. 陈思和、周立民选编:《解读巴金》,春风文艺出版社,2002 年,133 页。

5. 巴金:《最后的话》,收录于《巴金全集》第 26 卷,人民文学出版社,1993 年,卷首话。

6. 巴金:《巴金选集》下卷,人民文学出版社,2005 年,277 页。

7. 巴金:《再思录》,广西师范大学出版社,2004 年,259 页。

8. 同上,281 页。

9. 巴金《巴金全集》第 12 卷,人民文学出版社,1986 年,156 页。

10. 同上,135 页。

11. 同上。

12. 巴金《巴金全集》第 23 卷,人民文学出版社,1986 年,118 页。

13. 同上。

14. 同上,133 页。

15. 萧乾:《萧乾文集》第 10 卷,浙江文艺出版社,1998 年,39 页。

16. 丹晨:《巴金评话七十年》,中国华侨出版社,2005 年,153 页。

17. 章小东:《尺素集》,上海人民出版社,2014 年,1–3 页。

18. 同上,4–5 页。

19. 诺姆·乔姆斯基(Noam Chomsky,1928–),美国哲学家、语言学家、政治评论家,活跃于美国政坛左派的重要知识分子。

20. 巴金:《随想录·病中集》,人民文学出版社,1998 年,31 页。

21. 彼得·柴可夫斯基(Pyotr Tchaikovsky,1840–1893),著名俄罗斯浪漫乐派作曲家。

22. 陈思和、周立民选编:《解读巴金》,春风文艺出版社,2002 年,134 页。

23. 巴金:《我的写作生涯》,百花文艺出版社,2006 年,305 页。

24. 周立民:《"五四"之子的世纪之旅:巴金评传》,台湾秀威资讯科技股份有限公司,2011 年,306 页。

25. 上海巴金文学研究会编:《巴金纪念集》,上海文艺出版社,2006 年,54 页。

26. 严平:《潮起潮落:新中国文坛沉思录》,人民文学出版社,2015 年。

27. 鲁迅:《鲁迅全集》第 2 卷,人民文学出版社,2005 年,211 页。

28. 巴金:《再思录》,广西师范大学出版社,2004 年,261 页。

主要参考书目

《巴金全集》（1—26）　　　　　　　　　人民文学出版社，1986—1994 年

《巴金译文全集》（1—10）　　　　　　　人民文学出版社，1997 年

《从资本主义到安那其主义》　　　　　　香港文汇出版社，2009 年

《随想录》　　　　　　　　　　　　　　作家出版社，2009 年

《再思录》　　　　　　　　　　　　　　作家出版社，2011 年

《巴金年谱》（上、下）　　唐金海、张晓云主编，四川文艺出版社，1989 年

《巴金研究资料》（上、中、下）　　李存光编，海峡文艺出版社，1985 年

《巴金研究集刊》（1—8）　　陈思和、李存光主编，上海三联书店，2005 年

《巴金研究在国外》　　　张立慧 李今编，湖南文艺出版社，1986 年

《建国以来毛泽东文稿》（1—12）

　　　　　　　　　　　　　　　　中央文献出版社，1987—1998 年

《毛泽东选集》第 5 卷　　　　　　　　　人民出版社，1977 年

《邓小平文选》（1—3）　　　　　　中共中央文献编辑委员会编，

　　　　　　　　　　　　　　　　　　人民出版社，1989—1993 年

《若干重大决策与事件的回顾》（上、下）

　　　　　　　　　薄一波著，中共中央党校出版社，1991 年

《剑桥中华人民共和国史》　　　　　[美] 麦克法夸尔，费正清主编，

　　　　　　　　　　　　　　　　　　海南出版社，1992 年

《毛泽东的中国及后毛泽东的中国》　　[美] 莫里斯·迈斯纳著，杜蒲、李玉玲译，

　　　　　　　　　　　　　　　　　四川人民出版社，1989 年

《中华人民共和国建国史研究》（1—2）　杨奎松著，江西人民出版社，2009 年

《处在十字路口的选择》　　　　　沈志华著，广东人民出版社，2013 年

《1957 年的夏季：从百家争鸣到两家争鸣》　　朱正著，河南人民出版社，1998 年

《大动乱的年代》　　　　　　　　王年一著，河南人民出版社，1988 年